直面社会　共筑梦想

——湖南师范大学大学生暑期社会调研报告荟萃

吴家庆／主编

湖南师范大学出版社

图书在版编目（CIP）数据

直面社会　共筑梦想——湖南师范大学大学生暑期社会调研报告荟萃／吴家庆，龚舒主编．—长沙：湖南师范大学出版社，2017.12

ISBN 978－7－5648－3199－8

Ⅰ.①直…　Ⅱ.①吴…　②龚…　Ⅲ.①大学生—社会调查—调查报告　Ⅳ.①G642.45

中国版本图书馆 CIP 数据核字（2018）第 065849 号

直面社会　共筑梦想——湖南师范大学大学生暑期社会调研报告荟萃

Zhimian Shehui　Gongzhu Mengxiang——Hunan Shifan Daxue Daxuesheng Shuqi Shehui Diaoyan Baogao Huicui

主　编　吴家庆　龚　舒

副主编　谭吉华　袁　俏

◇责任编辑：孙雪姣
◇责任校对：李　航
◇出版发行：湖南师范大学出版社
　　地址/长沙市岳麓山　邮编/410081
　　电话/0731－88873071　88873070　传真/0731－88872636
　　网址/www. hunnu. edu. cn/press
◇经销：湖南省新华书店
◇印刷：湖南雅嘉彩色印刷有限公司
◇开本：710mm×1000mm　1/16
◇印张：27.5
◇字数：465 千字
◇版次：2017 年 12 月第 1 版
◇印次：2017 年 12 月第 1 次印刷
◇书号：ISBN 978－7－5648－3199－8
◇定价：68.00 元

前言

调查研究是我们党的优良传统，是科学决策的基础，更是大学生了解社会，了解国情，增长才干，奉献社会，锻炼意志，培养品格，增强社会责任感的重要途径。湖南师范大学一直非常重视大学生社会实践调研工作，定期组织人力物力投入到课题选择、实际调查、认真撰写、座谈研究、成果转换中。2017年7月—10月，秉承“仁爱精勤”的师大精神，以实际行动践行社会主义核心价值观，充分发挥实践育人在学生综合素质培养中的积极作用，我们师大马克思主义学院与校团委精心细致地组织开展了大学生暑期调研实践活动。此次大学生暑期社会实践调研活动得到了大学生们的积极响应和热情参与，通过丰富多彩的实践调研活动，同学们深入到农村、城市、街道、学校、企业，俯下身子接地气，对社会和人生的认识更加全面和深刻，对个人成长、下一步的发展方向有了更加清晰的定位，并利用个人所学积极服务社会，在奉献中砥砺品格，外树形象，内强素质，展示了当代大学生良好的精神风貌和勇于担当、甘于奉献、积极投身实践的优秀青年形象。

读万卷书，行万里路。在学校上课读的是有字之书，走进社会广阔天地进行实践调研活动读的是无字之书。本次暑期实践调研体现了三大特色：

第一，主题鲜明，把握时代脉搏，彰显师大特色。本次实践调研选题主要围绕就业、二孩、教育、扶贫、改革、食品安全、医疗卫生、社会保障、环境保护、共享单车等社会热点问题展开。选题范围紧密结合了当前社会发展过程中的热点、难点、重点，也切合当前大学生实际关注点，极大地调动了学生参与社会实践调研的积极性、主动性和创造性，拓展了学生思维的广度和深度。

第二，覆盖面广，参与度高，形式灵活多样。师大马克思主义学院与校团委密切合作，多次协调配合，制定师大暑期大学生社会实践调研方案，并聘请专家举办社会实践调研的专题讲座，采取校级立项，个人分散行动和团队活动相结合的方式，点面结合，全面开展暑期大学生社会实践调研活动。实践调研地点从省内的长沙市区、各地级市、农村地区到省外江苏、贵州、兰州等地，极具地域特色。社会实践团队总数达到100多支，参与团队实践调研活动的人数达千余名。同学们在调研过程中，开展了丰富多彩的暑期社会实践调研活动，既有内容丰富、特色鲜明的团队社会实践，又有结合自身实践、因地制宜、丰富多彩的个人自主社会实践调研活动。各实践调研团队广泛开展社会调查、专题调研、社会服务、人物寻访等多种形式的实践调研活动，扎实调研，积极思考，深入探讨，撰写了既有问题、原因，也有对策建议的高质量的调研报告。

第三，建立健全制度体系，保障质量求实效。社会实践调研组织工作一体化中突出层次性，保障学生实践活动有序开展。2017年暑期大学生社会实践调研组织工作形成了学校马克思主义学院与校团委牵头、学院紧密配合，工作重心下移学院的工作局面，同时对大学生社会实践调研活动管理办法进行修订并颁布实施细则。结合今年就业的严峻形势，学校特别推出2017大学生暑期调研行动，从地方建设发展的实际需求和学生锻炼成长的需要出发，建立形式多样的学生实践基地，有超过1000名本科学生以团队形式参与到调研实践行动中。大学生社会实践调研体系得到不断完善，将学生社会实践与教师社会实践结合起来，制定了完善的考核机制，提出了切实可行的考核办法和激励机制。

“实现中国梦，青春勇担当。”本次暑期社会实践活动，以引导青年学生践行、宣扬社会主义核心价值观为重点，坚持“受教育、长才干、做贡献”的宗旨，根据“按需设项、据项组团”的原则，紧紧围绕经济社会发展和人民群众切身生活，开展内容丰富多彩的实践服务活动，取得了较好的育人成效和社会效益。当今大学生面临着很多发展机遇，我们师大学子更要勇担时代赋予我们的社会责任，勤学修德明辨笃实，继续发扬师大学子探究社会热点、勇于担当、求真务实、砥砺前行的优秀品格，以“选题求准、调研求深、建议求实”的学术风格，以良好的精神风貌和过硬的综合素质来塑造自己，用实际行动践行社会主义核心价值观，不断提高个人修养，为实现“中国梦”努力奋斗，在奉献中提升人生价值。

目录

一、中国特色社会主义政治发展篇

二、中国特色社会主义经济发展篇

三、中国特色社会主义文化发展篇

四、中国特色社会主义社会发展篇

五、中国特色社会主义生态文明发展篇

后记

一、中国特色社会主义政治发展篇

二孩政策实施效果的调查与分析

课题组成员：谭双陵，刘姗，张俊，王钰媛，王建华，
彭芮林，马万红，张聪瑞，崔颖璐
指导老师：尹笃林

摘要：二孩政策是与计划生育政策发展相对应的生育政策，过去几十年，人们的生育观念发生了变化，那么在二孩政策落地近两年时间里，其实施的效果究竟如何？为对其实施的效果展开深入的了解，2017年7月到8月，2016级化学工程与工艺4班课题组通过问卷调查与走访调查相结合的方式，收集了不同年龄、性别、职业的人对二孩政策的了解程度以及实施情况。调研报告从二孩政策的普及、生育二孩的影响因素、生育二孩的利弊与二孩潮四个方面进行了归纳整理和分析，深刻理解二孩政策实施后带来的影响。二孩政策对于一个家庭来说是好的，两个孩子能使家庭结构更加合理，但是多种客观因素和主观因素的结合，尤其是来自经济的压力可能会让许多家庭止步，呈观望状态。我们希望通过这次调查，让更多的人了解到二孩生育的现状，集思广益，想出更加有效的解决方法。

关键词：二孩政策；经济；二孩潮

一、问题的提出

自古以来，人口便是一个国家实力的象征，繁荣且强大。如今，中国作为一个人口大国，面临着一系列人口带来的问题，只有通过一定手段进

行调节，使人口结构趋于合理，才能够为稳定持续发展打下良好的基础。我国的生育政策经历了几十年的风风雨雨，在实践中不断调整、完善，根据中国的具体国情，制定政策，为人口结构调整做出了巨大贡献。而二孩政策是与计划生育政策发展相对应的生育政策，全面放开二孩政策是优化中国人口结构的宏观政策，是促进中华民族素质发展的重要政策。二孩政策的实施不仅与养老问题息息相关，对经济发展、环境问题也会产生一定的影响。随着工业化进程的推进，生活水平的不断改善和教育水平的不断提高等因素，人们的生育观念也发生了变化。"独生子女"观念深入人心，许多人认为养一个孩子就足够了，甚至还有不少丁克家庭，选择不要孩子。那么，除了个人观念以外，还有什么原因会影响大家的决定？在二孩政策全面放开后，它的实施情况究竟是怎样的？哪些人会是生育二孩的主力呢？这些正是我们所要调查的。

二、调研目的及意义

（一）调研目的

1. 了解不同年龄、性别、职业的人对二孩政策的了解程度以及二孩政策实施情况。

2. 了解二孩政策实施后带来的影响。

（二）调研意义

1. 了解二孩政策实施后带来的影响，通过不断调整使人口结构趋于合理，为稳定持续发展打下良好的基础。中国作为一个人口大国，面临着一系列人口带来的问题，只有通过一定手段进行调节，使人口结构趋于合理，才能够实现稳定持续发展。

2. 为研究二孩政策提供参考，利于其他专家学者做进一步的调查和研究。

三、调研对象与方法

（一）调查对象

调查对象为中、东、西部地区 20~50 岁不同职业不同性别的人群。完成问卷 1114 份，其中男 556 人，女 614 人；20~30 岁 521 人，30~40 岁 255 人，

40~50 岁 325 人，50 岁以上 69 人；农民 219 人，企业职工 154 人，事业单位人员 257 人，公务员 84 人以及其他职业 456 人。

（二）分析方法

1. 问卷调查法

前期组员分工合作，每个人从不同方面进行资料查询，根据调研主题定下问卷初稿；再由小组成员共同讨论，问卷删除冗余，调节版面；大致定稿后，由指导老师进行进一步修正，把握大体方向，细说细节部分的修改。在老师多次指导修改后，出最终问卷定稿。考虑到人群的多样性，课题组制作了网上问卷和纸质问卷，根据具体情况进行填写。

2. 走访调查法

走访主要是找到合适的人填写问卷，再就是根据问卷填写情况，若填写的人比较健谈，就将根据问卷提问（着重关于最后一个问题，夏季燥热，许多人都不想写太多字，询问后由他们口述更为有效），记录他们的回答并进行汇总。

3. 查阅资料法

前期制作问卷时虽查阅过，但是并不全面，特别是数据这一块，我们的数据仅来自问卷显然是不够严谨的，还需要查找更多的资料，再结合我们调查的实际情况，使我们的调查更具说服力。

4. 统计分析法

对调查回收的问卷进行数据处理。从“对中国近来的生育政策的了解情况”“不同年龄段对中国近来的生育政策的了解程度”“不同性别对中国近来的生育政策有了解的了解程度”“不同年龄阶段对生育二孩条件的认同程度”“不同职业对生育二孩条件的认同程度”“不同性别对生育二孩条件的认同程度”“不同收入对养老压力的了解程度”“不同年龄阶段对养老压力的了解程度”“不同年龄段对生育二孩为家庭带来的好处的认同程度”“不同年龄段对生育二孩为社会带来的好处的认同程度”“不同年龄段对生育二孩为家庭带来的负面影响的认同程度”“关于对二孩潮到来的预测情况”多方面进行数据的交叉处理，大量的数据为报告提供了强有力的支持。

四、基本情况分析

（一）二孩政策的普及分析

中国是一个人口大国，对人口结构的控制十分重要，而生育政策的切实可行起着不可或缺的作用。中国的生育政策经历了几十年的风风雨雨，在实践中不断调整、完善。一直以来，我国的生育政策都是深入人心并且实施情况良好的。比如建国之初的鼓励生育，使我国人口大幅提升，后来的晚婚晚育和计划生育则是有效地控制了人口的数量和质量。然而到了二孩政策全面放开的今天，却是有了遇冷的征兆。

从十八届五中全会决定坚持计划生育的基本国策，完善人口发展战略，全面实施一对夫妇可生育两个孩子政策，积极开展应对人口老龄化行动后，各省市根据各地具体情况，具体办法由省、自治区、直辖市人民代表大会或者其常务委员会规定，对国家政策进行宣传实施。各级政府也积极响应，通过多种渠道进行宣传，比如广告、传单等，力求二孩政策在短时间内能被人民群众了解到。

您对中国近来的生育政策有了解吗？

表 1　对中国近来的生育政策有了解的了解情况

选项	人数	百分率（%）
完全不了解，从未听说	48	4
基本不了解，仅有所耳闻	244	21
略有了解，但不知晓详情	744	64
D. 相当了解，并有所分析	134	11

表 2　不同年龄段对中国近来的生育政策有了解的了解程度（%）

年龄段	完全不了解，从未听说	基本不了解，仅有所耳闻	略有了解，但不知晓详情	相当了解，并有所分析
20~30 周岁	9	25	62	5
30~40 周岁	3	22	64	12
40~50 周岁	1	16	62	21
50 周岁以上	10	24	45	21

表 3　不同性别对中国近来的生育政策有了解的了解程度（%）

性别	A. 完全不了解，从未听说	B. 基本不了解，仅有所耳闻	C. 略有了解，但不知晓详情	D. 相当了解，并有所分析
男	6	23	57	14
女	5	20	65	10

事实证明，二孩政策的普及程度还是非常可观的，在我们的调查中，男女比例比较均衡，仅有 4% 的受访群众表示对这个政策一点都不了解，并且这 4% 的人大多是 20~30 周岁及 50 周岁以上的人，绝大多数人或多或少都是知道这个政策的，甚至还有 11.5% 的人表示对此相当了解，并有所分析。由此可见，二孩政策的宣传工作是十分到位的，但是实际落地的效果还有待考察。2014 年"单独二孩"政策出台时，国家卫计委人士称，大概每年新增出生人口 200 万人左右。但到 2014 年 11 月，全国仅有约 70 万对夫妇提出二孩申请，截至 2015 年 9 月底，全国 176 万对夫妻提出了"二孩申请"，都跟此前预计的每年约 200 万对夫妻申请差距较大。但是到了 2016 年，二孩政策全面放开后，二孩申请人数便达到了 200 万对夫妇。由此可见，二孩申请在逐年向预期目标靠近。同时，随着大量二孩的出生，会对社会造成一定的影响，而这些影响究竟如何，这正是我们需要调查分析的。

（二）影响生育二孩的因素分析

表 4　不同年龄阶段对生育二孩条件的认同程度（%）

年龄段	经济能力	需长辈的支持	身体条件	其他
20~30 周岁	91	43	63	27
30~40 周岁	85	49	65	18
40~50 周岁	90	34	75	23
50 周岁以上	86	31	48	2

表 5　不同职业对生育二孩条件的认同程度（%）

职业	经济能力	需长辈的支持	身体条件	其他
农民	88	24	58	16
企业职工	86	42	62	20
事业单位人员	89	52	75	21
公务员	87	52	68	18
其他	91	42	68	28

表 6　不同性别对生育二孩条件的认同程度（%）

性别	经济能力	需长辈的支持	身体条件	其他
男	89	36	59	22
女	90	46	73	23

1. 经济能力

经济能力是影响二孩生育的首要因素。无论是从年龄还是职业来看，经济能力的选择率都是最高的。由表 4 和表 5 可以看出，在我们所调查的各种职业和年龄中，对经济能力的选择率都在 85% 以上。确实，只有经济扛得住压力，才能给孩子一个较好的成长环境，让孩子能在未来拥有更强的竞争力。在经济快速发展的今天，抚养一个孩子的成本越来越高。据媒体报道，从直接经济成本看，0 ~ 16 岁孩子的抚养总成本将达到 25 万元左右。如估算到子女上高等院校的家庭支出，则高达 48 万元。这笔账对于一个普通家庭来说，基本上都是可以承担得起的，但是如果要生养第二个孩子，那么所要付出的直接经济将高达 100 万，这很可能会使一个本来还算轻松的家庭变得拮据起来。另外，由于前几十年里计划生育政策的大力实施，大多数家庭只有 1~2 个孩子，养老压力同样十分严重，一对双独夫妇一般要供养 4 个老人。

表 7　不同收入对养老压力的了解程度（%）

每月可支配收入	完全没压力	有点压力	压力很大
5000 元以下	8	51	41
5000~10000 元	20	41	39
10000~50000 元	23	62	15
50000 元以上	38	38	24

表 8　不同年龄阶段对养老压力的了解程度（%）

年龄段	完全没压力	有点压力	压力很大
20~30 周岁	12	58	30
30~40 周岁	13	51	36
40~50 周岁	8	57	35
50 周岁以上	31	36	33

并且就表 7 和表 8 来看，对于现在或者将来赡养长辈的压力这个问题，在我们调查的不同年龄段的人基本上都有 30% 的人认为养老压力很大，

高达 31% 的 50 岁以上的人认为赡养长辈没有压力，而 20~50 岁的人只有 10% 左右的人认为没有压力。并且不论每月可支配收入是多少，都或多或少的有着养老压力。就当下来看，20~50 岁的人群才是家庭的经济支柱，他们更能够感受到来自社会各个方面的压力，而 50 岁以上的很可能已经步入了养老的阶段，自我压力相对也会小一些。而生育二孩的主体人群大多处于 25~35 岁的阶段，在经济压力的重压下，很可能对生育二孩望而却步，持观望态度。

2. 身体条件

身体条件作为仅次于经济压力的一个生育二孩的条件，即使在经济允许的情况下，但是已经没有一个好的身体条件来生育二孩，这也是一个十分严峻的问题。对于身体条件，由于是女性来生育孩子，她们对此有着十分深刻的了解，因而女性更加认同这个因素。我国生育政策其中一条是优生优育，而只有一对夫妻拥有一个好的身体条件，才能够生出更加健康的宝宝。但是现在大多数适龄生育的夫妇从小受“独生子女政策”的影响和出于生活压力的考量很可能只会要一个孩子，而现阶段很多申请生育二孩的都是高龄妈妈，现在有了儿女双全的机会，就趁着身体还可以支撑，加入二孩生育大军，但是她们生育二孩要付出更多的艰辛，承担更大的风险，并且产后很难恢复到产前的状态。所以，即使现在政策已经全面放开，很多人考虑的身体状况，也会忍痛放弃，因为若是因为要宝宝而拖垮了妈妈的身体，对一个家庭来说是得不偿失的。

3. 长辈的支持

长辈一般都是一个家庭的精神支柱，他们的支持会给想要生二孩的夫妇莫大的鼓励，减少一些他们的顾虑。对于很多七八十年代出生的人来说，由于当时的政策原因和经济压力，基本上不能生育第二个孩子。但是一般那个年代的人都有兄弟姐妹，但是只要一个孩子，能深刻体会到其中的酸甜苦辣，鼓励孩子生育二孩的概率也会大很多。中国自古以来都是认为一个家庭是多子多福，要人丁兴旺，现在很多人也希望能够儿女双全。当然，长辈也不能仅仅是精神上的支持，那样并没有太大的作用，而且会加重后人的压力。在中国，很多小孩都是爷爷奶奶、外公外婆照顾的，而孩子的父母则是外出挣钱。这或许在外国人看来对老人很不公平，但是又怎么会理解一些老人的心思。人到老年，更希望的是儿女能够常在身边，享受一下天伦之乐，但是由于生活，只能与儿女分开，导致许多空巢老人的出现。但是如果能够有一个孙子陪在身边，生活会有趣很多。如果老人愿意照顾孩子，那么对于后人来说，也是一个相当大的支持，让他们可以安心挣钱养家，如果要生育二孩，也没有那么多压力。

4. 对二孩妈妈的保护

放开二孩，对职业女性造成很大冲击。虽然现代社会已经男女平等，但是在现实生活中女性还是受到很多制约，在工作上，大多数用人单位本身都更加倾向于招收男性，因为男性天生的优势，使得他们在工作中更加容易获得成功，而女性由于生养孩子的原因，无法全身心地投入到工作中，随着“全面二孩”政策的实施，因怀孕而被辞退的案件也在增多。就现阶段来看，国家放开了二孩政策，各个省市也修法保护二孩妈妈，但是一些地方女性就业都或多或少地遭到了歧视。企业出于自身的利益考虑，用人的天平更加倾向于假期较短的男性职工。我国相关法律有着明文规定，用人单位严禁擅自解除已怀孕女工的劳动合同。但是很多企业还是找各种理由辞退二孩妈妈。所以，国家除了放开二孩政策，还应该出台相应的配套措施，保护二孩妈妈的权益。

经过分析，可以看出经济是当下影响二孩生育的最大因素。在经济快速发展的现代社会，无论是哪种因素对二孩生育的影响，基本都会归结于经济原因。父母们只有在能够确保家人尤其是孩子的生活水平满足心理需求时，才有可能去生育第二个孩子。而二孩带来的经济压力，也是使很多父母放弃再生一个孩子的原因。当然，每个人自身的观念也会造成一定影响，有些人希望家里不只有一个孩子，把二孩与家庭幸福感相联系，自然就会有更大的可能生育二孩。而另一部分人认为独生子女对孩子的成长更有利，生育二孩的可能性便相对较小。

（三）生育二孩的利弊分析

任何一件事都有好坏两面，站在不同的角度去看待，就会有不同的看法。生育二孩也不例外，站在个人的角度，会考虑到很多因素，比如家庭结构和就业压力等；而站在国家的角度，则是要通过某种手段达到控制人口结构合理化，积极为未来可能会出现的人口问题作准备，比如人口老龄化，力求减缓老龄化的进度，以争取更多的时间找出应对措施，将国家及人民的损失降至最低。

1. 生育二孩带来的好处

表9　不同年龄段对生育二孩为家庭带来的好处的认同程度（%）

年龄段	家庭结构更合理化	家庭会更加欢乐	降低失独风险	有利于兄弟姐妹间培养分享与责任意识
20~30 周岁	59	63	57	73
30~40 周岁	54	54	48	84
40~50 周岁	63	59	65	78
50 周岁以上	50	52	57	52

表10　不同年龄段对生育二孩为社会带来的好处的认同程度（%）

年龄段	有利于保持足够的劳动力规模	拉动社会经济增长	缓解人口老龄化危机	缓解男女比例不平衡	提升家庭抵御风险的能力，对稳定社会有一定的作用
20~30 周岁	61	45	68	49	56
30~40 周岁	53	43	69	45	52
40~50 周岁	56	45	80	59	69
50 周岁以上	55	33	67	36	41

首先，来看生育二孩对家庭的影响。就调查结果来看，受访群众对“家庭结构更合理化、家庭会更加欢乐、降低失独风险、有利于兄弟姐妹间培养分享与责任意识”认同度都比较高，其中“有利于兄弟姐妹间培养分享与责任意识”选择人数最多。众所周知，在我国实行计划生育政策之后，出现了一大批独生子女。由于是一个家庭唯一的孩子，长辈们大都有点溺爱，孩子的要求很多时候无论是否合理，都会答应，小孩很自然地认为所有好的东西都应该是他一个人的，所有人都要听他的。又因为从小没有经历过什么挫折，抗压能力不够，经常因为一点小挫折而自暴自弃。如果有两个孩子，家长们可能对他们的要求会有所不同，不会像一个孩子那样有求必应，而两个孩子在成长的过程中，会有许多摩擦，这都需要他们自己去摸索解决，更能学会分享和承担责任。在父母年老、孩子成人后，所要面对的压力也会小一些，做事情有一个知根知底的人可以商量，赡养老人的压力也有人分担。从家庭来看，生育二孩无疑是极好的。

其次，再看生育二孩对社会的好处。虽然人们对问卷上所提的几点都比较认同，但是对缓解人口老龄化危机的认同度最高。确实，在党的十八届五中全会中提出的全面放开二孩政策就是为了促进人口均衡发展、积极开展应对人口老龄化行动。早在2000年第五次人口普查时，就已经显示中国步入了老年型社会，在此后的十几年里，老年人口数量持续上升，而出生率却一直处于很低的水平。随着越来越多的人步入老龄化阶段，劳动力也会大量减少，人口红利逐渐消失，对经济也会造成一定影响；所以国家无论从哪个方面来看，都需要采取应对措施来面对中国的老龄化问题，使国家能够持续稳定地发展。

2. 二孩政策对社会带来的负面影响

表11　不同年龄段对生育二孩为家庭带来的负面影响的认同程度（%）

年龄段	给教育带来更多压力	增大了社会就业压力	让本来脆弱的环境承受更大压力	增大了医疗与社会保障压力	过多的人口会降低人口质量
20~30周岁	58	76	62	49	47
30~40周岁	52	67	44	39	30
40~50周岁	56	66	46	57	32
50周岁以上	60	52	33	45	26

由上表调查分析的结果可以看出，生育二孩，人们更为担心的是以后的就业问题和教育问题。我国的教育资源本就紧张，如果又有一大批孩子出生，势必会造成孩子入托难、入学难，而且人口本就多，毕业后挤在一大批的就业大军中更是岌岌可危。但是这些问题其实并不可怕，教育国家会大力扶持，既然有这么多人，那一定是会建设好足够的学校，培养足够多的各科教师。至于孩子以后的就业问题，则是需要孩子自己去闯，去拼搏，“狭路相逢勇者胜”，只要有足够的能力，总会找到心仪的工作；如果没有能力，那么即使是没有二孩大军的加入，也不会有太大改变。

每一项政策的提出，都是经过了大量的调研分析和试点实验后才开始施行的，并在施行的过程中不断修正改进，虽然会存在一些弊端，但是始终是利大于弊的。二孩政策从“双独二孩”到“单独二孩”至全面放开，根据我国的具体国情，不断改进。而那些弊端也能通过国家另外一些配套设施的完善加以克服。

（四）关于二孩潮的应对分析

随着二孩政策的全面放开，势必会带来二孩潮，但是这一现象的到来可大可小，时间可长可短，就 2014 年与 2015 年的数据来看，二孩潮到来的规模不会太大，但是到 2016 年全面放开二孩政策后，二孩申请人数明显增加，这可能与农历是猴年有关，但是具体情况还要待更多几年的申请数据出现后才能更准确地判断。

3. 关于二孩潮的估计

根据一般经验，可以大致预测一下二孩潮大概会在什么时候出现，就我们的调查结果来看，76% 的人认为在近十年会出现二孩潮，涌现一大批的二孩，而伴随着这一批二孩的出生，许多需要完善的地方变得更加紧迫。

在二孩生育前期，需要完善对二孩母亲的保护与鼓励措施。在工作方面，要在尽量减少企业损失的条件下给二孩母亲减压，否则只是单纯地给二孩母亲放假或者补贴而让企业承担很多损失，会导致女性更难就业。在医疗方面，需要对二孩母亲及二孩提供便利，开通专门的便捷通道，让她们产检的路好走一点。所以，把对二孩母亲的保护措施做好一点，她们少一些后顾之忧才有可能会要第二个孩子，才能积极响应国家的号召，为中国的人口结构调整计划出一分力。

在二孩出生后，同样也有大量的工作需要完善。现代社会已经不是一个生一个孩子将来就是一个好的劳动力的时代了，他们都需要大量的学习以适应这个快节奏、信息爆炸的时代。二孩潮到来之际，如果教育的基础设施及人员不能到位的话，很可能会引发教育资源紧张，造成许多小孩的入托难、入学难等问题。所以，教育问题显得尤为重要，并且对各科教师的数量和质量都会有很大要求。就教育阶段来说，学前教育，可通过新建、改扩建公办园或普惠性民办园增加幼儿园学位；义务教育，则在重点区域、重点阶段有步骤地扩大基础教育办学规模；而高等教育，有序推动部分普通高等学校本科教育地迁出。就教师方面而言，各高校应努力培养优秀的各级各科教师，更好地预防二孩潮到来时可能会出现的尴尬局面，沉着应对各种问题。

五、结论

我们通过对不同年龄、性别、职业的调查对象关于二孩生育的优劣以及意愿的调查和分析得出：

1. 正常情况下，生育二孩的利大于弊，家庭结构更加合理，国家人口得以调节；

2. 实施效果与预期还有一定差距，大部分人在经济条件以及身体条件允许的情况下，是愿意生养二孩的，主要以 30~40 周岁的人为主；

3. 有很多的客观因素（比如经济压力）以及每个人的想法不同，实际申请生育二孩的民众却距预想比较远；

4. 二孩潮会出现，但是规模应当不大，对未来的就业、教育以及医疗等造成的压力应在可控范围内；

5. 如果与二孩政策配套的措施及设备能够及时完善，免去人们的后顾之忧，则二孩政策的实施可能会前进一大步，达到预想水平。

参考文献

[1] 百度百科. 二孩政策 [EB/OL].https：//baike.so.com/doc/5331276-5566513.html.

[2]2010 年第六次全国人口普查主要数据公报（第 1 号）[R].http：//news.ifeng.com/gundong/detail_2011_04/28/6038844_0.shtml.

关于少数民族汉化情况的调研

——以坡贡镇及周边地区布依族为代表

课题组成员：黄雅杰，黄明慧，陈林立，周敏
指 导 老 师：赵子林，欧阳唯一

摘要：随着我国经济发展，现代化推进，汉文化影响随之扩大。一方面带给民族地区先进的科技文化，另一方面使少数民族在自身发展过程中丢失了部分原有的文化习俗。布依族是我国56个民族重要的组成部分，人口居少数民族第12位，对其汉化情况研究具有一定代表性。坡贡镇属于关岭布依族苗族自治县，为少数民族聚集地，汉族人口较少。但是由于经济发展、文化传播等因素，存在民族发展融合的趋势，主要表现就是少数民族汉化。调研团队经过前期走访和问卷调查等形式发现，坡贡镇布依族不少优秀民族文化逐渐消失，传统蜡染技术存在失传倾向，食物、服饰、建筑等民族特色逐步改变。其调研结果表明，坡贡镇布依族人民受教育程度低，文化素养普遍不高，大量人口流失，对于传统文化的保护意识薄弱。政府部分政策难以落实，社会关注度较低。

关键词：布依族汉化；文化传承；文化素养

改革开放以来，我国各项事业取得了辉煌成就，经济发展稳步提升，国民生产总值位居世界第二，到2020年将全面建成小康社会，全国各族人民都在享受经济发展带来的成果。西部地区经济高速发展推动社会革新，少数民

族原有的衣食住行习惯发生改变，部分优秀文化在传承中逐渐消失。汉民族文化的影响力随之扩大，少数民族生活习惯与汉族逐步趋同。当地人民的观念也在随之改变，对于传统文化有不同的态度。国务院在《“十三五”促进民族地区和人口较少民族发展规划》中指出，少数民族发展主要目标之一是民族文化繁荣发展。

少数民族优秀文化传统及非物质文化遗产流失的现状不容忽视，对此研究迫在眉睫。尤其是最近民族问题层出不穷，民族矛盾没有得以良好解决。因此我们将少数民族文化素养作为一个分析点，从文化传承与文化素养之间的辩证关系出发，结合坡贡镇及周边地区布依族现状，对少数民族汉化做出合理解释，并为文化传承与人民素养提升提出建议。

在本次调查中，我们以少数民族文化传承情况为切入点，以坡贡镇布依族为代表，调查研究坡贡镇及周边地区布依族传统文化传承发展状况。调查该地区产业发展和国家扶持情况，以及对于传统文化的影响，特别重视旅游业对于少数民族地区的利弊作用。希望通过我们的调研报告，能为相关研究提供依据，能为当地文化传承与发展提供建议，引起当地政府对于传统文化保护以及良性发展的重视，为物质文明建设与精神文明建设提供可行方案，实现经济与文化发展双赢。

我们在调研过程中借鉴了很多前人关于少数民族地区汉化情况调研的经验，发现大多数调研对象为苗族、壮族等人口较多的少数民族，对于布依族调研较少，而涉及布依族传统文化及衣食住行等方面的调研更少。我们所做的调研主要关注布依族民族习俗及传统文化，注重文化传承和少数民族地区人民文化素养。

一、研究概况

布依族是中国西南部一个较大的少数民族，是云贵高原东南部的土著居民，早在石器时代就在这里劳动生息，主要生活在贵州。2010 年全国第六次人口普查显示布依族有 287 万余人，现位居全国 56 个民族人口排名第 12 位。1953 年，贵州省各地布依族代表经过协商，根据本民族的意愿，正式统一用本民族共同自称“Buxqyaix”（汉语音译布依）为族名。

这次调研的地点聚居了许多布依族同胞。我们主要进行问卷调研，走访了哪亮村、上坡贡村、石头寨共三个布依族聚居的村寨，和布依族与苗族、汉族等民族的杂居村寨坡贡村。共发放问卷百余张，回收有效问卷90份。

数据处理和筛选条件：

第一，本次调研的对象是贵州省安顺市关岭布依族苗族自治县坡贡镇及其周边地区的布依族居民；

第二，调查的布依族居民中大部分人世代生活在当地，少数是近年来搬迁过来的；

第三，有效问卷的筛选标准为布依族居民本人填写或本人口述的完整问卷，其余的都作为无效问卷处理。

依据问题关联性分析，我们的调研问卷涉及布依族常用语言、衣食住行、传统文化、居民生活满意度等各个方面。

问题关联性分析：

第4、5、6题通过分析他们的常用语、对于布依语的使用情况、布依语是从哪里学会的等三个方面的情况，对当地布依族居民的布依语的使用情况、使用环境、传承情况展开了调查，旨在了解当地布依族人民对于本民族语言的熟悉程度和他们对于布依语的重视程度和传承情况。

第7、8题旨在了解当地布依族居民对于布依文的了解与熟悉情况；第9、10、11题侧重于布依族的传统服饰方面，其中又以布依族的传统“蜡染”作为重点进行调研，以此来突出布依族传统服饰的变迁；第12、13、14、15、16、24题分别从特色饮食、建筑风格、婚礼习俗、民族节令、古老传说、传统音乐形式等六个方面进行了调研，这些问题的落脚点都在于布依族人民传统生活方式的变迁。

第18、19、20、21、23、28题侧重于布依族传统文化的建设和保护，从个人层面、国家层面、社会层面和旅游产业等方面分析制约布依族传统文化发展的原因，了解布依族人民的现实生活状况，以寻求符合民意的解决方法。

第22、25、26、27题通过对当地布依族居民对于当下文化生活的满意度、休闲方式、获取信息的渠道、外出发展的欲望等方面的调查，基本了解了当地的文化现状，这对于文化建设与保护也具有建设性的参考意义。

根据走访和观察，我们发现许多布依族人身上都难以体现出布依族的民族特色，汉化程度非常明显，在语言、饮食、建筑、服饰等方面都有着明显的汉化倾向。

语言方面：布依族的语言是布依语，但是随着普通话的推广和普及，许多布依族人特别是小孩子，基本上从小接受的语言教育就是普通话，所以大部分只会说普通话了。而且不少会布依语的成年人不重视本族语言的传承，不会教给孩子布依语。

饮食方面：布依族酷嗜狗肉，有“肥羊抵不上瘦狗”之说，他们爱吃狗肉与生活的环境有关，需要狗肉等热性食物来缓解湿气。另外，他们平时常吃冷食。但是根据我们的实地走访，除了少数人表示会吃冷食，大部分布依族人民饮食饮食习惯已经和汉族人无异。

建筑方面：布依族的传统住宅是干栏式木房子，但现在已经渐渐转变为汉族人居住的小平房。在走访的布依族村寨哪亮村中，所有的木质结构房子都早被拆除，除开几户经济比较困难的家庭是住石板房，其余基本是住小洋房。

服饰方面：布依族的蜡染极负盛名，是布依族的标志性文化，蜡染技术源远流长，蜡染布是一种精致的工艺品，也是布依族人们在生活中常用到制作裙子的布料。但是如今学习继承蜡染的人已经不多，大部分年轻人都没有蜡染布料的衣裙，取而代之的是现代的上衣和裤子。

国家制定了一些政策来保护和支持少数民族的发展，对民族区域自治地方长期给予人力、物力、财力上的大力支持。目前，国家每年对少数民族地区各省、自治区的财政定额补贴近80亿元，还设立了若干专项资金扶持少数民族地区，对少数民族贫困地区实行减免税收的优惠政策，采取减轻负担、优惠投资等特殊措施，并设立了少数民族地区温饱基金。少数民族地区经济因此得到发展，但是部分优秀传统文化在发展中因得不到重视而消失。希望通过我们的调研能为相关文化保护工作提供参考，引起社会各界的重视。

我们用大学生的眼界进行调查访问，以大学生的思维认真调研。通过与村民、学生、校长等不同职业的人接触，我们对布依族、对坡贡镇有更多的了解。或许我们的观点不够成熟，或许我们的视角看不到深层问题，但是作为大学生，我们将用与时代发展同步的思维思考，立足少数民族汉化现状，关心传统文化的未来，尽我们所能为每一个问题提出解决方案。

二、调研数据及调研地点汉化现象分析

运用单一性问题分析法，分析重点问题的每个方面，由此可以呈现汉化的具体情况。

本次调研的有效问卷为90份，其中世代生活在当地的居民有78份，近年来搬迁的居民有12份，分别占比86.67%和13.33%，我们此次调研的主要对象为前者。在发放的有效问卷中，按照年龄分类，6~18岁为25人，所占比例为27.78%；19~40岁为24人，所占比例为26.67%；41~65岁为27人，所占比例为30%；这三个年龄阶段的人群分布比较均匀。66岁及以上为14人，在开展调查的所有人群中人数最少，主要受身体与文化水平限制，所占比例为15.55%。在受教育程度上，小学或初中文化水平的为57人，所占比例为63.3%；高中为13人，所占比例为14.44%；大学为4人，所占比例最小，仅有4.44%；其他的有16人，所占比例为17.78%，大多是未接受过教育的老年人。

由于许多小孩或老人文化水平有限，在进行调研的过程中，队员尽量通过口述的方式询问和记录数据，以确保数据的精确。在调研过程中，我们发现布依族聚居的村子汉化程度明显弱于杂居的镇子，文化水平也相对较低。在保护布依族传统文化方面，我们发现比较有见解和想法的集中在19~40岁的高中、大学文化水平的青年人和中年人身上。

（一）文化传承情况对布依族汉化的影响

经过数据总结发现，文化传承问题对于布依族汉化情况有十分大的影响。这里的文化，是包括饮食文化、建筑文化、服饰文化等方面广义的文化。比如布依族传统的蜡染就独具一格。文化需要发展，但是发展的前提是传承，少数民族文化应该在传承中发展。我们在调研中发现，不少优秀传统文化没有得到良好传承，有的文化在发展过程中逐渐消失。文化传承失利会使一个民族逐步丢失民族特色，文化传承对于保护少数民族传统文化也具有一定影响。

（1）语言文化传承情况对于布依族汉化的影响

布依语的传承与发展趋势折射出布依族“汉化”进程的加快。

虽然问卷数据表明使用布依语的人仍然较多，但在实际调研中，不少人

同时选择了布依语与汉语两种语言，在语言方面运用普通话趋势非常明显。而其中小孩子大多以汉语作为常用语。这说明在社会的发展过程中，少数民族在日常用语上日趋向汉族靠近。

表 1　坡贡镇及周边地区语言使用情况

常用语言	汉语	40%
	布依语	60%

表 2 表明少数居民已经不会说布依语了。我们在走访中发现，在布依族聚居的地方，例如布依族的村子或者寨子，所有人都会说布依语，他们以布依语和汉语作为双母语；而在布依族与汉族或其他少数民族杂居的地方，如街道、镇中心等，会说布依语的人较少，他们基本只说汉语。

表 2　您会说布依语吗

您会说布依语吗?	比例
会，并且可以进行日常交流	80%
会一点，不能正常交流但基本能听懂	7.78%
不太会，只会说简单的问候	3.33%
不会，不用这种语言	8.89%

关于布依语是从哪里学到的问题，我们获得的回答十分多样。其中爷爷辈教的、爸爸辈教的、日常生活中学会三个选项选择人数相差不大，也有部分人没有学过，不会说。由此表明，祖辈父辈对于布依族文化的有意传承是延续布依族文化的关键，布依族居民生活的环境也十分重要。这对于我们研究布依语的演变趋势具有重要的参考意义。

语言是人类最重要的交际工具，是文化的载体，一般来说，每一个民族都有自己的语言。布依语是布依族的重要标志，在我们调研的过程中，采访到 66 岁以上的居民较少，一是因为他们看不懂字也听不清我们说话，二是因为他们只会说布依文而我们听不懂。所以，他们的后代，41~65 岁的人中，基本上也以布依语作为常用语，兼用汉语。而 19~40 岁的人常用语言就为汉语了，18 岁以下的人基本不会说布依语。这样的趋势表明布依语并没有得到良好的传承，随着年轻一代的长大，会说布依语的人将越来越少。

分析其原因，首先，由于坡贡镇附近有黄果树大瀑布风景区，所以当地居民受到旅游业的影响较大，由于外来游客所用的语言几乎都是汉语（除外国人），所以当地布依族居民也渐渐习惯了以汉语作为常用语。其次，从调查中我们发现，布依族居民中有意识地传承和保护布依族文化的人不多，而且接近 40% 的人都不是从祖辈或是父辈那里学习的布依语，这说明年长一点的布依族居民没有强烈的传承本民族文化的欲望。最后，在我们分年龄阶段的调查中发现，大部分 6~18 岁的学生都不太会说布依族的母语，因为他们从小接受的教育就是汉语，平时的生活环境也是说汉语，所以在他们这一代身上，我们已经可以看出布依语的衰微趋势，这也从侧面证明了少数民族语言汉化的进程的确在加快。

民族文化传承离不开民族语言，语言逐步消失将是对于传统文化的重创。就算现在看来使用布依语的人还很多，但是我们不得不承认布依语逐渐式微。尤其是在外打工或居住在城市中的布依族，受环境影响他们基本都不会说布依语。语言逐渐被汉化也是布依族汉化的重要体现。

（2）历史文化传承情况对于布依族汉化的影响

坡贡镇及周边地区布依族历史文化传承情况反映“汉化”进程加快。

在进行调研前，我们通过各种资料查到布依族是有本民族文字的，甚至有符号型、方块型、拼音型等多种形式的古文字，但有 90% 的人表示从没听过这三种古文字。在调研中发现，“会并且可以熟练书写”只有 1 人，“会写部分简单的文字”的也只有 12 人，这说明布依族的文字并没有受到族人的重视，甚至有不少人告诉我们不存在布依文。虽然他们在日常生活交流中仍然会使用布依语，但是全都使用汉字书写。另外，由于布依文属于拼音型文字，与汉字的构造方法不同，因此不存在布依文与汉字混用的情况。

表3　布依语的书写情况

您会写布依文吗?	比例
会，可以熟练书写	1.11%
会写部分简单的文字	13.33%
不会写但认识	16.67%
不认识也不会写	68.89%

我们在前期搜集资料的时候提取出了三个有代表性的布依族的古老传说，分别是“洪水朝天”“黄果树瀑布的传说”以及“卜丁射太阳”。在

调研过程中，我们发现只有一人完整地了解这三个故事。分析数据表明，超过 90% 的人都只听说过“黄果树瀑布的传说”，但大部分人并不能完整地叙述出该传说的基本内容。6~18 年龄段的人基本上没有听说过这三个传说，19~40、41~65 年龄段的人大多只听说过“黄果树瀑布的传说”，只有少数的 66 岁及以上的老人记得“洪水朝天”的传说。这说明在文化传承的过程中，布依族的古老传说并没有得到良好的保存和继承。我们猜想，如果不是因为黄果树瀑布就在离当地不远的地方，可能“黄果树瀑布的传说”也会鲜为人知。

（3）服饰文化传承情况对于布依族汉化的影响

布依族传统服饰的发展前景体现布依族“汉化”进程加快。

对于“是否有布依族的传统服饰”这一问题，12.22% 的人表示“有，并且经常穿”， 而 28.89% 的人表示没有。从这组数据中我们可以看出，经常穿传统服饰的人非常少，这部分人又以手工艺人和中年妇女为主；而一半的人都选择了有传统服饰，但是不常穿，他们平时还是以穿着简便的现代服饰为主，这部分人主要以中年人为主；选择了“没有”的人主要以杂居在汉族中的布依族居民和青年为主。由此看出传统服饰已经逐渐从日常生活中退出，不再受到族人的重视。

表 4　布依族服饰的传承情况

您有布依族的传统服饰吗？经常穿吗？	比例
有，并且经常穿	12.22%
只有重大节日或重大事情时才穿	58.89%
没有，基本没穿过	27.78%
没有，需要时会借别人的穿	1.11%

布依族的服饰独具特色，主要体现在其特色的制布手法——蜡染上，布依蜡染以其独特的制作手法与制作工艺传承已久而且颇有名气。其传统服饰基本都用蜡染布制作，并且其花纹中包含古老传说等历史。在我们的调查中发现，65.56% 的人对于“蜡染”都不熟悉甚至从未了解过。作为一项具有代表性特色的布依族的传统手工艺，蜡染这一制作工艺在现实中却渐渐走向衰微，蜡染技术的现状可谓十分严峻，亟待布依族人民的传承和保护。

表5 居民对布依蜡染的了解情况

关于蜡染	比例
熟悉，有制作蜡染布的经验	33.44%
了解，清楚制作工序但没制作过	11.11%
知道大概过程但没做过	16.67%
没有制作过	38.78%

在对几位至今还用蜡染制衣的阿姨询问中得知，在她们小时候，所有的女孩子都会蜡染，大家都穿传统服饰，都包头帕，男子有对襟短衣、大腰大裤，未婚女子佩花飘带，已婚女子着大襟短衣等服装独具特色。遗憾的是，在我们去调研的四个村寨中并没有看到有一个人穿了传统的民族服饰，最多是上了年纪的人头上裹了头帕，他们所穿都与汉族无异。虽然不少人都表示在重大事情发生时会穿民族服饰，但是问及是否还会用蜡染布制作时大部分人都摇头了。幸运的是，蜡染得到了政府的重视，有指定的传承人将其一道道工序传承下去。不可否定的是，会制作工艺的人逐渐减少，穿民族服饰的时间越来越少，在服饰上，布依族被汉化得很明显。

（4）关于坡贡镇及周边地区布依族特色“蜡染”技术的调研与分析

布依族的蜡染是极具布依族传统文化色彩的手工艺，是一项从宋代起就有所流传的技艺，但是如今只有少数布依族的妇女熟悉和了解这项技艺，因此这是一项急需保护的传统手工艺。

蜡染是蜡画和染色的合成，而布依族的传统染色以蓝靛色为主，一般成品都会呈现出蓝白相间的效果。由于蜡染画在点、线、面上配合有致，宾主、大小、蓝白疏密得当，且附带自然生成的冰纹的虚实变化，使得蜡染布的白底蓝花或者蓝底白花都显得清新自然、清秀淡雅又韵味十足。

资料显示：布依族蜡染，以贵州西部镇宁、安顺、关岭、晴隆、普定一带最盛行。贵州镇宁一带地处黔中腹地，为古夜郎国的中心地区。布依族多居住在平坝或靠近河谷的村寨里，妇女们个个都是点制蜡染的能手。

我们前去调研的关岭地区就靠近镇宁一带，但是在我们的调查中发现，大部分的布依族居民都有用蜡染布制作的传统服饰，但是熟悉和了解蜡染布的制作的人已经寥寥无几了。在石头寨里，我们发现了两家专门售卖蜡染服饰和蜡染挂画、扇子等工艺品的店子，店主都是布依族的妇女，店里的东西都由她们亲手制作而成。其中一位还是人大代表，接受过江泽民主席的接见。她表示，自己非常希望蜡染技术能够流传下来、传播出去，她也一直致力于此。但现实情况非常严峻，现在已经没有多少人愿意继承这一项技术，更多的人都倾向于购买批量生产的服饰，对于这种凝聚民族智慧和手工艺人心血的传统服饰已经不再重视了。

这也从侧面印证了我们调研数据的科学性。我们在关于布依族的传统服饰的那几道题目中设置了专门针对蜡染技术的题目，结果显示，65% 以上的人都不熟悉蜡染布的制作，甚至觉得没有传承蜡染技术的必要。可以说，单从布依族的传统服饰的变迁和蜡染布的使用上来看，布依族的人民已经在不自觉地抛弃本民族的传统文化而向汉族靠近了。

（5）饮食及建筑文化传承情况对于布依族汉化的影响

布依族饮食习惯和建筑风格的改变折射出“汉化”进程加快。

每个民族都有自己特色的饮食文化，我们采访一位教师得知，布依族传统的饮食习惯是吃冷食，喜食狗肉，爱喝米酒，惯吃腌菜。但在调研的几个村寨中，许多人表示已经没有吃冷食的习惯，更有人表示狗肉吃多了不好，已经不吃狗肉。不过吃腌菜喝米酒的习惯没有什么改变，不少老人都表示会自己制作。虽然在饮食习惯上与汉族趋同，不过布依族仍保留了民族特色饮食。

在我们所调研的哪亮村中，村民告诉我们早在十多年前传统木楼就被拆除，被砖房、石楼所取代，而今村里基本都是现代小洋楼。在询问为何不保留一些传统建筑时，不少人都表示生活水平提高了原来的房子自然要被拆掉。在我们调研的几个村镇中，只有石头寨因为需要发展旅游业还保留了大群石楼建筑，但石头寨的石楼也是被改造过了的。布依族传统建筑文化逐渐被小洋房取代，在建筑文化上被汉化得非常明显。

（6）风俗文化传承情况对于布依族汉化的影响

风俗文化的变更表现“汉化”进程加快。

此次关于风俗文化的调研重点在于布依族婚俗与节日。依据我们之前查到的资料，布依族婚礼有“开口亲”“定亲”“结婚”三个阶段，有接八字、煮九碗等风俗。老人们向我们表示这些习俗原来都有，现在“不兴”了，现在布依族的婚礼省掉了不少步骤，过程与汉族婚礼相差无几，只是穿着布依族传统服饰而已。年轻人觉得现在的婚俗没有什么不好，原有的婚礼太过麻烦。我们了解到，现在只有布依族与布依族之间的婚礼还保留了一部分传统婚俗，而布依族与汉族之间的婚礼基本都穿西式婚纱，这说明随着时代的变迁，部分传统习俗已经渐渐向汉族的习俗演变。

在节日方面，我们采访了一位当地对于布依族文化研究颇深的老人。他提到，在布依族聚居的寨子中，因为全是布依族人，所以大家都过布依族节日。布依族节日是很多的，有大年节、二月二、三月三、四月八、六月六、七月半、十月初一等，大部分的节日都十分热闹。但由于出门打工的人越来越多，人口流失，许多不那么盛大的节日都已经不过了。而在与其他民族杂居的地方，布依族基本只过三月三、六月六这几个重要的民族节日。除此之外，布依族也同样过汉族的节日，如正月十五就过得十分隆重。由此看来，随着民族融合趋势增强，布依族具有民族特色的风俗也将会逐渐流失，人们过节习惯逐渐改变。

（二）教育与文化素养对布依族汉化的影响

在此次调研人群中，最小的 7 岁，最大的 82 岁，各个年龄阶段都有涉及，但是文化水平在初中及以下的占了近八成。66 岁及以上的人中只有一人读过小学，50 岁以上的妇女基本没读过书。新成长的一代中，许多人在结束了九年义务制教育后就选择辍学打工。由于受教育程度低，文化素养不高，当地布依族居民意识不到汉化的影响。

（1）教育与文化素养对布依族文化的影响

从表 7 中我们可以看出，大部分的布依族居民把制约文化发展的矛头指向族人的文化素养不高。我们在走访中也发现许多居住在寨子里的布依族居民不重视教育，孩子在接受完九年制义务教育后一般都学习职业技术，不再重视知识与素质教育。也有居民向我们反映政府配套措施做得不够好，村寨之间扶持力度不统一。这些因素对于传统文化都有不同程度的制约作用。

表 6　制约布依族文化发展的原因

您认为制约布依族传统文化发展的原因有哪些?	比例
族人文化素养不高，意识不到传统文化需要保护发展	45.56%
政府不重视，没有配套政策扶持发展	21.11%
资金不足，投入的保护发展资金过少	13.33%
现代文化对传统文化冲击过大	20%

在我们的了解中，小学基本上是几个寨子共有一个，初中一般都是镇上才有，而高中就要去县城读。但是考高中对于村寨的学生来说是十分困难的，他们一般选择读技校。在调研中，不少人都认识到自身的素质确实不高，文化水平不够。教育落后使得民族文化宣传、传统文化传承、产业开发等方面的人才缺少，所以他们面对汉化都是一种顺其自然的态度。在关于教育的重要性上，只有60%的人认为教育作用重大，相当一部分人忽视了教育的作用。文化素养水平不够，没有能力传承和保护本民族传统文化，失去民族特色而被汉化。

（2）教育与文化素养对产业发展的影响

坡贡镇位于关岭布依族苗族自治县与镇宁布依族苗族自治县的交界地带，而黄果树瀑布风景区就位于镇宁县，所以当地居民文化素养的高低也会影响旅游业的发展。不少资料表示，旅游业的发展对于民族地区一直是一把双刃剑。靠近黄果树的布依族居民对于旅游业有两种态度：一种是感谢旅游业带动了经济发展，提高了收入；另一种是埋怨政府只重视经济效益，对于其他产业支持力度不大。有居民觉得一些旅游业工程的建设，需要毁林开山，破坏生态环境。这说明旅游业的发展的确对当地布依族居民的生活产生了双面影响。

我们走访的寨子中，石头寨算得上是旅游景区，但由于石头寨的名声不够响，所以前来观光游览的游客远远少于前往黄果树游玩的游客，所以寨子里仍有大量人口外出打工，不少人还以种地为生。虽然寨子独具特色，可居民难以利用如此有利的条件为自己提高收入，致使许多旅游业的从业人员竟然是汉族人。文化素养不高一方面令他们对民族传统文化了解不足，另一方面使他们难以与游客进行很好的沟通。因为传统文化在他们身上的体现越来越少，汉化程度越来越高，当地民族特色也逐渐减少，旅游业竞争力逐年降低。我们在采访当地的一名教师时得知，政府的财政支持大多偏向于黄果树瀑布附近的布依族居民，而对于石头寨的布依族居民并没有给予足够的关注和支持，故而许多当地布依族居民都有所不满。政府的精确扶持的确是急需解决的问题，布依族居民也希望政府能够多听取村民的意见和建议，逐步提高居民文化素养。

（3）教育与文化素养对居民意识产生的影响

关于在有闲钱时是否会出资保护民族文化的问题，绝大部分的人选择了

“会，这是我们的责任”，很多人表示这是一定会做的。从数据来看，选择“不会”的人占 17.78%，其中又大多是 40~65 岁的中老年人，他们大多没有接受过良好的教育，文化水平不够，所以在保护本民族的文化上也没有足够的重视。

表 7 出资保护民族文化的意愿调查

如果您有足够的闲钱会主动出资保护本民族文化吗?	比例
会，这是我们的责任	82.22%
不会，文化现状较好没有必要出资	3.33%
不会，有其他用途	14.45%

在我们的走访中发现，大部分布依族居民对于“汉化”概念完全不清楚，许多人都把汉化理解为“汉话”，即普通话。对于汉化这个问题，我们的调研队员需要通过细致的解释来寻求布依族居民的共鸣。在和他们的交谈中，我们发现他们并不抵触汉化问题，许多人甚至认为这是一个好的趋势和现象，没有必要做出调整或是有意地保护本民族文化。他们“被汉化”的意识不高，缺少保护本民族文化的自觉和行动。可以说，正是由于他们的这种心理，才导致了布依族文化的汉化进程逐渐加快。

三、针对少数民族汉化问题提出的建议

（一）树立保护民族文化的正确意识及科学观念

该问题触及广，涉及内容多，因此在所有措施实践前，要树立好以下几点意识与观念，为长期方案保驾护航。

第一，坚持不动摇。少数民族的汉化问题是由历史长期积淀形成的，这决定了解决该问题不能一蹴而就。况且汉化问题在潜移默化中经历了由浅到深、由表及里的转变，今后的工作必然是持续、漫长的。不论政府还是个人，都要明确这一事实，不可丧失信心，采取消极散漫的态度对待，而应耐心处理，细致规划，保持高度的工作热情与信心不动摇。

第二，高度责任感。“事不关己，高高挂起”是工作中最忌讳的心理。我们在调研途中，明显感受到当地部分居民冷漠、不在意的态度。部分居民懒于出力，无问题意识，听之任之，或认为自己无能为力。无论文化程度高低、年龄大小、能力强弱，每个人都应尽一分力量。

第三，客观无偏见。汉化没有明确的好坏定性，它会带来双重影响。因此对待汉化与少数民族的文化继承要客观分析，区分事态的变化达到何种程度才可定义为汉化；其次是平衡二者发展。如今，汉化已是不可阻挡的趋势，在这股强流下，我们必然要抱有公正的觉悟，广博地吸收，广泛地传承。

第四，抓重点关键。在一切工作开始前保持清晰头脑分析问题，理顺条理与脉络，排序出问题主次；切忌“胡子头发一把抓”，不重实际现实。要以大量实践为基础，针对当地居民生活状况与心理定势，找到最突出的矛盾，对其集中力量攻克解决，找准核心方案。对次要问题，则可收敛力度，保存力气，让次要矛盾的解决服务主要矛盾的化解，从而推动关键问题的解决。

第五，尊重当地习惯。工作的开展与实施更多是外来人员发起，少数民族的居民作为被调动的一方，却是最关键的角色。所以，一切行动的前提要以尊重当地人民意思为先。工作者要弱化自我存在，更多成全少数民族意愿，考虑对方的接受习惯与能力，站在对方角度思考问题。在双方达成共识的情况下，再进一步开展后续工作。

（二）政府及个人实践民族文化保护对应措施

为保障该问题得到合理解决，政府与个人都有相应的责任承担。政府层面可从以下五个方面入手。

制定科学持久的政策。政府固然是做出了扶持的支持，但其方案的科学性、可行性明显不够。其一是在空间方面，黄果树瀑布景区的布依族族民受到的待遇明显比其他地区的族民要高，这容易引起其他族民的不满，导致对政府政策丧失信心与积极性的局面。其二是在时间方面，石头寨的居民向我们表示，政府早几年对当地扶持工作起到了良好的效应，但可惜在近几年并未坚持贯彻实施，从而让当地发展缓慢。政府要重视以上问题，不可因为旅游地区经济效益好，过度支持；也不可半途而废，挫伤族人信心，引起不满。在实践前，争取高度科学的方案制定。在实践中，坚持推进不放弃。

完善非物质文化保护法规。改革开放以来，随着党和政府各项惠农惠民政策的贯彻实施和市场经济的发展，农民经济收入不断增加，生活水平不断提高，很多具有特色的老建筑被拆除，代之而起的是一栋栋现代化的新型住宅。一些独具特色的民族村落及其建筑遭到不同程度的破坏，导致了民族特色的消失。这一现象在调研地哪亮村尤为突出，当地房子百分之九十五以上已成为现代小洋房，不仅如此，村落已出现严重的人口流失问题。照这种趋势延续，尤其在居民保护意识不强的情况下，哪亮村终有一天会没落，丧失自我传统。因此，政府可充分利用法律手段，提高居民的警惕性。据了解，镇宁县在实施文化强县战略，颁布相关法律后，取得了良好效应。这刚好证明了立法工作的必要性与强效性。

加强保护整理、申报非物质文化遗产工作。以布依族为例，可收集布依族古籍，尤其是几乎被族人遗忘的布依文和三种传统型文字；收录布依族的民间故事和神话传说，以文字形式记录，改变听说过某个传说的名字却无法讲述它具体内容的现状；重点保护蜡染技术，记载蜡染的具体工序和方法，让其他族民也能学习掌握，从而发扬光大该项传统；记录布依族的传统民歌，具体分类成不同节日、场合的曲目，详细呈现乐谱及歌词。每一种内容都有登录和申报为非物质文化遗产名录的可行性和价值意义。

丰富民族文化、传统节日内涵，组织民族文化传承培训。政府可抓住人民好热闹、崇喜庆的心理特点。布依族的民间传统节日是丰富多彩的，如三月三、六月六、赶秋节、赶干洞、四月八、尝新节等，表现形式多种多样。可结合相关民俗节日等编排出不同歌舞，在传统的基础上开拓，形成能提高参与率的活动形式。在节庆当天，可聚集当地居民共同参加，一来改善部分留守儿童、空巢老人无人相伴过节的局面，二来在团聚过程中扩大了节日影响力，提高族民的重视度。另外，做好了相关传统文化的实录和整理后，可对少数民族人民进行素养培训，让文化传承回归到最原始、纯正的环境，交由族民自己完成。只有真正深入群众，了解他们想要什么，最适合什么才能深化“传统文化是一个民族的根，是一个民族的精神家园”这一共识。

宣传民族文化，建立历史文化馆或民族陈列馆。利用当下最流行的元素和渠道，政府可积极创新传播载体，进行民族文化宣传工作。充分利用线上与线下的手段，进行实况跟踪报道，号召更多其他地区的人们关注，召集更多志愿者参与其中，从而扩大保护工作的知名度与影响力。政府可将整理好的少数民族传统文化信息公开展现，建设文化馆或陈列馆，供人参观、游览、学习。这不仅丰富了旅游业的内容与形式，还深化了文化继承的内涵。通过以上措施的宣传，真正让少数民族人民保护自身非遗由原来的“自发”传承向“自觉”传承保护转变，这无疑有利于非物质文化遗产的延续。

针对不同人群的特性，我们从四个方面对个人做出以下建议。

其一，提升个人素养，积极配合国家政策方针。由于早期经济发展受阻，国家教育普及率不高，导致了布依族族民受教育程度较低，素质修养有限，文化缺乏被重视、保护的氛围。文化的传承，不仅应当自我了解，对身边人也有传达信息的必要，扩大方针方案的知名度。此外，形成响应的行动力，出台的政策应当以保护当地少数民族文化为初衷和重点，作为被保护的一员，要积极响应国家的号召，每个人都该意识到自身具有义不容辞的义务。

其二，青年人应树立学习传统文化的自觉性。由于成长环境汉化严重，缺乏天然本土文化熏陶，许多青年人完全不了解本民族文化内涵。青年人是文化传承过程中的主力军，可借助他们好新奇、好创新的心理，丰富文化传播的手段与形式，赋予传承的活力与新意，同时还可以引导他们充分利用课堂资源，通过各种平台的展示，增强对本民族文化的自信，最终担当起传承民族文化的责任，从而完成民族文化传承的历史任务。

其三，中年人应提高传统文化保护意识。根据调研我们得知，漠视文化保护的心态更多集中在中年人，他们或外出打工无心顾及家乡变迁，或缺乏感观文化变迁的环境而不曾意识到汉化，或明白汉化的发生但不闻不问。因此，提高自我对本民族文化保护的意识是最被需要的：多了解政府的相关措施，感受文化保护的紧迫性；多提升自身文化修养，增强本民族文化的认同感。对待子女，不可再坚持认为没有教育本民族文化的必要；对老一辈，可利用彼此通便的交流能力，帮助不会使用普通话的老人向政府传达他们自身掌握的最原始、正宗的少数民族文化。突破交流障碍，使文化传承畅通。

其四，老年人应主动传播该民族文化。可以说，某个少数民族最完整和纯正的记忆集中在该民族的老年人群体，但囿于他们少接收或未接收普通话和现代文化知识，常常导致语言交流的障碍和表达不清。但可喜的是，我们通过调研发现，老年人的文化保护意识是最强的，这正在于他们是整个文化变迁的见证者，因此他们对汉化现象，尽管不能明确定义它是什么，但最真实贴切地感受到了汉化，他们往往是对文化传统丧失最失落的群体。在我们对当地一位七十多岁的奶奶调研时，全程需要一位中年人进行讲解翻译，由此我们获得启发，老年人的文化传递在必要情况下可借助中年人的力量，两个群体共同的努力可迸发文化保护工作的新活力。

四、结论

综上，贵州省安顺市坡贡镇及周边地区布依族居住地汉化表现在：语言文字逐渐丧失流传；蜡染技术成为“绝学”；饮食习惯和民俗礼仪变迁；节日俭省；民间故事、神话传说失传等。布依族居民受教育程度不高、文化素养较低促使汉化进程加快。

针对该问题，族人需加强教育，提升个人素质；政府应制定合理方案，科学引导。二者合力而为，坚持不懈，才可带来良好效应。

参考文献

[1] 周国炎 . 中国布依族 [M]. 银川：宁夏人民出版社，2012：8-12.

[2] 陈岩 . 与时俱进弘扬少数民族传统文化 [N]. 中国民族报，2002-08-20.

[3] 中国台湾汉生杂志社 . 蜡染 [M]. 贵阳：贵州人民出版社，2008 .

[4] 贵州省民族事务委员会 . 布依族文化大观 [M]. 贵阳：贵州民族出版社，2012.

[5] 汛河 . 布依族风俗志 [M]. 北京：中央民族学院出版社，1987.

[6] 李旭 . 非物质文化遗产保护及其文化变迁研究——以镇宁县布依族为例 [J] . 湖北民族学院学报：哲学社会科学版，2016，34（4）：50-55.

[7] 杨昌儒 . 浅论布依族文化的旅游开发 [J]. 贵州民族学院学报：哲学社会科学版，2003：78，90-94.

[8] 周崇启 . 试论贵州布依族文化传承与中小学校园文化建设 [J]. 民族教育研究，2013，24（6）：111-115.

“我心中的改革”调研报告

——以湘西州四县为例

课题组成员：李月琦
指 导 老 师：赵子林

摘要：本文通过对湘西土家族苗族自治州龙山县、永顺县、保靖县、泸溪县部分居民（包括街道办事处工作人员、地方企业、城镇普通居民）发放问卷，了解地方群众对十八大以来全面深化改革建设的感受。调查发现，湘西州改革具有部分评价不高、宣传不够到位等情况。本文分析了地方群众对全面深化改革的整体印象，并对此提出政策建议。

关键词：改革；湘西州；群众感受

十八大以来，中央提出全面深化改革并且下发系列文件，在十九大胜利召开的今天，为检验十八大以来我省地方改革推进力度和群众的满意度、认可度，本次调研就中央、省委及地方三级改革相关领域的落实情况、进行群众满意度调查，分析结果，提出问题，以切实反应改革推进情况，促进改革事业更好发展。

一、群众对改革的感受分析

（一）数据来源与样本信息

本数据来源于湖南师范大学“我心中的改革”湘西州小组所做的走访调

查。本次调查问卷制由湖南省委改革办，共发放并回收调查问卷 36 份（龙山县 10 份、泸溪县 12 份、保靖县 10 份、永顺县 4 份），样本中的职业组成指向性明显，其中机关及事业单位的工作人员为 20 份，农民为 5 份，个体户 4 份，工人 3 份，其他为 4 份，覆盖了四县的农村、县城区域，农村为 17 份，县城为 19 份，比例约为 1 ： 1，在人群和地区分布上面均有一定的代表性。

（二）地区深化改革的整体实施现状

1. 对中央、省委全面深化改革决策部署及落实了解情况

调查结果显示，在四县中，对中央改革决策部署情况基本了解的比例为 56%，部分了解的比例为 36%，非常了解的比例为 8%，不了解的人数为 0。对中央、省委改革措施落实情况评价认为非常好的人数占比 70%，认为打了折扣的人数占比为 22%，认为基本落空的人数占比为 6%，认为走了样的人数占比 2%。在精准扶贫和社会保障两项重要改革的评价上，集中在基本满意、满意和非常满意的人数分别占比 86%、97%。

表 1　受访者对中央、省委全面深化改革决策部署及落实的了解情况

选项	非常了解人数占比	基本了解人数占比	部分了解人数占比	不了解人数占比
对中央改革决策部署了解情况	8%	56%	36%	0%

表 2　受访者对中央、省委改革措施落实情况的评价

选项	认为非常好人数占比	认为打了折扣人数占比	认为基本落空人数占比	认为走了样人数占比
对中央、省委改革措施落实情况感受	70%	22%	6%	2%

表 3　受访者对国家两项重要改革的评价

改革领域	非常满意	满意	基本满意	不满意	不了解
精准扶贫方面改革	31%	30%	25%	11%	3%
社会保障方面改革	28%	38%	31%	3%	0%

通过对群众对中央、省委全面深化改革决策部署和落实情况的调查，我们发现，群众对中央和省委的决策部署都有一定了解，但存在程度差异。这

可能是和受访者的职业有关，机关事业单位从业人员经常接触相关文件，因此对中央、省委全面深化改革的决策部署更加了解。受访者对中央、省委改革措施落实情况的评价集中在“认为比较好”的正面评价，但仍存在一部分群众认为其落实情况不完善，需要更进一步加强。精准扶贫和社会保障领域两项关系民生的重大改革，群众关注度较高，其中社会保障领域改革的总体评价高于精准扶贫领域，就调研过程看来，这与部分居民落选贫困户之后主观感受相关。总体而言，地区对中央、省委的改革大政方针及落实情况持乐观评价。

2. 对当地改革情况的了解及满意程度

调查结果显示，当地改革氛围在群众中评价较正面，认为当地改革氛围非常好的群众占比 64%，认为本地各部门协同推进改革情况协调好、力度大的群众占比 58%，皆占半数以上，评价为“一般”的群众占比都为 33%，少数群众评价较低，3% 的群众认为所在区域改革阻力大，另有 6% 的群众认为本地协同推进改革情况有点乱，3% 的群众认为不作为；群众对当地职能部门深入基层情况的评价基本满意以上占比 97%；就群众对当地教育改革、医疗改革、行政审批改革三项改革评价来看，90% 以上群众对教育改革评价为基本满意及以上，约 85% 的群众对医疗改革和行政审批制度改革评价为基本满意及以上。

表 4　受访者对当地改革氛围的描述

选项	非常好	一般	消极对待改革	改革阻力大
所在区域改革氛围	64%	33%	0%	3%

表 5　受访者对当地各部门协同推进改革情况的评价

选项	协调好、力度大	一般	有点乱	不作为
本地各部门协同推进改革情况	58%	33%	6%	3%

表 6　受访者对当地职能部门深入基层情况的评价

选项	非常满意	满意	基本满意	不满意
职能部门深入基层情况评价	36%	42%	19%	3%

表7　受访者对当地几项重大改革情况的评价

改革领域	非常满意	满意	基本满意	不满意	不了解
教育改革	31%	30%	30%	3%	6%
医疗改革	31%	33%	22%	8%	6%
行政审批制度	28%	33%	25%	11%	3%

从群众的评价看来，当地改革氛围总体较好，本地各部门协同推进改革和深入基层工作情况较好，并且当地的教育、医疗和行政审批制度的改革也卓有成效，群众满意度较高，但不能忽略少数人的意见，还有少部分群众对当地的这三项改革不了解，说明存在宣传不到位的情况。

3. 对全省范围内各领域改革的评价

调查结果显示，群众对于全省范围内各项改革的总体满意程度较高，评价为基本满意及其以上的人数占比大约为85%；具体的包括经济领域、农村领域、生态文明领域、行政领域、民主法制领域、文化领域、司法领域、社会领域、党建领域和纪检领域等十项领域，群众满意度普遍较高，评价基本满意及以上的人数占比均保持在85%左右。

表8　受访者对全省范围内几项重大改革情况的评价

改革领域	非常满意	满意	基本满意	不满意	不了解
总体感受	36%	36%	16%	3%	9%
经济领域改革	36%	30%	28%	3%	3%
农村领域改革	36%	39%	22%	3%	0%
生态文明领域改革	36%	44%	17%	0%	3%
行政领域改革	39%	28%	25%	0%	8%
民主法制领域改革	28%	41%	19%	3%	9%
文化领域改革	31%	39%	22%	0%	8%
司法领域改革	30%	36%	28%	0%	6%
社会领域改革	30%	41%	26%	0%	3%
党建领域改革	39%	38%	17%	0%	6%
纪检领域改革	38%	48%	8%	0%	6%

就调查情况而言，全省范围内的主要改革落实情况良好，群众满意度较高，但仍然存在群众不满意或者不了解改革内容的情况，经济、农村、民主法制领域改革存在群众不满意评价；而除了农村领域改革，其余领域皆存在

群众不了解改革内容的情况。

二、结论

（一）问题提出

就中央、地方改革的方针、具体措施和氛围以及全省范围内的十项具体改革措施的评价中可以看出以下几点问题：

1. 整个湘西州的改革落实情况良好，百姓满意度较高，但也不排除与受访者职业分布有关（此次调查问卷主要受访者多为改革办联系、安排），同时发现仍存在群众评价不满意的改革内容。

2. 存在群众对改革内容和措施不了解的情况，说明有关职能部门宣传工作不够到位，缺少对政策更接地气的解读和传达。

（二）结论与对策

1. 地方及基层改革单位需要加强对基层的走访调研，切实了解群众需求，聆听群众意见，解决好改革进程中群众不满意的问题。

2. 加大改革宣传力度，创新改革宣传方法，将中央、省委的改革精神更好和更接地气地传达给群众。

"精准扶贫的法治保障"调查与研究

课题组成员：游紫薇，程月，龚聪琦，尹宗悦
指导老师：朱海龙

摘要：文章在采取广泛并深入的调研之后形成，分为三个主体部分。第一部分，从村民基本情况、村民法治观念和法律意识、精准扶贫工作开展状况三个方面，梳理整合了湖南省邵阳市绥宁县及云南、黑龙江等省26个村的精准扶贫实施情况调查结果。为本文后续论述提供了现实状况的数据支撑。第二部分，分析调查结果，发现精准扶贫实施过程中存在的问题。总结了精准扶贫工作中三个普遍存在的问题：第一，村民扶贫观念未转化，欠缺长远发展眼光，过分依赖政府；法治观念欠缺，受经济文化水平因素的限制，造成知法用法的困难。第二，基层精准扶贫工作依法办事的落实力度不够，精准扶贫各阶段的实施程序不规范。第三，政府的扶贫法律体系以及监督机制不完善，精准扶贫工作的开展没有明确具体的法律规范。第三部分，针对精准扶贫工作中出现的问题，提出了依法推进精准扶贫的建议。第一，加强普法工作和扶贫思想教育，提高村民的法律意识，改善村民的扶贫观念。第二，提高基层扶贫工作人员的法治观念，促进基层扶贫工作依法实施。第三，完善扶贫政策与法律体系，构建完善的监督机制。

关键词：精准扶贫；法治建设；扶贫观念；法

在当今中国，经济高速发展，社会日新月异，农村建设也在有条不紊地进行，村民受教育水平不断提升，法律意识也不断增强，而在依法治国的新背景下，农村法治建设也得到了国家和公民个人越来越多的关注。在我国众多的贫困村中，农村纠纷问题的复杂性与多面性尤其突出，以至于在扶贫过程中经常遇到阻力，影响农村脱贫致富的效率和成效。

习近平总书记曾多次强调，消除贫困、改善民生、实现共同富裕，是社会主义的本质要求；没有农村的小康，特别是没有贫困地区的小康，就没有全面建成小康社会。为深入学习贯彻党的十八大以及习近平总书记系列重要讲话精神，响应总书记“精准扶贫”的号召，特开展此次调研活动，了解农村扶贫工作和农村村民法律意识现状，促进基层工作开展中精准扶贫政策的落实和优化农村法治建设环境，并结合依法治国背景和自身专业特色，为扶贫工作提出合理性建议。

一、调研的目的及意义

中国有着五千年的农业文明史，是一个名副其实的农业大国。“三农”问题不仅关系到国民素质、经济发展，还关系到我国社会稳定、国家富强、民族复兴。一直以来，“三农”问题都被列为国家的工作重心之一，其中扶贫开发工作更是作为“三农”工作的重中之重。贫困是我国乃至全世界经济社会发展过程中无法回避的客观现象，处在社会主义初级阶段的我国，贫困人口基数大，脱贫工作难度大。为解决我国贫困问题，党的十八大以来，以习近平同志为核心的党中央制定精准扶贫策略，全面展开精准扶贫工作，发挥其在脱贫致富、全面建成小康社会过程中的重要作用。2017 年 2 月 5 日，中央一号文件《中共中央国务院关于深入推进农业供给侧结构性改革加快培育农业农村发展新动能的若干意见》正式发布，连续 14 年聚焦“三农”工作。全面脱贫是我国在 2020 年全面建成小康社会必须迈过去的一道坎。

湖南省邵阳市绥宁县关峡苗族乡插柳村属于国家级贫困村，村里贫困人口众多，经济发展较为落后。为响应教育部“十三五”直属高校定点扶贫工作，自 2015 年起，湖南师范大学扶贫工作小组开始进村驻扎，成立帮扶小组，对村民进行定点帮扶。两千多年来，湖南师范大学发挥学科、人才、科研等方面的优势，结合插柳村当地的实际情况，在助推插柳村旅游业产业发展升级、经济发展、提供多样化决策咨询服务等方面开展了系列卓有成效的工作。但结合我校帮扶过程中的情况以及全国对于贫困村扶贫工作的开展情况研究，我们出现了忽视扶贫法制化建设，村民的知情权、参与权等法律工作缺失的问题。为深入了解以插柳村为代表的贫困村法治建设情况，准确把握法治建设与精准扶贫工作间的关系，探寻其中存在的问题及发展方向，此次我们湖南师范大学法学院赴插柳村调研队伍主要是以插柳村作为调研核心，并走访周边大园村、石家村、上白村、小乡村、赖梅村和绥宁县司法局、扶贫办，以及全国多个贫困村，针对村民生活和扶贫过程中出现的法律问题进行调查研究，一方面为我校定点帮扶工作添加助力，为插柳村的扶贫工作减小阻力；另一方面发挥好法治建设与精准扶贫间的关系，法治建设助推精准扶贫工作，为精准扶贫提供保障，并为全国广大贫困村的扶贫工作提出可行性的建议，从而推进全面建成小康社会进程。精准扶贫中贯彻法治精神，法治扶贫落实到位，从而强化依法治国理念。

二、调研内容

其一，在插柳村举办两场红色论坛，均围绕为插柳村传播法律正能量和法治新思想开展，通过主讲人讲演、互动，运用情景化、对话式的方式来营造良好的法治气氛，增进村民对法律的了解欲望，提高其法治意识。

其二，进行三场法律咨询活动，张贴法治横幅 20 余条，也是在插柳村内进行，意在为村民实际解决法律问题和困惑，普及法律知识，同时在村内形成良好的遵法、守法、爱法、用法氛围，传播法治建设为扶贫工作保驾护航的理念。

其三，相继走访了插柳村及周边大园村、石家村、上白村、小乡村、赖梅村和绥宁县司法局、扶贫办，同时委派 20 名志愿者去到外省各地进行问卷发放工作。共完成问卷 300 份、贫困户深度访谈 60 份（其中分为 30 分脱贫速度快的村户访谈 30 份和脱贫速度慢的村户访谈 30 份）、扶贫队工作人员访谈 6 份、村委会工作人员访谈 6 份以及司法局工作人员访谈和扶贫办工作人员访谈各 1 份，并在 6 个村捐助《宪法》和《婚姻法》若干册。对问卷数据和访谈记录的分析是我们工作的重中之重，通过对村内扶贫工作基本情况、其中遇见的法律问题以及村民的态度等分析，我们去发现扶贫过程中法律漏洞与难题，村民们一些错误的法治观念，从而能够提出我们的建议与意见。

三、调研问卷分析

（一）村民的基本情况

村民作为扶贫政策的实施对象以及本次扶贫工作情况调研的主体，了解其基本情况为分析的必要。通过对村民基本信息进行统计，了解不同政治面貌、受教育情况、不同工作岗位上的人数基本分布情况，从而为后期数据分析提供更加精确的判断。

表 1　村民政治面貌情况

中共党员		共青团员		民主党派人士		群众	
N	P	N	P	N	P	N	P
91	11.32%	115	14.3%	10	1.24%	588	73.14%

在此次 804 名村民问卷调查中，村民的政治面貌大多为群众，占总数的 73.14%，有 11.32% 的党员和 14.3% 的团员，以及 1.24% 的民主党派人士。

表 2　村民受教育情况

小学及以下		初中		高中 / 中职		专科及以上	
N	P	N	P	N	P	N	P
290	36.07%	272	33.83%	136	16.92%	106	13.18%

村民受教育程度普遍较低，如表 2 所示，大多为小学及以下还有初中学历，小学及以下的占总数的 36.07%，同时有 33.83% 的村民有初中学历，少量高中或中职，占 16.92%，只有 13.18% 的村民学历在专科及以上。

表 3　村民工作情况

全职务农		在外务工		个体经营户		其他	
N	P	N	P	N	P	N	P
401	49.88%	100	12.44%	55	6.84%	248	30.84%

通过调查，我们对村民工作情况有所了解，其中目前全职务农最为普遍，人数占到总数的 49.88%，如表 3 所示，有 12.44% 的村民在外务工，还有 6.84% 为个体经营户，部分村民做其他工作，占 30.84%。

（二）村民的法治观念和法律意识情况

针对村民对法律的了解情况，了解法律的途径，了解扶贫政策的情况，了解扶贫政策的途径，当合法权益受侵犯时村民首先选择的解决办法，当别人向自己借数额较大的钱时怎么办，当看到身边的人做了违反法律的事时，会怎么办等不同方面，我们对调研结果进行了分析。

表 4　村民对法律的了解情况

对法律有一定了解		完全不了解法律	
有		没有	
N	P	N	P
354	44.03%	450	55.97%

村民对法律的了解情况如表 4 所示，我们可以从对村民的法律意识调研情况中了解到有 44.03% 的村民对法律常识有一定的了解。由此可见，法律在村中的普及度还算比较高，但是由于被访问人员中过半的人都是小学学历或者文盲，知识水平的有限是制约村民了解法律的重要原因，因此仍有近 55.97% 村民完全不了解法律。村两委应当继续完善村内的法制宣传制度，全面普法，争取让全部村民知法、守法、敬法。

从调研结果中我们可以看出，村民主要是靠看电视来了解法律，通过村镇的宣传、教育、纸质媒体以及网络媒体来交接法律的只占少数。导致这种结果出现的因素是多样的：一方面，村民的受教育水平对他们了解法律的途径有一定的制约；另一方面，村镇的法律宣传机制不完善，这也对村民了解法律产生了一定的消极印象。

表 5　当合法权益受到侵犯时，村民首先选择的解决办法

多一事不如少一事		利用暴力手段解决，教训对方		自己私下找对方协商解决		找村委会协调解决		向法院起诉，通过打官司解决	
N	P	N	P	N	P	N	P	N	P
101	12.56%	29	3.61%	287	35.7%	330	41.04%	57	7.09%

如表 5 所示，在自己合法权益受到侵犯时，有 35.7% 的人选择私下协商解决，41.04% 的人选择找村委会协调，进而维护自己的权益，选择私力救济的人数占到了总人数的三分之二以上，而选择向法院起诉，打官司的只占到

7.09%。究其原因，经调查了解，大多是村民们以为自己了解法律，但实际上他们对法律一知半解，仅是凭自己对法律的臆测去行事，认为用法律解决事情会耗时耗力。所以，私下解决或者找村委会协调是大家一贯的做法，更省时省力。当然，好的情况是大家会积极维护自身合法权益，维权意识增强，并且大都是通过合法途径来维护权益，极少数才会选择以暴制暴。

表 6　当别人向自己借数额较大的钱时，村民的应对办法

写借条，找熟悉的人签字证明		只写借条就可以了		不写借条，口头承诺		什么都不用		看情况再说	
N	P	N	P	N	P	N	P	N	P
299	37.19%	167	20.77%	237	29.48%	74	9.2%	27	3.36%

在需要使用法律知识时，绝大多数村民是根据自己的生活经验和道德观念来对待，无法从法律角度解决问题，这表明村民对法律的认知不够。以平常借贷为例，当遇到别人向自己借钱时，只有 57.96% 的人会要写借条，37.19% 的人除了写借条外，还会找熟悉的人签字证明，而 9.2% 的村民不需要任何凭证。但我们在调研过程中了解到因为借钱的事情发生纠纷矛盾是村民间不和睦的最常见原因之一，也是村民们向我们咨询得最多的问题之一，其中问题大多出在无有效借款合同，即缺乏借条或者借条内容不全。我们也了解到村民们觉得别人向自己借钱不用打借条的原因是因为人情，觉得打借条没必要的也是怕会影响熟人间的感情，因此对于法律在借钱这方面维护自身权益的规定自然也就忽略不计了。

表 7　当看到身边的人做了违反法律的事时，村民的应对办法

制止并劝其自首		向相关部门举报		看情况再说		不闻不问，不理睬	
N	P	N	P	N	P	N	P
217	26.99%	208	25.87%	268	33.33%	111	13.81%

如表 7 所示，看到身边的人做了违反法律的事，有 33.33% 的村民选择看情况，而 13.81% 选择不闻不问、不予理睬，村民往往觉得虽没有必要参与其中但还是要观望一下，根据其严重程度来判断自己是否要出手帮助，免得损害自身利益。有 26.99% 的人选择制止这种行为并劝其自首，说明部分村民守法意识较强，知道违法之事不可做并且一旦违法就要接受法律制裁。只有 25.87% 的村民选择向相关部门举报，由它们来处理解决，表明村民们对相关行政、司法部

门的了解与信任度远远不够，我们政府的普法宣传工作还是有所欠缺。

四、 扶贫工作的开展现状

党的十八大以来，围绕全面建成小康社会的目标任务，中央对扶贫工作做出重大战略调整，提出建立精准扶贫的工作机制。本次调研采取了多种形式，通过走家访户对村民们展开深入访谈、实地调查，并向当地的干部了解村镇扶贫工作开展的实际情况以及扶贫政策给村民的生活带来的实际影响，以帮助分析村民的致贫原因，找准扶贫的有效途径。

表 8　村内对扶贫相关信息的公示情况

经常公示		偶尔公示		没有公示		不清楚	
N	P	N	P	N	P	N	P
302	37.56%	228	28.36%	92	11.44%	182	22.64%

如表 8 所示，在了解村内对扶贫相关信息的公示情况时，多数村民认为经常公示，占总数的 37.56%，相当部分的人选择偶尔公示，占比 28.36%，还有一部分表示不清楚，只有 11.44% 的村民表示没有公示。值得肯定的是，农村对于扶贫工作的重视度提升，村民对于扶贫信息的关注度也有所提高，这从表 10、11 的数据也可以得出。同时不可忽略的是，仍有相当部分的村民不清楚这些信息的公示情况，其中有无关自己的利益、忙于生产生活等原因。表 14 所反映的数据也提醒我们要真正使政策深入人心，得到村民们的支持理解，还是得注重提高村民们参与村务的积极性，增强集体感、荣誉感。

表 9　村内决定扶贫工作大事时征求村民意见的情况

都会征求		偶尔征求		从不征求		不清楚	
N	P	N	P	N	P	N	P
221	27.49%	218	27.11%	189	23.51%	176	21.89%

评价村内扶贫工作是否落实到位，是否能够惠及真正需要的人，村内决定扶贫工作大事时征求村民意见的情况是重点调查的内容。如表 9 所示，表示都会征求和偶尔征求的村民人数并不是很多，而有相当部分的村民表示村内决定扶贫工作大事从不征求村民意见以及不清楚是否征求，其中从不征求占比达 23.51%。缺失程序正义的正义便不是真正的正义，同样要做到扶贫工

作得到村民的理解与支持，达到扶贫效果令村民满意，就必须提高工作的透明度与公众参与度，集中民智与民需，最终达到真正解民急、聚民心。

表10　村内评选精准扶贫对象的方式

召开村民大会公开投票		村民小组推荐，村委会决定		个人自主申报，村民评议，村委会决定		没有评议评选		不清楚	
N	P	N	P	N	P	N	P	N	P
115	14.3%	254	31.59%	251	31.22%	163	20.28%	21	2.61%

如表10所示，在精准扶贫政策下，对于精准扶贫对象的评选方式，从调研结果中我们可以看出，主要是由村民小组进行推荐，后由村委会决定。但还是有一大部分人认为没有评议评选就定下精准扶贫的对象，少部分人认为会举行村民大会进行投票或自主申报、评议、决定后产生扶贫对象。导致这种结果出现的因素是多样的：一方面，村民对这一政策的了解还欠缺，对精准扶贫的了解积极程度还不够；另一方面，村镇的政策宣传机制不完善，一部分村民不了解精准扶贫的政策。

表11　村民了解扶贫政策的情况

非常了解		比较了解		一般		了解一些		非常不了解	
N	P	N	P	N	P	N	P	N	P
43	5.35%	132	16.42%	174	21.64%	304	37.81%	151	18.78%

如表11所示，当询问到村民是否了解扶贫政策时，只有5.35%的村民表示非常了解，比较了解和一般了解的村民也只分别占采访人数的16.42%和21.64%，占比都很少。相反，只了解一些扶贫政策和非常不了解的村民却占了大多数。这说明大部分的村民对扶贫政策并没有太多的了解。造成这种情况的原因有很多，主要包括村民自身的文化水平过低、脱贫意识不强、村内宣传不足等。

表12　村民对扶贫政策实施效果的评价

非常满意		比较满意		一般		不太满意		非常不满意	
N	P	N	P	N	P	N	P	N	P
74	9.2%	166	20.65%	362	45.02%	161	20.03%	41	5.1%

如表 12 所示，在调研村民对扶贫政策实施效果的评价中，我们发现有 45.02% 的村民觉得扶贫政策实施效果一般，比较满意和不太满意的人数持平，分别占到 20.65% 和 20.03%，非常满意和非常不满意的情况为极少数。调查结果显示，村民对于村内扶贫政策的落实情况满意度一般，同时也反映出两个问题：一是村民未能正确认识到精准扶贫的真正意义，产生了事事依赖政府帮扶的错误的依赖思维；二是扶贫政策未能完全依据村庄的实际情况实施，也未开展完善的扶贫宣传，导致扶贫工作做得不到位，部分贫困村民未能得到实际帮助，也使部分村民对于村两委产生了抵触情绪。

表 13　在精准扶贫实施中村民对干群矛盾、村民纠纷、村民上访等现象的了解状况

有		没有		不清楚	
N	P	N	P	N	P
292	36.32%	196	24.38%	316	39.3 %

如表 13 所示，当询问到村民有无上述问题出现时，有 39.3 % 的村民表示不清楚是否有无这些现象的发生，表示有此类现象和没有此类现象的村民分别占采访人数的 36.32% 和 24.38%。这说明相当部分的村民不太会关注村里精准扶贫政策的实施，但有少部分人了解村里精准扶贫政策实施的有关事宜。造成这种情况的原因有很多，主要包括村民自身的文化水平过低、脱贫意识不强、村内宣传不足等。

表 14　精准扶贫政策实施过程中干群矛盾、村民纠纷、村民上访此类现象的出现情况

干群矛盾		村民纠纷		村民上访	
N	P	N	P	N	P
164	56.16%	156	53.42%	92	31.51%

村民对精准扶贫过程中出现的现象反映最多的是干群矛盾，村民纠纷和村民上访的情况也很多。由此可见，此政策在实施过程中出现了不少的问题。造成此类现象的原因有很多，比如：村里对此类政策的宣传不是很完善，有可能让村民对此造成误解；村民的脱贫意识不是很强烈，争当贫困户；农村贫困的现状多种多样，政策中对于贫困户的衡量标准不能满足现实中复杂的现状等。

表 15　被列为精准扶贫对象中有无继续打牌赌博、打架斗殴、游手好闲的人的问卷情况

有		没有		不清楚	
N	P	N	P	N	P
218	27.12%	213	26.49%	373	46.39%

如表 15 所示，在调研村民有无精准扶贫对象继续做上述事情时，有 27.11% 的村民认为精准扶贫对象继续打牌赌博、打架斗殴、游手好闲，也有 26.49% 的村民认为精准扶对象并没有做此类事件，但是有 46.39% 的村民不清楚此事。由此说明，精准扶贫对象中，还是有一部分人没有努力脱贫，反而继续打牌赌博、打架斗殴、游手好闲。精准扶贫给予了他们资金上的支持，让他们更加安于现状。将近半数的人没有关注精准扶贫对象，可以折射出很多人在一定程度上没有关注精准扶贫这项政策。

表 16　村民对被列为精准扶贫对象继续打牌赌博、打架斗殴、游手好闲的问卷情况

继续打牌赌博		继续打架斗殴		继续游手好闲	
N	P	N	P	N	P
137	62.84%	50	22.94%	137	62.84%

如表 16 所示，在调研村民对扶贫对象有无继续打牌赌博、打架斗殴、游手好闲的过程中，我们发现有 62.84% 的村民觉得扶贫对象继续打牌赌博，有 62.84% 的村民认为扶贫对象继续游手好闲，仅有 22.94% 的村民觉得扶贫对象继续打架斗殴。调查结果中可以看到，大多数村民认为扶贫对象没有努力使自己脱贫，反而整天无所事事，甚至惹事。造成这种情况的原因主要有两方面：一来村里无论是不是扶贫对象，都有着打牌的爱好，在列为扶贫对象后还会继续打牌；二来部分村民的确安于现状，并没有积极借助精准扶贫这个政策使自己脱贫，脱贫意识还不够强烈。从侧面反映出村民们的精神脱贫还有待提高。

表 17　村民认为本村扶贫工作中应优先解决的问题

提高低保水平，解决基本温饱问题		提供项目资金、技术和人才支持		解决子女就学困难		解决大病治疗费用问题		其他	
N	P	N	P	N	P	N	P	N	P
177	22.07%	168	20.9%	221	27.49%	322	40.05%	89	11.07%

表 17 显示的是村民认为在扶贫工作应优先解决的问题，这些都是与村民生活息息相关的问题。从表格中我们可以看到，27.49% 的村民关注子女就学困难问题，40.05% 的村民关注大病治疗费用高、无保障的问题，这两个问题在我们调查的问题中占据了最高的比重，也是扶贫工作中最应当关注和解决的问题。其他的比如基本温饱问题也有 22.07% 的村民关注，这也是老百姓实打实的生活问题，是村民最基本的困难。这三项都是关乎衣食住行、生老病死的问题，比重相对较高，但也有 20.9% 的村民需要提供项目资金、技术和人才支持，说明在精准扶贫进程中，部分村民们的思维开始转变，努力提高自力更生、自我发展能力。

表 18　村民认为推进精准扶贫，达到小康目标应有什么保障

加强村两委干部队伍建设		完善村民自我管理		加大资金投入与支持		提升村民法治意识，加强村里法治建设		转变村民脱贫观念，调动村民主动脱贫积极性	
N	P	N	P	N	P	N	P	N	P
577	71.77%	466	57.96%	546	67.91%	516	64.18%	508	63.18%

如表 18 所示，在村民看来，推进精准扶贫，达到小康目标的保障，也就是村民希望得到的保障，由表可以看出村民最希望得到的是加强村两委干部队伍建设以及加大资金投入与支持，分别占 71.77% 和 67.91% 的比例，说明要达到小康，村民一想要村干部的正确领导，二想要资金，被访人员受教育程度普遍不高，多数在家务农，对法了解较少；另外 64.18% 的村民也希望能够提升村民法治意识，加强村里法治建设，63.18% 的村民认为要转变村民脱贫观念，调动村民主动脱贫积极性，57.96% 的村民认为应完善村民自我管理。

五、调研结果

（一）调研中发现的问题分析

从问卷结果以及与村干部、扶贫工作队的访谈过程中，我们不仅了解到了农村问题的复杂性与特殊性，也从中总结出了在整个法治推进与扶贫过程中面临的一些问题。具体有以下几个方面的问题。

1. 村民扶贫观念未转化，法律意识存在欠缺

（1）村民脱贫意识不强

问卷调查中，关于“推进精准扶贫，达到小康目标的保障有哪些”这个问题大多数村民选择的答案是加大资金投入与支持，而不是调动村民主动脱贫积极性，说明贫困村经济结构单一，单打独干，难以发展一体化产业项目，且收入构成不合理，外出务工工资性收入比重较高，缺乏收入稳步增长的长效机制。

群众“等”“靠”“要”思想较为突出，劳动技能欠缺，增收门路不宽，自身发展内生动力不足，主观上致富愿望迫切，但怕担风险、不敢闯、不敢试、不敢投资，主动参与意识不强，龙头企业带动和辐射作用发挥有限，持续增收能力不强。

（2）村民思想转变缓慢

农村留守人员老人居多，受教育程度普遍偏低，村民接受信息的渠道狭窄，接受新知识、新技术的能力差，思想观念陈旧，生产经营能力较低，缺乏致富能力和发展门路，抵御风险和自我发展能力脆弱。

（3）村民法律意识淡薄

农民群众法治意识与农村法治建设成正相关性，农民群众法治意识越高，农村法制建设程度越高。由于贫困地区缺乏教育、交通较为闭塞，相应的，贫困人口对法律制度和规定往往较为陌生，再加上多年的旧思想和文化水平所限，其行为更多的是依靠自身观念指引而忽视法律的保障。主要表现为：在权利受到损害时，无法通过法律渠道来维护自己的合法权益。正是由于村民法律意识相对淡薄，不懂得利用法律武器保护自己，维护自己的权益，使得扶贫工作中出现的损害其合法利益的现象更为猖獗。

（4）村民维权意识欠缺

扶贫工作中执行者往往也欠缺相应的法律意识，对于罪与非罪没有明确的界限划分，捞取利益专“钻”政策漏洞，在缺乏政策执行细则、操作弹性大的情况下，歪曲政策，大打擦边球，只执行对自己有利的部分，无益的则束之高阁，造成贪腐行为“能见度低”“可见光小”“隐匿性高”的错觉。贫困地区村民维权意识相对缺乏，很多直接受害人，即留守村民们对这种现象似乎无可奈何，甚至默认。

2. 基层扶贫工作依法办事的力度不够

（1）扶贫工作程序不够规范

当下我国农村扶贫的主导力量就是行政机关，整个扶贫程序的运作主导者依然是行政机关。在工作执行过程中常常出现程序规范“政出多门”、利益者与监督者非对立、决策者与执行者以及监督者基本重叠、已有的程序规范不符合程序正义等。毋庸赘述的是，这就导致农民在扶贫中的话语权明显缺失，农民对扶贫政策的不信任的结果就不可避免。

（2）基层扶贫工作深入度有限

基层扶贫工作关键是要层层抓好落实。要把目标任务落到实处，目标明确到年、安排到月，任务具体到县到乡到村、落实到户到人。经走访调查，很多贫困户反映没有定期看到政府及扶贫工作队队员走访，在特殊节日等也很少前来慰问帮扶。这就可能导致贫困人口规模、分布、构成和特点等基本情况的界定和统计工作不充分，存在因户制宜，分类指导，逐村逐户地制定扶贫措施不“精准”的风险。

3. 政府扶贫法律体系以及扶贫机制的不完善

（1）扶贫政策规范性不强

相关扶贫政策和程序公开机制不够完善，结对帮扶制度、帮扶台账制度、驻点工作制度、释疑解困制度、公开承诺制度、划片包干制度、责任追究制度、信息上报制度、工作报告制度等目视化工作有待提升。

（2）扶贫信息透明度不够

在走访过程中，我们了解到当前村民对扶贫信息质疑最多的就是扶贫资金的使用管理。扶贫部门没有将扶贫政策、扶贫项目金管理制度、监管机制、建档立卡的情况很好地进行宣传，使公众对扶贫主体的信任程度大打折扣。

六、解决问题的可行性建议

（一）加强法治、扶贫思想教育，提高村民的法律意识和扶贫观念

（1）加强宣传教育，提高村民脱贫积极性

逐步改变村民的脱贫观念，加强村民思想教育，举办致富讲座，向村民强调积极主动脱贫的重要性；加大对农村社会事业建设支持力度，完善农村教育、医疗卫生、劳动就业、文化等方面的发展，从而安定农民生活，确保农村社会团结，维护农村社会安全，促进农村法治建设；同时大力开展产业扶贫，对农村产业结构进行调整，因地制宜，引入技术，发展当地特色产业，

拓宽农民收入渠道，增加农民收入，带动村民的生产和劳动积极性。

（2）落实政策方针，加强村民自治

加强村民自治组织建设，提高村民自治组织治理能力。村民自治涉及的主体则是村民委员会。村委会在村民自治过程中由于具备了一定的组织能力和村庄信息优势，能够有效对接国家自上而下转移的财政与资源，防止特殊利益群体的占用或俘获。以村民自治为主，可以有效地防止争贫、闹访问题。

（3）完善法治课堂建设，提高村民法律意识

农村法治建设不仅仅要在文件宣传上走进农村，也要在实践中走进农村。争取在每一个农村村委会能设立行之有效的法律咨询办公室，定期开展法律知识讲座，由律师或有一定法律专业知识的人给村民讲解一些法律知识，调解村内出现的法律纠纷。同时教会村民以信访、举报等合法途径表达自己的想法，维护自己的合法权益，从农民最关心的问题着手法律宣传，让其在遇到困难时，最先想到依靠法律维护自身的合法权益，为精准扶贫工作创造良好的法治环境。

（二）提高基层扶贫工作人员的法治观念，依法落实基层扶贫工作

（1）正确处理扶贫工作中的纠纷问题

法治思维和法治方式的运用有利于推进农村执法、司法人员依法办事，从农民自身利益出发，为农民考虑，为农民谋利。扶贫工作者尤其是各级领导干部要有学法遵法、懂法用法意识，要用法治的视角看扶贫，用法治的头脑想扶贫，用法治的方法抓扶贫，使扶贫工作自始至终都在法治轨道上运行。农民是农村的主体，在我国农村推行社会主义法治建设主要依靠农民。现代农村法治建设以农民权利为重，注重对农民权利的保护，不仅希望农民遵法守法，更希望农民能够懂法和用法。

（2）实施有效的扶贫模式

第一，为认定的贫困群体提供足够的资金支持，显著减少资金配套要求，确保专项扶贫资金到村到户解决贫困问题，也避免个别地区和部门借此挤占挪用扶贫资金。第二，凡是扶贫部门主管、相关部门实施的扶贫项目，必须强调扶贫到户，不能当成单一的产业发展项目来实施。而所有产业扶贫项目不能只有生产发展规划，必须强调市场营销方面的技术设计，以实现增产增

收，提值提效。必须要明确提出贫困户的盈利模式，不能让贫困户沦为简单的原材料提供者。第三，创新扶贫发展手段，包括依托贫困地区优势旅游资源，结合整村推进措施搞旅游扶贫，包括乡村度假旅游、休闲农业，甚至生态旅游，确保减贫和生态保护双赢。

（三）完善扶贫政策与法律体系，构建完整监督体系

（1）促进扶贫工作公平公正

村干部是村民自治组织的领导者，加强对村干部的管理制约，提高村干部的法律素养和法律水平，有利于更好地推进农村执法、司法进程。应加强对农村执法队伍的监督，确保农村基层执法人员在执法过程中做到公平、公正；加大扶贫工作的透明度，让每个村民了解扶贫现状，贫困户的评选要做到公平公正，让村民清楚了解其在扶贫工作开展过程中享有的权利和义务；同时建立为村民救济的相关途径，并鼓励村民以合法方式解决扶贫过程中的矛盾与纠纷。

（2）建立精准识别过失追究制

让村民代表和贫困户直接参与精准识别和精准帮扶决策过程，并与第三方社会监督服务结合，公开精准识别过程和结果，建立公众监督举报制度，确保精准识别和精准帮扶的公开透明和公正。

参考文献

[1] 刘解龙 . 经济新常态中的精准扶贫理论与机制创新 [J]. 湖南社会科学，2015（4）:157.

[2] 何平. 我国精准扶贫战略实施的法治保障研究 [J]. 法学杂志，2017，38（1）：50-58.

[3] 谭波. 我国精准扶贫的法治保障机制研究——以河南省为例 [J]. 公民与法: 法学版，2016（12）：9-12.

[4] 张星. 搭建精准扶贫的法治屏障 [J]. 人民论坛，2016（29）：44-45.

[5] 何平. 精准扶贫法治化的现实思考——以湖北省为例 [J]. 温州大学学报（社会科学版），2017，30（3）：30-37.

[6] 周强，胡光志. 精准扶贫的法治化及其实现机制探析 [J]. 福建论坛（人文社会科学版），2017（1）：118-125.

[7] 徐龙顺，李婵，宋娜娜，等 . 精准扶贫：理论内涵、实践困境与对策研究——基于山东菏泽两个村庄的调查 [J]. 中南林业科技大学学报（社会科学版），2016,10（6）：41-45.

关于网络舆论评价的社会调查分析

课题组成员：白斯桐，杜清越，李冰玉，罗芷涵
潘喜乐，喻达
指导老师：王海刚，李超民

摘要：为了探索不同年龄层、不同社会地位、不同性别的人群对于网络消息的关注度以及对于网络舆论的态度，并分析其间差异的原因，为人们辩证地看待和评价网络舆论提出更为合理有效的建议，小组成员们结合理论与例证，在为期十余天的暑期调研中去到了五个城市，通过线上线下问卷调查、各类型人物采访等方式调查了六百余人，获取了大量关于人们对网络舆论的信任度、看法和态度、建议等多方面的第一手信息，并对数据进行分析和总结，借以展示出我国群众目前对网络舆论的总体性看法，对其提出探索性建议。

关键词：辩证；网络；舆论

随着时代的发展和高科技的飞速进步，信息传播的速度越来越快。不同于以前时效性不高的报纸等纸质传播媒介，网络传播不仅传播速度快，而且传播范围广泛。便捷的网络为我们提供了随时随地碎片化阅读的机会，也给我们提供了随时随地发表评论的平台。网络舆论是公众以网络为平台，通过网络语言或其他方式对某些公共事务发表意见的特殊舆论形式。人民群众可以通过互联网了解国家事务，对国家政治、经济、法律、文化、教育、行政等活动进行褒贬评价，广泛、充分地交流并发表意见、建议。同时，事物都是有两面性的，

网络舆论也不例外。一方面，正能量的网络舆论可以引导正确的舆论思潮，推动文明绿色的网络环境的建设和社会发展；但另一方面，无法避免的，亦有人利用网络发表些负能量的言论，甚至引发公共危机。于是，这就引发了我们的思考，该如何辩证地看待网络舆论，本文将就此展开调查讨论。

一、研究目的

本文调查的目的是为了探索不同年龄层、不同社会地位、不同性别的人群对于网络消息的关注度以及人们对于网络舆论的态度，并分析其间差异的原因，为人们辩证地看待网络舆论提出更为合理有效的建议，构建和谐网络论坛。

因此，我们结合理论与例证，通过线上线下问卷调查、各类型人物采访等方式，获取了大量关于人们对网络舆论的信任度、看法和态度、建议等多方面的信息，并对数据进行分析和总结，借以展示出我国群众目前对网络舆论的总体性看法，对其提出探索性建议。

其内容包括：

（1）网络舆论在互联网时代下的问题及改良对策；

（2）网络舆论对于人们的思想方式、交往方式以及实践活动具有重要影响；

（3）在互联网时代下，传统纸质媒体的舆论影响减小，网络舆论发展迅速；

（4）网络舆论在引导民众观念中发挥着巨大作用；

（5）当今社会环境下，应重视网络舆论对社会的影响。通过对网络舆论的监督、分析、引导、建立相关管理机制，建设文明绿色的网络舆论环境。

其建议如下：

（1）树立辩证的网络舆论观；

（2）参与网络舆论应三思而后行；

（3）分清网络的虚拟性和真实性。

二、研究的方法

（一）确立调查对象

经过两个月的调查研究，调查各类样本共计 600 人。被调查者中男性人数320，女性人数280；成年人数为510，未成年人数90。

在研究被调查者身份对于辩证看待网络舆论的影响中，我们将以性别、年龄和被调查者对网络的信任感作为对比项目，研究其对辩证看待网络舆论的影响。

表1　被调查者性别及年龄表

被调查者	人数
男	320
女	280
成年	510
未成年	90

（二）问卷调查法

线下从调研成员所在不同地区各自随机抽取的100名调查者（共600人）中，按照标准化的程序施测，使用问卷填写的方式，并与他们进行调研相关问题的问答。

线上则制作了网络问卷调查，广泛在各类人群中转发填写，最后进行总结归纳。

（三）现场访谈法

课题组对湖南师范大学物理信息学院2016级学生金奇、湖南师范大学新闻与传播学院2016级学生杜清越、湖南师范大学新闻与传播学院2016级学生罗芷涵、哈尔滨师范大学2016级学生乔天骄和东北石油大学2016级学生杨刚进行了现场访谈，就辩证地看待网络舆论相关问题进行了深度交流。

（四）调查材料

调研小组共同编制《关于辩证看待网络舆论的调查问卷》，该问卷旨在获得人们是否能够辩证看待网络舆论的一些基本信息，如认为网络舆论有什么特点、网络评论是否会影响其对网络事件的看法、对于网络暴力有何想法、关于网络舆论的管理有何建议等。

（五）数据处理及统计方法

对调查回收的问卷人工统计分析。

三、研究过程

（一）被调查者身份对于辩证看待网络舆论的影响

1. 被调查者性别对于辩证看待网络舆论的影响

我们将被调查者性别作为对比项目，研究被调查者对于辩证看待网络舆论的影响。

表 2　性别对被调查者辩证看待网络舆论影响的对比

被调查者	人数	认为自己判断力高或较高	网络评论影响自己对事件的看法
男	320	305	225
女	280	190	167

表 2 显示：被调查者中男性人数 320，女性人数 280。从调查结果可知，对自己判断力保持信心的人数居多，半数以上被调查者认为自己的判断力高或较高。然而，从网络评论影响自己对事件的看法上来看，半数以上被调查者认为网络评论会影响自己对事件的看法，这说明网络舆论的作用在被调查者中十分显著。这一结论与其他理论研究的结论相一致。

2. 被调查者年龄对于辩证看待网络舆论的影响

我们将被调查者的年龄作为对比项目，研究其对于辩证看待网络舆论的影响。

表 3　年龄对被调查者辩证看待网络舆论影响的对比

被调查者	人数	认为自己判断力高或较高	网络评论影响自己对事件的看法
成年（≥ 18 岁）	510	462	210
未成年（< 18 岁）	90	68	22

表 3 显示：被调查者中成年人数为 510，其中认为自己判断力高的有 462 人，网络评论能影响自己对事件看法的有 210 人；未成年人数为 90，认为自己判断力高的有 68 人，网络评论能影响自己对事件看法的有 22 人。从调查结果可知，成年人士对网络舆论较有理性认识，能理性看待自己的判断力，同时能根据自己的判断来看待网络舆论。这一结论与其他理论研究的结论相一致。

3. 被调查者对网络的信任感对于辩证看待网络舆论的影响

我们将被调查者对网络的信任感作为对比项目，研究其对辩证看待网络舆论的影响。

表 4　网络信任感对被调查者辩证看待网络舆论的影响对比

被调查者	人数	认为自己判断力高或较高	网络评论影响自己对事件的看法
信任度高（≥ 50%）	374	54	296
信任度低（< 50%）	226	214	101

表 4 显示：被调查者中信任度被调查者中对网络信任度高的有 374 人，信任度低的人数有 226 人。在信任度高的人数中，认为自己判断力高或较高的人数有 54，认为网络评论影响自己对事件的看法有 296 人；在信任度低的人数中，认为自己判断力高或较高的人数有 214 人，认为网络评论影响自己对事件的看法有 101 人。从调查中可知，对网络信任度较高的人群中，认为自己判断力高或较高的人群占少数，而网络评论影响自己对事件看法的人群占多数；反之，在对网络信任度较低的人群中，认为自己判断力高或较高的人群占多数，并且认为网络评论能影响自己对事件看法的人数较少。因此对网络信任度低的人群更有自己的判断力，并且能更少让网络舆论影响自己对事件的看法。反之亦成立。这一结论与其他理论研究的结论相一致。

（二）网络情况对于辩证看待网络舆论的影响

1. 被调查者上网关注的事件对于辩证看待网络状况的影响

我们将被调查者上网关注的事件作为对比项目，研究其对辩证看待网络舆论的影响。

表 5　上网关注的事件对被调查者辩证看待网络舆论的影响对比

被调查者	人数	认为自己判断力高或较高	网络评论影响自己对事件的看法
娱乐八卦等软新闻为主	372	310	355
政治法制事件等硬新闻为主	228	203	88

表 5 显示：喜好以娱乐八卦等软新闻为主的人数有 372，其中认为自己判断力高或较高的有 310，认为网络评论影响自己对事件的看法有 355；喜好

政治法制事件等硬新闻为主的人数有228人，认为自己判断力高或较高的有203人，认为网络评论影响自己对时间的看法有88人。从调查中可知，热衷于娱乐八卦等软新闻者占人群中的大部分。且认为对自己的判断力较为自信，同时受到网络评论的影响较大；热衷于政治法制硬新闻的人数占较少部分，但大多数认为自己判断力高或较高，受到网络评论的影响较小。这一理论与其他理论研究成果相一致。

2. 网络评论对于辩证看待网络评论的影响

我们将被网络评论作为对比项目，研究其对辩证看待网络舆论的影响。

表6　网络评论对被调查者辩证看待网络舆论的影响对比

被调查者	人数	认为自己判断力高或较高	网络评论影响自己对事件的看法
影响大（≥ 50%）	177	58	158
影响小（< 50%）	423	396	220

表6显示：认为网络评论对自己影响大的有177人，其中认为自己判断力高或较高的有58人，认为网络评论对自己的看法有影响的有158人；认为网络评论对自己影响小的有423人，认为自己判断力高或较高的有396人，认为网络评论影响自己对事件看法的有220人。从调查中可知，认为网络评论对自己影响小的占大部分，且这些人群中对自己的判断力较为自信，反之亦成立。但无论是认为网络评论对自己影响大或影响小的人群，都认为网络评论会对自己产生不同程度的影响。这与其他理论研究成果相一致。

3. 被调查者对于负面网络评论是否发表看法对于辩证看待网络评论的影响

我们将被调查者对于负面网络评论是否发表看法作为对比项目，研究其对辩证看待网络舆论的影响。

表7　是否对负面网络评论发表看法对被调查者辩证看待网络舆论的影响对比

被调查者	人数	认为自己判断力高或较高	网络评论影响自己对事件的看法
从不	30	15	22
偶尔	402	228	198
经常	168	143	85

表 7 显示：认为自己从不发表网络评论的被调查者有 30 人，其中认为自己判断力高或较高的有 15 人，认为网络评论影响自己对事件的看法的有 22 人；偶尔发表网络评论的被调查者有 402 人，认为自己判断力高或较高的有 228 人，认为网络评论影响自己对事件的看法有 198 人；经常发表网络评论的被调查者有 168 人，认为自己判断力高或较高者有 143 人，认为网络评论影响自己对事件的看法有 85 人。从调查中可知，95% 的被调查者会选择在网络上发表评论表达个人看法，每个人都有自己的观点，这说明网络中有舆论繁杂的情况。但由数据分析可以得出，在所有人群中，半数以上认为网络评论会影响自己对事件的看法，其中以“偶尔”和“经常”的人数尤甚，这说明在网络评论的影响下，他们也会相对应发出“人云亦云”的评论，对网络舆论也产生较大影响。这与其他理论研究成果相一致。

（三）互联网状况对于调查的影响

1. 被调查者了解网络信息的途径对于辩证看待网络舆论的影响

我们将被调查者了解网络信息的途径作为对比项目，研究其对辩证看待网络舆论的影响。

表 8　了解网络信息的途径对被调查辩证看待网络舆论的影响对比

被调查者	人数	认为自己判断力高或较高	网络评论影响自己对事件的看法
微博微信	311	214	299
贴吧论坛	200	59	164
门户网站	89	77	23

表 8 显示：从微博、微信了解网络信息的人数有 311 人，其中认为自己判断力高或较高者有 214 人，认为网络评论影响自己对事件的看法者有 299 人；从贴吧论坛了解网络信息的人数有 200 人，认为自己判断力高或较高者有 59 人，认为网络评论影响自己看法者有 164 人；从门户网站了解网络信息者有 89 人，认为自己判断力高或较高者有 77 人，认为网络评论影响自己对事件看法者有 23 人。可以得出，被调查者即学生人群中多数通过微博微信来了解网络世界和外部信息，他们对自己的判断力也有较大的自信，然而其评论却对自己会有所影响；主要通过贴吧论坛了解网络信息的人数占据了所有调查人群的 1/3，但其中也有绝大部分人认为网络评论会影响自己对事件的看法；

通过门户网站了解网络信息的人群较少，但有较高的判断力，网络评论对自己的影响较小。这一结论与其他理论研究成果相一致。

在被调查者中，提出了建设网络舆论管理系统相关建议的人有 374 位，提出实名制的人有 210 位，提出加强惩戒措施的人有 109 位，其他有 87 位。调查结果表明，绝大多数人支持通过对网络舆论的监督、分析、引导、建立相关管理机制，建设文明绿色的网络舆论环境。其中建设网络舆论管理系统，作为一种较为完备的舆论管理方式，成为了最多人的选择。同时，实名制与加强惩戒措施的观点也得到了部分调查者的赞成。

四、研究结果

从上述分析与讨论中，我们认为对于人们辩证看待网络舆论的影响因素在于以下三个方面。

1. 被调查者个体因素

被调查者个体因素包括性别、年龄、对网络的信任感等，这几个因素对其辩证看待网络舆论产生影响。网络媒体伴随互联网的发展而兴起，瓦解了统一舆论，每个网民都是“没有执照的电视台”，信息生产的权力逐渐平民化，打破了前互联网时代传统媒体信息垄断的特权，改变了信息来源途径单一化的情形，形成多中心立体化的信息源。随着新媒体的发展，越来越多的人开始接触网络新媒体，网络普及化大大增强，提高了其看待网络舆论的辩证性。一部分人对铺天盖地的网络信息不是完全信服。但是，网络已经深入人们的日常生活，人们的生活受网络影响也十分巨大，许多常用信息都是从网络中获取；因此，大部分人对网络总是怀有一部分的信任感。

随着年龄增长，被调查者对待网络舆论会渐渐产生理性的认识，而作为青少年，认知能力不够完善，但是其理性不足，更容易被网络评论影响自己对事件的看法；同时，从调查得出结果，性别不同对待网络舆论也有不同的看法，男性较于女性会更加偏向理性化地看待。被调查者对网络的信任感也是重要因素之一，对网络信任感强，认为网络舆论可信度高；对网络信任感弱，认为网络舆论可信度低。因素中以对网络舆论的信任程度为主导因素。

2. 舆论环境因素

现今信息产业发达，各种行业的各种因素渗透网络世界，人们常常从其中了解自己想获得的信息。被调查者大部分有自己的思想，认为网络评论对自己的影响较小；但由于互联网的深入性，网络评论都对被调查者产生不同程度的影响。

被调查者在浏览网络评论的同时，对于负面网络评论，大部分人会发表自己的看法。正如中国社科院阂大洪教授认为，网络为民意搭建了一个表达的平台。网络舆论已经成为我国社会舆论的重要组成部分，对政府行为产生越来越重要的影响。正确引导网络舆论对于引导相应的事件发展有很大潜力。因素中以网络环境为主导因素。

3．互联网发展状况因素

互联网高速发展，各种网站纷纷出现，信息繁多，同时鱼龙混杂。学生人群以经常接触微博、微信为主，而微博、微信中的消息多有所谓“标题党”，博人眼球，所谓消息华而不实，各种假新闻也争相充斥，被调查者受此影响；因此，网络舆论对其影响较大。贴吧、论坛也是如此。反而观之，各大门户网站消息审核更为正规，所谓假新闻产生的概率更低，浏览者更能从中得出想要的信息，因此对于网络舆论的影响较少。倾向于喜欢阅读时政要闻的硬新闻的被调查者，相比喜欢阅读有趣的娱乐八卦等软新闻的被调查者，更能保持“理性”。因素中以被调查者接触网络舆论的途径为主导因素。

五、体会

第一，辩证看待网络舆论，有利于发挥网民群体在舆论控制中的作用，肃清不良网络舆论，建设文明绿色的网络舆论环境。网络改变了传统媒体单向性的传播规律，实现了真正意义上的传播互动，群众言论构成了网络舆论的主体。因此，辩证看待网络舆论，可以进一步推动良好网络舆论的形成。

第二，辩证看待网络舆论，有利于提高个人素质，树立正确三观。网络舆论带来许多积极影响的同时，一些对社会无用的、色情暴力的不良信息也充斥着互联网，以至于网络舆论的内容五花八门。在网络平台上，许多人忽视了道德底线，以污言秽语攻击他人。我们的一系列调查数据和相关的分析，能够准确详细地展现出目前群众看待网络舆论的态势，也可以使人们更清晰地了解网络舆论的利弊。

第三，辩证看待网络舆论，能够更好地向政府传达民意，有益于监督体系的完善，有利于我国政府清正廉洁作风的保持。网络是一种新的民意表达渠道，而网络舆论则是民意的表达。毋庸置疑，在政府的正确引导和网民的辩证看待下，网络舆论的发展方向将会更加良好。

“尽信书则不如无书”，对于网络舆论也是如此。网络不乏许多专业人士的真知灼见，值得我们学习借鉴，但也同时有一部分舆论以偏概全，刻意扭曲事实，偏离社会正常轨道。马克思曾言：唯物辩证法是认识世界和改造世界的根本方法。本文的研究分析正旨在帮助人们学会辩证地看待网络舆论。

（一）网络舆论在互联网时代下的问题及改良对策

第一，互联网时代下网络舆论不断渗透进人们的生活。

20 世纪末 21 世纪初，互联网以改变一切的力量在全球范围掀起一场影响人类所有层面的深刻变革，人类进入了一个全新的时代。随着新的技术发展，互联网互动、手机与互联网的互动日益频繁，信息的传播和交流方式发生了巨大的变化。在新媒体发展的今天，不同年龄层段的人开始接受各式各样的网络交流平台，并乐于在网络平台对某些公共事务发表意见。

第二，网络舆论对于人们的思想方式、交往方式以及实践活动具有重要影响。

第三，在互联网时代下，传统纸质媒体的舆论影响减小，相反网络舆论发展迅速。

第四，网络舆论在引导民众观念中发挥着巨大作用。

第五，当今社会环境下，应重视网络舆论对社会的影响。通过对网络舆论的监督、分析、引导、建立相关管理机制，建设文明绿色的网络舆论环境。

（二）网络舆论管理系统的建设

1. 文本检测过滤

文本检测在于信息检索，信息检索的核心是文本索引和检索。文本检测过滤就是对信息进行甄别后，找出满足需要的文本。随着计算机技术的发展，计算机程序对文本检测过滤的能力逐渐增强。通过建立网络舆论文本检测过滤系统，在每个 IP 发出一条消息时就及时将其内容进行文本过滤，利用内容主题词组和回帖数进行综合语义分析，识别敏感字和敏感话题。一旦发现异常，立刻拦截此条消息送入后台，交由相关信息人员进行处理。如果最后发现此条信息确实不符合相关规定，可以对该IP进行锁定并提出警告。在促进互联网的应用和网络技术的普及过程中，公安、电信、科研、互联网站等单位和行业应重视和支持对网络安全技术的研究，加强对信息的筛滤，起到信息“把关人”的作用。

2. 直播视频检测

随着网红热发展，直播软件大火，例如ME直播、歪歪语音、花样直播等。建立直播视频检测系统需要十分强大的技术支持，目前的技术还需要大量人员对各个直播平台进行人工监察，一旦发现哪个直播出现了不正常不和谐的内容，立刻使用权限叫停该直播，并由相关人员对该直播展开调查，一旦确认其传播任何违规内容，就取消该直播播主的直播权限。同时，直播视频检测还可以对直播留言的信息进行综合语义分析，识别是否包含敏感词，而智能的评定该直播是否具有违反规则的行为。

3. 舆论信息简报

网络舆论管理系统中的舆论信息简报功能，依托自主研发的搜索引擎技术和文本挖掘技术，通过网页内容的自动采集处理、敏感词过滤、智能聚类分类、主题检测、专题聚焦、统计分析，可以智能鉴别出舆论性质。它作为整个网络舆论管理流程中的一个必不可少的环节，为实现各单位对自己相关网络舆论监督管理的需要，最终形成舆论信息简报、分析报告、移动快报，为决策层全面掌握舆论动态，做出正确的舆论引导，提供重要的分析依据。

4. 验证码防护

验证码是一种区分用户是计算机和人的公共全自动程序，可以防止恶意破解密码、刷票、论坛灌水行为等。验证码的防护方式有数字、图片、汉字、英文字母等，因其操作简便、安全性高、时效性强等优点已被开发人员广泛使用，同样可以接入到网络舆论信息管理系统中。

六、建议

通常认为，网络舆论是指以互联网为平台，广大网民在一定历史时期或社会空间内，对自己关心的或事关自身利益的某一“焦点”“热点”问题，社会公共事务所表现的有一定影响力、带有倾向性的情绪、意见或言论的情况。本研究认为，网络舆论影响关键在于接收者，因此提高接收者素质，有利于影响接收者辩证看待网络舆论。互联网时代环境下辩证看待网络舆论影响因素在于学生的个体因素、网络大 V 的舆论影响、有关部门依法管理网络空间、社会发展状况因素四个方面。从被调查者的个体因素着手是最为可行的。

其一，被调查者应树立辩证的网络舆论观。我们可以从马克思主义的辩证法吸取营养，辩证地看待网络舆论，必须要知道网络舆论是完整的，不是孤立的；是动态的，不是静态的；是相对的，不是绝对的；是整体的，不是部分和分割的。我们也可以从中华传统文化寻找智慧，《周易・系辞上》："参伍以变，错综其数。"错卦的道理是说站到对面去看问题，即换位思考；综卦的道理是说，立场不同，观念就两样，看问题要客观；复卦的道理是，事情没有绝对的，光看一面不行，应面面俱到。一个声音、一个调子与搬弄是非会看到错与综的杂糅，网民作为网络舆论的主体，若"团体成员中一开始就有某些偏向，在商议以后，人们朝着偏向的方向继续保持移动，最后就形成了极端观点"。此种"群体极化"与辩证看待网络舆论是相悖的。而和风细雨与忠言逆耳则能听见复与杂的激荡。

其二，参与网络应三思而后行 。丰富自己的法律知识和提高自觉守法的意识。只有了解了相关法律知识，我们才不会轻易相信网络舆论，才知道什么该做，什么不该做。对待网络舆论，应该保持清醒的头脑，了解事情的缘由才下结论。在不知道事情的真相前，不管网上其他人怎么说，都应该相信事实，不要提前就妄加推断而进行批判。这样会对当事人造成很大的伤害。还应增强网络道德教育，培养道德评判意识。只有这样，在网络舆论中，才能用正确的道德观去评价一个人做的是对还是错。

其三，我们还应提高自身的辨别能力，不要被舆论所误导。在网络舆论上，我们也应该少说话，而不是不说，但也要根据事实情况来下结论。我们要学会去观察，去分辨，对于网络舆论上真实的事情，我们需要去维护它。

在复杂的网络世界里，要分清网络的虚拟性和真实性，不要轻易相信网络舆论，也不要完全否认它，那样就失去了它本身所存在的意义。同时它也避免不了被“引导”的命运，网络舆论极大地赋予了普通大众享有根据自身需要选择信息的自由和发表意见的权利。但是我们不要忘了，很多时候，占据数量上的多数并不意味着掌握了事实的真相。就一件事情而言，它必然由很多因素、很多条件构成，站在不同的角度，看到的都不尽全面，而且网民未必都是社会学家，知识不一定全面，更多的情形是，网民在各大论坛里恣意汪洋嬉笑怒骂的时候，快意的只是他们的情绪，而事实的真相，往往离我们还很远。所以我们需要静下心来真正用自己的大脑去思考，站在不同的角度。

同时，不能被法律或道德伦理所认同的事，如被相关人事所证实，我们就应该批判他们，维护我们的法律统治。此外，我们还可以通过舆论学到很多东西。比如了解时事和舆论中社会公众人物事迹，并向他们好的方面学习，来提高自己。

参考文献

[1][美] 沃尔特・李普曼. 公众舆论 [M]. 上海：上海人民出版社，2006.

[2] 王天意. 网络舆论引导与和谐论坛建设 [M]. 北京：人民出版社，2008.

[3] 曾润喜，张薇. 网络舆情学 [M]. 北京：科学技术文献出版社，2014.

[4][加] 马歇尔・麦克卢汉. 理解媒介 [M]. 北京：商务印书馆，2000.

[5] 彭兰. 网络传播概论 [M]. 北京：中国人民大学出版社，2001.

[6] 廖永亮. 舆论调控学 [M]. 北京：新华出版社，2003.

[7] 杨慧霞. 网络传播键控的难点及对策 [N]. 中华新闻报，2004-3-19.

[8] 郑兴东. 受众心理与传媒引导 [M]. 北京：新华出版社，2004.

[9] 贺大为. 网络舆论：告别边缘，走向主流 [J]. 半月谈，2004（6）.

[10] 闵大洪. 网上舆论的形成及特点 [J/OL]. 中国新闻传播学评论，www.cjr.com.cn.

[11] 匡文波. 浅析网络条件下的舆论引导 [J/OL]. 中国新闻传播学评论，www.cjr.com.cn.

[12] 赵金，闵大洪. 网络舆论，民意表达的平台 [J]. 青年记者，2004（10）：37-39.

[13] 文新良. 网络舆论与公共决策 [J]. 湖南师范大学社会科学学报，2006，

35（1）：105-108.

[14] 谭萍．中国网络舆论现状及引导方略 [D]．郑州：郑州大学，2005.

[15][美] 凯斯桑斯坦．网络共和国——网络社会中的民主问题 [M]．上海：上海人民出版社，2003.

关于对马底驿乡开展“扶贫”工作的方法、成效的调查

课题组成员：周子莹
指 导 老 师：万蓉

摘要：本次调研报告是以湖南省怀化市沅陵县马底驿乡为例，通过对马底驿的基本情况进行概述，以“精准扶贫”为中心，分析马底驿开展精准扶贫工作所呈现的特点、问题以及解决方法。对马底驿乡现阶段的经济发展做出简要的分析。调查者采用实地走访与访谈调查相结合的方式为主，通过对调研的反馈进行整理分析，形成调研报告。

关键词：马底驿；精准扶贫；茶产业；帮扶政策

我国的扶贫工作始于二十世纪八十年代，随着改革开放步伐的推进，在过去的三十多年中，我国已有数亿贫困人口摘掉了贫困的帽子。但是，长期以来并没有形成一个完整的扶贫系统，长期以来依然存在着贫困居民底数不清、情况不明、针对性不强、扶贫资金和项目指向不准等问题，这些问题的存在依然影响着“扶贫”工作的开展。为解决这一问题对“扶贫”工作产生的矛盾，习近平总书记早在 2013 年考察湖南湘西时就提出“精准扶贫”这一关键词。“精准扶贫，精准识别”强调精准到户、精准扶贫对象、精确扶贫人数，解决现阶段存在的贫困具体人数不明、扶贫缺乏针对性、地方扶贫效果不显著等问题。

着眼当前形势，我省扶贫开发工作所呈现出来的特点是：任务重、时间紧、难度大。2016 年，全省还有 2 个片区、51 个国家和省级扶贫工作重点县、8000 个贫困村；到 2017 年，51 个扶贫工作重点县全部摘掉贫困帽子、农民人均可支配收入突破 10000 元。

我们的调查区域限于湖南省沅陵县马底驿乡。沅陵县是全国重点扶贫的贫困县，我们所在的马底驿乡在我们调研期间在开展“精准识贫，精准扶贫”以及“2017 雨露计划”相关工作。为贯彻落实“精准扶贫”这一政策，切实践行“精准到户”这一口号，马底驿乡政府以及各村级组织共同行动。提及精准扶贫，就必须提到另外一个概念，那就是“雨露计划”。“雨露计划”旨在通过扶持、引导和培训，提高贫困人口素质，增强家庭贫困在读大学生以及贫困地区居民的就业和创业能力，把人口压力转化为资源优势，是加快贫困农民脱贫致富步伐的有效途径。一方面，要求该地区加强组织领导，综合协调实施工作，将这一惠民政策落实到具体之处；另一方面，要求引导相关部门加强宣传力度，加大资金的投入和管理，将资金用到合理的地方，积极扶贫，将扶贫工作务必落到实处。

调研小组以“关于对马底驿乡开展‘扶贫’工作的方法、成效的调查”为主题开展了调研行动。

一、研究目的

其一，初步了解马底驿的经济发展状况，以及现阶段各方面的基本情况。

其二，了解当地政府以及各村组织对马底驿地区所存在扶贫问题的关注度。

其三，明晰马底驿乡开展“精准扶贫”对这一地区带来了哪些方面的改变，并从中发现这一政策在我省的实施力度以及存在的问题，并给予相关的建议。

二、研究方法

调研前期，采取典型调查的方式，选取马底驿乡能切实反映调研主题的主要情况，能帮助我们达到调研目的人群作为调查对象，通过在网上查阅相关资料，进行初步了解。

调研中期，采取问卷调查与访谈调查法相结合的方式，发放问卷调查，进行走访调查，在这一阶段的调查是具有针对性的。我们的调查对象主要是：

马底驿长界村及邻村的居民、马底驿长界九校的在校学生、乡政府的领导干部、马底驿地区的茶园管理人员。

三、研究过程

1. 马底驿乡的基本概述

马底驿乡近年来在多个方面综合发展，主要表现在产业结构、信息、交通以及教育等方面。从扶贫方面来说，马底驿乡的扶贫力度和政府对贫困居民的关注度越来越高，人们的生活水平和物质水平也呈现稳步上升趋势，在调查中我们发现，这里的居民对马底驿地区的未来发展有着很高的期望值。

扶贫脱贫：马底驿乡包含马底驿在内的 22 个行政村，据统计，2014 年底至 2016 年年底贫困人口、贫困户、贫困率呈明显下降趋势。以马底驿乡长界村为例，2014 年年底长界村贫困户数共有 70 户，199 位贫困人口，脱贫 70 户，脱贫人口 53 位，贫困率为 20.31%；2015 年年底未脱贫户数为 51 户，共 145 人，已脱贫 19 户，共 51 人，贫困率为 14.80%；2016 年年底，未脱贫户数为 9 户，共 18 人，已脱贫 50 户，143 人，贫困率为 1.84%。

产业发展：2005 年长界乡整体并入马底驿乡后，为当地的第一、二、三产业的发展带来了明显的优势，同时也加大了政府对第一、二产业的投入，政府投资资金也更具有集中性。马底驿第三产业的发展主要表现为茶产业的发展，马底驿气候温和、四季分明、日照充足，是种植茶叶的好地方。据了解，茶产业是马底驿"扶贫"所进行的项目之一，茶产业的发展也为当地提供更多的就业机会。

交通发展：交通是阻碍马底驿经济发展的主要原因之一。马底驿山高且多，群山攒拥，唯一能到达这里的交通工具是汽车，否则，只能步行。外出打工的大部分人一年只回来一次，其中一个原因是因为这里的交通不便利。将来马底驿的交通得到发展，当地可以进一步推动旅游业的发展，形成"茶旅结合"的发展状态。

教育水平：马底驿乡所实行的扶贫在教育方面也有所体现。虽然马底驿经济发展较为落后，但马底驿乡政府及各村组织十分重视当地的教育水平，主要表现在：一、推动九年义务教育的落实，保证孩子至少能接受到中等程度的教育；二、对贫困户家庭的学生进行帮扶，设立教育基金奖励学习成绩优异或家庭困难的学生；三、注重学生的心理健康状况，定期进行心理普查，重点关注学生在学校所集中存在的问题。

2. 调查对象的情况反馈

第一步，走访了附近的村民。

走入基层，我们才能听到最真实的声音。在和当地的居民交流的过程中，我们发现这里的村民都很热情，并且他们都很乐意向我们分享这里的发展情况。从对他们的调查中，我们小组了解到了以下几个方面的情况：

①村里新修住房会给予一定的住房补贴，而补贴的具体形式受到住房面积、家庭贫困程度、房屋所处的环境的影响，这导致我们在调查中所收到的反馈不同。

②马底驿下的村庄里以老年人居住为主，年轻人在外打工的居多，且多为老年人带着孩子，像我国的大部分落后地区一样，马底驿也存有许多的留守儿童。

③当地的医疗卫生水平较为落后，很多老年人患有疾病，但是他们只能选择去沅陵县的医院就诊。当地的交通不发达，对于老人来说很不方便。

④马底驿最著名的是茶产业，茶园主要集中分布在长界村，茶园的负责人有的是从外地到此来发展茶业，而茶叶的销售的范围也很广。在一定程度上，茶产业的加入为马底驿的经济发展助了一把力，同时也为这里的村民提供了部分就业机会。

⑤政府为当地的孤寡老人设置了一个养老院，由国家全部出资无偿补贴这些人的生活；对于“五保家庭”，政府给予一定的物资补贴；对于居民所产生的一些医疗费用，按照国家规定政策也会有一定的费用扣除。

⑥在访问过程中，我们了解到存在有居民没有享受过“扶贫”的优惠政策，也存在下面一种现象：一户家庭的确存在贫困的现象，应该享受国家的补贴，但是却被“脱贫”。这可能有两方面的原因：一是居民不了解当地扶贫的具体方案与标准；二是当地政府对“精准识贫、精准扶贫、精准脱贫”没有落实到位。

第二步，我们对这边的学生进行了调查。

马底驿也同样存在很多农村地区共同存在的一个现象。我们的很多学生都是留守儿童，调研组最初的调查目的是希望通过学生的回答来反映这边家庭中青壮年的就业状况；但在谈话中，我们还发现这些孩子有这样一些共同特征：这些孩子希望通过一些方式来表现自己从而获得老师的关注，而真正面对老师的谈话时却会表现得很羞涩，不敢表达自己。

以我们所在的长界九校为例，这边的孩子多数家庭贫困，父母在外打工。他们离开家乡外出打工基于两个方面的原因：一是家乡缺少就业的机会，就业水平低；二是这里就业待遇不高，他们觉得在大城市会有更好的发展空间。政府可以采取“就业扶贫”的手段为马底驿留住一部分劳动力。

第三步，我们对马底驿乡政府进行访问。

通过对乡政府的调查，我们能更好地了解当地政策实施的具体情况，了解现阶段“精准扶贫”在马底驿开展的力度，让我们调查小组有一个更为直观的认识。

我们对乡政府的调查访问情况归纳如下：

①几年来马底驿最大的变化主要体现在“住”方面，大多数居民都愿意修建新房，因为政府会给予一定的住房补贴，从一定程度上减轻了居民的负担。

②针对马底驿现阶段的发展状况，政府实行“两率一度”的方针，“两率一度”是指确保人民群众对社会治安的满意率达到全省平均水平，确保人民群众对政府实施政策的知晓率，确保人民群众对行政机关的执行力度的满意度有一个大幅度提升。

③近来也加强了马底驿基础设施建设，如新修路灯、马路，环卫整顿，尽可能地为居民生活提供便利。

④近年来政府也加强了扶贫项目的投资力度，新修水利工程。由于马底驿水资源稀缺，很多家庭饮用的是山泉水，政府通过“打井引流” 灌溉农田或提供居民生活用水。

⑤茶厂之间开展农户合作社，以大户带动小户的方式带动该地区总体的发展。经营规模小的茶厂将茶叶的加工承包给经营规模较大的茶厂。

⑥政府注重教育方面的投入力度，增加就学率；大力推行“雨露计划”，扶助贫困户的子女在外读书；同时关注学生的心理动态。据反馈，就马底驿九校和长界九校来说，前者的学生多数沉迷于网络，学校担心影响他们的身

心健康，而后者的老师反映很多贫困家庭不能保证孩子基本的衣、食、住、行。

⑦政府协调合理地利用社会资源，将本地创业和外面创业者聚集起来建立一个马底驿教育基金，解决家庭苦难的孩子的读书问题，为了让该项基金能得以持续建立，政府应该在其中发挥主导力量，作为政府长期投资项目。

第四步，我们参观了周边的茶园并对茶园厂长进行了访问。

茶产业是带动马底驿发展的主要因素之一，马底驿把开发茶产业作为扶贫项目之一，它的建立主要有以下几个方面。茶产业一方面给予了当地青壮年更多的就业机会，将一部分劳动力留在了家乡，减少了劳动力的流失；一方面给当地的村民带来了一部分产业收益，该地区部分茶厂是由村民们合资建造，村民享有其分红；一方面减少了居民家中的闲置人群，使村民得到了产业扶贫和经济扶贫的双重保障。

虽然茶产业已成为当前该地区第三产业的主导力量，但根据我们的了解，这里仍然存在着一些不合理的现象，以我们所在的马底驿长界村的茶厂为例，茶叶种植以黑茶为主，茶品种单一，茶叶种植以半加工为主；茶叶生产布局不甚合理，基层茶叶种植、加工规模小且茶园分布不集中。产业整体工业化水平较低，生产加工工艺、技术和设备水平普遍落后，产品绝大部分属于初级农产品，成本高、利润低。因此实施茶产业优化升级的首要任务是加大投入力度，改造生产链。 同时政府也可以通过加大“三农”投入力度来推动产业经济的发展，为当地的居民提供更多样化的就业机会，作为扶贫的一项有效政策。

3. 马底驿乡近年来贫困户脱贫情况统计

马底驿 22 个行政村，除岩底村和榨坪村之外的其余 20 个村，在 2014 年至 2016 年，贫困率呈现下降趋势。纵观马底驿，近三年来，马底驿地区的贫困率总体呈现下降趋势。

其中，奔溪村的极差最大，其 2014 年贫困率为 40.50%，属于马底驿各村落中贫困率较高的村，其 2016 年贫困率为 2.55%；极差最小的是喜眉村，三年内其贫困率的最大值和最小值仅仅差距 0.41%。

由此可知，马底驿的不同村落之间开展扶贫工作的力度不同，受到村民的关注度也不相同。扶贫工作的开展是否具有普遍性、精准性仍有待考量。

4. 调查问卷内容反馈分析

本次我们设置的问卷调查的主题为“马底驿近年来的经济发展趋势”，我们采取实地调查与抽样调查相结合的方式进行调查，走访了5个村。我们调研小组发放问卷的主要对象是居住在马底驿的村民，以下是对于问卷调查的分析。

（1）从调查人群看人口老龄化

我们一共走访了20户居民，我们发现了一个集中的情况，那就是家中居住的大多数是老人，很少有青壮年留在家中，有的老人甚至将近90岁，在我们访问调查的对象中50岁以上的占40%。这与当地的产业发展进程、经济结构是密不可分的。马底驿由于经济发展较为落后，家中青壮年外出打工者较多，人口老龄化的问题也逐渐浮现，这同时也是中国农村普遍存在的问题。农村人口老龄化也就意味着劳动力的缺失，这无疑给马底驿政府开展精准扶贫工作带来了挑战，要解决这一问题需要做到以下几个方面：

表1 调查的年龄分布比例

年龄	占总调查人数比例
20岁以下	4%
20~30岁	10%
30~40岁	12%
40~50岁	34%
50岁及以上	40%

其一，完善当地养老保障制度，让老人的生活得到基本的保障；根据不同村落的基本情况建立不同的保障制度。

其二，健全完善农村医疗保险机制，建立一个覆盖所有农村老年人的医疗救助制度。

其三，现阶段马底驿老年人休闲的方式是有限的，当地政府可以通过加强农村基础设施建设的投入，满足老年人精神需求。

其四，当地政府为青壮年提供更多的劳动途径，增加就业的方式，同时带动产业经济的发展，促进精准扶贫的工作稳步进行。

（2）从收入变动情况看经济发展程度

根据调查数据我们发现，近十年来收入增加在1万~2万的人居多，而他们的大部分收入来源是要靠青年人或家中壮年外出打工来增加家庭的收入，家庭收入在近十年增加两万元以上的大多为个体经营户，这是由于当地的生产经营水平有限，村民对于个体经营的商家有很强的依赖性。总体来说，马底驿的总体收入水平呈现增长的趋势，但增长的幅度不显著。马底驿的产业结构和经济结构还有待调整，当地各村级组织可以通过发展其优势产业，带动其经济的发展，通过产业扶贫来提高村民的收入水平，减小各村之间的收入差距。

表 2 调查的家庭年收入变化区间分布比例

家庭年收入区间	占调查人数比例
增加 1 万以下	36%
增加 1 万 ~2 万	42%
增加 2 万以上	22%

（3）从产业发展看经济发展的优势

从调查中我们发现，大多数村民认为近年来马底驿的生活条件没有得到明显的改善，其中有一个很重要的原因就是交通。马底驿山多且高，交通受到限制，外出打工者回来一次十分不方便，也给一些村民的出行造成了不便。如果交通的问题能得到解决，旅游业的困境也会得到解决。

同样，马底驿也有其独特的产业优势，比如茶产业，村民对茶产业带动经济发展的期待值占有 60%，可见茶产业对于马底驿发展经济产业是一个显著的机遇。在未来几十年内，马底驿可以充分发挥其茶产业的优势，带动其旅游业的发展，同时发掘其他方面的优势，形成“茶旅结合”的经济发展模式。

表 3　居民认为带动马底驿经济发展的优势

优势	占调查人数比例
旅游业	12%
居住环境	6%
茶产业	60%
交通业	4%
其他方面	18%

5. 扶贫工作在马底驿开展所呈现的特点

（1）对不同致贫原因的人口结构分析尚不精准

经过改革开放以来近四十年的发展，中国的贫困人口数量大大下降，贫困程度也大为减轻。我们在走访中发现，在现实中，有些地区对致贫原因还不甚了解，上报的致贫结构还与实际发生的致贫结构存在差距。因为农民外出打工，有些村落甚至找不到需要扶贫的贫困人口家庭户，在我们走访中就出现了符合政策的规定却没有享受到“优待”的个例，还有留守家庭成员的主要特征就是老弱病残，这些人在很大程度上丧失了劳动力，其基本生活需要子女供养或社会政策托底。

（2）贫困户与非贫困户的识别还不精准，精准扶贫不具有普遍性

一方面，地方政府为争取到扶贫资金的支持或者为在后来的扶贫过程中减轻脱贫压力，存在扩大贫困户数量与比重的问题，使一些非贫困户在贫困户中建档立卡。另一方面，有少数贫困户因种种原因，未能被纳入贫困户之列，甚至有的贫困户被强制脱贫。非贫困户对扶贫项目的分享，也使扶贫工作人为增加了更多的道德风险。

（3）马底驿规划设计的扶贫类别规划与现实情况存在些许矛盾

也就是说，“扶贫”的短板依然存在。正因为如此，全面建成小康社会的主要短板，在于能否让所有贫困人口脱贫。在贫困人口贫困结构的转变中，为了增加精准扶持的力度，还需要根据实际情况瞄准贫困人口发力，以保证脱贫政策的效力。在这种情况下，当前政策调整的主要方向，是在加强其他扶贫力度的基础上，适当扩大社会政策托底的比重，以形成较为强大的社会保护力量。

（4）产业扶持与贫困人口之间还需要精准对接

在社会政策托底、异地搬迁和劳务输转之政策投入既定的情况下，贫困人口的主要脱贫方向，只能集中到产业扶持上。但在现实中，产业扶持与精准帮扶之间的关系还需要继续强化。

（5）地方内部实行效力差异大

马底驿含有 22 个行政村，各村之间的发展水平又存在差异，贫困户、贫困人口、贫困率以及脱贫率也存在区别。在走访调查中，我们发现并非每一户贫困人家都享受到了“扶贫”的待遇，也就是在说，当前开展“精准扶贫”工作显然缺乏普遍性，若想真正实现脱贫攻坚到户，就要明白“贵在精准，重在精准，成败之举在于精准”。政府实行“精准扶贫”应力求以“精准识别、精准到户”为目标。马底驿开展“扶贫”工作，是否真正做到了“精准”

还有待考量。

（6）人民群众的知晓率和满意度不高

由于地域的局限性，这里的村民文化程度也较低，对于国家的一些相关政策不是十分了解。针对这一情况，政府应该主动发挥主导作用，加强扶贫工作的宣传力度，帮助村民了解并理解相关政策。村民的知晓率和满意度是相通的，若村民对政策的知晓率低，必然会引起他们对政府工作的不满，这也是马底驿需要继续解决的一个问题。

四、研究结果

1.“精准扶贫”政策在马底驿实施所存在的问题

（1）马底驿乡所辖村组扶贫高中开展情况不平衡

我们在走访中发现，个别符合扶贫标准的家庭或个人不能享受国家的优惠政策，或者“被脱贫”，从而导致群众产生不满情绪。这一问题的产生实质上是扶贫没有落实“精准”二字。如果这一问题得不到解决，那么脱贫也只是形式上的脱贫。

（2）医疗卫生建设不完善

由于地域的受限，许多老年人看病只能选择县城的医院，这对于他们来说显然是不方便的。医疗卫生不完善主要表现在两个方面：一是医疗设备的不健全，二是医疗补贴的不健全。

（3）食品安全卫生问题

许多在校的学生由于家里距离学校太远，一部分学生会中午带饭过来吃，另一部分则会在校外的商店买零食吃。这要求政府加强对食品安全的监管，同时也要求学校提高食堂餐饮的卫生水平。

2. 具体的解决方案

根据马底驿现阶段扶贫工作的开展情况来看，接下来的扶贫工作可以从以下几个方面入手：

（1）扶贫干部帮扶

①对扶贫干部进行职业技能培训，加强对扶贫工作的了解；明确“应该对谁扶贫，怎样才能精准扶贫”等问题；保证扶贫干部做到能够“精准识贫，精准扶贫”，提升对“扶贫的认识”。

②对扶贫干部展开帮扶，对于扶贫干部学习培训给予一定补助，增加扶贫干部的积极性和扶贫的力度；扶贫干部积极争取上级扶持保障政策，扩大扶贫对象的保障力度和覆盖面。

（2）乡村教师培训

该项措施主要针对学生，提高农村教师的专业性，学习更多的现代化知识。一方面帮助学生开阔视野，同时也助力学生能接触到更多的科学文化知识；另一方面，提高学生的心理素质，增强学生的自信心。农村教师的帮扶主要是为了学生接受更好更优越的教育。马底驿注重教育事业，坚持教育与扶贫相结合，斩断贫困的代际传递，是一项既有战略意义又有现实意义的选择。

（3）医疗卫生帮扶

该项举措包括两个方面：一是增加医疗设备，提高农村医疗水平。马底驿地区医疗资源有限，患有疾病的人会选择在沅陵县的医院就诊；也就是说，沅陵县医院是他们唯一的选择。二是合理安排医疗补贴，适当调整医疗补贴结构，减少医疗事故的发生。这里的居民有一部分没有经济来源，而有一部分的经济水平不能支撑他们的医药费。

（4）社会政策帮扶

①至少保证实现政府兜底。据了解，今年马底驿脱贫兜底标准为年人均收入不低于3026元，近年来由于政府对社会保障力度的加强，各村的脱贫人数已呈现下降趋势。所以说农村低保等社会保障一定要及时跟上，对无法依靠产业扶持和就业帮助脱贫的家庭实行政策性保障兜底，切实做到应保尽保，不漏一人，切实落实“精准”二字。

②加强基础设施和公共服务建设，切实改善农村生产生活条件。必须采取更加有力的措施，补齐马底驿交通、水利、电力、通信等基础设施方面的短板，完善义务教育、医疗卫生、就业服务、政策金融等公共服务，切实增强贫困地区自我发展能力。

③大力发展生产，提供更多就业创业机会。这是最根本、最有效、最稳定的脱贫办法。马底驿要大力发展特色种植、特色养殖和传统手工业，充分发挥自身茶产业的优势，扶持建设一批贫困人口参与度高的特色农业基地，实现就地脱贫。

④广泛动员社会参与，合理利用社会力量。充分发挥政治优势和制度优

势，坚持领导干部联系贫困县（乡、村）、单位定点帮扶、党员干部与贫困户结对帮扶等行之有效的工作格局。同时，积极发展志愿者等各种公益性社会组织，鼓励有条件的企业设立扶贫公益基金，培育脱贫攻坚新动力，让扶贫济困蔚然成风。

五、研究体会

目前，我国贫困地区发展滞后问题虽有较明显的改善，但没有根本改变。在民生问题中，困难群体往往有更多更强烈的诉求，因此需要给予更多的关注和帮扶。2020 年已经相距不远，要确保 4000 多万人全部如期脱贫，任务非常重。我国乡镇开展“精准扶贫”工作是我国“扶贫”的重要组成部分。

根据我们的调查研究，虽然马底驿乡在现阶段产业发展、经济发展还处于落后状态，但在我们的报告分析中可以看出，它在某些方面仍然具有一定的优势。从“精准扶贫”的开展来说，这是能看到明显变化的一个方面。无论是产业发展水平还是财政补贴力度，或者是教育水平，这里仍然具有很大的发展空间。俗话说“经济基础决定上层建筑”，打好物质基础，才能带领村民一起“摘掉”贫困的帽子。现阶段我国精准扶贫没能实现的根本原因，包括自下而上完全由政府主导的缺乏贫困群体参与的贫困户识别机制。

就我国现在的国情来看，“扶贫”是各地区的重要政治任务。“扶贫”工作是一个长期的过程，不能仅仅通过某一阶段的数据去分析它。政府在这其中固然重要，但是想要解决农村地区贫困这一问题，不能仅仅依靠国家政策的扶持，同时也需要农村人发挥自身劳动力的优势。在未来的十年、二十年乡镇地区要打响“扶贫”号角，走好“扶贫”的步伐，做到“识贫要精，扶贫要快，落实要准”，乡政府干部应做好中间枢纽工作，带动地区人民群众一起做好“扶贫”工作，为我国全面建成小康社会打下坚实的基础。

参考文献

[1] 尚成龙. 农村人口老龄化问题研究 [D]. 泰安：山东农业大学，2014.

[2] 邓维杰. 精准扶贫的难点、对策与路径选择 [J]. 农村经济，2014（6）：78-81.

二、中国特色社会主义经济发展篇

融媒体时代下非物质文化遗产“夏布”的生存困境与传播突围研究

课题组成员：蒋佳欣，王艳华
指导老师：肖燕雄

摘要：夏布作为一种传统手工艺品，由于生产周期长、工艺复杂、技术落后等众多原因，在造物能力飞速发展的当今社会受到巨大冲击。本文对浏阳夏布、万载夏布、荣昌夏布的发展和现状作了较为系统的分析，通过对比和归纳，揭示夏布的生存困境；并探索在融媒体时代下，如何从传播上突围，开拓夏布发展的新途径。

关键词：融媒体时代；夏布；生存困境；传播突围

夏布以苎麻为原料编织而成，是一种历史悠久的汉族传统手工艺品，具有独特的魅力和价值。但是，由于苎麻纤维与棉花纤维相比较，无法用现代化纺织机械加工，只能靠传统手工技艺生产，现手工夏布仅在湖南、江西、重庆、四川等范围内少数地域有产，这种传统的手工技艺被列入我国非物质文化遗产保护的名录。以浏阳夏布为例，很多当地人都不知其存在。这就说明，浏阳夏布在传播上存在很大的空白。因此，本团队利用假期深入湖南省浏阳市、江西省宜春市万载县、重庆市荣昌区等国内主要夏布产地进行调研，了解三地夏布的现状，以及在传播手段和渠道上的异同，发现夏布的生存困境，提出突破的途径，以期千年夏布重拾往日辉煌，焕发新的活力，促进民间传统手工艺的真正发展。

一、研究背景及意义

在造物能力高速发展的当今社会，夏布由于本身工艺的复杂，难以快速、大量复制，因此生存空间越来越小。此外，人们对夏布的保护和宣传力度还不够，它正面临着生存危机。如今国内夏布多以坯布的形式低价出口，产品附加值低，而制作成本高，整个夏布行业岌岌可危。

图 1　夏布部分生产流程（刮麻、穿筘、刷浆、织布）

通过对浏阳夏布、万载夏布、荣昌夏布的深入调查研究，调研组对国内夏布业的发展情况形成较为全面的认识。将各地情况综合和对比分析，有利于提炼总结出夏布发展中遇到的共性问题，并促进各地取长补短，使历史悠久的夏布在现代社会得到传承、发展和创新。在调研的基础上，提出夏布在融媒体时代下的传播策略，提高其知名度，扩大市场，使夏布这种非物质文化遗产“活”起来。而文化产业的繁荣发展会进一步促进当地经济的发展，以及人们生活方式的改变。

二、研究方法

1. 文献调查法

通过前期查阅历史典籍，详细了解夏布的历史；阅读相关论文，丰富有关知识，找到独特的角度和研究切入点。

图 2　观察和拍摄浏阳夏布制作过程

2. 实地观察法

通过实地观察，获得直接生动的感性认识和真实可靠的夏布信息，深入调查这种传统手工艺的现状，有助于发掘更多需要解决的问题。

图 3　发放调查问卷

3. 问卷调查法

分别在三个地区的群众中做问卷调查，将数据做成直观的图表，结合实际调研情况，对比分析，找出三地夏布发展中的优势与不足。

图 4　采访夏布手艺人

4. 访谈调查法

通过对三地夏布企业、手艺人以及当地政府部门的面对面访谈，全面而深入地了解夏布的发展和现状。

三、研究过程

运用上述四种研究方法，在前期大量搜集文献资料的基础上，历时十二天，走访了湖南浏阳、江西宜春、重庆荣昌三个地区具有代表性的夏布作坊和企业，对当地夏布手艺人以及政府的相关负责人进行了采访，并向群众发放了夏布的发展现状调查问卷，充分了解了国内夏布业的发展情况。

（一）三地夏布概况

1. 浏阳夏布

浏阳夏布一向以织工精巧、质地特别细腻称雄于世，在明代即被列为朝廷贡品。《中国实业志》记载了“明末清初，浏阳夏布畅销各埠，年可销万筒”的盛况。1901 年浏阳夏布开始远渡重洋，销往日本、朝鲜、南洋等地。浏阳夏布当时质量居全国第一。从二十世纪三十年代开始，由于日本棉花产业的垄断、中日战争的影响，中国夏布行业遭遇巨大危机。2013 年整个浏阳夏布的生产进入了近年来的最低点，主要原因是劳动力少。浏阳夏布有六七十道纯手工工序，但是依赖出口，当地企业没有足够的定价权和议价权，所以每一道工序的劳动力的价值很小。而浏阳各种产业发展较为充分，劳动力本就非常紧缺，繁荣的浏阳花炮行业又带走了一部分原本的夏布从业者。

2. 万载夏布

万载夏布，俗称“鸡鸣布”，也叫“扁纱”“生布”，是江西传统特产。产地主要有万载、宜春、萍乡、分宜、上高等县，尤以万载产最为著名，故统称万载夏布。万载夏布生产可追溯到东晋后期，至今已有 1600 多年历史。唐朝时已被列为贡品，后万载夏布大量出口，每年仅销往朝鲜就达几万捆。清朝《万载县志》载：光绪三十三年，产额达一万八千担，全县有一千多家大中作坊生产夏布。经过世代劳动人民的集体智慧，万载夏布的制作工艺日趋成熟，夏布既刚又柔，色泽诱人，“嫩白匀净，通行四方，商贾幅辏”。2009 年，万载县的夏布织造技艺被列入第三批国家级非物质文化遗产名录。

3. 荣昌夏布

《太平环宇记》载，“昌州产斑布、筒布”，既是特产，又可为贡布，说明昌州自唐宋以来麻布的编织技术是比较发达的。这种夏布“轻如蝉翼，薄如宣纸，平如水镜，细如罗绢”，成为皇室和达官贵族喜爱的珍品。清康熙后期，荣昌夏布才形成商品生产。道光时期，经山西客商的贩运，夏布又远销省外，亦转销朝鲜、日本及南洋一带，夏布开始成为荣昌县有名的传统特产。1998 年，国家农业部先后授予荣昌县盘龙镇“中国夏布之乡”和“夏布加工基地”的称誉。2008 年 6 月，荣昌夏布被列入国家级非物质文化遗产保护名录。

（二）手艺人

浏阳夏布的生产集中在高坪镇。掌握全套织造技术，并采用家庭作坊模式生产夏布的手艺人，普遍认为只有三位：技艺高超的谭智祥、父女相传的梁长进、生产规模相对较大的王华珍。其余还有一些只做部分环节的散户。由于工作辛苦且回报低，当地的年轻人几乎都不愿意学习这门技艺，即使有一些会做的，也不愿意留下来。

万载县有 1 名国家级夏布织造技艺传承人（宋树牙）。在万载县马步乡黄村，以前有 90% 的人都在做夏布，而现在只剩下不到 10%。由于夏布生产工序繁杂，收入低，年轻人都不愿意做，当地夏布从业者平均年龄在 50 岁左右。目前随着产业的创新发展，从业人员逐渐增多，在万载地区有上百人。

图 5 谭智祥正在辛苦地劳作

图 6 万载夏布从业者年龄普遍偏高

荣昌夏布主要集中在盘龙、龙集镇及周边地区，有十余万农民长期或季节性从事夏布生产。现有国家级代表性传承人 1 名（颜坤吉），市级代表性传承人 2 名（李俭康、黄仕惠），区级代表性传承人 8 名。尽管夏布行业相较于以前有所衰落，但总体上说，荣昌夏布生产规模大，参与生产的农户多。在政府、企业的支持下，代表性传承人经常会举办一些培训班，参与人员既有乡村留守妇女，也有对夏布感兴趣的城市白领。但在工作繁重辛苦、收入回报低的部分生产工序如打麻、绩纱、挽芋子上，仍然面临手工技艺传承断层、后继无人的困境。

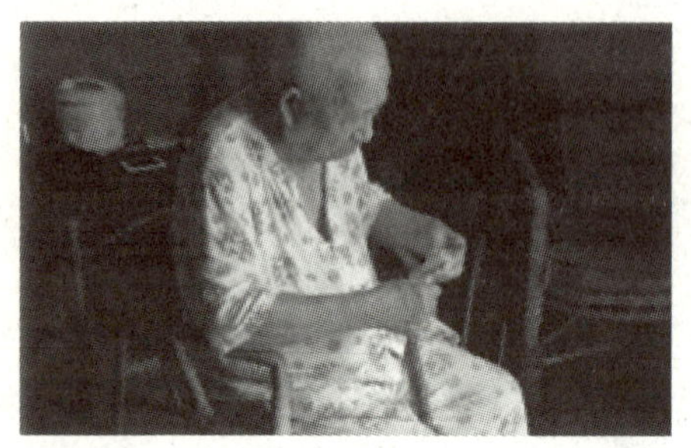

图 7 国家级代表性传承人颜坤吉

图 8 盘龙镇的荣昌夏布培训中心

（三）企业

目前浏阳没有一家规模化的夏布企业。即便近两年夏布文创慢慢兴起，也都是依托当地三家家庭作坊生产的夏布原料，做一些简单的文创设计。浏阳夏布一个重大的缺陷是技术落后，缺乏深加工，因此只能制作有限的产品。长期以来，浏阳主要生产坯布，销往日本、韩国、东南亚地区，依靠数量而非质量维持生产，附加值非常低。近年来国内夏布市场被逐步开发，但浏阳夏布产品单一，缺乏市场竞争力。

万载夏布在 20 世纪 90 年代发展迅速，几乎家家户户都做夏布；之后逐渐走向衰落，夏布厂的员工越来越少。但近几年，部分企业积极拓展夏布的文化内涵，探索夏布的深加工途径，在一定程度上促进了万载夏布的发展。以万载县双志夏布厂为例，原来有六七十名工人集中生产，而现在以老人为主的工人们都不愿再到工厂来生产，因此生产任务分散到农户各家。除坯布

图 9 万载县双志夏布厂

图 10 荣昌夏布非遗文化园内陈列的夏布产品

以外，该厂还生产茶垫、杯垫、桌布、窗帘、门帘、鞋垫等生活用品，但由于缺乏深加工技术，并没有深入到艺术品、包、衣服等高附加值产品。产品主要销往日本、韩国和中国香港，自去年起，国内的销量也多起来。

荣昌有天运麻艺夏布会馆 1 处，荣昌夏布非遗文化园 1 处，加合夏布制品有限公司、易合纺织有限公司等规模型夏布企业 10 余家，在盘龙镇建有夏布微企孵化园，微企和作坊大约有 90 多家。夏布产品远销往韩国、日本、中国港澳台、东南亚以及欧洲地区，从业人员约 50000 余人，年产值约 10 亿元，出口创汇约 1 亿美元，内销仍然相对较少。近几年许多荣昌夏布企业都在转型，安排人员到国外学习先进技术，比如染色、软化等，提升夏布产品的附加值，不再依附坯布的出口。在加工上与一些大公司合作，抱团发展，开发各类具有文化艺术价值的深加工产品，包括夏布的工艺品、艺术品、家具用品以及服饰产品等。在原材料的获取上，部分企业拥有自己的夏布生产基地，雇佣农户专门从事夏布的各个生产环节。从生产到制造、加工，实现了生产的规模化、集约化，生产效率大大提高。

（四）政府

2006 年，由于对夏布技艺的重视度不够，浏阳夏布错过了第一批国家级非物质文化遗产的申报。2012 年，为扶植当地文化产业，浏阳市文化产业园成立，政府对浏阳夏布的关注度提高。2013 年浏阳市文化产业园跟进以后，首先从宣传入手，将浏阳夏布融入政府倾力打造的文化品牌“一起来唱浏阳河”的非遗文创体系，协助夏布企业开展了一系列线下活动，如在长沙黄花机场举办“湘”约世界非遗文创艺术展等。2015 年，政府促成了与北京服装学院的合作，谭智祥师傅成为北京服装学院的特聘教授。2016 年，在政府及相关企业的努力下，浏阳夏布终于搭上了非遗的列车，申请成为长沙市非物质文化遗产。目前浏阳夏布还在积极准备，往上申报。

宜春市政府对万载夏布早期重视度比较高，2008 年万载双志夏布厂厂长宋树牙被评为全国首位国家级夏布非遗传承人，2009 年万载夏布申请成为国家级非物质文化遗产，2013 年“中国苎麻历史文化名城”落户宜春。但是后期宜春市政府对其关注度明显不够，甚至没有专门负责管理的政府部门，也没有任何扶持万载夏布发展的政策。

荣昌区是重庆市的非遗大区，当地政府对非遗的发展非常重视，该区的非遗产值正向文化产业支柱性产业靠近。对于国家级非物质文化遗产夏布，当地采取“政府 + 高校 + 非遗企业 + 代表性传承人 + 农户”的发展模式。在保护和传承方面：第一，与企业联合举办夏布培训班；第二，从 2014 年开始，每年在“夏布之乡”盘龙镇，举办夏布非遗传承人技能大赛；第三，开展夏布非遗文化进校园的活动。2014 年经重庆市文化委批准，在盘龙镇初级中学建立了市级非遗传承教育基地。每年在这所学校开展夏布的产品展览，邀请夏布的国家级、市级传承人举办专题讲座，还会安排高年级同学到当地的夏布企业参观实践，增强传承发展后劲。2016 年，在城区昌州古城，投入十多个亿，启动了“中国夏布小镇”的规划，目前已初建完成。

（五）传播现状

由于浏阳夏布的沉寂，当地人对这种曾经盛极一时的本地特产也知之甚少。调研期间发放的调查问卷显示，有 72.97% 的当地人对浏阳夏布一点都不了解。目前浏阳市文化产业园对夏布宣传推广的力度逐渐加强。浏阳夏布文创公司“心之夏”比较注重宣传，但是力量有限，力度有限。此外，浏阳暂时还没有专门的夏布线上推广和销售平台，传播范围很有限。

宜春虽被誉为“中国苎麻历史文化名城”，但高达 83.33% 的当地人一点都不了解万载夏布，这说明万载夏布的传播现状不容乐观。销售主要依靠线下老客户定期的订单，最近才渐渐触及网络销售，但目前业绩不佳。线下宣传主要依靠展览会，通过原始的口口相传模式扩大知名度；而线上几乎没有宣传。

根据在荣昌发放的调查问卷，仅有 37.14% 的当地人对荣昌夏布一点都不了解，大多数人都有不同程度的了解，这说明荣昌夏布的传播现状良好。这不仅得益于政府的重视与大力支持，也与企业自身在宣传推广上的投入密切相关。在荣昌地区，人们了解夏布的渠道非常广泛，通过大众传播媒介、亲友介绍、现场体验等方式了解的比例相近。这说明荣昌地区夏布的传播渠道多样化且受众接受程度高。以荣昌夏布企业“壹秋堂”为例，其在线上线下的宣传力度都很大，并将两者有机结合。线上设有专门的新媒体运营团队，负责三个微信公众号和荣昌夏布官网，在淘宝、亚马逊等大型购物网站开通网上销售渠道，打造壹秋堂的网络专卖店；线下组织节假日免费体验手工等活动，协助政府举办旅游节；还开发了网络小游戏，让客户有机会赢取购物券，线上线下均可使用，从而进行双面推广。

四、研究发现

通过实地调查，发现三地之中荣昌夏布发展态势最好，在政府和民间组织的共同努力下，已经慢慢走上规模化生产道路。借助举办一些大型服装秀、比赛，以及与政府合作，打造“文化＋旅游”模式等方式，荣昌夏布的品牌知名度和影响力持续扩大。而江西万载夏布，虽然早期获得了不少国家级的荣誉，但是后期也走向衰落。调查发现，万载夏布的发展情况并不比浏阳夏布乐观，知名度很低，当地人一点都不了解的比例甚至达到 80% 以上，政府关注度不高，没有专门负责管理的部门。而浏阳近几年越来越重视夏布业的发展，开始摸索新的发展方向。

综合分析三地调研情况，我们发现，目前国内不同地区的夏布业普遍面临一定的生存困境，主要表现为以下几个方面：

1. 依赖出口，产品单一。从 20 世纪初开始，我国的夏布产品销售重心逐渐转向出口，并且主要出产坯布。由于国内市场的萎缩，对外出口的比重越来越大。长期的出口依赖，造成了订单只能根据有限的客户的需求来定，订单数量不稳定，衡量夏布质量好坏的标准掌握在客户手里，议价权被动等不利局面。三地之中，荣昌夏布最为重视国内市场的开发，因此少有依靠出口的被动局面。

2. 手工技艺传承断层，后继无人。夏布业由于回报低，工作繁重辛苦，制作工艺繁琐复杂，对年轻人的吸引力非常低。在一些夏布世家，老一辈夏布手工艺人的子女即便学习了生产技术，也极少有想长期从事这个行业的。导致现在手工艺人年龄普遍较高，夏布业面临储备力量不足的困境。这个问题在三地均有体现。

3. 产品与时代脱轨。夏布象征着“慢”和自然原始的生活方式，与当下人们的需求和审美有一定的偏差。调查问卷数据显示，几乎一半的消费者购买夏布时首要考虑的因素是“舒适度”，也有不少的消费者会首要考虑“时尚感”或“价格”因素。而目前国内缺乏夏布软化、染色等先进技术，生产的坯布质地粗糙，直接接触皮肤会使人产生不适感。同时，传统手工艺无法依靠机械自动化生产，导致夏布价格高昂。而且夏布的一些文创产品缺乏创新，这些都造成了夏布与时代的脱轨。

4. 缺乏品牌影响力。荣昌夏布在北京举行的中国国际时装周上的精彩亮

相，引起很多人的关注，影响力大增。实地调查发现，荣昌地区的品牌营销

表 1　群众对夏布的了解程度

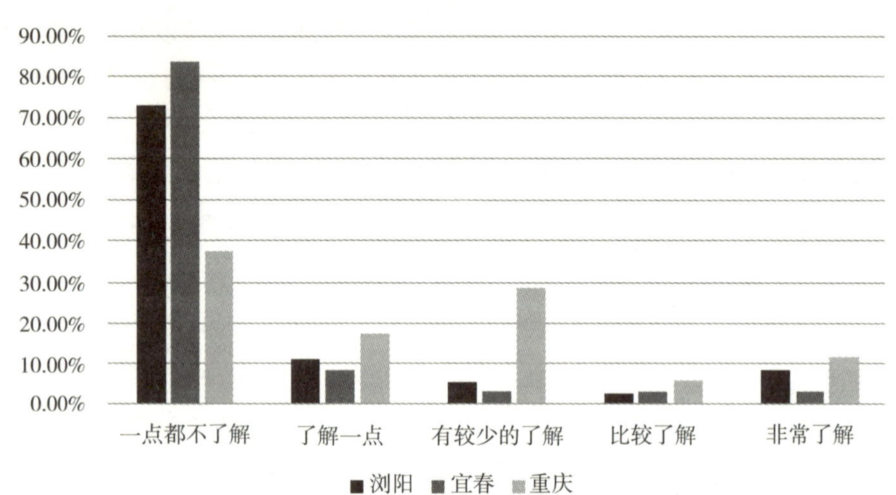

表 2　群众了解夏布的渠道

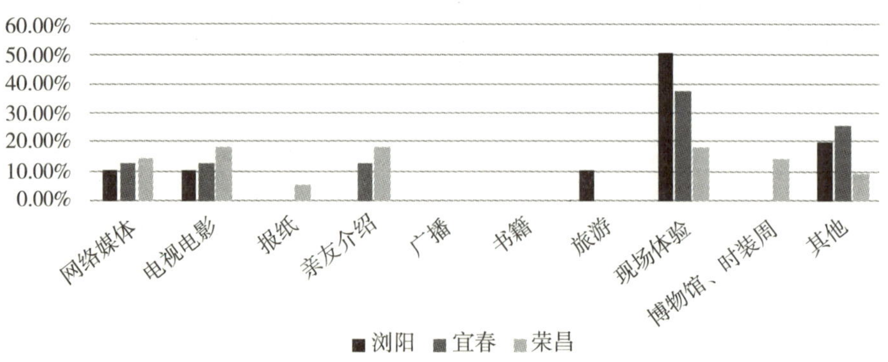

在三地中做得最好。而浏阳夏布、万载夏布目前仅有一个模糊的地域性代称，除了业界的上门联系，几乎没有主动地对外传播，影响力束缚在小圈子里，知名度无法提高。

5. 缺乏政府足够的关注。三地之中，属荣昌地区政府对夏布的关注度和扶持力度最大，浏阳次之，宜春地区最低。以荣昌与隆昌地区为例：隆昌与荣昌相邻，同为历史悠久的夏布产地，被划入四川之后，由于当地政府对夏布不够重视，在政策与资金支持等方面都逊于划分到重庆市的荣昌，隆昌夏

布发展缓慢，已经远不及声名远扬的荣昌夏布。

6. 销售渠道狭窄。问卷调查结果显示，受访者获取夏布的渠道大部分是生产基地直购，其次是亲友赠送，通过网络购买的则没有。实地调查发现，宜春地区的夏布企业虽然在线下销售不同种类的文创产品，但是线上投放产品较少或未开通网络销售渠道。浏阳情况类似，荣昌情况较好。

表3　不了解夏布的群众决定购买夏布的首要因素

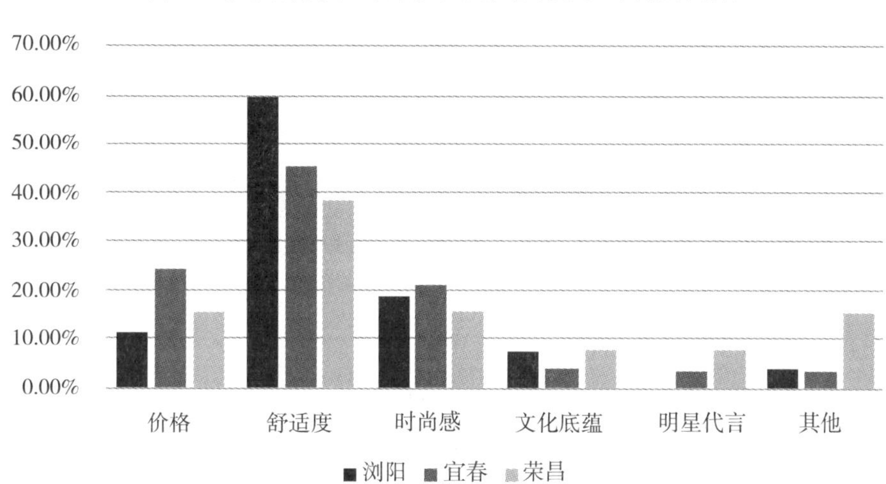

表4　群众获取夏布的渠道

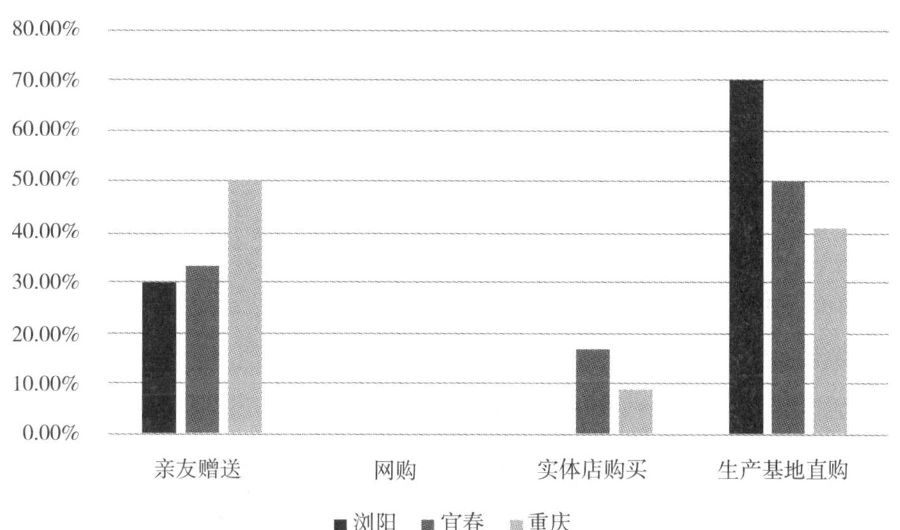

五、结论和建议

虽然国内不同地区的夏布业都面临一定困境，而发展态势不一。通过对比分析，发现造成差异的原因有很多，主要集中在政府扶持力度、技术水平、出口依赖程度、产品创新力和品牌知名度等方面。

其中，夏布知名度太低，是发展的重大瓶颈，也是限制其发展的众多因素中相对容易并能够从自身突破的一环。在融媒体时代下，吸引公众的注意力是带来经济效益的重要手段，这就是所谓的眼球经济。当获取了足够的关注之后，可以对夏布应用整合营销传播的方法，提高品牌黏度。因此传统的夏布业可以充分利用融媒体，凸显夏布的符号意义，形成品牌效应，带动行业经济发展。

（一）传播的重要性

通过实地调查发现，夏布发展态势的好坏与当地人知晓的程度呈正相关关系。荣昌地区群众对夏布知晓度最高，浏阳次之，宜春最低。调查问卷数据显示，在浏阳、宜春两地，通过网络、报刊等大众传播媒介了解夏布的人占比较少，通过“现场体验”的方式了解的人更多。而荣昌地区通过大众传播媒介了解夏布的人占比远高于其他两地。以荣昌夏布企业“壹秋堂”为例，仅用于宣传推广的微信公众号就有三个，并且有专门的管理团队。而其他两地主要依靠企业的线下营销，规模小而且缺乏管理。

融媒体时代，夏布这种受众面不广的传统手工艺品，如果不能充分利用多种媒体进行宣传推广，吸引更多消费者的注意，就很难形成品牌影响力，创造经济效益。迈克尔·戈德海伯（Goldhaber）在《注意力购买者》一文中指出：“获得注意力就是获得一种持久的财富。在新经济下，这种形式的财富使你在获取任何东西时都能处于优先的位置。财富能够延续，有时还能累加，这就是我们所谓的财产。因此，在新经济下，注意力本身就是财富。”

（二）传播突围策略

在意识到传播的重要性的基础上，可以根据传播的基本过程提出逐个击破的传播策略。一个基本的传播过程，由传播者、受传者、讯息、媒介、反馈这五种要素构成。夏布行业作为传播行为的主体，可以分别从其他四个角度采取如下措施。

1. 重视消费者需求

在信息可以完全实现交互的web 3.0时代，塑造宣传推广与售卖、用户使用与反馈为一体的互动营销模式，有了技术支撑和用户基础。夏布企业通过和消费者互动，可以及时捕捉后者的购买意向，评估营销效果，从而调整经营战略和产品构成。“互动营销通过消费者积极参与生产的全过程，使企业既可获得大批量生产的规模经济，又能使其产品适应单个消费者的独特需求，既满足了大众化的需求，又满足了个性化的需求，从而实现最大限度地提高消费者对产品的满意度。”目前市场经济中营销内容同质化现象严重，体验经济将是互联网经济发展的增值方向。而充分考虑消费者的实际需求，是夏布企业提高消费者消费体验的一条重要途径。

“品牌的穿衣戴帽是为了吸引消费者的兴趣，企业竞争的核心则在于差异化的产品和过硬的产品品质。私人订制公司的成功在于能够为客户实现订制化的白日梦需求。伴随着社会的快速发展，单一、不变的产品很难满足消费者的多样化需求，私属、订制逐渐成为市场上被追捧的热词。”“私人订制”能够吸引消费者的兴趣，使其对某个品牌形成独特的记忆；同时，为消费者量身打造产品，能提高其对购买行为的满意度，进而增强对品牌的认同感与识别度。

2. 丰富传播内容

“媒体经济也是影响力经济，属于注意力经济，而内容正是汇聚注意力资源的关键。渠道、服务、技术、品牌的建设更是需要建立在优质内容基础之上，缺乏内容的支撑，渠道等便成了无源之水，无本之木。”因此，在利用媒体推广夏布时，提供优质内容，是吸引和维持消费者注意力的关键因素，也是促使其消费的重要动力。

在浏阳和荣昌，均举办过 “夏布画”的展览活动，利用名家作画、散文学会采风等方式“捆绑式”营销，不仅丰富了夏布的文化内涵，提高了产品附加值，还扩大了品牌影响力。作为一种文化符号，夏布不仅仅可以和文艺创作相结合，成为夏布画、夏布扇等高附加值的文化产品，还可以被赋予一种代表“慢”“原始”“自然”的生活方式的内涵，从而上升为一种生活观、价值观。

丰富传播的内容，需要夏布从业者拥有源源不断的创造力，从这项延续了千年的传统手工艺中寻找和挖掘夏布的文化内涵。浏阳夏布文创公司“心之夏”从《诗经》里提到的“葛”“麻”“织”中汲取文化源泉，从而延伸到故土，

图 11　荣昌夏布产品

牵引人的情怀，提出了“有温度的记忆，会呼吸的乡愁”的理念。这是文化激发内容生产创造力的成功案例，也是夏布企业可以借鉴的发展模式。

3. 整合全媒体资源

“整合营销传播（Integrated Marketing Communication）是指以消费者为核心，重组企业一切经营行为，综合协调使用各种形式的传播方式和渠道，以统一的目标和统一的传播形象，传递一致的讯息，实现与消费者的双向沟通，迅速树立产品品牌在消费者心目中的地位，建立品牌与消费者长期密切的关系，从而更有效地达成营销目标。整合营销传播以树立品牌形象、传播一致的品牌讯息，塑造品牌个性，建立品牌与消费者之间的长期良好关系为目的，是品牌符号传播的一个有效的方法。”

“融媒体”是充分利用媒介载体，把广播、电视、报纸等既有共同点，又存在互补性的不同媒体，在人力、内容、宣传等方面进行全面整合，实现“资源通融、内容兼融、宣传互融、利益共融”的新型媒体。在融媒体时代的背景下，许多传统媒体均实现了向融媒体模式的转型，广告和品牌营销也注意到了融媒体的优势。忽视融媒体传播的浏阳夏布和万载夏布，必须意识到这种营销策略的巨大潜力，整合全媒体资源进行立体传播，打造深入人心的夏布符号。

2015年，“汉语桥”第14届世界大学生中文比赛部分获奖选手来到浏阳，参与了浏阳夏布手工创意制作。2017年，在湖南卫视《百心百匠》节目中，演员柯蓝和歌手齐羽嘉跟随手艺人一起，完整地体验了浏阳夏布的制作过程。在沉浸式体验活动蓬勃发展的背景下，通过真人秀节目来营销，不失为一种好的方式。

4. 塑造品牌符号

“企业必须通过品牌符号传播的方式使消费者对品牌符号进行识别、接受和认同，从而使消费者对品牌商品产生购买行为，这样品牌符号才真正具有价值。消费者对品牌商品的购买是为了满足自身的物质消费和意义消费，作为物质层面的商品部分（由物质生产部门生产的产品）满足了消费者的物质需求，而作为精神层面的商品部分（即品牌，由传播领域塑造的品牌意义和品牌个性）满足了消费者的意义需求。”

根据三地发放的调查问卷，夏布吸引消费者最大的优势在“手工制作，有人文情怀”“是文化遗产，要传承”“材料好，透气凉爽”等方面。同时，不了解夏布的人群对夏布的预期主要是“轻薄透气”，说明“夏布”这个符号本身有传播的优势，联想度很高。因此，宣传推广夏布时，可以利用这个符号，赋予它更多相关的意义，反复传播实现累积效应，提高传播效果，从而打造品牌影响力。

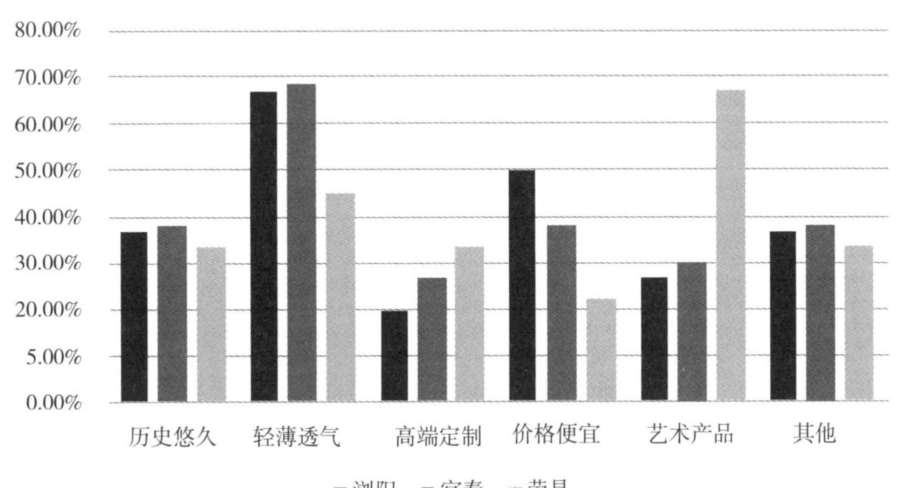

表5　不了解夏布的群众对夏布的预期

六、结语

文化也是一种生产力。夏布承载悠久的历史和厚重的人文情怀，相较于其他行业，先天具有文化优势。但由于传统手工艺本身的特性，以及创新力不足等一些原因，夏布业似乎与时代脱轨，不能很好地适应现代社会的市场经济。近年来，随着社会资本的参与、现代市场的培育以及文化消费的升级，文化产业正成燎原之势，与相关产业深度融合，为中国经济贡献新动能。夏布业应当抓住机遇，搭上发展的列车，加快产业转型升级。在以信息经济为特征的融媒体时代，掌握媒体运作规律的企业拥有更多发展的可能。由于话语权的重新配置，即使是小企业，也有机会借助传播的力量使自己的产品成为爆款。传统手工业应意识到融媒体对自身发展的重要意义，尝试从传播的角度寻求突破。因此，深入挖掘本身的文化内涵，利用融媒体进行精准传播和互动营销，是振兴传统手工业的重要途径。

参考文献

[1] 胡蓉蓉. “浏阳夏布”品牌文化的构建研究 [D]. 长沙：湖南师范大学，2014.

[2] 郑钦尹. “浏阳夏布”的现状分析与产品转型研究 [D]. 长沙：湖南师范大学，2014.

[3] 刘军，邓华. 拿什么拯救你，浏阳夏布 [N]. 长沙晚报，2011-05-03.

[4] 刘佳. 新媒体艺术：非遗传播的新手段 [N]. 中国文化报，2017-04-16.

[5] 花俊平. 万载夏布促进环保服饰设计的创新研究 [J]. 常州工学院学报（社科版），2016（4）：62-64.

[6] 夏燕靖. 传统手工业艺人群体近代化生存博弈探究 [J]. 南京艺术学院学报（美术与设计），2016（4）：120-130.

[7] 重庆市荣昌区文化委员会. 荣昌夏布 [M]. 重庆：重庆出版社，2013：71-80.

[8] 温汉华. 论品牌的使用价值和价值 [J]. 商业时代，2013（6）：44-45.

[9] 温汉华. 品牌符号传播与整合营销传播的内在联系 [J]. 新闻知识，2013（11）：22-23.

[10] 王琰. 新媒体环境下的广告传播策略研究 [J]. 新闻知识，2012（12）：

55-56.

[11] 俞佳丽. 荣昌夏布品牌发展的新模式探究 [J]. 美与时代（上），2017（1）：30-32.

[12] 李姗. 注意力经济——网络营销的实质 [J]. 中外企业家，2005（1）：81-83.

[13] 冯易，蔡嘉清. 广告符号传播的文化认同 [J]. 新闻界，2013（24）：76-80.

[14] 李秀丽，董慧. 塑造品牌个性策略初探 [J]. 商场现代化，2006：112.

[15] 顾作义，严永树. 发展文化创意产业 提高文化创造力——广东发展文化创意产业的启示 [J]. 广东社会科学，2010（1）：13-19.

[16] Goldhaber M H. The attention economy and the net [J]. First Monday，1997（4）.

[17] 高贵武，刘娟. 内容依旧为王：融合背景下的媒体发展之道 [J]. 电视研究，2015（4）：27-30.

[18] 刘翠萍. 基于互联网的互动营销方法分析 [J]. 经济理论研究，2006（12）：35-38.

[19] 赵强. 从私人订制看品牌营销 [J]. 销售与市场，2014（3）：29.

[20] 张玉玲. 如何看当前文化产业发展态势 [N]. 光明日报，2017-08-12.

[21] 郭庆光. 传播学教程 [M]. 北京：中国人民大学出版社，2011：34-60.

基于居民游客双视角下关于少数民族县如何运用民族特色发展旅游业的研究

——以江华县为例

课题组成员：伍皓东，王 扬，杨英龙，邓若晗
指 导 老 师：李立辉

摘要：近年来，我国少数民族特色文化在时代主流文化冲击下，出现了难保护、难继承的现象，不少少数民族地区选择发展旅游业来发扬民族文化与实现经济增长，在这过程中少数民族地区面临着基础设施落后、经济不发达、思想观念落后等问题。本文以江华县为例进行分析研究，从该县自身优劣势出发，梳理该县旅游资源与发展方向，运用 SWOT 分析发展潜力，并根据实际情况，利用 IPA 模型调查分析了江华县居民与游客在旅游开发中的情况，指出平衡游客与居民利益关系是旅游开发一大重点，还整理形成了少数民族地区发展旅游业的建议，希望能为少数民族地区旅游开发提供一点小小的借鉴。

关键词：少数民族特色文化；民族旅游；双视角

由于自然与历史原因，少数民族地区往往处于经济、文化、教育、交通落后的局面，为了使少数民族地区在 2020 年与全国一同实现小康，国家近年来高度重视少数民族地区工作。少数民族地区自身也不断探索经济发展模式，旅游开发是少数民族地区经济发展的一大着力点，不少少数民族地区正大力发展少数民族旅游业。但是少数民族地区发展旅游业也面临着重重困难，借

暑期实践来到江华瑶族自治县的机会，我们以江华县为样本试图探索少数民族地区旅游开发的经验。

一、江华县旅游资源梳理

江华县位于湖南最南端，地处南岭北麓，与粤、桂接壤，东西横跨75公里，南北纵长76公里，总面积3228.52平方公里。

江华瑶族自治县是南方林业大县，地貌多样，地势东高西低，为典型的喀斯特地貌。县内群峰叠嶂，山体连绵，盆地丘陵铺嵌于山水之间，全县森林覆盖率71.77%，城镇绿化率41.6%，被称为“天然氧吧”“华南之肺”。

江华县有瑶、汉、壮、苗、侗等24个民族居住，总人口约52.14万（2015年数据），瑶族人口约占总人口60.22%，汉族占总人口36.89%，壮族占总人口2.58%。江华县是全国瑶族人口最多的少数民族聚居地，享有“神州瑶都”美誉，是湖南省唯一的瑶族自治县。县内地貌多样，生活有“高山瑶”“平地瑶”“过山瑶”“本地瑶”，覆盖了瑶族各个分支。此外，县内生活着很多壮族人口，设有湖南省唯一的壮族乡。

江华县历史悠久，民族特色突出，自然生态环境优越，气候宜人，但囿于交通不便等原因经济较为落后，是全国贫困县城。全县秉承“开放新县、民营活县、生态立县、产业强县”理念，致力打造宜居、宜游的民族强县，2016年全县生产总值首次突破百亿元大关。承接历史机遇，江华县发展潜力巨大。

江华县旅游资源丰富，作为研究江华县旅游的基础在此先对其进行整理梳理，以便下一步研究的展开。

表1　江华县旅游资源等级分类表

资源级别	资　源
五级	神州瑶都（沱江古城、铜鼓广场、盘王殿、瑶文化图腾园、瑶族长鼓舞、盘王节、盘王大歌等）、涔天河
四级	黄龙山、姑婆山、阳华岩、九龙井、秦岩
三级	大龙山、舒家山、蜜蜂吊瀑布、下水井、穿岩、水口营、白泉村、星桥、寒亭暖谷、豸山古寺、赶鸟节、瑶山雪梨基地、牛牯岭省级农业科技示范园、宝镜古村、井头湾古村、江华故居

续表

资源级别	资　源
二级	香草瑶寨、所城遗址、冯河楼、凤尾民居、牛路民居、瑶家吊脚楼、大圩古镇、文明村、上伍堡、天堂瑶寨、九嶷山、瑶山雪梨文化节、瑶家十八酿、赶歌圩、坐歌坛、放炮节、牛生日、吃新节、李启汉故居、凌云宝塔、码市老街、狮头山、龟山、梧岭南屏、雄狮下山、瑶家梯田、奇兽岩、仙姑岩、古家岩、平头岩、飞龙岩、佛爷岩、得仙岩、天书女字峰、月亮岛、沱江、码市宜村河、潇江湾、香草源、务江、宜春湖水库、黄龙温泉、硫磺井、涸溪寿域、九龙井原始楹木林

江华旅游资源较为丰富，但高等级资源较少，且资源缺乏深度开发，因而也具有极大的开发潜力。

表2　江华民俗旅游资源分类表

资源类型	资　源
民俗美食	瑶族十八酿、瑶家腊肉、荷叶粉蒸肉、圣水豆腐丸
民俗节庆	盘王节、赶鸟节、坐歌坛、赶歌圩、牛生日、吃新节、放炮节、拿篮子、送篮子、喝瓜箪酒、喝泡茶
民族歌舞	长鼓舞、羊角短鼓舞、度曼尼舞、伞舞、关刀舞、穿灯舞、蝴蝶舞、滚珠龙、盘王大歌、古老的岁月、盘王之女
民俗建筑	盘王殿、宝镜古建筑群、文庙、总管庙、行穹庙、瑶寨吊桥、瑶家吊脚楼、瑶族图腾坊、瑶族铜铸长鼓、盘王城
民族神话传说	伏羲兄妹造百姓、元神造房、金龙出世、“金龙出大洞，海马归祠堂”、老虎怕漏、麻拐告状、阳鸟、狗的来历、蕨根粑粑、茶叶的来历、五谷的来历、刘山坳的传说、九龙井的传说、平头岩的传说、神仙岩、雷打石、坳难拾、白潭道、龙的传说、四月人吃鸟米饭
民族工艺品	瑶族织锦、瑶族服饰、瑶族女书、瑶族族徽

江华民俗项目较为丰富并且有待进一步发掘形成以民俗体验为核心的旅游文化竞争力。

表3　江华县已开发的旅游特色商品分类表

类型	商　品
茶叶	江华苦茶、婆婆茶、瑶家大碗茶、潇水源瑶茶、正龙湾红茶、正龙湾苦茶、冯河大龙山野生江华茶

续表

类型	商　品
服饰	长鼓纹围巾、盘王印围巾、长鼓风情壁挂、长鼓花边绣包、瑶族织锦手腕配饰、瑶家手工绣花鞋、棉麻布绣花包、手工八宝被套、手工八宝被三件套
滋补养生	瑶浴包、灵芝、石奎、天麻、竹筒酒
食品	瑶山雪梨、王老三系列、腌小山笋、河鱼酱、剁辣椒、霉豆子、珍珠椒、剁辣椒姜、 七彩椒

二、江华县旅游发展分析

江华县已开发的旅游特色商品较少，且购买途径窄，在很多景区都没有民族特色商品售卖，民族特色商品有待进一步挖掘，扩宽销售途径，丰富商品种类，加深商品民族文化内涵。

表 4　江华民族传统体育分类表

类别	主要项目
生活生产类	踢犁公、登山、独木舟、爬杆、抢花炮
节庆祭祀类	爬刀梯、瑶舞 、赛龙舟、 舞龙灯
强身健体类	跳坑沟、掷石子、抢花炮、射弩、打陀螺、押架、气功、扳手腕
娱乐度假类	舞狮、舞龙、瑶拳、瑶舞、舞龙灯

这些体育文化资源具有丰富的人文价值和生活情趣，并与当地的自然地理资源、民族文化资源、旅游市场资源构成极佳的资源配置状况，极宜开发具有特色优势的旅游产业和体育产业。

在传统体育的旅游开发上，江华县仍处于起步阶段，没有形成广泛的应用。近年来，江华县开始大力发展赛龙舟与舞狮舞龙等项目，但大都属于观赏性项目，游客参与度不高，缺乏互动性，且与其他地区旅游体育活动同质化程度高，民族特色的体现仍在摸索中。

（一）优势（S）分析

江华县旅游开发优势主要在于当地特色与地理、政治优势。

（1）民族特色

江华县作为全国最大的瑶族自治县有着鲜明的瑶族特色，此外还有全省唯一壮族乡，县内共有 22 个民族居住，具有多民族开发的潜力，可以形成以

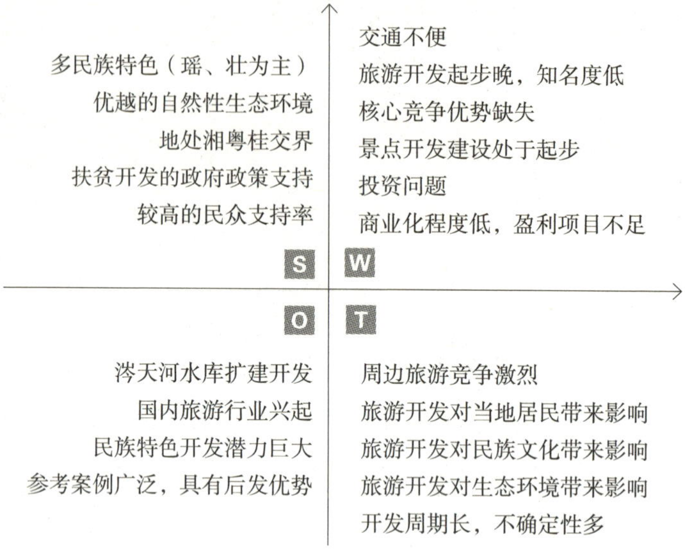

S	W
多民族特色（瑶、壮为主） 优越的自然性生态环境 地处湘粤桂交界 扶贫开发的政府政策支持 较高的民众支持率	交通不便 旅游开发起步晚，知名度低 核心竞争优势缺失 景点开发建设处于起步 投资问题 商业化程度低，盈利项目不足
O	**T**
涔天河水库扩建开发 国内旅游行业兴起 民族特色开发潜力巨大 参考案例广泛，具有后发优势	周边旅游竞争激烈 旅游开发对当地居民带来影响 旅游开发对民族文化带来影响 旅游开发对生态环境带来影响 开发周期长，不确定性多

瑶族文化为核心，壮族等多民族文化协调开发的旅游局面。

（2）山区特色

连绵起伏的山峰带来了不同于平原的别样特色，也让江华保留了一丝原始纯真的风味。利用好山区优势，不仅可以抵消交通不便带来的负面影响，还能形成独特的山区旅游探险韵味。

（3）地理优势

①山川

江华县境内山川资源独特丰富，为典型喀斯特地貌，湘水源头之一。

②林业

江华县林业资源丰富，森林覆盖率高，植物丰富度高，生态环境优越，空气质量优越，即使在城镇也拥有较高的绿化率，适合休闲旅游，是亲近自然的好选择。另外，利用好森林资源可以打造出自然景观，增强江华县生态旅游的竞争力。

③气候

江华县气候宜人，年平均气温 18.8℃，年均降水量 109.8 毫米，下雨时山上云雾形成一大景观。

表5 江华与周边县市及城市5~9月累年逐月人体舒适度平均指数

月份	5月	6月	7月	8月	9月
长沙	66.0	71.8	76.0	75.2	68.3
冷水滩	67.8	73.0	76.2	76.0	70.2
零陵	66.0	71.5	74.6	74.0	68.3
东安	68.0	73.4	76.4	76.0	70.5
祁阳	68.6	73.7	76.9	76.5	70.9
衡阳	67.2	72.7	76.2	75.8	69.9
桂林	67.6	73.1	76.0	75.3	69.9
江永	67.6	72.8	75.2	75.0	69.6
江华	66.1	71.2	73.8	73.4	68.2

注：人体舒适度气象指数表示在暖季内人体对外界气象环境的舒适感受程度，根据人体舒适度气象指数等级划分，暖季内指数范围在60~70之间为最舒适，在70~75之间为暖较舒适，在75以上为暖或热不舒适及不适应。

江华县域地理地形及较高的森林覆盖率是避暑条件优越的自然环境因素；江华暖季避暑气象条件用人体舒适度气象指数来衡量表现为舒适或较舒适，其避暑气象条件优势在于气温较低、高温日数较少、风速较大，使得人体对外界气象环境感觉更为舒适。

④位置

江华县地处湘粤桂交界处，拥有广阔的客源市场，可以吸收来自长株潭、珠三角以及桂林景区的游客。此外，江华县更有着三地交织碰撞融合出的别样文化特点，使得江华县旅游资源进一步呈现多元化特点。

⑤良好的生态文明环境

2011年11月，江华县被中央文明委授予“全国文明县城”称号，全县16个乡镇全部为省级生态乡镇，77个村为省级生态村，具有良好的生态文明环境。

（4）政治优势

①扶贫政策支持

作为全国贫困县城，江华县在旅游开发中得到了不少帮助，包括上级领导的支持与帮助、对口扶贫单位利用自身优势的帮扶等。

②当地政府高度重视

江华县当地政府高度重视旅游开发工作，将旅游开发工作摆在重要位置。

③当地居民高度支持

旅游关系到游客与居民双方，只有双方满意才能达到共赢局面。在此环境下，旅游开发居民高支持率为旅游开发健康平稳可持续发展提供了坚实的基础。

（二）弱势（W）分析

江华县四面环山，交通极其不便，在自然条件上存在天然的缺陷。

（1）交通限制

①外部交通

从外部交通来看，通往江华县的交通方式虽然有高速公路与铁路，但均耗时较久。火车线路较少且时间段较差。

江华与“两广”（广东、广西）的10多个乡镇接壤，除国道207线和湖南省道326线外，仅有5条县乡公路与之相连，且公路技术等级低，通行能力差，通达深度不够。

表6　周边城市到达江华所需最短时间

起始城市	驾车	火车
长沙→江华	4小时59分钟	6小时23分钟
衡阳→江华	3小时15分钟	4小时0分钟
广州→江华	5小时32分钟	无直达
永州→江华	2小时36分钟	1小时55分钟
桂林→江华	2小时42分钟	1小时3分钟

注：驾车时间数据来源于高德地图，火车时间来源于12306官网，均按最短时间计算。

各地去往江华县耗时较久，在动辄耗费三四小时的路程情况下不少游客会选择前往桂林、湘西等地。

途径江华火车线路共四条，但列车时间不理想。通往主要换乘点永州、贺州的列车不能很好地与换乘后列车衔接。这些外部交通因素极大地限制了江华县旅游发展。

②内部交通

江华县旅游景点较为分散，各旅游景点间移动耗时较长，且山路弯绕曲折，涔天河水库扩建更是恶化这一问题，例如从县城前往主要旅游景点香草源需 4 小时以上，导致客源的严重流失。

县城内公交系统与出租车系统使用不便，存在缺乏规范经营与成本收益不平衡等诸多问题。

江华县内部交通受人为影响、路面条件影响，更受到自然条件限制，成为一大难题。

（2）旅游开发难点

①旅游开发起步晚，知名度低

虽然一直规划发展旅游业，但江华县真正有计划开展旅游开发时间并不长，比起周边地区旅游开发起步较晚，与桂林、凤凰古城和江永千家峒相比知名度低。

②景点建设处于起步阶段

江华县各个景点建设处于起步阶段，各景点基础设施、服务及管理仍不成熟，申报各等级景区工作也处于起步阶段，由于各等级景区升级有年限要求，这将在很大程度上影响到江华县旅游开发的进程。

③核心竞争优势缺乏

江华县旅游资源虽然丰富，但是缺乏与其他景区相比的核心竞争优势。

④思想观念问题

江华县地处山区，相对而言与外界交流沟通较少，在旅游开发的先进思想理念上有所欠缺。

（3）商业缺陷

①投资不足

江华县旅游投资资金缺乏，尤其是缺乏实力雄厚的开发商投入大笔资金。投资不足导致景点开发慢，开发程度浅，无法充分利用好现有旅游资源。

②投资方多，存在各景点协作问题

江华县各个景点归属不同投资方管理，由于投资方的不同景点建设步伐不统一，缺乏统一的整体规划，各个景点间存在协助问题，无法达成优势互补的局面，更有形成同质化甚至恶性竞争的危险。

③商业程度低，营利项目缺乏

各个景点商业化程度较低，靠着“门票 + 餐饮”的方式简单经营，缺乏深度商业化挖掘，景点以观光型为主，缺乏互动参与性营利项目。

（三）潜力（O）分析

①涔天河水库扩建

涔天河水库扩建工程作为湖南省一号水利工程扩建后形成的新自然条件为旅游开发提供了更多旅游资源与投资，移民搬迁后新镇给江华县旅游规划一个新起点，可以以旅游导向更好地规划新城镇。

②民族特色开发潜力巨大

江华县作为一个以瑶族为主的多民族聚居地，具有丰富民族特色资源，在民族文化、民族节日、民俗体验等方面开发潜力巨大。

③国内旅游业兴起

随着中国经济的发展，年人均旅游频率不断上升，越来越多厌烦了城市风光的人向往到山清水秀的地方旅游。

④可供参考案例多

国内成熟旅游景区的成功案例为江华县旅游开发提供了现成的经验、路线，江华县可以利用后发优势，规避这些景区走过的弯路，吸收借鉴这些景区发展的优点。

（四）威胁（O）分析

江华县旅游开发威胁来自内外部两个部分，外部威胁较大，内部威胁较多且隐患较大。

①外部威胁

外部威胁来自其他景区的竞争，尤其是相对较成熟的景区的竞争。对于缺乏核心竞争力的江华县而言可能会被具有相关核心竞争力的景区排挤，而培养形成自身核心竞争力的同时可能被别人借鉴甚至抄袭。如何在外部强强竞争中找准自己的定位是江华县旅游发展一大难题。

②内部威胁

其一，旅游开发对当地居民带来影响。旅游开发势必会对江华县本地居民带来一定影响。面对旅游开发中涉及的居民利益问题，如果不能很好地处理旅游开发与居民的关系，那么旅游开发会失去居民支持，陷入与居民斗争的恶性局面。

其二，旅游开发对生态环境产生影响。如果青山绿水遭到破坏，江华县旅游魅力会大幅下降。

其三，旅游开发对民族文化带来影响。随着旅游开发的进行，民族文化得到弘扬的同时也面临着被扭曲、过分商业化的威胁，失去真实性。

一般而言，旅游开发较为重视游客反馈情况，根据游客满意度与问题的反馈对旅游开发做出调整。但旅游开发不仅仅是关系到游客的事情，更是关系到当地居民日常生活的大事情。“居民和旅客作为旅游开发的利益相关者”，存在开发中的利益博弈，也存在着共同的需求，只有满足好游客与当地居民需求，平衡好二者关系，才能保证旅游开发顺利平稳可持续进行。因而在本次调查中我们引入了游客与居民的双视角分析。

三、双视角下江华县旅游开发情况分析

（一）居民分析

当地居民作为江华县主要人口构成，在旅游开发中具有举足轻重的地位。一方面，江华县居民本身就是旅游开发的一部分，游客到江华县来也想观赏到当地居民的生活状态，在各项民族风情展示上也都离不开江华县居民的参与。另一方面，江华县居民与旅游开发存在着利益上的博弈，旅游开发必会对江华县居民生活带来影响，江华县居民对旅游开发也会有相应的诉求，如果忽视这一诉求将会导致旅游开发失去当地居民支持，将会影响到旅游开发的持续发展。

为此，我们对江华县居民展开了问卷调查与走访。问卷 A 在网络共计发放 185 份，问卷 B 在江华县四地共计发放 320 份，回收 320 份，无效问卷 16 份，有效问卷 304 份，问卷有效率 95%。

表 7　问卷 A、B 对当地居民对于旅游开发基本情况反馈

问题	选项	问卷 A（185 份）	问卷 B（304 份）	平均
您对江华发展旅游业的态度是?	大力支持	60.00%	56.25%	57.67%
	支持	32.43%	38.16%	35.99%
	观望态度	7.57%	5.59%	6.34%
	不支持	0	0	0
您对江华县旅游规划的了解程度如何?	非常了解	3.78%	3.62%	3.68%
	比较了解	9.73%	17.43%	14.52%
	有一些了解	44.32%	38.49%	40.70%
	不太了解	34.06%	30.26%	31.71%
	不了解	8.11%	10.2%	9.41%

根据两份问卷反馈情况来看，问卷 A、B 的数据结果相近，证明两份问卷数据较为可信。两份问卷在样本构成上的差异，也反应出各身份因素对态度结果影响并不大。

总体而言，江华县居民对旅游开发持积极的支持态度，且持大力支持的人数占绝对多数，少数居民持观望态度。

虽然具有较高的支持率，但是当地居民对于旅游开发规划普遍缺乏了解。据调查，江华县旅游规划在各大平台均有公示，但出现了解程度低的结果，一方面反应出江华县居民缺乏主动了解江华县旅游开发规划的动力，另一方面反应出江华县在旅游规划宣传工作上仍有不足。

根据数据显示，居民越是了解旅游规划就越容易对旅游开发持支持态度，表明对旅游规划的了解可以促进居民形成自己的态度。

在问卷 A 网络调查中我们初步调查了在江华县旅游开发中出现的各种现象，从反馈情况来看，旅游开发中的正面现象得到了更多的认可，负面现象认可度整体水平低于正面现象。

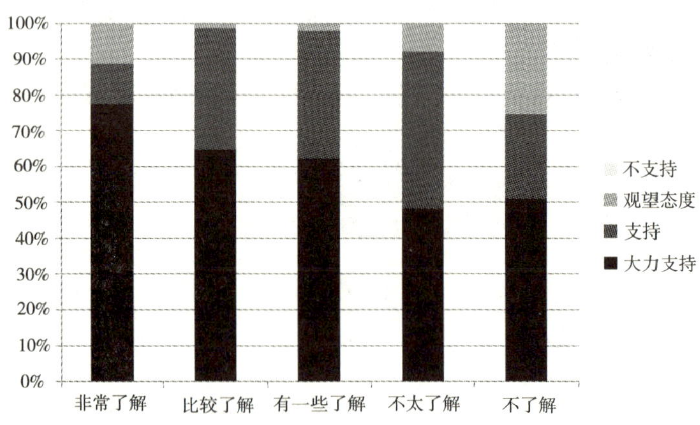

图 1　江华县居民对旅游规划了解程度与支持态度的关系

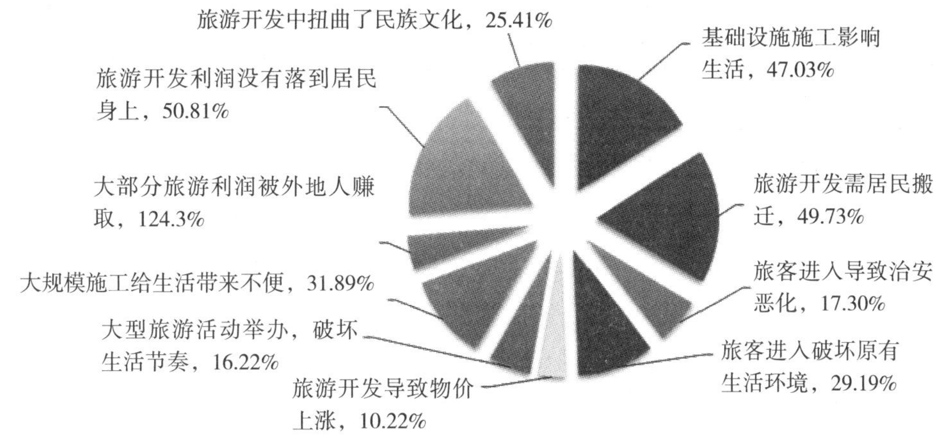

图 2 江华县居民认为旅游开发中存在的负面现象

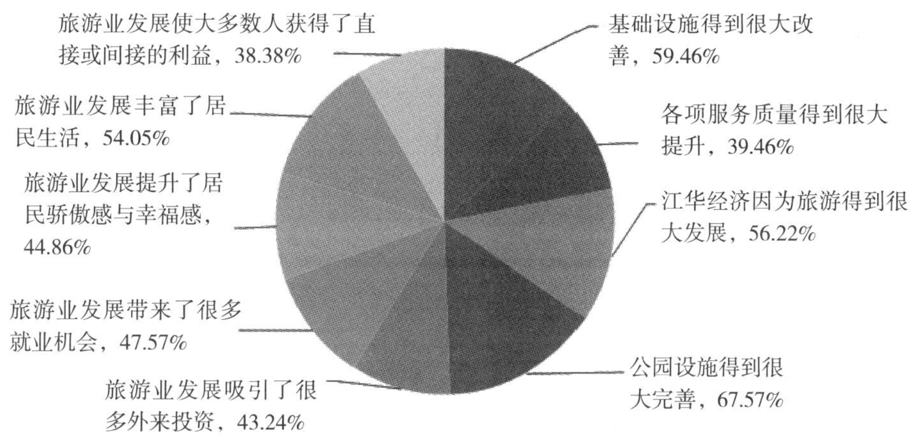

图 3 江华县居民认为旅游开发中存在的正面现象

表 8 江华县居民对于旅游开发中负面现象的感受评分

选项	基础设施如道路、管道施工带来不便	旅游开发需原居民搬迁	旅客进入导致治安恶化	旅客进入破坏原有生活环境	大规模施工带来了生活的不便	旅游开发利润没有落到居民头上	旅游开发过程中扭曲了民族文化
均值	2.83	2.43	1.58	2.03	2.41	2.93	1.42
方差	2.840	2.999	2.574	2.950	2.778	3.150	2.701

从负面现象评分来看总体形式较好，均分未超过 3 分，证明江华县旅游

开发现阶段对居民负面影响较小。治安情况因为现阶段游客较少所以未造成很大影响，但是随着外来人员涌入，江华县人口成分复杂化，治安问题将日渐突出。

在民族文化开发方面，目前江华县大致保持了民族文化的真实性，部分人群认为存在对民族文化扭曲一部分是出于对民族文化的误解，例如瑶族各个分支间对彼此习俗差异的误解，另一部分则认为是由城镇化带来对民族文化的冲击使得民族文化扭曲。

居民搬迁问题分为两块，一块是因涔天河水库扩建带来的移民搬迁，是水利工程带来的移民问题，只是后续发展涉及旅游业，这需要政府部门做好解释与安置工作，避免对旅游开发造成不良影响。在我们的另一份调查中显示移民搬迁后居民对旅游开发普遍缺乏信心与了解，并且在现阶段由于旅游业尚未兴起而带来了收入途径缺乏、生活条件差等问题，在旅游开发尚未完成的阵痛期如何安抚好民众成为一大问题，这不仅仅对移民群体具有意义，对于所有旅游搬迁群体也具有借鉴性。另一块则来自于旅游开发中部分景点如涔天河湿地公园等及道路建设带来的搬迁，这部分搬迁居民原生活条件较差，搬迁是一个改善他们生活的机会，但是存在漫天要价等行为，阻碍了搬迁进行，有待相关部门解决。

较为严峻的问题是基础设施施工带来的不便与旅游利润没有落到居民身上。有趣的现象是与它们相对的正面现象基础设施得到很大改善得到 3.39 评分，旅游业发展使大多数居民获得直接或间接利益得到 2.98 评分。

江华县近年来大力建设基础设施，在与民众密切相关的道路、管道、人行道等方面有了极大的改善，但是也正因为这些工程与民众密切相关，在施工过程中给民众带来的不便感受也最深。这个问题会随着施工完成后民众体验到便利而自然解决，但是有关部门也应重视施工的合理性，减少施工带来的不便，各单位、部门间要形成协作，否则不仅给居民生活带来不便，更造成了资源的浪费。

在旅游开发利润分配上本身就是个难题，但是正负面均得到较高评分，说明其中存在理解问题，在经过一系列正面现象列举后不少人意识到了旅游开发是给自己带来了利益，很多人在思考旅游利益时忽视了潜在利益，而潜在利益应该是现阶段甚至之后很长一段时间给江华县居民能带来的最大利益。对于利益分配问题，当地居民提出来诸如“每个人分钱”不合理的直接利益诉求，也有呼吁景区对当地人免费开放等有一定合理性的诉求，有待相关部门解决。

在旅游开发中正面现象评分中各个正面现象均得到了较高评分，旅游开发中正面影响得到了居民的认可。

所有正面现象中最让江华县居民认可的是公共设施的完善，主要是公园、卫生间的增多与完善，这些设施的完善增强了江华县的旅游竞争力，也让居民生活得到了改善。但是在公共设施完善过程中需要衡量公共设施带来的利益大小，尤其是对旅游发展提供帮助程度。

旅游开发对于居民骄傲感与幸福感的提升也得到了较大的认可，这表明了江华县上下一心发展旅游业的决心，也是对江华县旅游开发工作的肯定，有利于江华县旅游开发进行，更是江华县旅游发展的一大竞争力。

表 9　江华县居民对于旅游开发正面现象的感受评分

选项	基础设施得到很大改善	各项服务质量得到很大提升	江华经济因为旅游得到很大发展	公共设施得到很大完善	旅游业发展吸引了很多外来投资	旅游业发展带来了很多就业机会	旅游业发展提升了居民骄傲感与幸福感	旅游业发展丰富了居民生活	旅游业发展使大多数人获直接或间接利益
均值	3.39	3.14	3.22	3.57	3.14	3.23	3.48	3.27	2.98
方差	2.463	2.238	2.502	2.114	2.481	2.415	2.554	2.559	2.587

此外，旅游开发在基础设施改善、居民生活丰富、经济发展、就业增加、吸引外来投资与服务质量提升方面的作用也得到了江华县居民较大的肯定。这些现象表明旅游开发与居民利益不是在对立面的，在平衡下两者可以和谐相处。在后续旅游开发过程中政府及开发方应继续保持好这些被民众好评的方面，同时也要注意旅游开发中资金的充分利用，不能为了讨好居民或其他原因使得旅游开发资金投入偏离初衷，应该以旅游开发为核心，兼顾居民利益。

正负面现象评分中方差都较大，证明不同人群对于江华县旅游开发感受差异较大。较为突出的是在公务员群体与农民群体。公务员群体对江华县旅游了解、接触相对较多，也更能直观感受并评价江华县旅游开发带来的种种现象，更容易做出正面评价。而农民群体则对旅游了解、接触相对很少，对江华县旅游开发处于一种无感的状态。这启发我们需要在旅游开发中照顾到各类群体，意识到旅游开发是关系到每个人的切身大事，让更多人了解并参与到旅游开发工作中来，有助于形成旅游开发的合力。

表 10　参与程度与正面评分相关性

选项		正面平均分
参与程度	Pearson 相关性	0.219**
	显著性（双侧）	0.000
	N	304

"**"表示在 0.01 水平（双侧）上显著相关。

表 11　参与程度与负面评分相关性

选项		正面平均分
参与程度	Pearson 相关性	–0.113*
	显著性（双侧）	0.049
	N	304

"*"表示在 0.05 水平（双侧）上显著相关。

根据数据分析显示参与旅游开发程度与对旅游开发正面影响评分存在正相关关系，与对旅游开发负面影响评分存在负相关关系。参与程度对正面评分的影响更大。然而江华县居民参与旅游开发程度较低。

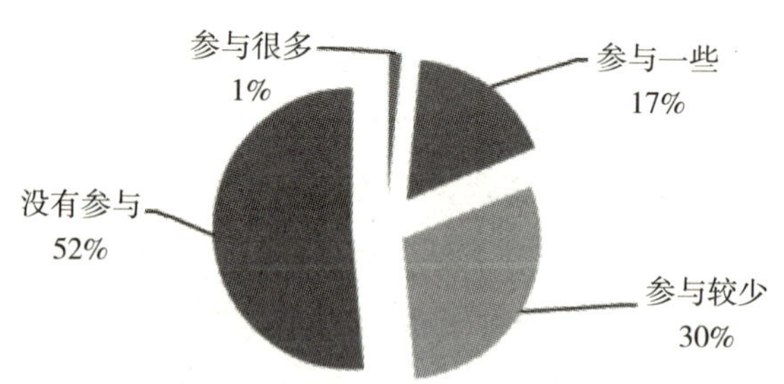

图 4　江华县居民参与旅游开发程度

对于自身参与的东西，人们会更具有认同感与成就感，因而促进江华县居民更多参与到旅游开发中对平衡旅游开发与居民关系是很有必要的，这同时也能促进旅游开发中真实性的保证，也利于集中民智，更好地开发江华县旅游资源。

对江华县旅游开发规划的了解程度也影响着对旅游开发正面现象影响的评分，越是了解江华县旅游开发规划，越会对正面现象给出更高评分。

旅游开发是一个长期的事情，影响不仅在当下，更在未来。针对未来旅游开发中居民存在什么担忧我们也展开了调查，数据可以为江华县旅游开发工作展开提供一定参考。

旅游开发带来的大批游客是否会引起江华县物价上涨成为大部分居民最担忧的问题。物价上涨不仅会给江华县居民日常生活带来伤害，更会伤害到江华县旅游事业的发展，使得游客对江华县做出负面评价。物价上涨长期而言是一个可控的问题，通过物资调配，在非外力干涉的情况下市场会让物价回到正常的水平，在这一过程中政府需要做的是反不正当竞争与垄断，防止物价被操控。生活成本上升问题更复杂，即使日用品物价水平维持在之前水平，像房、地等资源价格水平必然上升，解决这一问题需要政府的介入，避免原居民在市场价格作用下被排挤出江华县。

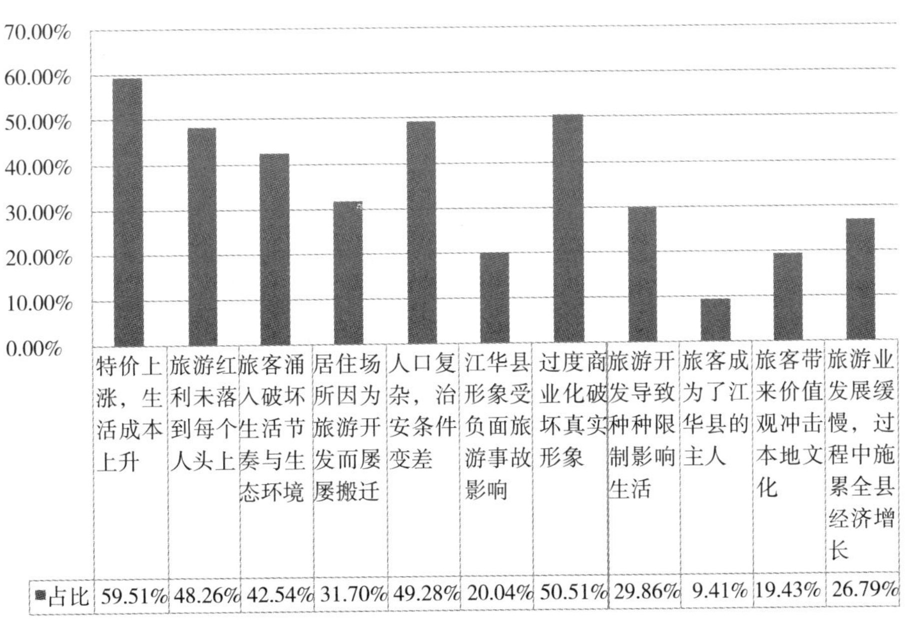

	特价上涨，生活成本上升	旅游红利未落到每个人头上	旅客涌入破坏生活节奏与生态环境	居住场所因为旅游开发而屡屡搬迁	人口复杂，治安条件变差	江华县形象受负面旅游事故影响	过度商业化破坏真实形象	旅游开发导致种种限制影响生活	旅客成为了江华县的主人	旅客带来价值观冲击本地文化	旅游业发展缓慢，过程中施累全县经济增长
■占比	59.51%	48.26%	42.54%	31.70%	49.28%	20.04%	50.51%	29.86%	9.41%	19.43%	26.79%

图 5　江华县居民对未来旅游开发的担忧

其次是商业化的问题，旅游开发中离不开商业化运作，但是商业化运作需要把握好一个尺度与界限，开发到什么尺度能够不失实又具有足够吸引力，有哪些民族文化禁区商业开发是不能够碰的，是商业运作难点。

旅游业可能发展缓慢的问题是一个较大隐患，旅游开发本来就需要一个长周期，也需要一个契机去引爆，在这个过程中要充分发挥主观能动性，发动更多人集思广益，抓住机遇，创造契机，推动旅游业发展。

最后不容忽视的是外来游客带来的价值观对江华县的冲击问题。民族文化在工业城镇化背景下本就处于弱势地位，因旅游开发，大批游客带来的不同价值观会极大程度上冲击江华县文化，结果将是游客看到变味的江华与居民丢失自身文化的两败俱伤。有学者指出，在旅游开发中少数民族文化处于弱势地位，“由于信息不对称所造成的两者之间的文化差异，使得处于封闭乡村的当地居民受到了这种都市文化的冲击，并且在自身认识水平不够的影响下，很容易产生对本民族的文化自卑感，并且盲目崇拜或者模仿外地游客的文化……从而造成自身民族文化内涵的缺失。此外，一些外来游客由于不理解当地文化的深刻内涵，容易对该文化造成误解，并认为其文化是愚昧落后、泯灭人性的，从而不尊重当地文化，并对外误传该文化的精髓，对传统的少数民族文化造成不良的宣传效应”。

隐患也是机遇，外来价值观在带来负面冲击同时也会带来积极的一面，会在居民顽固封建保守思想的转变上做出贡献，也可能促使少数民族文化更好地适应现代节奏，关键还是在于这一过程中的导向。

（二）游客分析

旅游发展的主体是游客，明白游客需要什么，清楚游客不满什么，并进行相应改进，这是旅游开发中重要的一环。我们从游客视角出发考察江华县旅游开发中的问题。

江华县旅游开发处于起步阶段，游客端需要解决的问题很多，需要有的放矢，抓住矛盾重点，集中精力先解决给游客带来困扰最大的问题，让游客最不满的问题，通过解决这些问题最快最大程度提高游客满意度与评价，从而对旅游开发形成良性循环，避免“吃力不讨好”，花大力气解决了一个对游客而言无足轻重的问题。为了弄清江华县游客对于江华县旅游的体验情况，我们设计问卷并与江华县旅游局等单位合作进行了实地发放与回收，问卷共计发放 120 份，回收有效问卷 112 份，无效问卷 8 份，问卷有效率 92.33%。

我们采取了 IPA 模型对游客满意度进行分析，通过调查该项目对于游客旅游体验的重要度与实际体验的满意度双因素得出江华县目前旅游开发中的重点问题是什么。比起传统简单的游客满意度调查，IPA 结果反映出的不仅是游客对于各个项目的满意度，更能反映出哪些项目是对游客旅游体验影响最大的。

表 12　江华县游客旅游体验中各项目重要程度与满意程度及相关性检验

编号＼项目	项目	重要程度均值	满意程度均值	综合改进度
1	交通情况	4.67	3.79	5.39（29.00）
2	瑶族特色餐饮服务	4.44	3.85	5.23（27.31）
3	酒店质量	4.47	4.11	5.13（26.33）
4	治安情况	4.52	4.16	5.14（26.40）
5	山水风景	4.74	4.34	5.18（26.83）
6	民族特色	4.54	4.13	5.16（26.65）
7	建筑特色	4.20	3.71	5.14（26.42）
8	民风淳朴	4.54	4.41	5.04（25.38）
9	生态环境	4.69	4.62	5.02（25.23）
10	解说、导游服务	4.18	3.68	5.14（26.42）
11	景点门票价格	4.21	3.49	5.24（27.14）
12	瑶族特色活动、风情展示及演出	4.49	3.86	5.25（27.57）
13	互动性	4.46	3.41	5.42（29.39）
14	瑶族文化感受度	4.57	3.63	5.40（29.11）
15	瑶族风情特色商品种类、价格	4.29	3.36	5.34（28.49）
16	日常商品价格	4.17	3.78	5.09（25.94）
17	卫生文明条件	4.53	4.04	5.20（27.00）
18	行程轻松，身心舒缓	4.63	4.27	5.15（26.53）

目前的游客主要是被江华县良好的山水风光、生态环境吸引前来， 同时也对江华县瑶族风情有兴趣。交通情况是影响游客体验的重要一环，尤其是在目前江华县游客自驾游较多的情况下县内交通显得更为重要，旅游线路间的公路条件将极大影响游客体验。通往江华县的交通情况也极为重要，这是影响人们决定是否前来江华县旅游的重要指标，也是游客前来对江华县的第

一印象。

瑶族商品目前开发程度较低，且销售渠道较少，这不利于游客的经济转化。要从旅游中获得较大的经济利益，就要依托游客在江华县的消费，发展好特色商品的销售不仅能为江华县带来直接的经济利益，更能促进江华县相关经济产业的形成，实现旅游业对江华县全经济行业的带动作用，更为重要的作用是推动瑶族文化的传播与传承，从这点来讲是无法用经济利益来衡量的。

互动性的缺乏指游客在旅游中对于瑶族或者江华县的民俗活动等实际参与度较低，目前江华县旅游以观光性游览为主，对于参与项目开发有所欠缺，这不利于给游客留下深刻的印象。充分的互动能让游客更为了解、理解江华县少数民族文化，提升游客的文化体验感与评价。

江华县景区门票价格本身不高，但是相对于景点内容价值而言显得较高。由于各个景点是较为分散的小景点，单个景点内部能够提供的价值较少，使得价格相对价值显得较高。解决这一问题要根据各个景区情况而选取不同方案，对于依靠门票维持景区维护运营的在价格下调的基础上考虑由政府或其他机构进行一定补贴，计算出价格下调至哪个点可以实现给江华县全体带来利益最大化（不是景区利益最大化点），这其中包括给周边及江华县旅游整体带来的利益。对于不是依靠门票维持景区的维护运营的门票价格应大幅度下调，下调点依旧是可以实现给江华县全体带来利益最大化处。这些举措随着旅游业的发展也将会反哺回景区，为景区带来更大的利益。

结合重要程度与满意程度，我们计算出来综合改进度，按照数值高低，越高者意味着越需要引起改进的重视。

关于民族特色的部分问题主要在于县内民族气氛不够浓烈。这需要江华县在建设规划中更花心思突出江华县特色性与民族性，同时也要把握好现代创新性，完全照搬古典风格的瑶族样式不仅给人一种刻意的不真实感觉，也会给居民、游客生活带来不便。县内移民新镇水口镇通过规划的统一性已经初步可以给人瑶族特色风情小镇的感觉，是值得借鉴的例子。改造工作重点在于用心营造的不同，通过细节来彰显江华县特色，减少流水线产品，不能照搬照抄其他地方经验，出现千城一面的局面。要让瑶族特色深入县城每一个地方，现在县内各政府机关都挂上了汉文、瑶文双文字牌，这是瑶族风情的体现，类似的东西还需要再挖掘再推广。而像瑶族饮食等方面除了传承原有传统外也需要改进改造，让其更适应大众现代口味，加以适当创新，并且挖掘美食背后的内涵。最重要的是瑶族文化底蕴的培养，通过进一步加大瑶族文化的宣传、教育力度，让县城更具瑶族文化底蕴。这是一个长期的、艰巨的工程，也是意义深远的工程。

卫生条件方面的改进空间在于景区卫生条件。景区卫生相比其他地区较差，一是由于景区相对人手不足，清洁难度大；二是景区设施设置不到位，例如垃圾桶等投放不够，使得景区卫生恶化；三是游客素质问题。当景区卫生条件下降后，如果不及时解决可能会引起景区卫生陷入不断恶化的恶性循环。一个整洁的景区后续维护成本其实低于脏乱景区，在整洁的环境下人们会自觉减少对环境的污染，而一旦污染形成且未及时处理，那么污染就会极具上升。

通过综合改进度一定程度上可以为江华县旅游发展提供一些方向与意见，但是仍有很多不足与漏洞，根据IPA模型我们又绘制了各项因素的散点图，通过散点图能够更加清晰地看到旅游开发中的改进方向。

散点图可以大致分为四个象限，各个象限代表不同改进方向，分别是重点改进、缓慢改进、表现良好和额外资源。

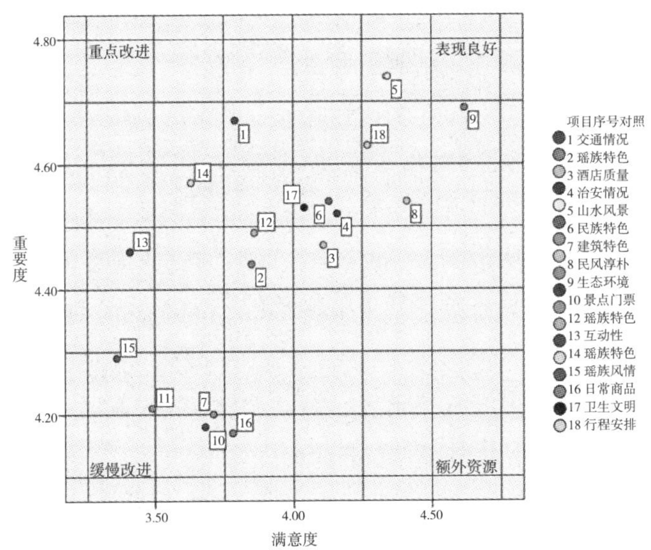

图 6　重要程度与满意程度 IPA 分析图

通过散点图可知，交通与民族特色开发是改进的重点，也是江华县民族特色旅游的核心内容。山水风光、生态环境等方面是江华县旅游开发的优势，保持现有水平即可。而在日常商品价格、导游解说方面则可缓慢改进，目前日常价格水平并不高，主要是交通运输带来一些成本造成溢价，随着旅游开发深入，人流量上升，成本效益凸显，物价水平有下降的余地。

居民和游客作为旅游开发中两个重要主体，双方关系的平衡尤其重要，双方有利益冲突面，而更多的是双方可调和可共赢的点。

围绕在居民与游客之间的矛盾表面上看起来是双方的利益冲突，一方想要提高自己的生活水平与维持生活节奏不受打扰，另一方想要提升自己的旅游体验，实际上背后隐藏的是政府在其中的权力、利益处理问题。

当政府没有处理好与当地居民的权力、利益关系时，权力、利益被侵犯的一方居民就会对旅游开发抱有敌对心理，从而对旅游开发起到阻碍作用，而当政府充当起当地居民的完全地方主义保护者时，又会极大影响游客旅游体验，对当地做出负面评价。

因而，游客与居民关系平衡的重担落在政府头上。

在居民端要保证他们的权力与利益不因为旅游开发而损伤，在旅游开发中通过与居民的合作等途径共同开发，开放部分福利给居民，让居民享受到旅游开发红利，对于在旅游开发中蒙受直接、间接或隐性损失的居民要给予一定补偿或让其因旅游而损失的利益通过之后旅游开发返还。最重要的是提升居民在旅游开发中的参与度，当所有人成为旅游这块新蛋糕的利益所得者时，居民与旅游开发的关系也就平衡了。

在游客端要通过较为明确的治安条例或景区管理条例规范约束游客与居民行为，保护当地正常生活节奏不被破坏，同时也是对游客的一种保护，避免本地居民“欺生”，在旅游开发中牟取暴利，形成诸如“青岛大虾”等天价产品，侵犯游客利益。

当地政府可以充分参考其他景区的例子，做足旅游业相关人员培训，出台政策措施，引导风向，及时解决双方冲突。

四、以江华县为例的少数民族地区旅游发展建议

这是少数民族处于“双城记”的一个时代，一边是少数民族文化在全球

化工业化背景下，在主流文化冲击下，在激烈的竞争中，逐渐失落失语；一边是“民族的就是世界的”，少数民族文化从未得到过如此多的关注，传承与保护民族文化成为全体公民的共识。当危机与机遇共存，少数民族文化何去何从？不少少数民族地区选择通过发展旅游产业来振兴民族文化与经济，然而在旅游开发中少数民族地区也面临诸多的困扰，少数民族地区多处偏僻边远地区，交通相对闭塞，经济、思想观念相对落后，在主流文化的冲击下往往处于弱势地位。我们以江华县为例浅谈少数民族地区如何在重重困境中破局。

突出民族特色，加强民俗体验。民族特色是少数民族地区旅游发展的天然优势与最大优势，要利用好少数民族地区的民族特色，挖掘民族文化旅游潜力，不仅仅是观赏性民族观光旅游，更要有互动性，在民俗参与体验中加深游客对民族旅游的感受与感悟，提升游客体验与满意度。

江华县要牢牢把握好“神州瑶都”这一品牌，利用好全国最大瑶族聚居区的条件，将瑶文化融入旅游中每个方面。

首先是瑶族文化保护与传承问题，在旅游开发中不能以伤害瑶族文化为代价换取发展，做好保护与传承工作是持续开展旅游活动的基础。保护传承瑶族文化最好的方式就是将其全民化，推向民众，通过适当的改造与推广使得瑶族文化在民众中重新焕发顽强的生命力，这也有助于江华瑶族风情的底蕴形成，让瑶族风韵真正地渗透进江华县，给游客带来更强烈与真实的感受。

其次是瑶族文化的挖掘问题，瑶族文化内涵有待进一步挖掘与丰富，不能将瑶族文化符号化，不能仅仅凭借长鼓代表瑶族文化。挖掘瑶族文化要求组织人员深入民间，深入瑶山，挖掘民间的瑶族文化资源，还需要相关专家对瑶族古文化的研究，挖掘可能已经失传的瑶族文化。对于挖掘出来的瑶族文化要做好开发工作，将其变为旅游资源，使其带来经济效益。一些瑶族文化资源可以转化为观光活动，而另一些可以变成瑶族文化创意商品。在观光活动的转化上需要经过江华县相关行业人员艺术编排，增强其可观赏性与通俗性，并在实际演出中根据群众意见反馈不断改进，在保证核心不变的情况下尝试创新与跨界融合。在特色商品的转变上更具有开发潜力。第一是商品种类有待丰富，不仅仅需要丰富瑶族本身具有的工艺品种类，还要开发以瑶族风情为特色的衍生产品。开发衍生产品需要好的创意，需要创新意识，更重要的是把握好瑶族文化内涵，不能只有创意没有文化。第二是购物途径的开拓，在各大景区，各线上购物平台，均要开拓出瑶族文化商品的购物途径，并且形成神州瑶都的品牌。第三是生产方式的改变，组织形成相关产业，降低生产成本，使产品受众面更广，增加销量，带动江华县经济增长。

再次是“神州瑶都”民族品牌形象树立问题，神州瑶都是一个较大概述，而在其下如何具体建立起瑶族形象，如何建立起江华县形象，这需要在综合瑶族文化后权衡思量决定，围绕这一定位再去开展景区建设，形成自己真实的内涵。

要让瑶族体验深入游客内心，不仅需要观赏性游览，更需要参与性民俗活动。参与性活动能让游客留下更深的感受，也将他们从手机拍照中释放出来，在民俗体验中体会快乐休闲。民俗活动开发有特殊习俗节日性质的，例如瑶族婚嫁、盘王节祭祀等，也有日常的部分，例如教游客动手制作瑶族美食，学唱瑶歌等。此外还有体育活动的开发，跳坑沟、掷石子、抢花炮、射弩、打陀螺、押加等传统瑶族体育项目可以开发为旅游中游客体验项目，将瑶族传统体育活动规范化，形成相对明确的规则，甚至可以开展竞赛制，使得江华县旅游的形式得到进一步丰富。民俗开发要接地气，要易参与，有趣味性，种类丰富多元，最好还能形成主题性，与景区景观相辅相成。

最后要利用好江华县多民族聚居的特点，除去瑶族文化开发外其他民族旅游开发也要同步跟进，一方面这是形成民族特色旅游多元化多彩化的要求，另一方面经过多年杂居，各民族间相互影响，瑶族文化与其他民族文化间是相互影响，相互联系的，对其他民族文化的研究也将对瑶族文化研究产生促进作用。

差异化创新经营，形成核心竞争优势。作为后起之秀，没有绝对的竞争优势情况下必须进行差异化创新经营，在差异化中、在创新中形成自己的核心竞争优势。

江华县在旅游开发中要注意避开周边大景区的核心竞争优势方面，采取与他们差异化的经营模式，从而争取到更多客源。依托创新为竞争法宝，已成熟景区相对而言面临较多限制，调整起来较为困难与复杂，而江华县却可以利用旅游开发起步阶段的特点更为灵活调整改变，实现创新。

在差异化创新经营中，差异化是基础，创新是武器，形成自身核心竞争优势是最终目的。就目前而言，江华县的核心竞争优势应该在综合性与休闲性、山水观光与民族特色的综合性与体验的休闲性等方面。

发挥政府职能，坚持市场导向，丰富多元化投资体。旅游开发周期长，投入大，属于需要政府介入的区域。旅游开发过程需要政府来主导，进行整体规划，并将各个部分交给不同投资方落实；需要政府来引导，吸引投资资金，转变民众思想，引导旅游开发方向；需要政府来协调，协调各个景区关系，避免恶性竞争与同质化竞争，让各景区在游客旅程中更协调，让各景区更协调于江华旅游开发大主题下；需要政府来监督，提升居民与游客双方体验，避免出现旅游市场乱象。应积极发挥政府职能，发挥社会主义的优越性，但也要尊重与坚持市场导向。最终旅游规划中开发的各个项目要经过市场的检验，根据市场结果决定项目前景，修正旅游开发的各个细节与方向；不能够无视市场作用，凭借政府力量强行维持不受市场欢迎项目上马；不能够用政府力量一直维持不盈利项目经营，要牢记旅游开发目的是带动江华县经济增长。

旅游开发需要大量资金投入，单一投资方拿出巨额资金较为困难，且风险较大。因而在开发中要多元化投资体，这不是指单纯追求投资方数量的多，更是指投资方结果的多元，避免由于某种特定特殊危机而使江华旅游开发资金全局陷入停滞危机，降低长周期旅游开发的风险。可以将资本投资与开发一体化，促使其为追求自身利润最大化而更尽心尽力开发旅游项目，也可以将投资与经营分开，将开发交给更为专业的机构， 而投资方要求降低可以吸引到更多投资方与投资资金。此外还可以充分利用形式多样的民间资金，甚至可以尝试以众筹的模式开发景区，在筹集资金过程中就可以得到很大广告效益，且能增加居民旅游开发的参与感，更能使其得到旅游开发的直接利益。此外还要充分利用国外瑶族同胞的力量，吸引海外瑶胞投资。

文化宣传双发力，利用好“互联网＋大平台”。培养、发掘、弘扬民族文化与旅游宣传双发力，打造有文化、有底蕴的民族旅游胜地，在这一过程中充分利用好“互联网＋大平台”，将江华打造为民族旅游的“现象级爆款”。

江华县背靠湖南广电扶贫支持，在文化宣传上具有优势，要利用好这一优势，例如通过湖南卫视直播香草源栏目直接打造出了香草源“爆款”旅游景点，通过电视节目来带动景区名声急速上涨是一个较为常见且较为实用的方法，在今后县后续的重点景区建设中可以继续沿用这种方法。

文化宣传绝不是拍几个宣传片，宣传片或许可以吸引到人的眼球，但真正打动人前往的是里面的文化内涵。直播香草源的成功在于其对瑶族民俗尤其是过年风俗文化的挖掘。所有文化宣传要扣准文化挖掘这一个点，不要过度重复，不要数量过多，重点在让人印象深刻，具有代表性。

平衡居民游客关系，保障文化真实性。平衡居民与游客的利益关系，划分彼此活动界限，避免两者间相互负面干扰，保障旅游文化展示的真实性，避免居民对扭曲文化的不满与游客对不实文化的失望。

平衡居民与旅游开发关系的重点在于利益分配，要让居民得到旅游开发的红利，无论是直接还是间接的，还要让居民意识到自己获得了利益，消除居民担忧，这样从居民层面就可以保障旅游事业核心可持续发展。从游客与旅游开发的平衡上来说就是要把握好游客活动的界限，不能让游客影响居民正常生活，也不能限制过度导致游客败兴而归，把握好最高接待游客的度，给游客好的旅游体验，那么江华县旅游事业一定会随着时间推移日益火爆。

文化展示需要策划准备与开发，也需要一定的改造，但是一定要保证最终呈现的真实度够高，不能违背文化的初衷与核心价值观，也不能对不受欢迎、落后的不符合时代精神要求的东西纹丝不动，把握好其中的度，既不要邯郸学步，也不要过度守旧失去吸引力。

“扬长变短”，充分发挥优势，转变改变劣势。变弱势为旅游开发中的强势，将不利条件转为有利条件，“扬长改短”，对于弱点进行弥补，无法弥补的要从另一个角度思考转化，较为典型的是伊豆迷人大道的例子。

大部分少数民族地区面临交通不便问题，以江华县为例，在火车不便的情况下可以大力发展自驾游，将自驾游发展为优势与特色旅游项目，设计好自驾游路线，专注修好自驾游线路的道路，这样可以降低在道路交通基础设施方面投入的资金。此外，为了解决县城内部公共交通问题，可以大力发展自行车骑行旅游项目，考虑与共享单车相关企业合作，利用第三方资本建设县城内部自行车租赁体系，解决县城内部出行问题。

江华县目前单个旅游景区接待能力较小，如果之后大批游客涌入会对景区接待能力造成很大考验，结合江华县景区分散、核心景区缺失的实际情况，解决这一问题的最好方法是多景区分流，将游客分散到不同景区，不形成集中游览式大景区，但是也处处皆是景，游客可以驾车或骑行在县城里游玩，这也符合江华县休闲旅游的定位。

对于名气不足的问题则可以在宣传上变劣势为优势，突出被遗忘的仙境等宣传点，抓住由于目前游客少因而不会出现旅游出门看人山人海，游客体验好，景区真实度高等优点。

对于一些不能变为优势的劣势缺点的变则从多角度进行改变，例如投资方多，各景区的协作问题就需要通过政府等机构的介入来协调，核心竞争优势缺失则要建立。将劣势缺点的负面影响降到最低，同时也要改善劣势缺点来增强自身的旅游竞争力。

利用后发优势，走出自己的民族道路。相比欧美国家，中国现代化工业化建设进程起步晚，却通过后发优势创造了中国奇迹，在经济方面飞速追赶，少数民族地区发展旅游业也同样需要这样的魄力。

利用好后发优势一方面是总结研究他们的发展经验，学习别人是如何快速发展，另一方面是要研究他们在发展过程中出现的问题与解决途径，分析是否会在自身旅游开发中出现，如果已经出现如何解决，如果没有出现如何规避，最后是研究哪些弯路可以少走，如何在借鉴他们发展道路上反超。

在利用后发优势时不能一味借鉴别人的发展模式，更不能直接照搬别人的景区开发模式，要在结合自身条件下加以改造，以别人为参考，走出一条属于自己的民族旅游道路。

为此，相关旅游开发方要多研究情况相近的景区发展案例，实地考察学习与专家研究总结的研究两头并进，将后发优势发挥到最大。

利用好政策优势，把握住时代机遇。利用好国家高度重视少数民族地区发展的契机，利用好国家给予少数民族的政策优势，把握好中国经济高速发展，旅游业高速发展的时代契机。

尤其是江华县更要抓住精准扶贫的契机，把握好湖南省一号水利工程涔天河水库开发的历史机遇，将江华县旅游业发展成为民族文化休闲旅游的一块招牌，将“神州瑶都”的美誉推向全球。

参考文献

[1] 胡小勇 . 江华瑶族传统体育旅游资源开发现状与对策 [J]. 科技信息，2010（5）.

[2] 龙志宇，鲁金舟，付炜 . 江华避暑气象条件分析研究 [C]. 第 33 届中国气象学会会议论文集，2016.

[3] 颜德彪 . 瑶城路在何方 ?——湖南省江华县公路发展关键点解析 [J]. 中国公路，2013（16）.

[4] 高燕，郑焱 . 凤凰古城景观真实性感知比较研究——基于居民和旅游者视角 [J]. 旅游学刊，2010（12）.

[5] 岳玲 . 少数民族地区旅游发展中的互动关系研究——从当地居民的角度 [J]. 怀化学院学报，2010（9）.

"电子商务"扶贫面临的问题及对策研究

——以湖南省衡阳市硫市镇为例

课题组成员：刘昀瑾，汪浥雯，孙灵杰，龙倩，吴芬芬，
周李蓝天，刘欣彤，陆瑞珍，邓榕
指导老师：陈云凡

摘要：随着互联网的普及和农村基础设施的逐步完善，我国农村电商发展迅猛，已成为一种促进经济增长的新动力，在转变农村经济发展方式、优化产业结构、促进商贸流通、带动创新就业以及增加农民收入等方面发挥巨大的作用。早在2015年，国务院就将电商扶贫正式作为"精准扶贫"工程十大措施之一。近几年来，"电商进农村"项目在全国广泛开展，取得显著成效，同时涌现出一批优秀的农村电商示范基地，如浙江遂昌、河北清河、山东博兴等。然而硫市镇位于湖南省衡南县中部偏西，地势偏远，信息不通达，经济发展落后。为了促进硫市镇经济增长，加快该地区脱贫攻坚进程，贯彻落实《中共中央、国务院关于深入推进农业供给侧结构性改革加快培育农业农村发展新动能的若干意见》《中共中央国务院关于打赢脱贫攻坚战的决定》等文件精神，本研究从人才、物流、技术、资金及意识五个方面进行分析，发掘电商扶贫在硫市镇发展的现状及存在的问题，并从政府、农民、企业以及协会四个角度提出相应的改进对策。

关键词：农村；电商扶贫；现状；改进对策

一、调查目的和意义

（一）目的与内容

本课题的调查主旨在于研究如何充分发挥硫市镇政府在电商扶贫中的主导作用，建立有效引导贫困户农民参与电商扶贫的机制；研究如何解决硫市镇处于电商扶贫条件下的各种困境，对其在发展电商平台以及相关物流产业、人才培养计划、产品供给等方面提出建议。

为此，我们通过湖南师范大学图书馆、中国知网、维普数据库、百度等查询农村电子商务相关资料，综合运用实地考察、问卷调查、参考文献、现场访谈等方法，获取硫市镇在资源、物流、人才等方面的信息，分析该地区发展农村电子商务将面临的问题，并提出解决方案，借以探索互联网环境下当地电商发展的可行之路。对此，我们需要对下列问题进行初步的探索性分析：其一，硫市镇电子商务发展的现状；其二，硫市镇电子商务发展的现状存在的原因，并提出相应对策。

（二）意义

其一，农村电子商务改变传统的农业贸易方式。

传统的“一手交钱，一手交货”的贸易模式将被打破，相反农民能够通过电商平台，快速便捷地完成交易、支付、结汇等贸易环节。电子商务为农民提供一个获取信息的新渠道，通过该渠道，农民和市场的联系更为紧密。农民可以迅速了解消费者的需求、偏好以及购买习惯等信息，实现农业信息的资源交流和知识共享，使市场反馈机制的效率得到极大的提高。由此，电子商务在农业上的应用，可以帮助农民做出科学的决策，减少不必要的经济损失。

其二，农村电子商务有利于扩大农产品的销售渠道，增加市场销售份额。

互联网的发展为农产品及生产资料开辟了广阔的发展空间，使农民有更多的机会将产品销售到不同的地区和国家。同时，农村电子商务将地理位置分散的少量个体农户的农产品交易集体化、规模化、组织化。交互式的销售方式，使农民能够及时获取市场反馈的信息，以此增减生产规模，改进生产方式，提供个性化服务，从而建立稳定的顾客群，提高经济效益。

其三，农村电子商务促进农村高效就业与增收，实现贫困地区多维减贫。

农村劳动力供给存在不连续现象，电子商务将有利于农村劳动力供求信息的及时反映，进而为农村劳动力的有序流动创造条件，实现高效就业。同时，利用现代信息技术服务于"三农"，通过支持贫困户开展电商创业，提高农业资源利用率，增加产出，实现农民增收。从技能培训、小额信贷、信息服务等各个方面，多角度、全方位帮助农村贫困群体从事电子商务，逐步改善贫困人口在教育、消费、信息通信、社会保障等方面的不足，达到多维减贫的目的。

二、调查对象与方法

（一）调查对象

两个月的调查研究调查各类样本共计200份，其中有效问卷162份。其中贫困户111份，非贫困户51份。

硫市镇居民变量：贫困户111名，平均年龄40~50岁，其中农民61人，占总贫困户的54.9%，工人39人，占贫困户总数的35.1%；非贫困户51人，平均年龄30~40岁，其中农民18人，占非贫困户总数的35.2%，个体经营户12人，占非贫困户总数的23.5%，工人12人，占非贫困户总数的23.5%。

样本分别来自新华村、大石村、集福村、新桥村、龙鹤村以及硫市镇六个地点。

表1　调查样本分布

类型	贫困户						非贫困户					
居住地	新华村	大石村	集福村	新桥村	龙鹤村	硫市镇上居民	新华村	大石村	集福村	新桥村	龙鹤村	硫市镇上居民
农民	15	13	14	12	5	2	4	4	1	6	3	0
个体经营户	0	1	0	1	3	5	0	0	0	1	2	9
工人	9	8	12	5	4	1	2	2	0	3	2	3
基层管理者	0	1	0	0	0	0	1	0	2	1	3	2
汇总	24	23	26	18	12	8	7	6	3	11	10	14

（二）调查方法

1．问卷调查法

从硫市镇的新华村、大石村、集福村、新桥村、龙鹤村以及硫市镇6个地点，随机向贫困户发放问卷140份，其中无效问卷29份；非贫苦户发放问卷60份，其中无效问卷9份。按照标准化的程序施测，并将所有数据进行汇总分析。

2．现场访谈法

对个体经营户蒋先生进行了访谈。

3．实地考察法

在问卷的发放过程中，实地考察硫市镇的快递点的个数以及分布情况。

4．参考文献法

相关文献：《农业经济问题》《农业经济》《南方农村》等。

（三）调查材料

研究者自行编制《针对硫市镇关于电商扶贫的现状调查问卷》，该问卷旨在全面剖析硫市镇电商扶贫现状，客观分析电商扶贫在硫市镇的发展前景并针对硫市镇电商扶贫存在的问题提出可行性建议。

此外，还有三篇来自于衡阳市祁东县电商扶贫的参考资料：《“远教站点＋电商”精准扶贫计划前期考察调研报告》《农民伯伯电商平台》《祁东县“远程站点＋电商服务”模式运行情况汇报材料》。

（四）数据处理及统计方法

对调查回收的问卷用问卷星统计软件进行统计分析。

三、调查结果与分析

（一）被调查者中居民学历水平总体较低

由调查结果可知，被调查者中初中及以下学历的占45.68%，高中学历的占28.40%，专科学历的占14.20%，本科及以上学历的占11.73%。硫市镇居民的学历水平在高中及高中以下的占大多数，居民的学历水平总体较低，而居民的学历水平在很大程度上决定了其对电子商务及扶贫的相关知识的认知水准。小部分低学历居民在对电子商务不甚了解的情况下贸然涉足电子商务领域，几乎未能持续经营，从而丧失再次踏足电商领域的信心。如此，形成一个恶性循环，限制了硫市镇的电商发展。因此，要在硫市镇开展电商扶贫，硫市镇居民整体的教育水平还有待提高。

表 2　被调查者的学历情况

学历	人数	所占比例
初中及以下	74	45.68%
高中	46	28.39%
专科	23	14.20%
本科及以上	19	11.73%

（二）被调查者中以中老年人口居多

由调查结果可知，被调查者中年龄为 25 岁以下的占 9.26%，年龄为 25~35 岁的占 39.51%，年龄为 36~45 岁的占 25.92%，年龄为 46~55 岁的占 22.84%，年龄为 56 岁及以上的占 2.47%，硫市镇的青少年人口占所有人口的比例不到 10%。而被调查者中女性比例为 60.49%，由此可知，留在硫市镇的人口以中老年居多，其中又以中年女性居多。大量青壮年不愿留在家乡发展导致硫市镇劳动力大量流失，从侧面显示出硫市镇缺乏发展机会。因此，硫市镇可通过大力发展电子商务，创造更多的工作机会，留住本土劳动力和人才，甚至吸引更多外来电商人才到此发展。

表 3　被调查者年龄的分布情况

年龄	人数	所占比例
25 岁以下	15	9.26%
25~35 岁	64	39.51%
36~45 岁	42	25.92%
46~55 岁	37	22.84%
56 岁及以上	4	2.47%

表 4　被调查者性别的分布情况

性别	人数	所占比例
男	64	39.51%
女	98	60.49%

（三）被调查者中网购频率高

由调查结果可知，被调查者中经常进行网上购物的占 26.54%，偶尔进行网上购物的占 40.74%，从不进行网上购物的占 32.72%。硫市镇居民中网购的居民超过半数，且网购频率高。根据实地调查，我们发现，硫市镇的快递站点较多也较齐全，但都集中在中心区域，不便于住处远的居民收取快递。而部分居民正是接触过网上购物才萌发开展电子商务的想法。由此可见，硫市镇对于开展电子商务有一定的基础条件且有着一定的经验优势。

表 5　被调查者网上购物的频率情况

网上购物频率	人数	所占比例
经常	43	26.54%
偶尔	66	40.74%
从不	53	32.72%

（四）硫市镇存在人才、物流、技术、资金等方面尚有欠缺

由调查结果可知，被调查者中认为当地缺少电子商务人才与技术的占 19.75%，认为当地互联网普及度不高的占 20.99%，认为当地物流不发达的占 13.58%，认为开展电子商务资金不足的占 26.54%，认为是其他原因的占 19.14%。要想在硫市镇大力发展电商扶贫，必须要提高网络覆盖率，招揽更多电商人才，并开展电商有关技术培训，并解决进一步发展物流的资金问题等。

表 6　硫市镇开展电子商务的阻力对比

阻力	人数	所占比例
当地电子商务人才短缺，技术难控制	32	19.75%
当地互联网普及度不高	34	20.99%
物流不发达	22	13.58%
资金不足	43	26.54%
其他	31	19.14%

（五）硫市镇开发价值高，开发阻力不大

由调查结果可知，被调查者中认为当地资源丰富，开发价值高的占 14.81%，认为政府对于电商扶贫有优惠政策的占 19.14%，认为当地物流站点

多的占 20.37%，认为当地农业与养殖业发达的占 27.78%，认为有其他优势的占 17.90%。由此可见，硫市镇资源丰富，适合发展农业与养殖业类型的电商。政府对于电商扶贫持积极态度，且物流站点较齐全。

表 7　硫市镇开展电子商务的优势对比

优势	人数	所占比例
当地资源丰富，开发价值高	24	14.81%
政府有优惠政策	31	19.14%
物流站点多	33	20.37%
农业与养殖业发达	45	27.78%
其他	29	17.90%

四、农村电子商务经验对比分析

通过对沙集模式、遂昌模式等七种电商模式进行比较分析，我们得知：遂昌模式是运用电子商务综合服务系统帮助农民完善日常生活，走平台化道路；成县模式是利用微博、微信进行微营销，然后整合资源推广更多的品牌，走的是微营销的道路；通榆模式是建立农产品品牌，走的是农产品规模化、标准化、销售品牌化道路；清河模式在强大的传统产业和专业市场的支持下，利用电子商务的推动作用，走生态经济产业链的道路；武功模式是充分发挥区位和基础设施方面的优势，整合物产资源，走"集散地"的道路；沙集模式走的是草根自发的细胞裂变的道路。

前面三种模式均成立了县域电子商务协会，并有专业的第三方主体进行运营。清河模式和武功模式都依托当地强大的地域或品牌优势，形成了一定规模的电商聚集区域。

因此，针对上述七种电商模式影响因素进行比较分析，更能直观反映典型电商模式的共性和优劣势，为接下来硫市镇电商模式的构建提供依据。

表8　典型农村电子商务模式对比

模式名称	模式核心	应用环境	模式优点	模式缺点
沙集模式	农户+网络+公司	农户为主体，农民网商自发地借助电子商务平台	农户自发地、自上而下利用网络来积累双重社会资本	可复制性强，商品同质化严重
遂昌模式	电子商务综合服务商+网商+传统产业	依助政府环境的支持，以本地化的电子商务综合服务为驱动	传统产业为动力，网商做基础，政策环境是催化剂	中间流通环节过多，易造成信息不对称
成县模式	品牌+物流+网店+宣传	有特色土特产，并借助社会媒体进行营销	借助SNS营销，带动当地特色农产品	缺乏规模化的种植，农产品没有鲜明的特色
通榆模式	电子商务+基地化种植+科技支撑+深加工	政府支持，借助第三方电子商务平台，开设旗舰店	统一品牌，统一包装，统一质量	交通不便，电子商务基础薄弱
清河模式	专业市场+电子商务	政府大力营造电商生态，有强大的传统产业和专业市场作支撑	营造好电商氛围、整合好电商生态，就有望实现“多米诺骨牌”效应	产业相同、产品类似，可能陷入“价格战”这种低层次的竞争
武功模式	集散地+电子商务	交通便利，仓储物流发达，有商品集散地潜质	充分发挥区位优势，整合了西北物产资源，大力吸纳外地电商	传统集散地价值被削弱，集散地货源可能波动，甚至断供
“赶街”模式	赶街网+农村电商代购点+农户	消费者经济收入相对很低，所承担的渠道成本高昂	提高县域农村网购的规模，降低农民的消费成本	冲击县域的社会消费品零售体系

在电商发展前期，宽松的创业环境，产业进入门槛低是电商发展兴起的必要因素。基于各种不同因素条件下的模式选择也是有所区别的，其中七大模式普遍存在的相同因素是都有龙头企业带头，也就是模范带头作用的关键

性。除此之外，传统产业在一定程度上限制了当地的电商发展，但随着电子商务模式的发展成熟，对新兴产业的探索也是势不可挡。而电商发展的基础要素，如人才、市场、产业等，一旦出现某一方面的匮乏，需寄托于电商模式的主导。

五、结论与建议

（一）结论

1. 人才资源的影响因素

（1）当地政府相关的因素。毫无疑问，硫市镇政府是否出台关于人才引进的相关政策对当地的人才资源发展有着举足轻重的影响。政府可通过相关政策及资金等利好因子来对硫市镇的人才引进产生推动力。

（2）硫市镇目前的经济发展状况因素。当地目前的经济状况是否有足够的吸引力吸引专业人才来到硫市镇当地发展；倘若没有，又将如何来改善当地的状况来促进人才的引入。除此之外，如何通过提高当地经济水平来增强吸引力亦是需要考虑的因子。因此，经济状况主要通过经济吸引力和当地经济水平等因子来对硫市镇人才引进产生影响。

（3）硫市镇电商发展的前景因素。对当地未来的电商发展来说，硫市镇的电商发展前景是个极其重要的因子。当地电商发展前景同样对人才引进产生影响。

2. 物流发展的影响因素

（1）硫市镇当地的交通因素。 硫市镇的交通便利与否将直接决定物流运输的效率，同时当地能否形成各种交通方式融合的完整运输体系对电商的发展同样起着重要的作用。

（2）当地快递本身的因素。硫市镇物流发展的好坏关键在于其当地居民对物流的需求程度以及当地居民使用各种快递的频率；除此之外，快递的成本高低将对当地居民是否去使用快递及物流发展有影响。因此，快递的使用频率及快递成本等因子对物流发展产生影响。

（3）物流内部结构体系的因素。要使硫市镇的物流迅速发展，除其他因素外，其本身必须建立完整的物流结构体系，其内部须有扎实的物流基础。

故物流内部结构体系主要通过结构体系及内部物流基础等因子来对物流发展产生影响。

3. 技术发展的影响因素

（1）硫市镇网络覆盖率的因素。硫市镇网络覆盖率的提高，将有助于当地网络的普及，增加硫市镇居民与网络接触的机会，从而实现电商技术在贫困户中的普及及掌握。

（2）当地政府的重视程度的因素。当地政府的重视与否将会影响当地的电商相关技术的水准，政府通过建立电商培训学校、引进师资等因子对硫市镇电商技术产生影响。

4. 资金发展的影响因素

（1）建设投入资金的因素。硫市镇电商基础建设的前期投入将影响整个电商的后续发展，且如何恰当利用每一笔资金，通过有限的资金部署好电商发展每一处，做到“麻雀虽小，五脏俱全”同样是一个难题。

（2）盈利的因素。硫市镇电商在步入正轨时所得的盈利将影响后续整个电商产业链的变动及发展规模，盈利的多少不仅影响下一步的走向，对参与者的积极性和心理也将造成一系列影响。

（3）资金来源的因素。现今社会的高度发展衍生了多渠道的资金来源，但是多种的途径也与风险并存，如何拓展可靠资金途径成了一个难题。

5. 意识变动的影响因素

（1）相关知识的了解程度的因素。“知己知彼，百战不殆。”硫市镇居民对于电子商务的了解程度将会影响到电商前期的构建、布局等重要部署。从硫市镇目前的情况来看，激发参与者们学习的热情，开展电商相关知识的培训等势在必行。

（2）眼界高低的因素。当地居民与外界的交流相对较少，不能及时了解外界电商的一手动态，使得当地电商发展相对缓慢，也导致部分居民对电商了解不够。

（3）消极思想的因素。因部分电商失败案例而造成的当地居民对电商扶贫的消极态度，极大影响电商扶贫的引进工作，因此扩大电商扶贫的积极影响工作迫在眉睫。

（二）硫市镇电子商务模式的构建

硫市镇传统产业僵化，特色农产品种类少，电商和物流基础设施建设薄弱，当地网商数量少。比较硫市镇当地实际情况和以上模式的条件背景，并根据上述对各个模式的解读分析，可看出，构建硫市镇电商模式适合以遂昌模式、沙集模式、通榆模式、成县模式这四种模式为借鉴。

硫市镇农村电子商务模式将其运作模式分为生产单元、运营单元、辅助单元、核心单元四个部分。

四个单元由政府机关统一进行调控管理，围绕农村电子商务协会运作。硫市镇农村贫困户数量多，并且该地区物流、技术、资金、人才等方面的力量薄弱；因此硫市镇发展农村电子商务，关键条件在于必须要有政府方面的大力支持。这样不仅有利于国家下发的电商扶贫措施相关文献的全面实施，充分发挥政府在电商扶贫中的主导作用；而且政府的权威号召力也能有效激发农民参与的积极性，影响基层人民对电子商务的认知。

（1）从生产单位方面来看：由多个个人单位或者家庭单位共同组成一个小型的农民专业合作社，每一个微合作社定向生产某一种农产品。各个合作单元之间彼此独立，由生产单元的中心环节农村专业经济协会统一组织管理，该经济协会可以为农民提供关于农产品的市场需求、生产资料等方面的信息。

再者，农民及微合作社一方面可通过农村专业经济合作社网购生产资料，实现"消费品"下行，另一方面可在人、物流量较大的地区建立网商服务站点，由专门的指导人员指导农民网购生产资料，网上缴纳各种费用。（此处借鉴"赶街"模式及遂昌模式。）

（2）从运营单元来看，农户可依据"农户联保＋农民专业合作社担保"的形式向银行申请贷款，银行受托支付把贷款给农民专业合作社，由农民专业合作社负责相关款项的支付，全部通过网上转账，保证无现金交易。在农民或其他经营主体收成之后，农民专业合作社负责按照订单内容通过网络电商平台将农产品销售给消费者。

可借鉴"通榆模式"当中的销售方式：建立以直销为主的网络电商平台，也有少部分产品经网络分销商卖出，且多是外地的网络分销商。这比较符合硫市当地电商基础薄弱，产品品牌化程度低，小网商稀少的现状。

（3）技术单元：在该单元中，电子商务产业园区为基础依托，为该地电子商务运作提供技术创新驱动力。职业技术学校作为人才基地，为电子商务产业园区源源不断地输送人才。电子商务平台为农业产业提供链条式服务。电子商务产业园区将龙头企业、职业技术学校及外来人才、电子商务平台的辅助单元引入到电子商务园区，并为核心单元、生产单元、运营单元间的运转提供技术支持。

硫市镇传统产业不突出，特色农产品种类少，电商和物流基础设施建设薄弱。针对硫市镇在发展电子商务方面的不足，在技术单元中，我们将借鉴清河模式。

政府应在特色农产品市场大力营造适合电子商务发展的经营环境，建设电子商务孵化区、电子商务聚集区和电子商务产业园，并大力引进网货供应、物流快递、人才培训、研发设计等专业机构入驻市场，保证了电子商务经营者能够以最快的速度、最低的价格享受到最全、最好的服务。同时，要着重创办县域电子商务产业园区，打造高层次的招商引资平台和产业聚集载体，发挥电子商务产业园的基础依托作用，为硫市镇进行技术创新提供创新驱动力。快速打造适宜电商发展的生态环境，在县域积极搭建为本地区服务的电子商务发展的平台，建设电商孵化园区、产业园区和产业链聚集区，实现相关产业的聚集，依据“网上网下互动，有形市场与无形市场互补”的发展思路，走“小厂商，大集群”的运作模式，充分发挥电子商务的集群作用。

这种模式的优点在于，合作社真正将产、加、销等环节衔接起来，解决了农户与市场、农户与客商之间的矛盾，实现了资源的合理流转和优化配置，促进了优势整合和利益互补，夯实了农业产业化基础，提升了农业产业化经营水平，成为联系政府、厂商和农民的桥梁。政府提供支持和监管，电子商务协会与龙头企业共同制定网上所销售的农产品标准，与电子商务平台进行合作，创立硫市特色品牌。银行一般不愿意向农户提供贷款，因为农户所能抵押的农械用具等银行不愿意收取，因此建立一个第三方平台，电子商务协会或电子商务集团，一些龙头企业对涉农用品相较银行而言有一定的了解，可以为农户做担保，向银行推荐客户，更好地为农民搭建好资金平台。同时，农村电子商务协会可建立一个电子商务信息平台，及时公布农业市场信息；这样农民可以随时把握市场动态调整生产，能更好地满足市场需求。除此之外，建设电商孵化园区、产业园区和产业链聚集区，实现相关产业的聚集，可降低相关产业的生产成本，提高农产品的生产效率，是硫市镇发展电子商务的关键所在。

（三）硫市镇农村电子商务发展对策

1. 政府角度

电子商务进农村，政府处于主导地位，应协调好电子商务模式当中各单元之间的关系，并对各方进行监督，对农民给予实际支持，让农民的利益得到实际的保障。

第一，积极支持电子商务的发展，创造环境，支持人才。

第二，加强网络基础设施建设，扩大互联网网络覆盖范围。

第三，加强诚信体系建设，健全法律法规。

第四，重视电子商务主体建设，打造电子商务特色品牌。

第五，引导物流产业链的形成，吸引物流商投资，扩大物流范围。

第六，主导促成政府、合作社、农户三方的合作宣传，扩大知名度，吸引加盟与投资。

第七，建立综合信息服务网站，及时把最新的农业政策、技术信息等进行公布，并设立反馈信箱。

2. 农民角度

基于当前国家正处于精准扶贫的扶贫攻坚阶段，农民作为农村电子商务的最终服务对象，成为了整个电商模式的主要支撑力量，加强自身素质成为电子商务进农村的关键。

第一，消除贫困户农民对农村电子商务的偏见，形成电商帮助脱贫致富的积极意识，建立有针对性的培养体系，提升农民的知识能力水平。

第二，鼓励当地农民、大学毕业生、青年农民工回乡创业，起到先富者在农村电子商务发展中的示范作用。

第三，敢于尝试，敢于冒险，树立自己脱贫致富的决心。

第四，明白懒惰能让脱贫的希望逐渐泯灭的道理，唯有持之以恒地依靠自身力量脱贫致富才能避免返贫情况的发生。

3. 企业角度

企业是农村电子商务的重要支撑，是电商模式结构的关键骨架。该模式中的企业主要包括龙头企业、第三方电子商务平台企业和银行。

第一，企业之间相互合作，相互监督。龙头企业发挥领头作用，主要是加强农产品的网络营销，以绿色农产品生产基地为基础，通过协会、加工企业和政府之间的合作，确保农产品的质量。

第二，硫市镇信息化设施和互联网基础设备薄弱，而其自身建立农产品物流中心费用较高，经济效益不高，可以与第三方电子商务平台进行合作，建立以农产品交易市场或农产品生产基地为依托兴建，集农产品收集、流通加工、仓储、包装、配送等多功能于一体的农产品物流中心。

第三，通过农户联保、农村专业经济协会担保的方式，为农民提供金融贷款，同时建立安全完善的网银支付保障系统，确保资金流通的安全性。

4. 协会角度

电子商务协会是整个电商模式的核心部分，也是资金、技术、人才、产品聚集的地方，它将农民和政府、企业紧密联系在一起，代表着所有参与农民的切实利益。

第一，协会可以邀请专家、有关技术人员，组织农民参加有关农业科技、电子商务等培训，让农民真正学到知识，真正了解到什么是电子商务，如何开展电子商务，从而调动农民的参与积极性。

第二，协会对农产品进行质量把关，根据企业的制定标准和政府相关部门的规定，严格监督农产品的每一项生产环节，打造当地农产品品牌特色，促进农产品的商业化。

第三，受资金、技术、人才等方面因素的限制，单个农民无法自己立创网店；并且由于信息不对称现象的出现，他们无法适应农产品市场快节奏的变化，消息不灵通，很容易造成亏损。因此电子商务协会能够帮助农民开网店，做到农产品种类多样化，质量标准统一化和电子商务市场规模化。

第四，服务农村，帮助农民进行网络购物、接受订单、村内送货等业务，推进“最后一公里”任务的完成。

第五，意见反馈，针对硫市镇农村电子商务出现的问题，可以及时向当地政府进行反馈，同时可以收集来自农民、消费者、企业等不同主体的意见。

第六，作为硫市镇电子商务行业对外的标志性组织，电子商务协会的向好发展有利于树立硫市镇自身的口碑和形象，应致力于强推特色农产品，打造品牌。

参考文献

[1] 李晓锦，范秀荣. 农产品物流体系的规制及其专业化发展 [J]. 农业经济问题，2006（8）：43-46.

[2] 李艳华. 农民专业合作社是农村经济发展的加速器 [J]. 农业经济，2010（3）：66.

[3] 何娟. 农村电子商务物流“最后一公里”建设研究 [J]. 现代商业，2016（8）：39-40.

[4] 龙朝晖. “互联网 +”背景下电子商务产业聚集区建设研究 [J]. 商业经济研究，2017（7）：86-88.

[5] 麦嘉健，万俊毅. 农村专业经济协会发展：比较与借鉴 [J]. 南方农村，2015，31（6）：34-38.

湖南省农村青年人力资源开发对策研究

——基于湖南省桃江县的实地考察

调研组成员：郑天楠，刘晶玲，伍日萌，丁琼

张有霞，王珂，陈天伦

指导老师：陈云凡，李姣

摘要：青年是农村人力资源的主要组成部分，是新农村建设的中坚力量，是农村工作的主力军。但农村人力资源丰富素质却普遍不高，人力资源开发仍处于落后状态，与农村经济发展要求不相适应，无法满足新农村建设的要求。本文通过查阅相关文献、统计数据，并对桃江县牛田镇、松木塘镇、桃花江镇、灰山港镇、石牛江镇等地进行实地调查，通过分析当地教育、培训、就业等方面的现状，揭示桃江县人力资源开发尚存在的问题，并给出相应建议与对策。

关键词：湖南省；农村青年人力资源；人力资源开发

我国对于农村人力资源开发这一课题的研究最早出现在 1985 年。郑耀南、仇祖文在《关于农村人才资源开发利用问题》一文中提出，为促进经济的蓬勃发展，要从领导体制、回乡青年、教育网络等方面大力开发农村人力资源。王德海则认为，关于农村人力资源的战略选择，应从建立学习型组织、提升素质教育及开展参与式培训等着手。然而，以上研究都存在着或多或少的不全面，它们对于如何建立一个长效机制以保障农村人力资源质量的问题未作深入探讨。于是，本调查就如何从制度、教育、培训等方面协同改善以开发农村青年人力资源提出了一些对策。

一、研究目的

一直以来，受经济、教育等客观条件的限制，大多数农村人口的文化素质和学历水平始终处在一个较低的水平。虽然农村有着大量的青壮年劳动力，却无法满足社会主义新农村建设的需要。因此，做好农村青年人力资源的开发，对推动农村经济发展、提高农民生活水平、提升社会的整体素质水平都具有重要意义。桃江县作为湖南省农村人力资源开发的一个先进县，其人力资源的开发现状如何？其村民的教育、就业、培训等方面存在哪些问题？是什么原因导致了这些问题？如何建立保障农村青年人力资源开发的长效机制，从根本上解决其存在的矛盾和问题？以上一系列的问题构成了我们此次调查的目的和内容。

二、研究方法

1. 问卷调查法

为获得一手数据，此次调研我们制作了调查问卷，并采用抽样调查的方法，在各村抽样调查可调查对象，填写调查问卷。共计发放调查问卷 600 份，实际回收问卷 600 份，其中有效问卷 571 份。

2. 文献法

阅读与农村青年人力资源开发有关的文献，整理已有资料，在此基础上发现前人研究的不足与优点，吸取经验，为我们的调研打下基础。同时，我们还查看了《湖南省统计年鉴》《中国统计年鉴》等统计数据，通过书面材料、统计数据等文献对研究对象进行间接调查。

3. 访谈法

根据访谈提纲，我们对人力资源市场主任、部分村的负责人及村民进行了访谈，对一些重点问题进行更为深入的了解，弥补在问卷调查过程中所出现的问题，进一步把握所研究的问题。

三、研究过程

1. 查阅相关资料，制订具体方案

我们通过阅读与农村青年人力资源开发有关的文献，整理已有资料，同

时查看了《湖南省统计年鉴》《中国统计年鉴》等统计数据，通过对比、分析，制作了调查问卷。

2. 选定研究对象，发放问卷调查；深入询问与访谈，整理调查数据

本文选择的调查对象是益阳市桃江县的农村青年人力资源。人力资源，又称劳动力资源或劳动力，是指能够推动整个经济和社会发展、具有劳动能力的人口总和。世界卫生组织将青年的年龄界定为18~44岁，于是本文将农村青年人力资源定义为18~44岁的户籍所在地在农村的、具有劳动能力的人口总和。桃江县在农村人力资源开发方面开创了独特的桃江模式，十分具有借鉴意义。于是我们的调研小组在2017年7月份来到了湖南省益阳市桃江县，对其下属的牛田镇、松木塘镇、桃花江镇、灰山港镇、石牛江镇进行问卷调查，共发放问卷600份，有效问卷571份。同时，我们对桃江县人力资源部主任进行了深入访谈，了解当地人力资源开发的状况，并且询问了部分村镇的负责人当地存在的问题。

3. 分析调查数据和回馈结果，得出结论并给出对策

四、研究结果

（一）桃江县农村青年人力资源开发存在的问题

1. 教育方面的问题

在桃江县的调研结果显示，36%的村民认为，当地的教育硬件设施不完善，教育投入的经费较少。教育投入低一直是困扰农村教育的一个问题。相比于城市，农村地处偏僻，在自身经济条件艰苦的条件下，其资金大部分被用于医疗、基础设施建设、扶贫等民生方面，教育投入很难被放在重要的位置。在全国范围内，教育经费占国内生产总值的比例也刚刚超过4%，远远未达世界平均水平。我们的调研数据还显示，26.38%的村民认为当地的升学缺乏有效衔接。教育投入偏低导致农村的中学学校数量远远少于城市、县镇的学校，尤其是高中的数量。2015年，整个湖南省小学有8412所，农村小学数量有5056所，占了大约60%。普通中学的数量是3906所，其中农村普通中学的数量为1598所。但是，农村的高中却仅仅为40所。在桃江县，仅有六所普通高中和一所职业中专学校，其中桃江一中是省级示范高中，但是下属

的村镇却几乎没有一所高中或者职业技术学校。农村的孩子想要上高中，需要付出较大的代价，父亲或母亲有一方需要到县里去陪读。这对于并不富裕的农村家庭来说，更是增添了不少负担，且高中的学杂费对他们而言也是一笔不小的费用。种种因素，致使许多父母不愿让孩子继续上高中，造成当地升学缺乏有效衔接，许多孩子在上完了初中之后就不再继续读书。长此以往，农村青年的综合素质就会难以提升，形成恶性循环。资金投入不足造成桃江县学校基础设施的不完善，一些学校没有电脑教室、实验室，一些没有足球场、羽毛球场等，都影响了学生的全面发展。教育经费的不足还导致教师队伍素质普遍不高，优秀教师流失严重。据当地村民反映，部分老师不负责任，在课堂上讲的东西很少，反而利用开培训班的机会来为自己谋利，违背了师德。此外，当地的课程设置也不甚合理。有学生反映，县里的高中三年都没有上过音乐、美术、电脑课等，这样的课程设置严重阻碍了学生的全面发展，对于学生的素质提升有害无益。

教育体系的不完善，教育资源、水平的不平衡导致当地农村人力资源的文化素质普遍不高。2016 年，农民工当中，未上过学的占 1%，小学文化程度占 13.2%，初中文化程度占 59.4%，高中文化程度占 17%，大专及以上占 9.4%。高中及以上文化程度农民工所占比重比上年提高 1.2 个百分点。其中，外出农民工中高中及以上文化程度的占 29.1%，比上年提高 1.2 个百分点；本地农民工中高中及以上文化程度的占 23.9%，比上年提高 1.3 个百分点。

表 1　农民工文化程度构成（%）

学历	农民工合计		外出农民工		本地农民工	
	2015 年	2016 年	2015 年	2016 年	2015 年	2016 年
未上过学	1.1	1.0	0.8	0.7	1.4	1.3
小学	14.0	13.2	10.9	10.0	17.1	16.2
初中	59.7	59.4	60.5	60.2	58.9	58.6
高中	16.9	17.0	17.2	17.2	16.6	16.8
大专及以上	8.3	9.4	10.7	11.9	6.0	7.1

资料来源：《2016 农民工监测调查报告》

1．培训方面的问题

桃江县的职业技术培训和创业培训目前已经取得了初步的成绩，形成了独特的桃江模式。但是在几个村镇的调查发现，村民们却很少听说过这种培训，这种现象反映出桃江县对培训的宣传力度、招生力度还不够。要推进农村现代化、建设新农村，就要大力推进农业现代化生产。在发达国家，农业生产绝大多数是依靠现代化的技术和器械，大大提高了生产效率。而目前我国的部分农业生产还处于人工耕种的阶段，一些农村的农业科技水平较低。在桃江县，由于村民们缺乏关于农业成产的知识和技术的培训以及经济条件的限制，无法借助机器提高生产效率。有关农业生产的培训目前在农村还处于起步阶段，如何开展高质量、高效率的农业培训班，如何加大农业投入、引进先进的科技，是桃江县亟待解决的问题。此外，在对当地村民的访谈过程中，我们了解到，村民们对培训的意愿不是很强烈，属于“有则去，无则拉倒”的无所谓的态度。说明许多青年还未意识到人力资源开发的重要性，思想观念还较为落后。

2. 就业方面的问题

就业方面，存在着内部产业结构单一，就业的结构不合理的问题。

表2 农民工从业行业分布（单位：%）

农民工从业行业	2015年	2016年	增减
第一产业	0.4	0.4	0.0
第二产业	55.1	52.9	–2.2
制造业	31.1	30.5	–0.6
建筑业	21.1	19.7	–1.4
第三产业	44.5	46.7	2.2
批发和零售业	11.9	12.3	0.4
交通运输、仓储和邮政业	6.4	6.4	0.0
住宿和餐饮业	5.8	5.9	0.1
居民服务、修理和其他服务业	10.6	11.1	0.5

资料来源：《2016年农民工监测调查报告》

受自身文化素质及技能水平的限制，大多数农民工只能从事较为简单的行业，主要集中在制造业、批发和零售业、建筑业等不需要大量脑力劳动的行业中，而在需要高新技术及知识的领域里，则鲜有农民工的身影。

数据显示，从事第二产业的农民工比重为52.9%，比上年下降2.2个百分点。其中，从事制造业的农民工比重为30.5%，比上年下降0.6个百分点；

从事建筑业的农民工比重为19.7%，比上年下降1.4个百分点。从事第三产业的农民工比重为46.7%，比上年提高2.2个百分点。其中，从事批发和零售业的农民工比重为12.3%，比上年提高0.4个百分点；从事居民服务、修理和其他服务业的农民工比重为11.1%，比上年提高0.5个百分点。但是其中第三产业大多数集中在批发、零售业和服务业，其结构较为单一。

从桃江县的抽样调查结果来看，桃江县青年人力资源就业方向大多是第三产业，比重达到了59%，稍微高于农民工监测报告中的数据。在全国范围内，从事第一产业的农村劳动力比重下降，但仍占很大比重。而第二、三产业的劳动力持续增加，且第三产业的增幅较大。但在第三产业中，以服务业居多。在调研过程中，我们发现农村大多是个体经营的或加盟的小店，大多数在本地工作的青年，都在各种各样的店面里工作。而反观农业生产，则经由承包生产或者是由家中长辈完成。越来越少的青年从事农业生产，说明他们有意识地去提升自己，不满足于现状，这在农村青年人力资源的开发上，就有了意识上的先决条件。但是这种意识仍具有局限性，仅仅局限于在本地经营小生意、在店里当员工等服务行业。他们意欲提升的或许只是工资，没有从根本上找到提升的关键——自身的人力资本。于是我们就需要对这些农村青年们进行引导，培养其受教育、受培训的自我提升意识，他们再对他们的下一代进行同样的教育，久而久之，在农村地区便能大大提升人力资源的综合素质。

（二）农村青年人力资源开发存在问题的成因分析

1. 教育经费投入不足，基础设施落后

虽然农村已实行九年义务教育，但是农村教育的配套资金依然不够。一方面，农村的中学数量较之城市差距较大；另一方面，许多学校的条件比较艰苦，没有城市中一应俱全的各种先进教育设施，例如电脑。城乡之间经济差距越来越大，教育资源配置失衡，导致教育水平存在着巨大的差距。城市的经费投入充足，师资力量雄厚，配套设施完善；反观农村，由于经济发展的落后，农村的生活环境和办学条件差等因素导致农村教师数量少，优秀教师流失严重，教师的整体素质不高。此外，当地未能给学生的教育、人力资源的培训建立起充足的经济支持。一些学生失学、辍学的原因很大一部分来自于家庭经济条件的困难，许多农民的收入仅仅能够维持家庭的基本生活消费，有的甚至温饱都成问题。因此，农民自觉投入在教育上的资金便十分有限。

若当地建立起助学金的补助机制，将能大大缓解农民的经济压力，有效解决农村学生的教育问题。

表 3　分地区初中情况（2015 年）

类别	学校地区	数量	合计
学校数（所）		3331	
专任教师（人）	城区	34262	168235
	镇区	86475	
	乡村	47498	
在校学生数（人）	城区	533753	2224138
	镇区	1186146	
	乡村	504239	

表 4　普通高中情况（2015 年）

项目	学校数（所）			小计	毕业生数（人）	招生数（人）	在校学生数（人）
	完全中学	高级中学	十二年一贯制学校				
乡村	323	252	93	668	246604	270477	770058
教育部门	255	206	17	478	201276	209195	610839
其他部门	4	0	2	6	2545	2146	6966
地方企业	0	0	1	1	0	0	0
民办	64	46	73	183	42783	59136	152253

资料来源：《中国统计年鉴》（2016）

在湖南省农村人口占据人口总数的 71.9% 的情况下，农村小学和普通中学的在校学生数仅仅占据所有在校学生的 22.16%，农村学生的教育情况仍不容乐观。数据显示，农村小学的数量甚至比城市还要多，真正被城市拉开差距的是中学的数量和质量。2015 年，整个湖南省小学有 8412 所，农村小学数量有 5056 所，占了大约 60%。普通中学的数量是 3906 所，其中农村普通中学的数量为 1598 所，而高中仅有 40 所。

2. 课程设置不合理，脱离农村实际

农村的课程确实存在着这样的现象：学习的内容与农村毫不相关，仅仅是为了中考、高考的应试教育。虽然在城市也是如此，但是农村学生由于家中经济受限，能上大学的少之又少。如果不能在初高中学习到有用的知识，就会使学生及家长认为继续上学也没有什么意义。农村学生需要学习到与农业生产相关的知识或者与自己未来职业相关的知识，这样的课程设置才更为合情合理。在调查过程中，有村民向我们反映，县里高中的课程除了主科目，其余的电脑课、音乐课、美术课等从未开设，到了高三就已经没有了体育课。这样的课程设置，严重制约了学生的全面发展，阻碍了学生综合素质的提高。

3. 进城务工农民增多，留守儿童教育问题严峻

随着城市化进程的加快，城乡之间人口流动速度加快，进城务工的农民工越来越多。2016 年全国农民工总量 28171 万人，比上年增加 424 万人，其中外出农民工 16934 万人。

表 5　进城务工人员子女和农村留守儿童在校情况（单位：人）

项目	总计	进城务工人员随迁子女			农村留守儿童
		小计	外省迁入	本省外县迁入	
普通小学					
毕业生数	2737544	1169812	544630	625182	1567732
招生数	4229785	1835257	822075	1013182	2394528
受过学前教育	4160292	1820589	817159	1003430	2339703
在校学生数	23972215	10135581	4608081	5527500	13836634
初中					
毕业生数	2490760	835043	298806	536237	1655717
招生数	3347257	1199478	489361	710117	2147779
在校学生数	9891121	3535380	1375604	2159776	6355741

资料来源：《中国统计年鉴（2016）》

留守儿童问题在农村是一个普遍存在的问题，随着中国社会政治经济的快速发展，越来越多的青壮年农民走入城市，在广大农村也随之产生了一个特殊的未成年人群体——农村留守儿童。留守的少年儿童正处于成长发育的关键时期，他们无法享受到父母在思想认识及价值观念上的引导和帮助，成长中缺少了父母情感上的关注和呵护，极易产生认识、价值上的偏离。

根据权威调查，中国农村目前“留守儿童”数量超过了 5800 万人。

57.2% 的留守儿童是父母一方外出，42.8% 的留守儿童是父母同时外出。留守儿童中的 79.7% 由爷爷、奶奶或外公、外婆抚养，13% 的孩子被托付给其他亲戚、朋友，7.3% 为不确定或无人监护。因此，留守儿童的教育问题就显得十分严峻。无人对这些孩子的学习进行管教和指导，孩子渐渐对学习产生一种无所谓的态度，最终导致厌学甚至辍学的现象，因而留守儿童的问题在一定程度上导致了农村人力资源的文化素质普遍不高。

4. 农村思想观念落后，缺乏人力资源开发的意识

人力资源的自我开发意识来自于每个人的人生目标或追求，每个人把自己的人生定位在何处，他就会朝着那个方向努力。然而对于农村的村民来说，由于长期处于落后、贫穷的状态，受经济条件和交通的限制，信息较为闭塞，与外界较为隔绝，导致他们的观念意识较为落后，往往带有偏狭的小农意识。许多农村地区的年轻人的思想受老一辈的影响，对于人生理想或目标没有一个准确的把握及定位。他们通常认为读书没有什么用处，即使上了初高中将来考不上大学的话也没有什么用，不如早点出来赚钱。在一些人的观念中，没有把收入的高低和学历的高低联系起来；另一些人即便有积极向上的意识，但也仅满足于打份工糊弄日子而已，没有什么理想或者事业的追求。在这种意识的作祟之下，家长对孩子受教育的意愿不甚强烈，孩子自己也缺乏这方面的自觉性和主动性，于是农村教育就不太被重视。

村民就业后继续教育的意识较低。一些村民们开始打工后，发现自己的技术水平或者文化程度难以满足工作岗位的需求，他们的选择不是去提升自己来适应工作，而常常是任由工作将其淘汰，然后随遇而安，选择要求更低的那份工作。他们往往将那些技能的培训看作虚无缥缈的东西，缺乏有效的认知。

5. 法律法规不够健全，缺乏统一管理和协调机制

湖南省农村人力资源培训目前尚处于起步阶段，其相关配套的法制化建设还不够完善。虽然湖南省已相继出台了一些相关文件，但是还没有将这些文件上升到法律的层面，在实施过程中存在无法可依的问题。自发规划开展的培训如果没有法律的有力支持，就可能会产生监管不力、效率低下甚至是将经费挪用等问题。同时，体制的不健全易导致培训流于形式，缺乏实质性的帮助。在开展培训的过程中，各部门的分工协作以及统一管理是培训有效

开展的必要保证。尽管目前湖南省人力资源和社会保障部门主管职业培训这一块的工作，但是不同职业技能的培训仍需各部门的共同努力。

（三）农村青年人力资源开发的对策

1. 完善制度保障

（1）发挥政府主导作用，建立完整的农村青年人力资源培训体系

政府要充分认识到青年人力资源开发的重要性，制定人才规划，将人才开发纳入当地经济和社会发展系统中，建立农村青年人力资源的培训机制，将人力资源的培训纳入制度性的管理之中，定期定时、有针对性地开展。责成相关部门制定农村青年人力资源开发规划和实施意见，并由各镇、街道、各村、各相关单位组织实施，并将其纳入对各部门单位的综合考核。此外，要建立培训效果反馈制度，根据实际情况对计划做出适当的调整。同时，加大青年人力资源开发制度在下属村镇的宣传力度，积极鼓励村民参加，并给予一定的奖励，提高村民的积极性。采取网络专题、电视专栏、电台专线、广告专版等“四专式”立体宣传，力争让当地的人力资源开发工作家喻户晓。

（2）完善社会保障制度和医疗卫生服务

身体是革命的本钱，一个健康的身体是提升自身素质的基本前提。要保证农村人力资源的身体健康，就要加速推进农村医疗卫生的发展。基层政府应加大农村医疗经费投入，加强村镇卫生室的医疗设施建设，引进优秀的医疗人才，使人们不必再为看病而长途跋涉。同时，必须不断完善以医疗、养老、失业保障为核心的农村社会保障体系，缩小城乡社会保障差距。推进新农村合作医疗保险制度的建设与完善，缓解农民因病致贫和因病返贫的现象。目前，新农合政策范围内门诊和住院费用报销比例分别提高到50%和75%左右，已经大大减轻了村民看病的负担。

2. 大力发展农村教育

（1）加强思想教育，强化自我开发意识

当地政府应对村民进行思想道德教育，积极引导村民改变偏狭、落后的小农意识，转变学习无用的观念，让他们意识到提升自身综合素质的重要性，体会到学习的乐趣和意义。在加强农民思想道德建设的过程中，更要注重提高领导班子的思想道德素质，给广大的农民做好表率，发挥其示范作用。学校应开设思想品德课程，从小加强学生的思想品德建设，强化自我开发和自

我提升的意识，提升个人素养。

（2）加强基础教育，落实九年义务教育

教育是青年人力资源开发的主要途径之一，对人力资本的积累起到至关重要的作用。通过建立完善的基础教育体系，使农村的学生都能够享有接受九年义务教育的权利，使人力资源得到充分开发。政府应当出台一套地方性的义务教育法规，强制各地区的农民子女接受九年义务教育。小型村镇应建有若干所小学和一所初中；大型村镇应该建立小学、初中、高中三位一体的教育体系，确保基础教育落实到位，保证每一个适龄青少年都能够有学可上。对于负担不起学费的贫困家庭，政府应适当减免学费，给予财政补贴。

城乡之间的教育资源配置不平衡，教育经费投入差距较大，造成城乡教育水平的差异极大。因此，政府要加大农村教育投入，将农村基础教育纳入公共财政支出范畴并予以优先保证。农村课程的设置较为单一，不注重音乐美术等科目的教学，而当今社会又极为看重人才的全面发展。因此，改善教学条件，给农村学校配备完善的教育设施，以促进学生的全面发展是农村青年人力资源开发的必然要求。应设置多样化的课程，引进美术、音乐、电脑、绘画及社会实践等课程，提升学生的综合素质，培养全面人才。

（3）加强推进农业教育，建立农业教育体系

在科技飞速进步的今天，要大力推进现代化的新型农业生产，而农业科技知识是掌握农业生产技术的基本前提。袁隆平的杂交水稻为世界的粮食生产问题做出了巨大的贡献。传统的农业生产完全依靠人工，十分辛苦，且效率低下。农业生产必须要紧跟时代的脚步，掌握先进的知识，运用先进的技术，利用先进的工具装备，采取新型经营方式，建设完善的管理制度，等等。因此，要开设专门的农业学校，开展专门化的农业教育。

在日本，农村开设了农业高中，并由农业改良普及中心、农协和农业青年俱乐部等几个农业组织和团体对农民开展农业技术知识普及教育。在德国，政府、学校、科研单位、农业培训网络四者有机结合，通过普通教育、职业教育、成人教育等多种形式对农民进行教育培训。

结合国外的经验，为了适应农村的实际发展需求，应当紧密联系农村实际，突出农村特色，在农村开设专门的农业学校，对当地务农的青年农民进行专业化的农业培训，建立农业知识、农业技术、农业管理与经营三级培训

一体化的农业教育与培训体系。

3. 加强开展农村青年人力资源培训

（1）大力发展农村职业技术培训和成人教育

在基础教育体系之外，应当有职业技术教育与之互补和衔接。办好农村的职业技术教育，是对农村基础教育的有力辅助。许多农村学生以及劳动力面临这样的问题：书无法继续读下去，但是一些技术性的工作又无法胜任，只能被迫从事农业生产或者其他零售业。这些没有考上高等学校的农村青年需要职业技术教育来提升自我，以拓宽就业渠道。一是增加培训资金的投入和管理，省级和地方各级财政安排专项经费用于农村劳动力培训，扶贫资金也安排部分用于对贫困农户输出前职业技能的培训；农村劳动力培训的扶持资金实行“政府购买培训成果”和“以奖代补”的方式，对培训和组织输出者进行补助，凡符合条件的教育培训机构，可申请使用培训扶持资金。二是加强培训基地建设。引导和鼓励各类教育培训机构进行联合，增加培训项目，扩大培训规模，建设一批培训示范基地，形成一批优势专业和特色工种，创立一批劳务培训和输出品牌；鼓励教育培训机构与相关企业联合办学。村政府应将无业、待业及失业的青年召集起来，开展多层次、多元化、多方位的成人教育。三是“订单”和“定向”培训。鼓励各类教育培训机构与企业和用人单位签订合同，按需定向培训，实现培训与输出的良性互动。

（2）加强开展创业培训，用创业带动发展

除了要开展职业技术培训和农业生产培训以外，在当今这个时代，创新创业能力是必不可少的。创业能力的强弱是一个国家或地区发展活力的集中体现。提升农民的创业能力，培育创业型农民，是增强农村自身发展能力、加快建设社会主义新农村的重要途径。当前，农民收入水平低、农村经济增长缓慢等问题仍旧困扰农村的发展。尽管中央提出了以工补农、以城带乡等方针，但都属于农村发展的外在力量，具有局限性。只有开发农民的内在潜力，提升农民的创业能力，才能真正形成新农村的持续建设能力。开展创新创业培训，能够使农村涌现更多中小型企业，改善农村的产业结构，推动了农村发展模式的优化。同时，还可以创造大量的工作岗位，促进农民就业，缓解就业压力。

近年来，桃江县委、县政府坚持政府引导、市场主导，激发全民创新创业热情，优化创新创业环境，鼓励支持全民创新创业，初步形成了三大创新创业群体。一是形成了以电商为主体的 “桃江品牌”阵地。二是形成了以返乡创业农民为主体的领跑先锋。三是形成了以高校毕业生为代表的实体弄潮儿。桃江县委、县政府相继成立了创建省级创业型城市工作领导小组和全民创新创业工作领导小组，各乡镇和相关部门设立创新创业服务中心，并将职能下移到村（社区），形成了覆盖城乡的县、乡、村（社区）三级创业服务机构。

桃江县先后出台了《桃江县创建省级创业型城市实施方案》《桃江县鼓励全民创新创业暂行办法》《关于加快农村电子商务发展的实施意见》《桃江县关于加快发展电子商务的暂行办法》等一系列创新创业的政策文件。累计举办创业培训班 124 期，培训学员 3965 人，90% 已成功创业，2014 年在全市率先开办电子商务培训，并纳入常态化培训项目，三年来开班 20 多期，培训学员 600 余人，且全部实现上网开店。

五、研究体会

在本次研究的过程中，我们深入农村当地，切身体会到了农村生活与城市生活的不同，是一次意义深刻的社会实践体验。我们在研究过程中感受到了当地村民的朴实民风和古道热肠，他们对我们的调查与访问都能予以积极配合。然而，我们也深感当地教育条件的落后，给当地青年劳动力的文化素质水平带来了不小的负面影响；发现农村的人力资源开发工作尚处于起步阶段，还需要进一步的发展。同时，我们也体会到了社会调研的不易与艰辛，即便是最简单的发问卷，也要顶着烈烈炎日费劲口舌，磨破鞋底。本次研究还有很多不足之处，希望今后我们在调研的过程中能够积极改正，并努力取得新的突破。

参考文献

[1] 叶丹 . 农村劳动力就业现状和就业问题研究 [D]. 武汉：华中师范大学，2015.

[2] 苗培周 . 当前我国农村教育存在的问题及其应对 [J]. 中国教育学刊，2005（5）：1-4.

[3] 伍丰连 . 新农村建设中农村青年人力资源开发研究 [D]. 长沙：湖南大学，2009.

[4] 余剑平 . 湖南省农村人力资源开发研究 [D]. 北京：中国地质大学，2008.

[5] 范佐来 . 海峡西岸经济区农村人力资源青年开发的路径探析 [J]. 人力资源管理，2014（12）：122-144.

[6] 王颖 . 论我国农村人力资源开发 [D]. 长春：吉林大学，2004.

[7] 王元 . 劳动力价值实现与农村人力资本开发 [J]. 经济研究导刊，2007（10）：35-37.

[8] 孙建鸿 . 农村人力资源开发的两个国内案例分析 [J]. 中国农学通报，2008，24（11）：515-519.

[9] 王文锋 . 国内外农村人力资源开发经验比较与借鉴 [J]. 南方农业，2011（5）：94-97.

[10] 郑耀南，仇组文 . 关于农村人才资源开发利用问题 [J]. 中国农村经济，1985（6）.

基于生产性保护的土家织锦的现状考察及发展路径研究

——以张家界市桑植县和武陵源区为例

课题组成员：张铃铃，范若蒙，唐传东，贺　琳，睐李依露

指 导 老 师：王彦峰，李超民

摘要：保护非物质文化遗产作为国家文化发展战略，对我国文化传承和繁荣发展起到重要的作用。2006 年，土家织锦技艺入选首批国家非物质文化遗产名录。土家织锦历史悠久，是土家族文化的精粹，民间俗称“打花”。2016 年，土家织锦项目被确定为张家界市武陵源区重点产业扶贫项目。为了解土家织锦在张家界旅游业背景下的保护与传承现状，调研小组利用问卷法、访谈法，于张家界市武陵源区和桑植县，就人们对于土家织锦的认知、织锦企业发展现状进行调查研究。经调查发现，存在着人们对土家织锦的认知缺乏、人员培训困难、版权保护力度不够等问题。有鉴于此，保持土家织锦的生命力、进行有效的保护与传承工作、使土家织锦的社会需求普适化、加强政府工作等措施为土家织锦的发展提供了可行的对策。

关键词：非物质文化遗产；土家织锦；织锦企业

土家织锦是土家优秀文化的体现，被誉为“中国三大民间织锦之首”。20 世纪 80 年代，土家织锦开始走入市场。2006 年，土家织锦技艺被确定为首批国家非物质文化遗产，得以进一步的保护和传承。张家界是湖南省辖地级市，辖 2 个市辖区（永定区、武陵源区）、2 个县（慈利县、桑植县）。

位于湖南西北部，澧水中上游，属武陵山区腹地。2006 年末实有土家族人口 101.56 万，所占比例近 60%。2014 年末全市总人口 172.12 万人，少数民族人口 115.25 万，占总人口的 77.19%。2013 年，张家界市全年实现地区生产总值（GDP）3656506 万元，其中，第三产业增加值 2286686 万元，增加值比重为 62.5%。上述条件，为土家织锦参与张家界市的旅游发展奠定了基础。在张家界独特的环境背景下，土家织锦企业的发展现状如何？土家织锦本身正面临何种机遇与挑战？未来前景如何？都是值得进行深入调查和探讨的问题。

本次调研活动于张家界市武陵源区和桑植县展开，调研小组依托湖南师范大学教育科学学院赴张家界三下乡队伍组建。

一、研究意义

“土家织锦的历史发展也是湘西北土家地区社会发展历程的缩影，印证了土家人从原始走向现代，融合多部族聚集发展成为单一民族的经历。同时也是酉水两岸土家地区生产力发展的写照。它讲述着古老文明的历史进程，被称为‘写’在织物上的土家历史。”田明先生在刊登于《民族论坛》的《土家织锦：中国民间三大织锦之首》一文中这样描述道。原生态的土家织锦即西兰卡普最典型的地域为湘西龙山东南部捞车河流域的叶家寨、捞车村等 4 个村寨，这也是最为土家织锦研究者们所熟知的西兰卡普的诞生与发展之地。

在此之前，对于湘西自治州土家织锦的各类研究不在少数，但是笔者发现鲜有研究者对于土家织锦在张家界市的发展现状进行探究。然而，湖南省张家界市土家族人口过半，在此处，亦可以看见土家织锦生生不息地世代传承着。“张家界乖幺妹土家织锦开发有限公司”更是获得“湖南省最具开发潜力传统技艺项目”，成为了张家界市的一张旅游名片。且在张家界市旅游业的背景下，土家织锦的保护与传承必定会面对与湘西自治州不一样的挑战与机遇。

从有关研究中可知，张家界非物质文化遗产的特征主要有三点：民族特色鲜明；旅游功能丰富；分布相对集中。张家界少数民族众多，有土家族、白族、苗族等，而张家界非物质文化遗产主要来源于这些少数民族，以土家族和白族为主，主要分布于桑植地区。张家界非物质文化遗产种类繁多，不仅展现了优秀的民族文化，同时也具有丰富的旅游功能。张家界的旅游发展对非物质文化遗产的发展具有积极的推动作用，但也具有一定程度的消极影响，如原真性的退化和原生环境的破坏。张家界为非物质文化遗产的保护和传承所提供的环境显然是有利有弊的。

经过多方面了解前人研究的成果，调研小组成员商讨决定，就土家织锦参与旅游发展后的多方面情况展开现状调查，以期把握现状特点，并对土家织锦的发展路径进行分析研究。

因此，开展本次调研活动的必要性在于调查张家界市旅游业背景下的土家织锦的发展现状，为土家织锦的生产性保护提供科学的、可行的发展对策。

二、研究设计

（一）研究目的

抽取张家界桑植县和武陵源区作为样本，调查土家织锦的发展现状，提出发展对策。

（二）研究内容

对前人已做的研究进行梳理和审视，了解研究现状，具体了解土家织锦的历史渊源、发展现状、保护途径及有关于土家织锦的研究成果。

调查和了解当地人民对于非物质文化遗产以及土家织锦的认知情况，具体包括非物质文化遗产的认知情况、土家织锦的认知、非遗保护态度以及非遗的法律保护的理解和态度。

了解土家织锦参与旅游发展后的情况，把握政府对织锦企业的扶持、企业的生产与销售以及企业在法律法规上的认识和态度等方面的实际情况。

综合文献分析、问卷调查和访谈结果，进行归纳总结，提出科学性与可操作性的土家织锦发展对策。

（三）研究方法

1. 问卷法

根据《浙江省非物质文化遗产保护现状调研报告》中的问卷改编形成《非物质文化遗产“土家织锦”认知现状调查问卷》作为问卷调查的工具，《非物质文化遗产“土家织锦”认知现状调查问卷》包括四个维度，分别是对非物质文化遗产的认知状况、对土家织锦的认知状况、关于非物质文化遗产的保护态度以及非遗法律保护的理解和态度。选取张家界市桑植县和武陵源区的当地居民作为问卷调查的样本，展开问卷调查。问卷调查采取当面发放、当面回收的方式，保证了问卷的回收率及问卷有效率。使用 SPSS 用于问卷结果的数据分析，精确数据，严密逻辑。

2. 访谈法

综合对前人文献的分析结果，拟定访谈提纲。访谈提纲包括三个维度，分别是政府的扶持、企业的生产与销售和法律法规。访谈方式采用非标准化访谈。联系“张家界乖幺妹土家织锦开发有限公司”武陵源区的负责经理，进行当面访谈，注重访谈过程的操作性和技巧性，对结果进行定性分析。

本次研究综合采用问卷调查法、访谈法，并且查阅大量文献资料，参考前人研究成果，将定性思想与数理思想结合进行分析研究。

图 1　对张家界“乖幺妹”土家织锦开发有限公司进行实地访问

（四）研究思路

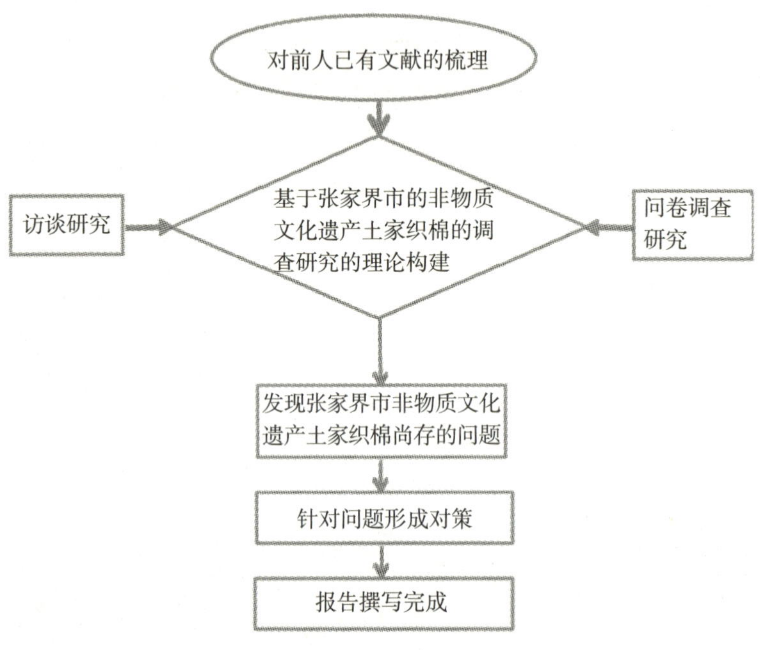

图 2　研究思路结构图

三、结果与分析

（一）问卷调查及分析

1. 问卷设计及调研过程

为配合本次调查，调研小组改编设计了《非物质文化遗产“土家织锦”的认知现状调查问卷》，问卷共分为两个部分，第一部分为基本信息收集，第二部分为九道关于非遗认知情况和土家织锦现状的调查题。发放时间为 2017 年 7 月 20 日到 24 日。本次问卷调查主要于张家界武陵源区和桑植县天子山镇展开，发放对象主要是当地居民，采取随机发放的方式，共发放

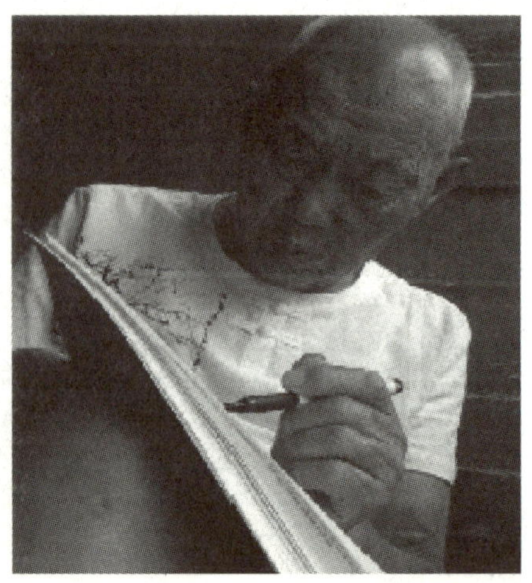

图 3　问卷调查过程

问卷 120 份，回收 103 份，回收率为 85.83%，有效问卷 95 份，问卷有效率为 92.23%。利用 SPSS19.0 对问卷结果进行数据处理，并分析总结。

2. 问卷调查结果分析

本次调查人口影响因子分布如下：受调查者男性 54 人，女性 41 人，男女比例较为平衡，以男性居多。且年龄处于 26 岁到 35 岁以及 36 岁到 45 岁的人数居多，并向左右递减。本科层次人数与初、高中和中专层次及以下学历人数相等。具体人口统计因子如下：

表 1　性别比例百分比

性别	频率	百分比(%)	有效百分比(%)	累积百分比(%)
男	54	56.8	56.8	56.8
女	41	43.2	43.2	100.0
合计	95	100.0	100.0	

表 2　年龄分段百分比

年龄分段	频率	百分比(%)	有效百分(%)	累积百分比(%)
25 岁及以下	16	16.85	16.85	16.85
26~35 岁	35	36.85	36.85	53.7
36~45 岁	19	20.0	20.0	73.7
46~55 岁	15	15.8	15.8	89.5
56~65 岁	8	8.4	8.4	97.9
65 岁以上	2	2.1	2.1	100.0
合计	95	100.0	100.0	

表 3　学历百分比

学历	频率	百分比(%)	有效百分比(%)	累积百分比(%)
初中及以下	13	13.7	13.7	13.7
高中和中专	25	26.3	26.3	40.0
大专	14	14.7	14.7	54.7
本科	38	40.0	40.0	94.7
硕士	4	4.2	4.2	98.9
博士	1	1.1	1.1	100.0
合计	95	100.0	100.0	

非遗及土家织锦的认知情况调查结果分析：

表 4　第 1 题结果分析

1. 非物质文化遗产包括以下哪几项?		A. 口头传统和表述	B. 书面记载及文献	C. 表演艺术	D. 社会风俗、礼仪、节庆	E. 传统的手工艺技能	F. 不清楚
N	有效	95	95	95	95	95	95
	缺失	0	0	0	0	0	0
标准差		.48192	.49250	.44268	.41716	.33397	.20189
方差		.232	.243	.196	.174	.112	.041
和		61.00	57.00	70.00	74.00	83.00	4.00
百分比（%）		64.21	60.00	73.68	77.89	87.37	4.21

第 1 题旨在考察人们对于非物质文化遗产外延的理解。各项分别为 A. 口头传统和表述(64.21%), B. 书面记载及文献 (60.00%), C. 表演艺术 (73.68%), D. 社会风俗、礼仪、节庆 (77.89%)，E. 传统的手工艺技能 (87.37%)，F. 不清楚 (4.21%)。其中，传统的手工艺技能的认同度最高，其余各项均达到 60% 以上。但是，根据《非物质文化遗产保护法》，以上各项均属于非物质文化遗产，只有四成左右的被调查者是全面认识的，不到一半。可见，大多数的当地群众对于什么是非物质文化遗产的问题的认识不全面，浅层次，未深入，不够到位，认识亟待加强。

表 5　第 2 题结果分析

2. “文化遗产日”定在哪一天?		A. 每年六月的第一个星期六	B. 每年六月的第二个星期六	C. 每年六月的第三个星期六	D. 不清楚
N	有效	95	95	95	95
	缺失	0	0	0	0
标准差		.43683	.41716	.30852	.50039
方差		.191	.174	.095	.250
和		24.00	21.00	10.00	40.00
百分比（%）		25.26	22.11	10.53	42.10

第 2 题中，关于“文化遗产日”的日期，正确答案为“每年六月的第二个星期六”，仅有 22.11% 的被调查者答对，且不排除“蒙对”的情况，实际知道“文化遗产日”的被调查者很少。

问卷的第 1、2 题考察人们对于非遗认知状况，就调查结果而言，对于非物质文化遗产的了解在相当程度上是很缺乏的，对于非遗的认知水平较低。

土家织锦认知状况调查结果及分析：

表 6　第 3 题结果分析

3. 以下非物质文化遗产中，你熟悉的是?		A. 桑植围鼓	B. 土家织锦技艺	C. 苗族银饰锻制技艺	D. 桑植民歌	E. 土家族刺绣	F. 都不清楚
N	有效	95	95	95	95	95	95
	缺失	0	0	0	0	0	0
标准差		.50039	.44821	.50262	.44268	.50129	.00000
方差		.250	.201	.253	.196	.251	.000
和		52.00	69.00	48.00	70.00	51.00	.00
百分比（%）		54.73	72.63	50.53	73.68	53.68	0.00

第 3 题中，以下非物质文化遗产中，你熟悉的是？（多选）各选项为，A. 桑植围鼓（54.73%），B 土家织锦技艺（72.63%），C. 苗族银饰锻制技艺（50.53%），D. 桑植民歌（73.68%），E. 土家族刺绣（53.68%），F. 都不清楚（0%）。从被调查者的回答中可以看出，最熟悉的是“土家织锦技艺”和“桑植民歌”，达到 70% 以上，说明当地人对于土家织锦技艺或是土家织锦成品是不陌生的。

表 7　第 4 题结果分析

4. 土家织锦的图案有哪些?		A. 阳雀花	B. 四十八勾	C. 台台花	D. 粑粑架	E. 蛇皮花	F. 都不清楚
N	有效	95	95	95	95	95	95
	缺失	0	0	0	0	0	0
标准差		.49927	.49927	.50240	.49454	.47514	.46730
方差		.249	.249	.252	.245	.226	.218
和		53.00	42.00	46.00	39.00	32.00	30.00
百分比（%）		55.79	44.21	48.42	41.05	33.68	31.58

第 4 题中，更进一步地调查人们对土家织锦更为细致的了解情况，这

里问到几种具体的土家织锦图案。其中各选项的答题情况如下：A. 阳雀花（55.79%），B. 四十八勾（44.21%），C. 台台花（48.42%），D. 粑粑架（41.05%），E. 蛇皮花（33.68%），F. 都不清楚（31.58%）。事实上，前 5 项均属于土家织锦的传统图案，但只有两成左右的被调查者是全选的。还有 31.58% 的被调查者表示，完全不清楚。由结果可知，尽管人们对于“土家织锦”有相当程度的了解，但浮于表面，并未对其有具体细致的了解。

表 8 第 5 题结果分析

5. 原生态土家织锦最典型的地域是?		A. 武陵源区	B. 龙山县捞车河流域	C. 保靖县	D. 永顺县	E. 古丈县	F. 都不清楚
N	有效	95	95	95	95	95	95
	缺失	0	0	0	0	0	0
方差		.248	.240	.222	.235	.232	.155
百分比（%）		56.84	38.95	33.68	35.79	35.79	18.95

第 5 题与第 4 题一样，旨在调查人们对土家织锦更为细致的了解情况。根据田明先生的记载，土家织锦最为典型的地区分布于“湘西龙山县捞车河流域”，只有 38.95% 的被调查者回答正确，未达到被调查总人数的一半。综上所述，当地居民对于土家织锦的认知处于“知道这个东西”“有听过”的阶段，未有全面而细致的认识。

非遗保护态度调查结果及分析：

表 9 第 6 题结果分析

6. 保护非物质文化遗产的意义有许多，你认为下列重要的是?		A. 保护世界文化的多样性	B. 密切人与人之间的关系	C. 保持民族特色	D. 其他方面
N	有效	95	95	95	95
	缺失	0	0	0	0
众数		1.00	.00	1.00	.00

续表

6. 保护非物质文化遗产的意义有许多，你认为下列重要的是?	A. 保护世界文化的多样性	B. 密切人与人之间的关系	C. 保持民族特色	D. 其他方面
标准差	.40212	.48770	.29440	.29440
方差	.162	.238	.087	.087
百分比（%）	80.00	37.89	90.53	9.47

第6题中，保护非物质文化遗产的意义有许多，你认为下列重要的是?（可多选）其中，90.53% 的被调查者认为“保持民族特色”很重要，认同度极高。80.00% 的被调查者表示“保护世界文化的多样性”很重要。也有 37.89% 的被调查者认为“密切人与人之间的关系”重要。另有 9.47% 认为其他的方面重要。绝大部分的当地居民能够认识非遗保护对于民族和国家的意义，并且就其对于世界文化的意义也有较清晰的认识。

表 10　第 7 题结果分析

7. 您认为传承、保护非物质文化遗产的最大难题是什么?		A. 资金	B. 确定有代表性传承人	C. 法律制度	D. 学校教育	E. 新闻媒体关注、宣传	F. 其他
N	有效	95	95	95	94	95	95
	缺失	0	0	0	1	0	0
众数		.00	.00	.00	.00	.00	.00
标准差		.46730	.46296	.32167	.29582	.34550	.17580
百分比（%）		31.58	30.53	11.58	9.47	13.68	3.16

第 7 题，您认为保护、传承非物质文化遗产的最大难题是什么?（单选）各选项的情况如下: A. 资金（31.58%），B. 确定有代表性传承人（30.53%），C. 法律制度（11.58%），D. 学校教育（9.47%），E. 新闻媒体关注、宣传（13.68%），F. 其他（3.16%）。多数被调查者认为保护、传承非物质文化遗产重在“资金”和“确定有代表性的传承人”，指向非遗发展的外在和内在条件，结果与现实情况基本相符。其次是“媒体关注、宣传”“法律制度”“学校教育”。

表11　第8题结果分析

8. 您认为当地的“非物质文化遗产”保护工作做得怎样?		A. 很好	B. 还可以	C. 有待改进
N	有效	95	95	95
	缺失	0	0	0
标准差		.40985	.48494	.49635
方差		.168	.235	.246
和		20.00	35.00	40.00
百分比		21.05	36.84	42.11

第8题在问到当地的“非物质文化遗产”保护工作做得怎样时，只有略超两成的被调查者认为“很好”，四成多认为“有待改进”。当地居民对保护现状的看法差异较大。

非遗法律保护的理解和态度调查结果及分析：

第9题，问到有关于非遗保护的理解和态度时，78.95%的被调查者认为“建立保护名目制度”是有效可行的保护方式之一。其次，“建立非物质文化遗产传承及使用的管理制度来保护 ”和“加强宣传教育，提高全民保护意识”的认同率也达到75.79%。再者，“转变为有形的形式，‘搜集、记录、录像、分类、建立档案’”的认同率为73.68%。“由政府投入专项资金保护”的认同率是71.58%，“转化为有经济效益的经济资源，以生产性方式保护”的认同率是60.00%。可见，在非遗的保护中，人们首先想到的是建立保护名录、建立管理制度、财政投入和宣传教育等措施，其次才是生产性保护，体现了其自觉的生产性传承的意识欠缺。

表 12 第 9 题结果分析

9. 在以下有关非物质文化遗产保护方式的各项中，哪些让您感到可行有效？		A. 建立保护名目制度	B. 转变为有形的形式，“搜集、记录、录像、分类、建立档案”	C. 在其产生、成长的原始氛围中保持其活力	D. 转化为有经济效益的经济资源，以生产性方式保护	E. 加强宣传教育，提高全民保护意识	F. 由政府投入专项资金保护	G. 建立非物质文化遗产传承及使用的管理制度来保护	H. 通过民间团体或协会组织来保护
N	有效	95	95	95	95	95	95	95	95
	缺失	0	0	0	0	0	0	0	0
标准差		.40985	.44268	.49792	.49250	.43063	.45343	.43063	.49927
方差		.168	.196	.248	.243	.185	.206	.185	.249
和		75.00	70.00	54.00	57.00	72.00	68.00	72.00	42.00
百分比（%）		78.95	73.68	56.84	60.00	75.79	71.58	75.79	44.21

（四）织锦企业访谈结果及分析

1. 企业介绍

张家界乖幺妹土家织锦开发有限公司办公地址位于中国第一个国家森林公园——张家界，湖南省张家界市武陵源区军地坪街道办事处。于 2015 年 12 月 2 日注册成立，注册资本为 2000 万元人民币。公司主要经营抽纱刺绣工艺品制造、销售及展览服务、旅游工艺品销售，在当地具有很高知名度。

2. 政府对企业的扶助作用

政府的工作是非物质文化遗产保护的必要条件，其对织锦企业的扶持至关重要。通过对张家界市武陵源区知名土家织锦企业的访谈，我们了解到以下两方面的情况：

财政资金有限：政府虽然对织锦企业有一定的资金支持，但这笔资金对于企业运营和发展所需耗费的大量人力物力来说只是杯水车薪。

在访谈中，公司负责人表示在织锦的生产、开发以及员工培训的过程中都需花费大量的资金。尤其是在员工培训方面，由于从事织锦工作需要花费大量的时间和精力，参加免费培训班的学员，100 人中只有 5~10 人能够坚持到最后成为合格的员工，因此培训的成本非常高。

两者之间的相互关系：在日常的经营管理中，公司和政府的有关部门和机构形成了紧密的协作关系。

公司与就业局、妇联、残联进行对接，既帮助失业妇女、残疾人就业，也能拓宽公司的招聘渠道，让更多有能力的人从事织锦这一行业。武陵源区的非遗保护中心是公司获取相关活动、项目资金申报等信息的重要来源，同时非遗保护中心与公司进行合作，利用非遗文化节等契机，更好地宣传和推广土家织锦这一非物质文化遗产。

3. 公司的生产与销售

在生产上，在传承的基础上力求创新；销售上，坚持带领产品“走出去”。

“乖幺妹”在生产中使用传统的木质腰机，同时也沿用传统“通经断纬、反面挑花”的织布手法，通过公司对土家织锦传统图案的挖掘和整理，现有100多种图案用于生产。

在对传统工艺进行传承的基础上，公司也非常重视对土家织锦的创新。据介绍，公司有专门的研发团队。自2015年公司注册以来，团队研发出了区别于传统单面锦的双面锦，材料也发生了从原始的葛麻到大麻、木棉、苎麻，

图4 公司的织工们正在织花

再到蚕丝、棉花，直到现代的化纤及人造丝等的改变。针对织锦的图案和产品形式，公司力求产品的生活化，重视产品的现代性。在传统图案的基础上，公司将图案融入现代故事，创造出许多符合现代审美、充满意趣的新图案。传统的土家织锦多是以铺盖为主的床上用品，为了使产品能够融入生活，真正为今天的消费者接受，更好地推广土家织锦，公司设计生产了以织锦为布料的鞋、包、杯垫、车挂、衣饰等旅游产品和生活实用品，实现“土家元素的时尚表达”。

公司的产品主要有两个销售渠道。第一是通过政府的出访，与外界进行文化交流，将土家织锦“带出去”，或通过与旅游局合作，将织锦作为一种民族、地方文化产品推荐给来自世界各地的游客。第二是外贸。当前公司的销售主要就是以外贸为主。公司通过参加“广交会”等活动，将土家织锦展示出去，吸引需要寻找新兴面料的国外采购商、设计师。公司与其签约后，根据对方对面料色彩、图案的不同需求，将织锦以布料的形式出口。

4. 法律法规

在法律法规方面，土家织锦企业面临的最大问题是对织锦版权的保护力度远远不够。

在问及该方面的问题时，公司的负责人提到公司目前已申请了 40 多个专利，众多原创产品背后的设计灵感与创意，无一不是研发人员耗费心力与汗水的结晶，但即使拥有专利，市面上仍然存在着大量抄袭、模仿的假冒伪劣产品。这些假冒伪劣产品的成本低、质量差，其对织锦市场的抢占不仅损害了原创产品生产者的利益，更不利于土家织锦的传承、保护与推广。这个问题给公司带来了巨大的困扰，即使去相关部门反映，仍然找不到确切、有效的解决办法。土家织锦作为一种非物质文化遗产，对其进行知识产权保护尤为重要，市场的鱼龙混杂使这一珍贵的传统工艺品无法得到应有的发展空间，相关法律法规的完善是改变这一现象的重要因素。

5. 政府工作存在的不足

“经武陵源区扶贫开发领导小组研究，同意区扶贫办、索溪峪街道办事处委托张家界旅典文化经营有限公司组织实施 2016 年度重点产业扶贫土家织锦项目，并由其全资子公司——张家界乖幺妹土家织锦开发有限公司负责运作。项目已经区政府六届第 49 次常务会议研究通过，批准实施。项目总投资的601余万元中，其中财政专项扶贫资金301万元。有效带动索溪峪街道和协合乡共12个村（居）466户1463个贫困人口脱贫增收。”这是《武陵源区2016年度重点产业扶贫土家织锦项目情况简介》中的相关介绍。据采访到的土家织锦企业的一位经理所说，在企业的日常运作管理中，会与政府的非遗保护中心、宣传部、就业局、妇联、残联等进行对接。特别是与非遗保护中心“走得近”，共同进行省内外的土家织锦的相关宣传活动；此外，涉及织锦的项目和资金申请也会考虑到企业。

调研小组的成员曾多次联系武陵源区及张家界市文体广新局，请求能够对武陵源区文体广新局进行访谈，此申请原本已得到二者批准，但最终工作人员却告诉笔者，目前区文体广新局因为缺少人手，且忙于体育方面的相关工作，非遗土家织锦方面无可接受本次访谈的具体负责人。前期电话联系中，相关负责人对于非遗方面涉及土家织锦的工作并不清楚，言辞含糊，而其部门职能中确实包含文物、非遗和体育的相关工作，体现出了职能的缺位。可见，政府工作在实际中仍存在很多问题。

四、问题及建议

（一）存在问题

1. 认知缺乏

经问卷调查，当地居民对于非物质文化遗产土家织锦有一定的了解，但是认识十分有限，不够深入和全面。在笔者看来，原因有二：第一，当地居民的非遗认知有限。居民们对于基本的非物质文化遗产的知识和理念掌握甚少，且理解的透彻程度有限。第二，人们对土家织锦的重视程度不够。张家界不似湘西龙山，非原生态土家织锦西兰卡普最为典型的地域，当地居民对于西兰卡普虽有了解，但是多数人仅仅停留在了解的层次，未对其历史渊源和文化内涵有过多的深究。

2. 人员培训困难

对于织锦企业来讲，织工的培训十分重要。但是，从对织锦企业的访问中可以知道，员工的培训需要投入大量的资金，最终能学成出师的学习者不到一成。笔者从与织工的谈话中得知，仅靠织花一个月带来的收入最多只有

2000 多元，这样的待遇很难吸引年轻人去从事这份工作。织花需要的是细心与耐心，并需要长时间坐在织机前，十分辛苦。显然，其带来的回报却不能与织工们的辛劳付出成正比。这是导致许多人不愿意从事织花的重要原因。此外，长期反复的动作容易导致疲倦，学习者对于织机的兴趣很容易消失，进而加大了学习的难度。

3. 版权保护力度不够

在谈及法律法规方面的问题时，被采访的乖幺妹公司的一位负责人说，目前许多制造商将已经申请专利保护的本公司自主研发产品稍加修改，而后生产并进入市场销售。她认为，此举很大程度上损害了本公司的利益，但是却难以杜绝这样的行为。在总结访谈记录时，笔者仔细阅读我国现行的法规《中华人民共和国专利法（2008 修正）》，发现法案中对于此种情况也未做出详细规定。目前，实际情况中类似的问题寻不到有效的解决方法。

4. 政府工作有待加强

目前有关于非物质文化遗产土家织锦的保护与发展工作已取得许多成效，但是，政府应该时刻起到一个宏观把控、帮助扶持的作用。从企业负责人的谈话中得知，在企业的日常运营中，与政府的多个部门有工作的对接，且政府财政每年也会有扶持和补助的资金。但是，笔者与相关部门联系时，发现职能缺失问题确实存在。

（二）对策分析

1. 保持土家织锦的生命力

第一点是要传承文化含义。土家织锦的文化含义是其灵魂，若是忽视了其历史发展渊源，丢失了其文化内涵，神散而形将不存。在保护与传承的过程中，应该格外注重土家织锦内在文化含义的收集和研究工作。在传承教学和企业织工培训的过程中，首要任务是学习土家文化，了解土家族西兰卡普织锦的文化含义。否则，单一的机械动作很容易令学习者失去兴趣，从而难以继续进行下去。除了织花者要领略土家织锦的文化内涵，在成品售出的过程中，也应该向顾客传递土家织锦的内在含义，而不是纯粹的一件商品。注重文化内涵，是实现土家织锦可持续发展的重要前提。

再者，坚守手工制作底线。切莫误解生产性保护的含义，不能一味追求生产的数量，而忽视织锦成品的质量。现代工艺虽然高效，但是现代工艺制作出的土家织锦将会失去其传统文化价值，变成一个完完全全的商业化旅游产品。在手工制作的过程中，追求精细，实现手工工艺向文化产品的转化，进而使得保护的手段与方式获得可持续性的发展。

此外，坚持传统与创新并重。目前企业力求产品的生活化、重视产品的现代性，在传统图案的基础上研发出许多符合现代人审美品位的创新图案。这有助于产品为大众所接受和喜爱，扩大了织锦产品的销售市场。所以，创新对于土家织锦的发展是绝对必要的。值得注意的是，土家织锦的传统图案是土家织锦的精髓，绝不能一味追求改变和创新，传统图案最大限度地保存与继承是对非遗传承的真实性与整体性的保证。

2. 保护与传承

提及土家织锦的保护与传承，首先要明确保护与传承的对象。《中华人民共和国非物质文化遗产保护法》总则中指出：本法所称非物质文化遗产，是指各族人民世代相传并视为其文化遗产组成部分的各种传统文化表现形式，以及与传统文化表现形式相关的实物和场所。联合国教科文组织《保护非物质文化遗产公约》中指出，非遗的保护就是要确保其生命力，确保非遗能够按照自己的方式存在和发展。就土家织锦西兰卡普的保护与传承来讲，便是保护织锦的文化内涵、技艺与手法、原始的工具、成品，使其得到有效的继承和发展。

其次要提高非遗认知的全民性。从问卷调查的结果来看，当地人民对于非物质文化遗产和土家织锦的认知情况不容乐观，鉴于现实情况，需要充分发挥教育、新闻媒体等的作用，积极进行宣传。据了解，目前张家界部分学校有关于非遗土家织锦的知识普及与展示，这是相当有效地提高年轻一代对于土家织锦的认识水平的措施。媒体应向民众展示出土家织锦优秀的文化和技艺，增强民众对于土家织锦的认同感和重视程度。政府或其他民间机构进行有效的宣传、展示活动，注重非遗土家织锦的全民性认知。

除此之外，很重要的方法是推广非遗的数字化保护。“非遗数字化保护虽然刚刚起步，但发展迅速，数字化技术正在从一种外在于非遗的技术手段向非遗的内在生命力转化，正在影响着非遗保护的历史进程、形塑着非遗保护的新生态。”宋俊华教授在其文章中对非遗的数字化保护的合法性与可能性进行了充分的说明。文中指出，数字化技术，不仅是非遗的存储建档、展示宣传等的手段，更是优化非遗的传承措施、研究与分析措施的有效技术。将数字化技术融入非遗保护，更有助于实现非遗保护的真实性、整体性和传承性。

3. 社会需求的普适性

英国杜伦大学罗伯特教授说过："非物质文化如果要传承下去，就必须被受众所接受，或者更加有说服力，受众必须能够阅读这些符号。只有当其拥有足够的需求，允许持有者生存、存在日常使用者、赞助人或者营销市场时，非物质文化遗产的传承才能够得以延续。"只有被大众所需求，才能实现土家织锦产品的可持续发展；织锦企业有利可图，才能为进一步的研发和生产注入动力。将创新与传统结合，使得土家织锦产品的形式和内容老少皆宜，受众面广，便有了可观的市场前景，从而使原本不愿意从事织锦工作的人有了学习和从事的动力，土家织锦的传承才能得以延续。

4. 有效的政府扶持

政府的扶持体现为土家织锦的保护与传承的外部条件。土家织锦的保护与传承需要多方的共同努力，而在此之中，政府占有主导地位，应当充分扮演好引导者和监督者的角色。

有力的财政支持是保护传承土家织锦的重要保障。当地政府应加大资金投入力度，建立用于土家织锦保护与传承的专项资金，将其列入政府预算。除为织锦企业提供保证其顺利运转的资金支持外，政府还需通过提供补贴等方式提高土家织锦传承人的收入水平，改善他们的生活状况。对于学校、媒体或其他社会机构进行的土家织锦相关项目，政府也应当给予一定的资助。

政府应当确保以非遗保护中心为代表的相关部门的工作实际、有效地进行。政府部门应全面指导土家织锦的保护与传承工作，自觉承担宣传、组织、监督等责任，既要着眼于土家织锦这一技艺本身的发展，也要善于利用各种条件加快带领土家织锦"走出去"的步伐，让土家织锦能够在良好的保护与传承中获得进一步的发展。

推进与非遗保护相关的政策法规的具体化和完善化，是更好地保护和传承土家织锦的关键手段。面临假冒伪劣产品层出不穷、土家织锦市场秩序混乱的情形，政府一方面需要针对现实中出现的各种问题和疑虑出台条目更加细致的地方政策与法规，另一方面也必须运用这些政策法规做好监督工作，保护土家织锦版权，规范市场，为织锦产业的发展提供优良的外部环境。

五、结语

“土家织锦集各类织锦之长，兼容包纳”，我们从其中看到的是土家族人民生生不息、世代相传的精神与文化。在张家界这片土地上，土家织锦更是以一种不一样的姿态向世人展示出她独到的美丽。张家界吸引了无数山水喜爱者，而土家织锦犹如一首委婉动听的歌谣，将优秀的土家文化娓娓道来，使人心摇。土家织锦已经融入这一方水土，张家界的旅游业离不开她浓墨重彩的一笔，土家织锦也依托张家界旅游业而发展起来，两者息息相关。当然，非物质文化遗产土家织锦的保护与传承并非一朝一夕之事，而是需要各方长期有效的努力与合作，方才能使这优秀的民族文化在历史长河中不被遗落。

参考文献

[1]E. Wanda George.Intangible Cultural Heritage，Ownership，Copyrights，and Tourism[J].Emerald，2010(4)：376-338.

[2]Mezey，N.The Paradoxes of Cultural Property[J].Columbia Law Review，2007，107（8）：2004-2046.

[3] 田明 . 土家织锦：中国民间三大织锦之首 [J]. 民族论坛，2013（7）：30-32.

[4] 田明 . 土家织锦 [M]. 北京：学苑出版社，2008.

[5] 宋俊华 . 关于非物质文化遗产数字化保护的几点思考 [J]. 文化遗产，2015（2）：25-26.

[6] 石庆秘 . 信息技术视域下土家织锦传承与发展的策略建构 [J]. 民族艺术，2012（1）：133-135.

[7] 马振 . 旅游对手工艺类非物质文化遗产传承的影响——以土家族织锦“西兰卡普”为例 [J]. 中南民族大学学报（人文社会科学版），2014（3）：24-27.

[8] 龙柯 . 传统手工艺类非物质文化遗产保护路径研究——以土家族西兰卡普织锦为例 [J]. 民族论坛，2015（7）：90-93.

[9] 彭浇 . 非物质文化遗产背景下土家织锦考察与发展现状思考——以湖南省龙山县为例 [J]. 北方文学旬刊，2011（10）：215-216.

[10] 田小雨 . 土家织锦的现代价值及其保护与传承 [J]. 民族论坛，2009（5）：52–53.

[11] 马振 . 手工艺类非物质文化遗产参与旅游发展问题研究——以土家织锦西兰卡普为例 [J]. 北方民族大学学报（哲学社会科学版），2014（3）：108–112.

[12] 邵长波 . 非物质文化遗产背景下土家织锦发展现状研究的调查报告 ——以湖南省龙山县为例 [C]. 中国艺术人类学学会、内蒙古大学艺术学院 .2012 年中国艺术人类学年会暨国际学术研讨会论文集，2012：369–380.

[13] 吴肖淮，李艳，刘艳 . 民族手工艺非物质文化遗产保护传承的策略与途径研究 ——以海南五指山市番茅村黎族织锦为例 [C]. 中国艺术人类学学会、内蒙古大学艺术学院 .2012 年中国艺术人类学年会暨国际学术研讨会论文集，2012：142–147.

[14 陈华文 . 论非物质文化遗产生产性保护的几个问题 [J]. 广西民族大学学报（哲学社会科学版），2010（5）：87–91.

[15] 吴永江，向京 . 张家界旅游发展对非物质文化遗产保护的影响 [J]. 边疆经济与文化，2012（12）：1–3.

[16] 浙江工业大学法学院“越之风”暑期社会实践队 . 浙江省非物质文化遗产保护现状调研报告 [R]. 杭州，2009.

三、中国特色社会主义文化发展篇

江永女书保存现状调查研究

课题组成员：宋格萱，熊雅伦，陈晓
指 导 老 师：陈云凡，彭丽华

摘要：女书是世界上唯一由女性创造、使用的文字，流传于湖南省江永县潇浦镇、夏层铺镇上甘棠村、千家峒镇和上江圩镇浦尾村等地带。随着教育的普及和现代科技的渗入，女书逐渐失去了它的功能而走向消失。为了更好地了解、保护、传承女书这一珍贵的文化资源，我们在2017年7月前往当地进行调研，了解到女书的保护、传承、开发的现状以及女书在管理、规划、宣传上存在的问题。最后，为女书未来的发展提出了相应的建议。

关键词：女书；文化自觉；建设规划

女书是湖南江永女书专用的汉语方言音节表音文字，以江永县上江圩为中心，波及城关镇、黄甲岭乡、铜山岭农场以及毗邻的道县下蒋乡、新车乡等地，是世界上唯一的性别文字，有着奇特的传承历史、符号形体、习俗传统、语言标记和手段以及社会功能。女书整体轮廓呈现长菱形，笔迹秀丽娟细，造型独特，所以也被叫作“长脚蚊”，主要用竹笔或毛笔写在纸张、折扇、手帕上，少数织在花带上或绣在手帕上。目前收集到的字将近2000个，去掉异体字和错别字后，实际使用的字约600个。记录的是当地的方言“土话”，也就是用“土话”朗读或者吟唱。其衍生文学分为：喜庆作品，例如《三朝书》《哭嫁歌》等；祭祀作品，包括追悼刚刚去世的亲人和祈祷神灵的祭祀歌；交际作品，结交老同书和涉及交往、感谢、慰问、责骂等信件；记忆作品，包括日记和自传诉苦歌；教育娱乐作品，例如《四字女经》等伦理作品，《太平军过永明》等历史故事，《孟姜女》等传说叙事歌，还有歌谣、谜语、翻译作品等。

关于女书的起源，神话传说主要有盘巧造字法、胡玉秀造字法、九斤姑娘造字法、瑶姬借天书法四种，民间也有说法是因为女性对教育的渴望。纵观各类说法，其产生原因主要分为两种，一是提高女性言情记事的能力，二是隐藏某些信息。由于女书作品会随主人的去世而焚毁，女书的历史资料尤为稀少，关于女书产生时间、产生地点、是否为借源文字的解释也众说纷纭。现今确有的较早历史记载有 1931 年《湖南各县调查笔记》的“花山”条中，有“其歌扇所书蝇头细字，似蒙古文。全县男子，能识此种字者，余未之见”的说法。收藏在中国历史博物馆的《瑶文歌》序文也记载道：“一九四五年，何君晓南持猺文一纸，云是猺（瑶）女读物，系得自田广洞陈中兴，转以赠余，此固求之数年而不可得者。入手展玩，纸色红旧，纵横五百七十四字，字迹秀媚，行列端整，不知出自谁家女手，惜一字不可识，无以解其音义。”除此之外，当地有文化的人也注意到本乡的这种奇字，并在私人笔记中有所记载。

女书的相关习俗包括坐歌堂、斗牛节、吹凉节等。坐歌堂是女方家庭在出嫁前举行的一种文艺形式，邀请女性亲朋好友共习女书、共做女工、共唱女歌，为期 3~15 天；贺三朝，指新娘出嫁后第三天，女友接新娘回到娘家，按女书吟唱《三朝书》，《三朝书》装帧讲究且会留白给回门女续写；斗牛节，又称“姊妹节”“女儿节”，实为未出嫁的成年姑娘会友。在集会上各人互相品尝评论“三花”食品，演绎“画眉跳圈”戏；吹凉节，指在六月时娘家人用糯米粉和桐油叶制作的 60 个粑粑，把出嫁的女儿接回来团聚；结拜为老同，指的是同年出生，且长相脾气相近的女孩一同习女书，一生相互照顾，相互爱惜的结交姐妹。

女书具有的文字学、语言学、社会学、民族学、人类学、历史学等多方面的学术价值被国内外学者叹为“一个惊人的发现”“中国汉语文字历史上的奇迹”。2006 年 5 月 20 日，该民俗经国务院批准列入第一批国家级非物质文化遗产名录。

而目前，女书文化存在传承人数稀少、宣传力度小、产业化程度低、女书作品与资料原生态与真实性待考究等多种问题，女书文化逐渐走向边缘化。如何唤起当地居民的文化自觉，使更多人了解、学习并传承女书，理解其内在价值，探索女书发展的创新之路是我们亟待解决的问题。

一、调研方法及形式

（一）调研情况

前期准备期间，团队成员阅读并整理女书相关文献，就此次调研拟订方案。2017 年 7 月 5 日，全体成员实地走访长沙天心区湘女楚韵女书艺术馆，向女书大使陈立新学习基础女书知识并了解当地概况。7 月 8 日至 7 月 23 日，团队前往湖南省永州市江永县，以女书主要传播地区潇浦镇、夏层铺镇上甘棠村、千家峒镇和上江圩镇浦尾村为中心，对江永县居民、政府及女书相关工作人员进行调查采访。

（二）调研目的

此次调研旨在深入了解女书的特点、各类表现形式以及蕴藏的精神文化；挖掘女书文化价值，探索并弘扬传统民族文化，努力提高传统文化的影响力；充实女书研究内容和女书作品收集，全方位展现女书文化；了解女书保护传承与研究现状，探寻过程中存在的问题并提出相关建议。

（三）调研方法

1. 文献法，指搜集和分析研究各种现存的有关文献资料，从中选取信息，以达到某种调查研究目的的方法。研究人员在实地考察前，阅读并总结了现有的各类女书相关资料；到达调查地点后，精读当地尤其是女书园内的原生态文献资料。

2. 田野调查法，指调查者在实地通过观察获得直接的、生动的感性认识和真实可靠的第一手资料，主要考察事物的表面现象或外部联系。研究人员在选择江永县作为调查点并熟悉当地情况后，与当地政府取得联系以获得政府支持，结合结构型访谈和选择性访谈，倾听当地人的意见，细致观察，收集有价值的资料。

3. 访谈调查法，指访员通过和受访人面对面地交谈来了解受访人的心理和行为，旨在获得更多、更有价值的资料与信息。研究人员事先联系受访人员并撰写提问提纲，通过单人访谈、多人访谈、小型会议等多种形式与受访者进行互动交流。

4. 问卷调查法，也称为“书面调查法”，或称“填表法”，指用书面形式间接搜集研究材料。研究人员通过向江永县各地不同职业、性别、年龄的居民发放简明扼要的调查问卷，请其填写对有关问题的意见和建议，回收问卷并进行数据分析来间接获得材料和信息，了解当地居民对于女书的了解程度和保护传承建议。

5. 典型调查法，指根据调查目的和要求，在对调查对象进行初步分析的基础上，研究人员有意识地选取少数具有代表性的典型单位进行深入细致的调查研究。研究人员在了解女书传播范围后，选择上江圩镇浦尾村作为主要调查单位，对其居民、女书园工作人员、女书传承人进行了详尽的采访。

根据本调研组的调研报告数据，被调研人的基本信息情况具体如下表所示。

表 1　被调研人的年龄分布

年龄	人数	比例
18 岁及以下	39	19.7%
19~30 岁	67	33.84%
31~45 岁	52	26.26%
46 岁及以上	38	19.19%
（空）	2	1.01%

表 2　被调研人的性别分布

性别	人数	比例
男	73	36.87%
女	124	62.63%
（空）	1	0.50%

表 3　被调研人的文化程度

文化程度	人数	比例
初中及以下	82	41.41%
高中	49	24.75%
中专	22	11.11%

续表

文化程度	人数	比例
大专	21	10.61%
本科及以上	24	12.12%

表 4　被调研人的职业情况

职业	人数	比例
政府工作人员	5	2.52%
企业职员	8	4.04%
个体经营者	45	22.73%
自由职业	28	14.14%
农民	22	11.11%
学生	51	25.76%
老师	9	4.55%
其他	22	11.11%
（空）	8	4.04%

表 5　被调研人员的籍贯情况

籍贯	人数	比例
常住人口	158	79.8%
非常住人口	37	18.69%
（空）	3	1.51%

表 6　被调研人员对于江永女书的了解情况

选项	人数	比例
从没听过	14	7.07%
听说过	125	63.13%
比较了解	42	21.21%
非常熟悉	15	7.58%
（空）	2	1.01%

二、SWOT 法女书现状分析

（一）女书优势

女书作为世界上唯一的女性文字，形成了完备的文化体系。它的研究发展不受其他文化资源的影响，具有独一无二的文化价值及社会地位，是不可替代的中国文化之瑰宝，在世界教科文组织及其他文化组织中都具有一定地位。

自2001年政府开始重视女书发展以来，当地政府便着手推动女书发展，成功将斗牛节、成人礼、坐歌堂、贺三朝等节日习俗申请为非物质文化遗产。女书曾两次作为国礼在外交场合被赠予其他国家，这大幅提高了女书的国际地位与知名度。

1. 女书的教育性

目前，政府受到北京远洋之星基金会的支持，在上江圩当地中小学建立了第二课堂，秉承自愿的原则，培养当地青少年对女书的兴趣爱好；并且在博物馆设立女书课堂，在暑假期间可进行女书教学。

2. 女书的可创造性

与清华大学赵丽明教授合作出版女书字帖并发行，还利用新兴手段将女书编入国际编码，在互联网上可直接输出。此外，传承人通过与寺庙合作，将心经翻译为女书后，将心经挂在寺庙中，使拜访寺庙的信徒与游客能够了解并欣赏女书，以增强女书知名度。

3. 女书的宣传

在微信平台创立有“女书文化”微信公众号，通过推送女书的系统介绍以及相关书目，帮助想要了解女书的人群获得资料。同时还开启女书文化记录工程，建立官方网站“江永女书”（原“女书数字博物馆”），将田野调查收集的原始资料上传到网站中，供研究女书的人群使用。此外，传承人还积极参与录制《天天向上》并配合《中国影像方志》等纪录片拍摄，借助媒体来提高女书知名度。并且，当地还举办了女书商品设计大赛，引发了设计界的关注。

（二）女书劣势

1. 女书传承上的挑战

（1）缺乏实用性

女书是特定的时代和文化背景下的产物，形状大多呈长菱形，难以辨认。此外，还有诸多现存的女字都被藏在花纹里，借由纹饰来加强私密性，所以辨认文字的过程更加复杂。这些无疑都是女书继续传承的考验。随着普通话及汉字的普及，女书也已逐渐失去其实用性，无法为学习者和传承者带来作用和效益，因此女书的传承之路面临着较大的问题。同时，文化主体也缺乏文化自信和文化自觉，不认为女书是他们的财富，如表7、表8所示。

表7　被调研人员对于学习女书的意愿

选项	人数	比例
很感兴趣	21	10.61%
比较感兴趣	83	41.92%
无所谓	71	35.86%
完全不感兴趣	20	10.1%
（空）	3	1.51%

表8　被调研人对于让后代学习女书的意愿

选项	人数	比例
不愿意，没有什么意义	22	11.11%
愿意，可以作为兴趣了解	128	64.65%
愿意，可以系统学习发扬女书	28	14.14%
不愿意，操作难度大	11	5.56%
无所谓	4	2.02%
（空）	5	2.52%

（2）难保存性

在采访过程中，我们在多位村民以及传承人口中了解到，女书受其历史原因的影响，形成了人死书焚的习俗。一旦有哪位女性去世，就会烧毁她生前的女书作品，以免女书文字这一秘密被发现，同时也用于祭奠亡灵。因而很大一部分的女书作品都以此种形式被摧毁而难以得到保护和传承，目前得到保护的女书作品数量比较有限，而未被收集和保护的女书作品也是十分稀少，难以寻觅。这是女书本身的习俗特点所决定的保护工作的难度。

（3）学习的难度性

根据女书近年来的研究发现，女书虽然行文落笔有自己的规律，但与汉字相比起来却像是另一门语言文字，需要经过系统学习才能掌握女书的书写规律和形状。而且，女书是表音文字，一个字音可以表示多个发音相同但意义不同的字形，要辨别具体是哪一个字就需要懂得江永当地的语言——城关土话，并且联系前后词组才能彻底明白具体含义。

因此这样的语言习惯限制了学习女书的人群的地域范围，增加了学习难度。

（4）传承人才断层

老一辈的传承人现在大多年迈且不再使用女书，而新一辈的传承人却又没有足够充足的知识储备，还需要大量地学习和熟悉女书。此外，女书的传承人基数不大，没有形成系统的师傅与徒弟的传承模式进行教学，因此女书作品例如文学作品等很难有新的创作出现。而女书博物馆讲解员对于女书缺乏自身的情感和理解，在讲解过程中仅仅是背诵讲解词，很难与游客有互动与交流。而且博物馆没有对讲解员进行定期的培训，缺乏知识的更新，因此影响了女书的宣传效果。

（5）过度发掘

女书自然传承人义年华侄子义稀蒙表示，女书本只有600~700字，而现在女书专家研究女书达到2000字左右，其中可能有不太准确的数据；而从事女书研究的学者没有当地人，可能存在专家根据自身的想象和主观判断增字减字、过度发掘的现象。

2．女书生态环境与语境的问题

（1）原真性与完整性

女书中的重要组成部分——女歌吟唱，因为某些原因改变了音调和感情基调。例如现在的曲调节奏变得明快、朗朗上口，旋律已非原生态而是更加细腻。但本来的女歌多为悲情曲风，意在传达女性出嫁后的思念等，这对其原真性产生了破坏。

（2）文化主体失语

因为研究女书的学者没有在女书的文化背景下生活成长，因此多少会对女书的理解有偏差或者误读，在采访女书传人胡欣时，她表示，武汉大学教授宫哲兵把女性之间结成结拜姐妹拜为“老同”的传统解释为女同性恋，实际上这是闺蜜之间表达友谊的方式。

（三）女书机会

随着经济发展，人们对于精神文化需求日益提高，国家与社会对非物质文化遗产的重视度与日俱增，为女书的研究和发展提供了优良的社会环境。同时，随着信息时代的到来，本身受到地域限制的女书借助新兴媒体技术得以向各地进行宣传推广，为其发展提供了机会。

1. 政府建设规划

政府委托上海天华规划设计公司对女书岛进行修进性详规，并拨款4.5亿元以加强女书岛的基础建设及创意规划。它将女书岛分为综合服务区、闺蜜情缘区、女书文化体验区、女书文化朝圣区四个主题区域，以斗牛节等习俗体验为主要的旅游资源开发文化旅游。同时，计划打造全国女性文化探源地，将女书作为对外宣传的窗口。

政府注重对女书原生态元素的挖掘和保护，以蒲尾岛为核心，确定了蒲尾、金田、桐口、夏湾、河渊五个保有女书传人的典型古村落，针对女书原产村落的村庄外貌、地理现状及女书习俗等加强原生态保护。文物局也将一定数量的古老建筑评选为不可移动文物并列入保护单位。

2. 女书“八个一”宣传规划

对于女书的宣传规划，政府提出女书的“八个一”工程：一本书、一部实景剧、一部电影、一部电视剧、一部动漫片、一个宣传片、一批文化传承人和一个文化产业链。目前该工程完成了MV《女书营》、专题宣传片、胡美月等文化传承人、电影《雪花秘扇》及女书书籍的出版。其中，《雪花秘扇》是由武汉大学宫哲兵教授在对女书进行研究后筹划拍摄而成的，并借助美国好莱坞平台使女书在国际上大放异彩。而实景剧、电视剧及文化产业链仍在筹划中。

3. 女书发展机遇

谭盾在推动女书“申遗”后，构思了一部被称为多媒体交响音乐史诗的交响乐——《女书》，并获得美国费城交响乐团、荷兰阿姆斯特丹音乐厅管弦乐团和日本NHK交响乐团的委约，在全球三十多个国家和国际艺术节巡回演出，用音乐将女书文化推向世界。

（四）女书威胁

很多非物质文化遗产的开发与保护已达到一定水平，有较高的活力与知名度。而与之相比，女书的保护传承系统仍在加强完善中，产业链尚未完全形成；同时女书在开发过程中出现的种种障碍还未得到妥善解决，这对女书的研究和开发十分不利。

1. 政府部门职能迁移过程中出现交接工作疏漏

近几年，江永县政府对女书的对口管理部门进行了职能上的调整，由原先宣传部主管改为由三千文化管理处管理，这直接影响了政府对于女书及其依托的生态环境的了解和把握。宣传部曾经负责女书的历史问题和保护传承方面的工作，而移交后的三千文化管理处则偏向于女书未来的规划和政策，女书的管理工作出现了以现今为对照点的断层现象。

2. 宣传渠道少，形式单一

就线下宣传来说，同一省市相同主题的旅游景点相互关联形成景点网络是目前比较普遍的宣传形式，但是以女书为主题的旅行目的地却没有较好的关联，缺少了相互支撑的宣传渠道；就媒介宣传来说，政府在女书宣传上的投入和宣传力度都不够，在媒体上的广告、新闻少之又少，没能形成一个宣传网络引起社会关注，如表 9、表 10 所示。

表 9　被调研人接收女书宣传信息的频率

选项	人数	比例
经常有	62	31.31%
偶尔有	102	51.52%
没有	32	16.16%
（空）	2	1.01%

表 10　被调研人员了解到女书的途径（多选）

选项	人数	比例
宣传栏展览	96	48.48%
报纸	15	7.58%
电视	65	32.83%
网络	27	13.64%
选项	人数	比例
书籍	28	14.14%
其他	18	9.09%
（空）	18	9.09%

3. 对女书产业化的规划不足

女书园售卖的女书文化产品没有产业化，缺乏统一规划。官方售卖的营销手段和商品形式单一，多为折扇、字画、研究书籍等等。很少提取女书元素到产品中来做创意开发，不够吸引游客眼球。而居民自行售卖的产品做工粗糙，质量良莠不齐，缺乏管理。

4. 产业链影响力小

女书产业链体现在长沙建立的江永女书艺术馆所经营的业务。例如售卖女书书法作品、女书黑茶、女书旗袍，并且推出江永女书旅游线路等。其中，女书黑茶把女书与黑茶生硬地结合起来，不仅没有很好地展现女书的功能与美，反而对消费者产生误导。关联程度低的两种元素不适合简单拼凑在一起，这样会形成反向效果。此外，江永女书主题的旅行路线和女书作品的推广也没有形成规模，产生的影响力很小。

5. 政府扶持力度不大

政府每月提供的工资和补助过少，大大降低了传承人和学徒对于保护、传播、研究女书的热情。并且政府对于相关村落的建筑、女书作品等物质部分的保护，也没有达到较高的水平。同时，我们了解到，申报传承人的程序十分繁杂，多数懂得女书的人因为复杂的材料放弃申报，打击了申报人的积极性。

6. 女书资料库收集工作不到位

政府没有建立统一、有效、开放的资料库来保存女书相关作品和信息，没有形成文字、视音频、作品等数字化多维立体的资料库体系来记录女书。

7. 缺乏合理的监督机制

在加强对女书的保护、研究与宣传开发的过程中，由于缺乏合理的监督机制及考核标准，造成了女书资源保护及宣传开发等工作开展过程中的混乱，设定的政策未得到落实，地方进行工作及规划较为随意，无法科学有效地达到既定目标。表 11 表示了被调研人所认为女书面临的主要问题。

表 11　被调研人认为女书主要面临的问题（多选）

选项	人数	比例
缺乏社会支持	43	21.72%
传承人数稀少	123	62.12%
政府支持力度小	41	20.71%
当地居民不重视	38	19.19%
掌握难度系数大	49	24.75%
与现实生活脱节	52	26.26%
对民众吸引力不大	43	21.72%
宣传力度不够	60	30.3%
（空）	10	5.05%

三、建议与措施

（一）对女书保护的建议

1. 女书作品以及相关物件的保护

应遵循我国文物的保护方针，即“保护为主、抢救第一、合理利用、加强管理”。女书作品包括书籍、女红、钱币、折扇、书法作品等，它们应当最大限度地收集起来，以专业、科学的方法合理地保护。当地博物馆和档案馆应当有偿回收散落在各居民家中的女书作品并进行保护。

2. 关于习俗、女歌、精神等非物质的保护

首先应该全方面地以影像、音像、文字等方式记录并建立全面的数据库。政府需与学者、传承人合作共同建立资料库搜集组来完成这项比较繁杂的工作，并且使数据库能够对公众开放。

（二）对文化主体的建议

女书文化主体作为女书传承过程中最重要的人群，应当对其加大培训教育力度。首先，要加强民众的保护意识和传承、宣传意识，增强其对文化的自信；其次，要加强博物馆讲解人员的培训，应当设置定期培训课程，对于讲解内容要时常审查、更新，培养在讲解时候的感情交流，增加与游客的互动环节，避免纯粹背诵讲词导致的讲解效果不佳；再次，博物馆开设的女书培训课堂可设置不同梯度的难度，让有基础的学员进阶学习，不只是将女书培训停留在浅层次的教学上，可以扩充女书学习内容和范围。

（三）对女书宣传方案的建议

第一，政府要拓宽宣传渠道和宣传范围，不仅把宣传对象定位于湖南省，还应扩大至全国甚至是全世界，这就需要利用互联网、移动互联网、分众传媒、媒体、电视电台等形式进行大力宣传，真正实现江永县政府设定的“八个一”工程；第二，可以与各省市的旅行社、户外俱乐部合作，推出江永女书旅行线路，吸引广大游客前来；第三，可以举办多种形式的活动、展演、山水实景剧，利用活动经济带动当地的经济，例如将坐歌堂、洗泥节、斗牛节等有特色的女书节日推广出去，拉长宣传周期，做成每年定期的盛会；第四，利用名人效应，将女书拓展到各个领域；第五，可以在各省市设立对外宣传窗口，并且举行宣传活动，将女书深入推广。

（四）对现有规划的改进意见及未来规划的建议

目前政府对于女书园的规划还未开始实施，整体划分为四个部分，但整体的商业氛围过浓，有打扰到当地居民的生活，打乱了女书的生态环境，使得原本是村民生活的地方成为休闲场所，破坏了和谐性。应当尊重当地村民的意见，适度地减少游乐部分。

文化旅游无论是现在还是未来无疑都是最主要的与文化产业结合的方式，要提高游客的旅行体验，就要提高相应的基础建设，例如交通、住宿条件等，要设计较完善的交通网络，将江永的各大旅行景点联系起来设计线路，方便游客全面地了解江永女书。

关于女书与文化产业结合的部分，应当加强创新设计，将文化产品融入到生活用品、工作效率用具、艺术装饰品等多方面。要统一生产提高质量，而不是停留在目前无新意、制作简单粗制的阶段上。要提供给民众自身创造的机会，让他们将自己对于女书的理解、创意表示出来，最大限度地让原生态的理念得到体现。

文化产品的销售方式也要与时俱进，可以效仿其他博物馆售卖文创商品的方式，将女书作品在网络、电视平台上销售，增强女书的标识度和特色。

政府要抓紧完成交接工作，避免工作的重叠和遗漏部分；应简化传承人申请的程序，但是不可放低对于传承人的要求，要提供申请上的帮助，配备专人负责提供帮助、解答疑虑；可以建立基金会，募集社会资金，加强对于女书的资金支持。

参考文献

[1] 远藤织枝，黄雪贞 . 女书的历史与现状 [M]. 北京：中国社会科学出版社，2005：3-22.

[2] 赵丽明 . 中国女书集成——一种奇特的女性文字总汇 [M]. 北京：清华大学出版社，1992：10-56.

[3] 赵丽明 . 中国女书合集 [M]. 北京：中华书局，2005：9-28.

[4] 王凤华，胡桂香 . 女书的人类学价值 [J]. 中华女子学院学报，2005（6）.

[5] 黄巧珍 . 江永女书传承人研究 [D]. 广州：中山大学 ,2012.

[6] 陈其光 . 女汉字典 [M]. 北京：中央民族大学出版社，2006：3-27.

[7] 李庆福 . 女书文化研究 20 年 [J]. 广西民族研究，2003（2）：90-93.

农村儿童父母教养方式、人格特征与学习动机的关系

——以湖南省汨罗市古培镇4~6年级学生为例

课题组成员：周清明，丁毅林，娄思敏，林晓洁，周欢，骆慧
指导老师：凌辉

摘要：本研究采用简式父母教养方式问卷、艾森克人格问卷、学习动机量表对湖南省汨罗市古培镇农村地区4~6年级的学生进行了调查，探究农村儿童父母教养方式、人格特征与学习动机三者的关系。调查结果显示：（1）农村地区不同儿童间人格特征、父母教养方式与学习动机存在较大差异；（2）儿童人格特征在性别、年级、是否为独生子女上差异不显著；（3）父亲过度保护、儿童学习动机在年级、是否为独生子女上差异不显著，在性别上差异显著；（4）儿童神经质与父亲拒绝呈显著正相关，与父亲情感温暖呈显著负相关；儿童精神质与父亲拒绝、父亲过度保护呈显著正相关；（5）父亲拒绝与动机过弱、学习兴趣两个维度呈显著正相关，父亲过度保护与学习目标呈显著正相关；（6）神经质与学习目标呈显著正相关，精神质与动机过弱、学习兴趣呈显著正相关；（7）父亲拒绝、儿童精神质与学习动机之间存在不完全中介效应。

关键词：父母教养方式；人格特征；学习动机；农村儿童

我国农村地区因地理位置偏远、经济发展水平较低、教育资源相对匮乏等原因，农村居民要想提高生活质量，改变必须依靠辛苦务农和打工才能维

持生计的人生命运，尤其是后代的命运，最主要的方式就是让后代好好“读书”，通过教育改变其后代的命运。但农村教育资源相对匮乏、教师素质相对较低、学习环境相对落后。一方面，父母想要孩子通过学习进入好大学、找到好工作进而改变未来务农或打工为生的命运；但另一方面，其自身的教育理念相对落后，缺乏教育好孩子的能力，学校教育又多关注少数“优等生”，所以通过读书进入好大学的人数相对较少，特别是基础教育不过关又无相关优惠政策的地区。因此其“简单而淳朴”的愿望常常难以实现，后代依旧会走上他们的道路，困于“贫穷落后”的怪圈中难以逃脱。根据国家数据网报告：截至2016年，中国农村人口比例虽有减少，但仍占据总人口的42.65%。作为一个农村人口比重近半的国家，农村的现状对我国的发展影响深远；可以说，农村的发展水平在很大程度上影响甚至左右着中国的发展水平。

“缩小城乡差距，促进教育公平”一直是我们倡导和努力的方向，但随着社会的发展，优质教育资源逐渐向好学校集中却是不争的事实，寒门学子要想进入好的大学必须凭借优异成绩进入好的中学才能如愿。成绩优异的学生一般具有较强的学习动机，影响学生学习动机的因素很多，其中家庭因素，如父母教养方式、家庭教育环境等对学生学习动机的影响很大，这种影响主要作用于学生的儿童时期，并影响着学生之后的发展。家庭因素中关于父母教养方式的研究最多，研究成果也最为丰富。过去20年来，很多心理学、教育学和社会学的研究者已经在父母教养方式、教养行为、教养观念及其与儿童、青少年发展关系等方面做了大量研究，但多数研究者的研究对象为城市儿童、青少年。由于我国城市和农村在经济、文化、社会生活、教育等方面存在巨大差异，这些研究得出的结论反映的只是城市儿童、青少年父母教养方式与其个性发展的关系，不能很好地反映农村儿童青少年的状况；并且这些研究大都局限在教养方式和儿童某一行为或心理特质的关系上，未考察教养方式、儿童心理特质和行为三者的交互作用。

借助本次暑期三下乡的机会，我们针对现存的这些问题，运用问卷法、访谈法等多种方法对农村地区小学生父母教养方式、人格特征以及学习动机三者的现状与联系进行研究，以便更好地认识和理解人格，并据此为提升农村儿童学习动机提出对策与建议，从而更好地帮助农村学生提高学业成绩，缩小城乡间的教育差距。本研究的重点和难点是：收集农村地区适龄儿童的数据以考察农村地区父母教养方式、儿童人格特征与学习动机的现状；探讨三个变量之间的影响机制并据此提出提升儿童学习动机的策略。

一、研究对象

本研究以湖南岳阳汨罗市古培镇农村地区 4~6 年级的非留守儿童学生作为研究对象，走访了古培镇三合村、月星村、大兴村等五个村庄，共发放问卷 150 份，收回问卷 124 份，问卷回收率为 82.67%，排除留守儿童填写问卷、作废问卷及掩饰性较高的问卷 60 份，剩余有效问卷 64 份，问卷有效率为 52.42%。样本基本情况见表 1。

表 1　样本基本情况

特征变量	选项	人数	比例（%）
性别	男	28	43.80
	女	36	56.20
年龄	9 岁	4	6.25
	10 岁	12	18.75
	11 岁	25	39.06
	12 岁	15	23.44
	13 岁	8	12.50
年级	四年级	21	32.81
	五年级	20	31.25
	六年级	23	35.94
是否独生子女	是	6	9.38
	否	58	90.62

二、研究工具

（1）简式父母教养方式问卷（S-EMBU-C）

本研究采用蒋奖等人在 Arrindell 的简式父母教养方式基础上修订而成的中文版《简式父母教养方式问卷》（S-EMBU-C）。该量表共 42 道题目，父亲版和母亲版各 21 个题目且内容相同，包括三个维度：拒绝、情感温暖和过度保护。结果表明，该量表具有良好的信度（内部一致性、分半信度和重测信度）和效度（结构效度和效标效度），符合心理测量学的指标。

（2）艾森克人格问卷（儿童版）（EPQ）

艾森克人格问卷（EPQ）由英国心理学教授艾森克及其夫人编制，包括精神质（P）、内外向（E）、神经质（N）和说谎（L）4个分量表。该量表涉及的概念较少，施测方便，有较好的信度和效度，是国际上最具影响力的心理量表之一。此量表是专用于7~15岁儿童的儿童版。

（3）学习动机量表（MSMT）

学习动机量表（MSMT）用于了解学生在学习动机、学习兴趣、学习目标的制定上是否存在困扰。该问卷由20个条目构成，对每个条目进行“符合”“不符合”评价。

它包括动机过弱、动机过强、学习兴趣和学习目标4个分量表，假如被试者在某组（每组5题）中的得分在3分以上，则可认定他们在相应的学习欲望上存在一些不够正确的认识，或存在一定程度的困扰。

三、数据处理

问卷数据由问卷星进行录入，并采用SPSS19.0进行处理。

四、研究结果

（一）农村儿童父母教养方式现状分析

（1）父母教养方式总体情况

表2　农村父母教养方式总体情况

类别	极小值	极大值	均值	标准差
父亲拒绝	6	19	9.28	2.831
母亲拒绝	6	18	9.83	2.740
父亲情感温暖	9	26	17.92	3.391
母亲情感温暖	13	27	18.89	3.818
父亲过度保护	9	25	17.33	3.767
母亲过度保护	10	27	18.17	3.894

同一维度上父亲和母亲所表现出的教养方式存在差异，但总体水平趋于一致。

（2）父母教养方式在性别上的比较

表3　父母教养方式在性别上的比较

变量	性别（M+SD）		T值	Sig.值（双侧）
	男	女		
父亲拒绝	10.04 ± 3.214	8.69 ± 2.376	1.920	.059
母亲拒绝	10.04 ± 2.755	9.67 ± 2.757	.531	.597
父亲情感温暖	17.93 ± 3.681	17.92 ± 3.202	.014	.989
母亲情感温暖	19.36 ± 3.783	18.53 ± 3.858	.860	.393
父亲过度保护	18.61 ± 3.705	16.33 ± 3.554	2.492	.015*
母亲过度保护	18.79 ± 4.086	17.69 ± 3.725	1.114	.269

“*”表示在0.05水平（双侧）上显著相关。

从性别的角度出发，农村父母教养方式在拒绝、情感温暖两个维度上差异不显著，在父亲过度保护这一维度上差异显著，男性感受到更强烈的来自父亲的保护。

（3）父母教养方式在是否为独生子女上的比较

表4　父母教养方式在是否为独生子女上的比较

变量	是否独生子女（M+SD）		T值	Sig.值（双侧）
	是	否		
父亲拒绝	10.00 ± 3.633	9.21 ± 2.764	.650	.518
母亲拒绝	10.00 ± 2.828	9.81 ± 2.756	.160	.873
父亲情感温暖	18.50 ± 2.510	17.86 ± 3.482	.436	.664
母亲情感温暖	21.17 ± 4.167	18.66 ± 3.740	1.551	.126
父亲过度保护	16.83 ± 2.317	17.38 ± 3.897	−.336	.738
母亲过度保护	18.67 ± 3.724	18.12 ± 3.938	.325	.747

从是否为独生子女的角度出发，农村父母教养方式在拒绝、情感温暖和过度保护的三个维度上差异不显著。

（4）不同年级下父母教养方式的比较

表5 父母教养方式在各年级的平均数与标准差

类别	四年级		五年级		六年级	
	平均数	标准差	平均数	标准差	平均数	标准差
父亲拒绝	9.19	2.892	9.55	3.017	9.13	2.719
母亲拒绝	9.86	2.689	10.65	3.233	9.09	2.172
父亲情感温暖	18.33	3.396	18.20	3.942	17.30	2.899
母亲情感温暖	18.90	3.386	19.10	4.115	19.10	3.548
父亲过度保护	18.24	3.192	17.05	3.649	16.78	4.319
母亲过度保护	19.14	2.937	18.55	3.790	16.96	4.538

表6 父母教养方式在年级上的方差分析

类别		平方和	df	均方	F	显著性
父亲拒绝	组间	2.141	2	1.070	.130	.878
	组内	502.797	62	8.243		
	总数	504.937	63			
母亲拒绝	组间	26.162	2	13.081	1.785	.176
	组内	446.948	62	7.327		
	总数	473.109	63			
父亲情感温暖	组间	13.873	2	6.937	.595	.555
	组内	710.736	61	11.651		
	总数	724.609	63			
母亲情感温暖	组间	1.755	2	.878	.058	.943
	组内	916.479	61	15.024		
	总数	918.234	63			
父亲过度保护	组间	26.915	2	13.458	.947	.394
	组内	867.194	61	14.216		
	总数	894.109	63			
母亲过度保护	组间	56.631	2	28.316	1.922	.155
	组内	898.478	61	14.729		
	总数	955.109	63			

在不同年级的情况下，父母教养方式在情感温暖维度、拒绝和过度保护三个维度上均不具有统计学差异，说明父母情感温暖水平、拒绝水平和过度保护水平受儿童年龄变化影响较小。

（二）农村儿童人格特征现状分析

（1）儿童人格特征总体情况

表 7　儿童人格特征总体情况

变量	极小值	极大值	均值	标准差
精神质	0	12	3.75	3.21
内外向	5	23	15.02	3.88
神经质	0	22	9.97	4.98

作为人的个性心理特征之一，儿童在精神质、内外向、神经质三个维度上的标准差较大，说明不同儿童之间人格特征差异较大。

（2）儿童人格特征在性别上的比较

表 8　儿童人格特征在性别上的比较

变量	性别（M+SD）		T 值	Sig. 值（双侧）
	男	女		
精神质	5.36 ± 3.62	2.50 ± 2.18	3.684	.000**
内外向	14.39 ± 4.06	15.50 ± 3.72	−1.135	.261
神经质	9.82 ± 4.64	10.08 ± 5.29	−.207	.837

“**”表示在 0.01 水平（双侧）上显著相关。

从性别的角度出发，农村儿童在精神质维度上差异显著，但在内外向水平和情绪稳定性上不具有统计学差异。

（3）儿童人格特征在是否为独生子女上的比较

表 9　儿童人格特征在是否为独生子女上的比较

变量	是否独生子女（M+SD）		T 值	Sig. 值（双侧）
	是	否		
精神质	2.50 ± 1.98	3.88 ± 3.30	−1.001	.321
内外向	16.67 ± 3.33	14.84 ± 3.20	1.096	.277
神经质	10.83 ± 3.13	9.88 ± 5.144	.444	.659

从是否为独生子女的角度出发，农村儿童的人格特质在精神质、内外向、神经质三个维度上均无显著差异。

（4）儿童人格特征在年级上的比较

表10 儿童人格特征在各年级的平均数与标准差

变量	四年级		五年级		六年级	
	平均数	标准差	平均数	标准差	平均数	标准差
精神质	2.14	1.53	3.80	3.22	5.17	3.73
内外向	13.14	3.51	15.30	4.29	16.48	3.22
神经质	9.57	4.17	9.30	4.85	10.91	5.78

表11 年级与儿童人格特征的方差分析

变量		平方和	df	均方	F	显著性
精神质	组间	100.924	2	50.462	5.606	.006
	组内	549.076	61	9.001		
	总数	650.000	63			
内外向	组间	124.474	2	62.237	4.604	.014
	组内	824.511	61	13.517		
	总数	948.984	63			
神经质	组间	32.769	2	16.384	.654	.524
	组内	1529.169	61	25.068		
	总数	1561.938	63			

在不同年级的情况下，农村儿童人格特征在各维度上均无显著差异，说明儿童的气质较为稳定。

（三）农村儿童学习动机现状分析

（1）儿童学习动机总体情况

表12 儿童学习动机总体情况

变量	极小值	极大值	均值	标准差
动机过弱	0	5	1.72	1.548
动机过强	0	5	1.92	1.276
学习兴趣	0	4	1.37	.917
学习目标	0	4	1.89	1.197

农村儿童在动机过弱、动机过强、学习兴趣和学习目标这四个维度上的

标准差都小于 2，说明农村儿童在学习动机上的困扰相对较少。

（2）儿童学习动机在性别上的比较

表 13 儿童学习动机在性别上的比较

变量	性别（M+SD）		T 值	Sig. 值（双侧）
	男	女		
动机过弱	2.00 ± 1.678	1.50 ± 1.424	1.289	.202
动机过强	1.71 ± 1.243	2.08 ± 1.296	−1.151	.254
学习兴趣	1.68 ± 1.156	1.14 ± .593	2.250	.033**
学习目标	2.11 ± 1.227	1.72 ± 1.162	1.283	.204

“**”表示在 0.01 水平（双侧）上显著相关。

从性别的角度出发，男女生在学习动机过弱、动机过强和学习目标这三个维度上差异不显著，在学习兴趣上差异显著。

（3）儿童学习动机在是否独生子女上的比较

表 14 儿童学习动机在是否独生子女上的比较

变量	是否独生子女（M+SD）		T 值	Sig. 值（双侧）
	是	否		
动机过弱	1.33 ± 1.033	1.76 ± 1.593	−.638	.526
动机过强	1.00 ± 1.265	2.02 ± 1.249	−1.897	.063
学习兴趣	1.33 ± 1.033	1.38 ± .914	−.116	.908
学习目标	2.50 ± .837	1.83 ± 1.216	1.318	.192

从是否独生子女的角度出发，农村儿童在动机过弱、动机过强、学习兴趣和学习目标四个维度上差异均不显著。

（4）儿童学习动机在年级上的比较

表 15 儿童学习动机在各年级的平均数与标准差

变量	四年级		五年级		六年级	
	平均数	标准差	平均数	标准差	平均数	标准差
动机过弱	1.62	1.564	1.70	1.689	1.83	1.466
动机过强	2.05	1.161	1.95	1.356	1.78	1.347
学习兴趣	1.33	.856	1.40	.821	1.39	1.076
学习目标	1.90	1.136	2.15	1.182	1.65	1.265

表 16 儿童学习动机的方差分析

变量		平方和	df	均方	F	显著性
动机过弱	组间	.481	2	.240	.097	.907
	组内	150.457	61	2.467		
	总数	150.938	63			
动机过强	组间	.794	2	.397	.238	.789
	组内	101.815	61	1.669		
	总数	102.609	63			
学习兴趣	组间	.055	2	.028	.032	.969
	组内	52.945	61	.868		
	总数	53.000	63			
学习目标	组间	2.657	2	1.329	.926	.402
	组内	87.577	61	1.436		
	总数	90.234	63			

不同年级的农村儿童的学习动机在各维度上差异均不显著，且各年级的平均数皆小于 3，说明农村小学生在学习上的困扰较少。

（四）父母教养方式、儿童人格特征与学习动机关系研究

（1）父母教养方式、儿童人格特征与学习动机的相关分析

表 17 父母教养方式、儿童人格特征与学习动机的相关分析表

变量	父亲拒绝	母亲拒绝	父亲情感温暖	母亲情感温暖	父亲过度保护	母亲过度保护	内外向	神经质	精神质
动机过弱	.301*	.138	-.168	-.129	.158	.003	-.118	.518	.407**
动机过强	.112	.091	.083	.076	.095	-.004	.010	.107	.042
学习兴趣	.338**	.159	-.108	-.002	.230	.088	.043		.356**
学习目标	.220	.023	-.194	-.121	.420**	.188	-.041	.402**	.174
内外向	.018	.020	.095	-.001	.054	.112			
神经质	.432**	.172	-.282*	-.181	.230	.216			
精神质	.366**	.089	-.110	-.022	.319*	.177			

“**”表示在 0.01 水平（双侧）上显著相关，“*”表示在 0.05 水平（双侧）上显著相关。

农村儿童人格特征与父母教养方式的相关分析结果显示：（1）儿童内外向与家庭教养方式各维度均不存在相关关系；（2）儿童神经质与父亲拒绝呈显著正相关，与父亲情感温暖呈显著负相关；（3）儿童精神质与父亲拒绝和父亲过度保护两个维度呈显著正相关。

农村儿童学习动机与父母教养方式的相关分析结果显示：（1）父亲拒绝与儿童动机过弱、学习兴趣两个维度呈显著正相关；（2）父亲过度保护与儿童学习目标之间呈显著正相关。

农村儿童人格特征与学习动机的相关分析结果显示：（1）儿童内外向与学习动机各维度均不存在相关关系；（2）儿童神经质与学习目标呈显著正相关；（3）儿童精神质与动机过弱、学习兴趣两个维度呈显著正相关。

（2）父母教养方式、儿童人格特征对学习动机的多元回归分析

对农村儿童父母教养方式、人格特征与学习动机的各个维度进行回归分析，发现父母教养方式中父亲拒绝、人格特征中精神质两个维度与学习动机存在中介效应。

以父亲拒绝和儿童精神质作为自变量，学习动机作为因变量进行回归分析，中介模型如右：

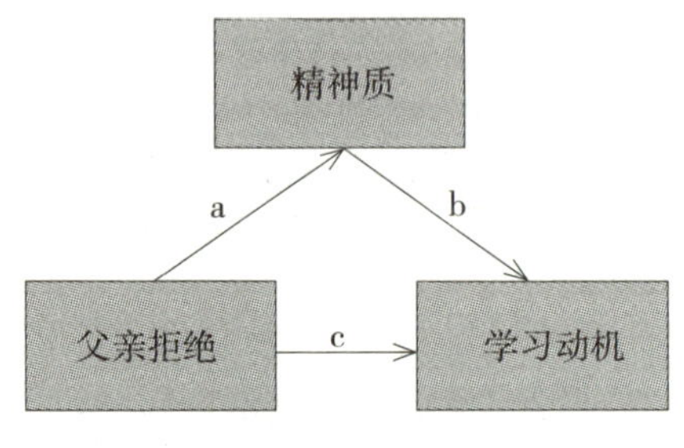

图 1　中介模型

依照温忠麟等人（2004）所总结的综合性检验程序分别对以上两中介模型进行分析（该程序使得中介效应检验的第一类错误率和第二类错误率都比较小，既可以检验部分中介效应，又可以检验完全中介效应，且比较容易实施），中介效应检验程序如下：

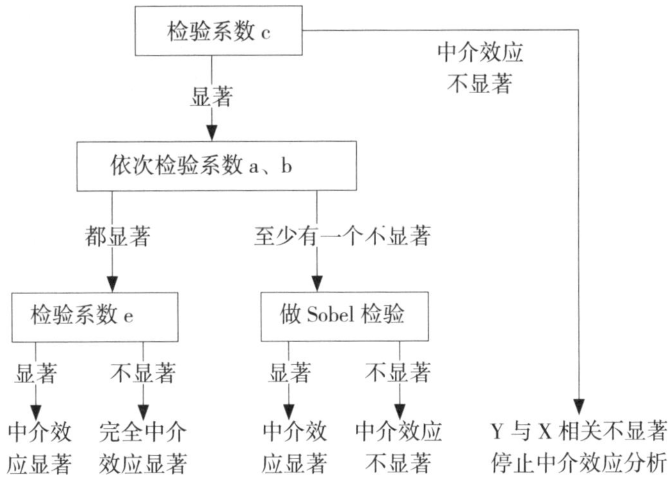

图 2　中介效应检验程序

具体分析过程如下：第一步，以父亲拒绝为自变量，学习动机为因变量，做回归分析，求取 c 值；第二步，以父亲拒绝为自变量，精神质为因变量，做回归分析，求取 a 值；第三步，以父亲拒绝和精神质为自变量，学习动机为因变量，求取 b 和 c′ ，回归分析与前述步骤一致。

表 18　中介效应分析表

步骤	标准化回归方程	回归系数检验
第一步	Y=0.372X	SB=0.033，T=3.155**
第二步	M=0.366X	SB=0.134，T=3.094**
第三步	Y=0.276X+0.286M	SB=0.034，T=2.186* SB=0.030，T=2.336*

“*”表示在 0.05 水平（双侧）上显著相关，“**”表示在 0.01 水平（双侧）上显著相关。

Effect size=ab/c=0.366*0.286/0.0.372=0.281（28.1%）

中介效应解释了因变量的方差变异为 sqrt（0.183−0.124）=0.243（24.3%）

根据温忠麟的检验程序中介效应，我们最后发现：自变量和因变量之间存在不完全中介效应，中介效应占总效应比值为 0.281，中介效应解释了因变量 24.3% 的方差变异。

五、讨论

（一）对父母教养方式的讨论

结果表明，父亲和母亲所表现出来的教养方式在拒绝、情感温暖和过度保护三个维度上存在差异。俗话说“慈母严父”，母亲通常比父亲表现得更和蔼可亲，并且父母双方由于性别、性格、生活经历、受教育程度等诸多因素的影响，在行为方式和教育理念上也存在差异。

有关初中生父母教养方式的调查结果显示，父母亲双方都对男孩采取更消极的教养方式，这与本研究的结果不太一致，推测可能原因为样本容量过小，未表现出除父亲过度保护维度外的差异。在家庭教养方式对中学生学习动机影响的调查中，家庭教养方式在性别、年级上存在显著差异。然而本次研究未得到相同或类似结论，一方面可能是城市和农村在生活、教育、环境、文化上的差异产生的影响，另一方面与样本容量过小关系密切。

（二）对儿童人格特征的讨论

本研究中“不同儿童之间气质差异较大”这一结论与前人研究结果基本一致，即使同样生活在古培镇这片土地上，但由于遗传、家庭环境、成熟等因素的影响，不同的儿童会表现出不同的人格特征。

本研究表明，从性别的角度出发，农村儿童在精神质维度上差异显著，但在内外向水平和情绪稳定性上无显著差异，这与现实生活中男女儿童在性格、行为和情绪方面表现出的差异不一致，推测其原因可能是多数调查对象还处于“懵懂期”，性格分化不明显，此外样本容量过少也可能是导致该结果的原因之一。

在是否为独生子女和不同年级上，农村儿童在精神质、内外向、神经质三个维度上均无显著差异。结合数据，儿童人格特征三个维度的平均得分随年级变化的幅度不明显，表明人格特征作为一种稳定的心理特征，不容易发生太大的变化。而是否为独生子女上的差异不显著可能是由于调查的独生子女数量过少，不足以反映客观情况。

（三）对儿童学习动机的讨论

结果显示，农村儿童在学习动机上的困扰相对较少，结合访谈资料可知，由于本次调查群体为农村小学生，年龄小且学业压力轻，学生的学习意识和竞争意识都不强。此外，农村学生的家庭教育环境也不容乐观，父母一边要求孩子努力学习，不学习就是没出息，一边经常性玩手机、看电视或打牌、打麻将，却很少与孩子交流互动，这些都十分不利于儿童树立正确的知识观和价值观。

有研究表明，小学生的学习动机随着年级的上升而下降，与本研究“不同年级下农村儿童的学习动机在这四个维度上差异均不显著”这一结论相悖，其原因可能是本次调查对象主要是参与三下乡暑期社会实践活动的儿童，其学习动机原本就比一般学生强。

（四）对父母教养方式、儿童人格特征与学习动机关系的讨论

本研究显示，父亲拒绝与儿童的精神质、神经质、学习兴趣和学习目标存在显著正相关。父亲作为家中的权威，负责对家庭事务做出决定性的判断和处理，一是不太会轻易答应孩子的要求，二是对孩子行为的反应更容易影响孩子的自我认知，经常被父亲拒绝的儿童更容易产生一种不安全感和自我怀疑感，沉浸于负面的情绪体验中，难以发现学习的兴趣和找到学习目标。同理，孩子从父亲那里得到的情感体验越温暖，孩子便越有自信，越容易形成开朗活泼的性格，学习成绩也相对更好。

另外，研究发现父亲过度保护和儿童的精神质水平和学习目标存在显著的正相关。首先，父亲过度地干预和插手子女的生活会使其缺乏安全感和主动性，容易形成孤独、敌视、怪异等负面的个性特点，对学习产生疲倦甚至厌恶感；其次，子女孤独、冷酷等负面的个性特点和学习成绩不好、学习态度消极等也会让父亲愈加频繁地插手子女的生活和学习，使儿童被驱赶着生活和学习。

访谈资料显示，部分学生被问到学习目标是什么的时候，呈现出一种完全不知道的状态；部分学生被问及为什么要学习的时候，出现最多的答案是“害怕不学被父母打骂”；当被问到现在读书是为了谁的时候，一半以上的学生说“为了父母”，可见父母对孩子学习影响的广泛和深远。

精神质水平和动机过弱、学习兴趣两个维度存在显著的正相关，性格孤傲、冷酷、缄默的学生一般都存在学习上的问题，缺乏学习兴趣和学习动机，难以长时间地学习。神经质水平和学习目标这一维度存在显著的正相关，通

常而言，情绪不稳定的儿童往往容易被情绪所左右，难以控制自己的行为。访谈结果显示，性格相对孤僻的学生成绩一般不太好，且学习漫无目的。而那些学习目标明确、学习主动性强的学生在性格上更开朗活跃，情绪上也更为稳定。

父亲经常拒绝孩子，孩子便容易变得敏感、多疑、不自信，对学习产生消极的态度。同时，孩子敏感多疑等精神质高分特征又会影响儿童的学习动机，使其难以确定学习目标，对学习提不起兴趣也无法从学习中收获快乐，进而影响其学习成绩，较差的学习成绩使父亲感到失望，便更不会轻易答应孩子的要求。

六、结论

（一）本研究中农村地区不同儿童间人格特征、父母教养方式与学习动机存在较大差异。

（二）本研究中儿童人格特征在性别、年级、是否为独生子女上差异不显著。

（三）本研究中父亲过度保护这一维度在性别上差异显著，男性感受到更强烈的来自父亲的保护，父母教养方式中其他维度在性别、年级、是否为独生子女上差异均不显著。

（四）本研究中儿童学习动机在年级、是否为独生子女上差异不显著，在性别上差异显著，男性比女性表现出更低的学习兴趣。

（五）本研究中儿童神经质与父亲拒绝呈显著正相关，与父亲情感温暖呈显著负相关；儿童的精神质与父亲拒绝和父亲过度保护两个维度呈显著正相关。

（六）本研究中父亲拒绝与儿童动机过弱、学习兴趣两个维度呈显著正相关；父亲过度保护与学习目标呈显著正相关。

（七）本研究中神经质与学习目标呈显著正相关；精神质与动机过弱、学习兴趣两个维度呈显著正相关。

（八）父亲拒绝、儿童精神质和学习动机之间存在不完全中介效应，中介效应占总效应比值为 0.281，中介效应解释了因变量 24.3% 的方差变异。

七、对策与建议

（一）家长要改变家庭教育理念，明确家庭教育的重要地位。

相当一部分家长对家庭教育持有“主要是管理和规范孩子行为”“教育主要是学校的事，家庭的作用不大”“知道的少，教不了孩子”的错误认识，把家庭教育看成简单甚至有些粗暴的父母对孩子单方面的“引导”，而很少关注和满足孩子的真实需要。

首先，家长要认识到孩子不是一件附属品，而是具有独立意识的人，孩子的教育问题也从来不是一个简单的、单向的问题。其次，家长要修正“学校主体性”的错误认识，不能一味地相信和依赖学校教育，要学会发挥家庭教育的重要作用。这就要求父母通过阅读、思考、与学校老师讨论等途径提高自身的教育素养，同时运用鼓励表达、耐心倾听、宽容意见、解释规则等方式让单向的灌输变为双向的交流，积极关注和满足孩子的真实需要、给予孩子足够的尊重和支持，从而更好地认识和了解孩子，帮助其发展和成才。

（二）学校要重视学习不良儿童的心理健康服务工作，针对学生的问题行为采取相应的干预措施。

首先，学校方面应该配备具有专业素养的心理老师并开设一定的心理辅导类课程，帮助学生认识和了解自我、学会积极应对学习生活中的突发事件、培养自信心，从而促进学生的全面发展。其次，学校应对出现心理或行为问题的学生进行干预，例如教师可以记录学生上课时的行为表现，并定期进行整理汇总，选出其中问题比较严重的学生，对其本人、同伴和家长进行访谈，并联合家长、同学一起帮助其解决心理或行为问题。最后，学校要积极与外界合作，获取多方位的支持以达到教育育人的目的。学校可和家长合作，通过教师家访、家长访校共同引导孩子的发展。学校也可和其他学校合作，通过“以弱携弱”“以强扶弱”“以强促强”共同解决学生的发展问题，促进其健康发展。

（三）社会要落实农村儿童心理健康保障制度，多方面、多途径地开展宣传、引导和培训工作。

首先，国家应当在“以人为本”观念的指导下，增强对农村儿童这一群体的关注，结合儿童的心理发展过程，通过立法等手段为儿童的心理健康保护提供良好的制度环境。其次，可以由政府引导、学校协助，挖掘出优秀的家庭教育模范，整合利用网络、报纸、微博等平台，将先进的事例传播出去，也可通过开展座谈会、家长会等形式，引导大众对于儿童教育方式的向好转变。此外，针对一些家庭教育中的误区，社会机构可以在农村开展一些公益性的活动和讲座，邀请父母及子女参加活动，感受不一样的家文化，促进孩子健全人格的培养。

参考文献

[1]Nancy Darling，Laurence Steinberg. Parenting Styleas Context：An Integrative Model[J]. Psychological Bulletin，1993，113（3）：487-496.

[2] 龚艺华. 父母教养方式问卷的初步编制 [D]. 西南师范大学，2005.

[3]Reiss S.，Havercamp S. M. Toward a Comprehensive Assessment of Fundamental Motivation：Factors Tructure of the Reissprofiles[J]. Psychological Assessment，1998，10（2）：97-106.

[4] 彭文涛. 父母教养方式研究概述 [J]. 阴山学刊，2008，21（1）.

[5] 王爱民. 独生子女教育心理学 [M]. 北京：光明日报出版社，1989.

[6] 张爽. 家庭教养方式对儿童发展的影响 [J]. 通化师范学院学报，2008，29（1）.

[7] 张洁. 父母教养方式、价值观对幼师生道德行为的影响 [D]. 山西师范大学，2009.

[8] 黄艳苹，李玲. 家庭教养方式对留守儿童心理健康的影响 [J]. 保健医学研究与实践，2012.

[9] 高德凰. 父母教养方式对初中生学习自我监控的影响 [D]. 长沙：湖南师范大学，2012.

[10] 李祚山. 转型期初中生心理健康与父母教养方式的研究 [J]. 心理学，2001，24（4）：445-448.

[11] 陈晓燕. 昆明市中学生心理健康现状及原因调查分析 [D]. 云南师范大学，2003.

[12] 钱铭怡，肖广兰. 青少年心理健康水平、自我效能、自尊与父母教养方式的相关研究 [J]. 心理科学，1998，21（6）：553-555.

[13] 陈艺瑕. 农村中小学生学习动机与父母教养方式、亲子关系的研究 [D]. 长沙：湖南师范大学，2012.

[14] 蒋奖，许燕，等. 父母教养方式问卷（PBI）的信效度研究 [J]. 心理科学. 2009，32（1）：193-196.

[15] 蒋奖，等. 简式父母教养方式问卷中文版的初步修订 [J]. 心理发展与教育. 2010（1）.

[16] 彭耽龄. 普通心理学 [M]. 北京：北京师范大学出版社，2004.

[17]Young K S.，Rodgers R.C. Internet Addiction：Personality Traits Associated with Its Development[C]. The 69th Annals Meeting of the Eastern Psychological Association，Boston，1998.

[18]J. DeWaele，A. Furnham，A. Extraversion：The Unloved Variable in Applied Linguistic Research[J]. Language Learning，1999（49）.

[19]Stephen J. Dillinger，Anna M. Maty_ja&JamieL. Huber. Which Factors Best Account for Academic Success：Those Which College Students Can control or Those They Can Not?[J]. Journal of Research in Personality，2008，42：872-885.

[20] 梁杰芳. 大学生人格特征及其形成影响因素的实证性研究 [J]. 教育与职业，2010（9）：87-89.

[21] 郑雪. 人格心理学 [M]. 广州：广东高等教育出版社，2007：112-134.

[22] 李丽. 家长参与及其学生学习动机，学业成就的关系 [J]. 发展与教育心理学. 2004.

[23] 段鑫星，陈会昌. 学生自我效能感与学习动机的发展与关系的研究 [C]. 第十届全国心理学学术大会论文摘要集，2005.

[24] 张立婷. 学习不良儿童学习动机干预的个案研究 [D]. 长春：东北师范大学，2016.

[25] 吴杨. 家庭教养方式对中学生学习动机影响的调查研究 [D]. 南京：南京师范大学，2015.

[26] 张宏如，沈烈敏. 学习动机，元认知与学业成就的关系 [J]. 心理科学，2005，28（1）：114-116.

[27] 雷雳，侯志瑾，白学军. 不同年级高师学生的学习动机与学习策略 [J]. 心理发展与教育，1997，（4）：17-21.

[28] 暴占光. 初中生外在学习动机内化的实验研究 [D]. 长春：东北师范大学，2006.

[29] 王有智. 西北地区城乡中学生学习动机发展特点研究 [J]. 心理科学，2003，26（2）：240-243.

长沙花鼓戏活态传承方式及效果现状

课题组成员：马忆梅，周东阳，文归航
指 导 老 师：陈云凡，黄维

摘要：长沙花鼓戏作为湖南的重要戏曲剧种，历经长时间的繁荣之后，在九十年代左右，就开始逐步地衰败。长沙花鼓戏作为我国的非物质文化遗产之一，要做到不被时代的脚步遗弃，需要传承和创新。本文通过文献法搜集整理长沙花鼓戏的源流沿革、剧目及其特点，通过问卷法、访谈法等方式对长沙花鼓戏演员、观众以及长沙市市民进行访问调查，了解其对花鼓戏传承发展的认识及看法，对长沙花鼓戏现状及问题进行详细分析调查，期待本文所提出的针对性意见能够为长沙花鼓戏长远活力发展贡献一份力量。

关键词：长沙花鼓戏；活态传承；发展举措

长沙花鼓戏是湖南地方戏剧的重要代表，被成功列入国家级非物质文化遗产，日益受到众多学者和戏剧爱好者的关注。学术界对于花鼓戏的研究不少，范正明（2012）、董宁（2010）、刘冬霞（2010）、何蛟龙等（2013），这些研究者对花鼓戏或从现状，或从保护，或从原因方面对花鼓戏进行了研究探讨，虽然也有部分研究者对花鼓戏的发展给出过相关建议，例如董宁曾从理论、创新以及资金三个方面对花鼓戏给出过建议，这是切合花鼓戏发展实际的，是花鼓戏要发展所必须解决的问题，但是缺少具体措施的分析。其他相关研究也大多如是，都主要集中在探讨花鼓戏在发展中所遇到的问题与瓶颈，对于怎样解决这些问题，以什么样的方式解决这些问题，则所论甚少。

有鉴于此，调研组在实地走访调研的基础上，对长沙市花鼓戏保护传承中心进行了半个月的调查研究，通过访谈花鼓戏传承人、青年演员以及现场观看花鼓戏等方式深入接触和了解花鼓戏，并结合相关文献和问卷调查的方式，深入剖析长沙花鼓戏发展受阻的深层原因，并对长沙市花鼓戏在发展中所遇到的问题提出具体的解决方案和建议。

一、长沙花鼓戏发展概述

（一）长沙花鼓戏的发展沿革

长沙花鼓戏是湖南花鼓戏之一，是指以长沙官话为舞台语言的花鼓戏，也指在古长沙府及其所辖的十二县流行的花鼓戏。它们都以长沙官话为统一的舞台语言，是湖南花鼓戏中影响最大的一种。

同湖南各地的其他花鼓戏一样，长沙花鼓戏也是在山歌、民间小调和地花鼓基础上发展起来的。古时湘中各县的山歌、民歌和民间歌舞丰富多彩。农民在劳作之际或之余，唱田歌、采茶曲以自娱自乐。

清同治六年《宁乡县志》记载："歌声遍乡陌，或以锣鼓击曲者，谓之打山歌。"可见湘北一带，还流行着采茶歌。又有"上元日，儿童秀丽者，扎扮男女装，唱插秧、采茶等曲，曰打花鼓。或跨竹马，谓之竹马灯"，花鼓竹马形映成趣。清同治十二年《浏阳县志》："又有服优场男女衣饰，暮夜沿门歌舞者，曰花鼓灯。"这些"打花鼓""花鼓灯""竹马灯"之类的表演，均属"地花鼓"，即对子花鼓，是花鼓戏早期发展的雏形，花鼓戏正是以这些艺术形式为基础而形成的。

长沙花鼓戏的形成与发展，大体经历了以下几个阶段。从演出规模与角色行当体制看，可为分两小戏（小丑、小旦）、三小戏（小丑、小旦、小生）和多行当的本戏（生、旦、净、丑）三个阶段；从班社组织形式看，又有季节班（即半职业的草台班）、半台班（兼演花鼓戏和湘剧）及专业花鼓戏班三种形式；从声腔发展看，则经历了民歌、灯调演唱、戏曲化的打锣腔、力调形成到诸种声腔合流的发展阶段。

（二）长沙花鼓戏剧目概述

长沙花鼓戏的传统剧目较为丰富。其中用弦子腔即川调演唱的剧目占绝大多数。这些传统剧目大多数是人民群众和民间艺人的集体创作，以反映普通劳动群众的生活为主要题材，故事多取自社会现实生活以及民间传说、神话和通俗话本，也有一些剧目是从湘剧、京剧、皮影戏等剧中移植过来的。

从剧目的形式来看，在这些传统剧目中，以“小戏”和“折子戏”的形式居多，它们是长沙花鼓戏中最有特色和代表性的剧目。小戏包括“对子戏”和“三小戏”，如《扯笋》《小姑贤》《讨学钱》等。折子戏是大本戏中常常作单折演出的，如《刘海砍樵》《蓝桥会》等。传统剧目中的大本戏有《刘海戏金蟾》《七姐下凡》等近 90 个。大本戏中有些剧目是在“对子戏”和“三小戏”的基础上发展起来的，例如《韩湘子》《借妻对审》等，剧中主要人物仍以“三小”为主。

从反映的内容来看，长沙花鼓戏传统剧目所反映的是丰富而充盈的社会生活，描写的对象比较广泛，包括普通劳动者、文人学士、花花公子、官吏商贾、乞丐流氓等各阶层的人物，其中又以渔、樵、耕、读为主。大多数剧目都以表现劳动人民的生活、理想和愿望为主，具有进步意义。剧目的主旨多种多样，有的颂扬劳动、追求朴实美好的生活，如《打豆腐》《采莲》等；有的赞美纯朴的爱情，要求婚姻自主，如《刘海砍樵》《装疯吵嫁》等；有的旨在批判各种恶劣习气，倡导良好的社会风尚，如《戒洋烟》《接姨娘》等；有的意在讽刺地主阶级的嫌贫爱富，揭露不合理的婚姻买卖，如《贫富上寿》《老配少》等。

从艺术风格来看，长沙花鼓戏则以喜剧见长。即使是悲剧或正剧，也安排了一些喜剧性的情节和人物，用以烘托主要人物的悲情。唱词和语言吸收了民歌、民谣、方言中丰富的语汇，提炼了日常生活用语，呈现出朴实无华、明快活泼、诙谐幽默、通俗易懂的特点。不少剧目故事生动，人物形象鲜明，情节曲折，具有较高的艺术水平。但也有一些剧目不同程度地存在着宣扬封建道德、封建迷信思想的倾向，甚至有些描写色情等庸俗内容的剧目。解放后，在“百花齐放、推陈出新”方针的指引下，有关部门发动和依靠老艺人，对传统剧目进行了系统的清理、挖掘、整理和改编工作，重点加工整理的有《刘海砍樵》《小姑贤》等多个剧本。与此同时，积极创作和上演了一大批反映现代题材的剧目，如《打铜锣》《补锅》《双送粮》《野鸭洲》以及近期的《耀邦回乡》等，其中不少剧目搬上了银幕，受到观众的喜爱。

二、调查背景及目的

（一）调研背景

花鼓戏作为湖南地方戏曲的代表性剧种、国家级非物质文化遗产，虽然受到了社会多方面的关注与重视，但其传承与发展的状况并不乐观。花鼓戏在传承和发展中面临的问题有很多：保护措施薄弱，传承人出现断层，花鼓戏演员人才青黄不接，剧本题材缺乏创新，观众群体的严重老龄化趋势严重，在新的娱乐方式的影响下花鼓戏影响力的逐年衰弱……这些问题的出现对于一个剧种的传承与发展来说是具有灾难性打击的。近年来，党和政府对花鼓戏艺术的发展和传承做出了重大努力：成立花鼓戏保护传承中心，评选花鼓戏传承人，针对地方戏曲的传统剧本进行抢救性挖掘。《耀邦回乡》剧目活动就是政府买单，群众看戏的戏曲推广活动；但是，花鼓戏的面临的问题仍未得到较彻底的解决。

（二）调研目的

我们进行此次调研的根本目的在于三个方面：

其一就是要通过访谈、问卷等形式了解花鼓戏传承的现状，了解问题出现的原因以及戏曲从业者们立足戏曲的发展角度对花鼓戏所持有的看法。

其二就是探索出一条切实可行的能够从根本上解决花鼓戏传承困境的道路。

其三就是以长沙花鼓戏的传承与发展为切入点，以小见大，为全国的地方戏曲的人才培养提供宝贵的借鉴意义。

（三）调研方法

1. 文献法

本队人员在进行花鼓戏正式调研之前搜集大量文献，进行花鼓戏专业知识的补充，了解花鼓戏的历史沿革及其流变、花鼓戏的题材、花鼓戏的唱腔等，为正式访谈和问卷发放做好充足准备。

2. 访谈法

本次调研对花鼓戏省级传承人贺艾芸、市级传承人陈年秋、青年演员代表张凯然进行访谈，从传承人角度与普通演员角度、从老艺术家角度与青年演员角度全方位了解花鼓戏传承现状以及传承过程中所遇的困难，为花鼓戏的传承与发展提出针对性的建议。

3. 问卷法

本次调研共设计三份问卷：针对长沙市大学生的预调研问卷，了解大学生对长沙花鼓戏的了解情况；针对花鼓戏观众的调研问卷，了解戏迷对花鼓戏的期待；针对长沙市民的问卷，了解长沙市民对长沙花鼓戏的看法。

（四）调研内容

调研内容主要包括长沙花鼓戏传承与发展现状、长沙花鼓戏发展面临问题。

（五）调研的时间、范围和样本主体

调研范围：湖南省花鼓戏传承中心、长沙市花鼓戏传承中心、岳麓大学城、五一广场、长沙市花鼓戏传承中心社区、长沙市学堂坡社区。

调研时间：2017 年 7 月 5 日至 2017 年 7 月 21 日

调研对象：长沙市花鼓戏传承中心工作者、岳麓大学城学生、社区居民、主要商业区市民。

三、调查结果分析

本次调研活动共只做了两份问卷，分别针对市民以及花鼓戏观众。以下将分别列举跟本次调研活动密切相关的问题进行分析。

（一）针对长沙市民问卷分析

本次调研针对市民问卷共发放 610 份，有效问卷 603 份，无效问卷 7 份。

1. 花鼓戏了解程度调查分析

表 1 显示：知道花鼓戏是国家级非物质文化遗产的人数占 59.87%，不知道花鼓戏是国家级非遗的人数占 40.13%，知道的人数占多数。

表 1　被调查者对花鼓戏是否属于国家非遗的了解情况

被调查者	是	否
频数	361	242
占比（%）	59.87	40.13

可见对非物质文化遗产的宣传起到了一定的作用，但两种人数的比例相

差不大，在花鼓戏非物质文化遗产宣传方面有待加强，此举有利于增强民众对花鼓戏的保护与传承意识。

表 2 与表 3 显示：长沙人比外地人更了解长沙花鼓戏，证明长沙花鼓戏在本地宣传力度较大，同时也表现出花鼓戏在外影响力不够。从了解程度上看，非常了解花鼓戏的人在本地与外地都极其少，本地人不到 2%，外地人不到 1%，本地人对长沙花鼓戏了解程度一般，外地人对长沙花鼓戏基本不太了解。

表 2　被调查者地域分布情况

被调查者	本地（长沙）	外地
频数	280	323
占比（%）	46.43	53.57

表 3　被调查者对花鼓戏的了解情况

被调查者		非常了解	比较了解	一般	不太了解	很不了解
本地	频数	5	46	120	96	13
	占比（%）	1.79	16.43	42.86	34.28	4.64
外地	频数	2	16	102	154	49
	占比（%）	0.62	4.95	31.58	47.68	15.17

我们可以加强对花鼓戏的基本知识的宣传与普及，例如进课堂、进社区等，培养花鼓戏的潜在市场，促进花鼓戏更好地传承与保护。

2. 花鼓戏了解途径调查分析

表 4 显示：被调查者中通过媒体了解花鼓戏的占 51.74%，其次是社会宣传，占 20.9%，可见通过媒体了解的占主要部分。

表 4　被调查者了解花鼓戏途径分析

被调查者	家庭熏陶	媒体	社会宣传	学校	其他
频数	84	312	126	55	127
占比（%）	13.93	51.74	20.9	9.12	21.06

媒体在当今社会发挥了不可取代的作用。当今社会的主要媒体无疑是互联网和智能手机。因此，花鼓戏的传承保护必须充分发挥出新媒体的手段，

利用新媒体扩大宣传面，构建多元化的演出平台，增加影响力，促进花鼓戏的发展。

3. 花鼓戏观看方式调查分析

表 5 的调查意在了解被调查者愿意通过什么方式观看花鼓戏，选择视频观看的占 40.63%，选择与朋友一起去现场观看的占 38.47%，大部分人选择通过视频或者和朋友一起去现场观看花鼓戏。

表 5　被调查者愿意观看花鼓戏方式分析

被调查者	赠票去现场观看	集体组织去现场观看	与朋友一起去现场观看	视频观看	其他
频数	149	122	232	245	109
占比（%）	24.71	20.23	38.47	40.63	18.08

因此我们可以充分利用新媒体，将花鼓戏表演视频上传，或者利用新媒体与现场观众进行互动等。

4. 花鼓戏保护措施调查分析

表 6 显示：市民希望政府能够对花鼓戏进行保护和传承，但是实际情况是政府已经出台了保护性的政策，市民对政府相关政策了解程度不高。侧面反映出政府政策宣传力度不大。这也表明市民的文化自觉度不高，认为自己的力量太小，传承和保护都是政府和花鼓戏艺人的事。作为文化传承和发展的主体，每个人都有责任对文化的传承发展尽自己的一份力，哪怕是微乎其微的。

表 6　被调查者对花鼓戏保护措施排序分析

被调查者	政府出台保护性政策	与时俱进，开拓创新	扩大影响，全员参与	顺其自然，不必保护
排序	1	2	3	4
平均综合得分	2.57	2.28	2.06	0.79

因此，在花鼓戏的传承保护过程中政府首先应该起先导作用，必须充分发挥人的主体作用，让广大的市民意识到保护花鼓戏的重要性，增强市民文化自觉。

5. 花鼓戏题材调查分析

表 7 显示：民间故事、神话传说和历史故事是受到观众喜爱的三大题材，

分别占 60.86%、52.07%、41.79%。

表 7　被调查者对花鼓戏题材倾向情况

被调查者	神话传说	民间故事	革命题材	历史故事	农村生活	现代都市生活	爱情伦理
频数	314	367	87	252	123	96	89
占比（%）	52.07	60.86	14.43	41.79	20.4	15.92	14.76

因此在进行花鼓戏的创作时，我们可以多创作与这三类题材有关的花鼓戏，最大限度地满足观众的需求。

6. 对花鼓戏传承人看法调查分析

表 8 显示：市民对花鼓戏传承人总体持肯定态度，认为其为花鼓戏的发展尽心尽力值得敬佩，演技精湛，具有人格魅力，也反映出市民对花鼓戏的肯定态度，希望花鼓戏继续传承，发扬光大。

表 8　被调查者对花鼓戏传承人看法分析

被调查者	演技精湛，彰显人格魅力	不务正业	纯属个人爱好，给予尊重	为花鼓戏发展尽心尽力，值得敬佩	与我无关，我无所谓
频数	339	12	188	415	19
占比（%）	56.22	1.99	31.18	68.82	3.15

（二）针对花鼓戏观众问卷分析

此次问卷共发放 80 份，回收有效问卷 71 份，无效问卷 9 份。

1. 花鼓戏观众分析

表 9 显示：在花鼓戏的观众人群中，50 岁以上的观众占到了 50.7%，其次是 20~30 岁这个年龄段的观众，但只占了 23.94%。

表 9　被调查者年龄情况

被调查者	20~30 岁	30~40 岁	40~50 岁	50 岁以上
频数	17	8	10	36
占比（%）	23.94	11.27	14.08	50.7

不难分析出，花鼓戏的观众人群以中老年人为主，占据了观众人群的一半以上，观众人群呈现出老龄化的态势。

表 10　被调查者对花鼓戏观看学习的动员情况

被调查者	会动员	不会动员
频数	57	17
占比（%）	80.28	19.72

表 10 显示：绝大部分花鼓戏的观众会动员身边的人去观看或者学习花鼓戏，这无疑是有助于花鼓戏的传承的。

2. 花鼓戏面临困境分析

表 11 显示: 大多数花鼓戏观众认为花鼓戏目前受到流行文化的冲击较大，这一部分比例占到了 45.07；其次面临的两大困境是政府的政策扶持力度较小以及青年演员的缺失，分别占到了 33.8% 和 32.39%。

表 11　被调查者对花鼓戏目前困境原因分析

被调查者	受到流行文化的冲击	青年演员缺失	学习难度大	政策扶持力度较小	其他
频数	32	23	17	24	15
占比（%）	45.07	32.39	23.94	33.8	21.13

由此可以看出，一方面，随着社会经济的发展，大众的休闲娱乐方式开始变得多样化，各种新媒体的出现以及流行文化的发展对花鼓戏这一传统的文化形式造成了冲击；另一方面，花鼓戏本身存在着演员断层、青年演员缺失的问题。

四、长沙花鼓戏保护传承面临的问题

（一）保护措施有待加强，宣传力度不够

表 1 数据显示，知道花鼓戏是国家级非物质文化遗产的人数占 59.87%，不知道花鼓戏是国家级非遗的人数占 40.13%，知道的人数占多数，可见对非物质文化遗产的宣传起到了一定的作用，但两种人数的比例相差不大，在花鼓戏非物质文化遗产宣传方面有待加强。同时根据表 2 与表 3，长沙人比外地人更了解长沙花鼓戏，证明长沙花鼓戏在本地宣传力度较大的同时也表现出花鼓戏在外影响力不够。

表 6 显示，市民对政府相关政策了解程度不高，侧面反映出政府政策宣传力度不大。此外，市民的文化自觉度不高，认为自己的力量太小，传承和

保护都是政府和花鼓戏艺人的事。作为文化传承和发展的主体，每个人都有责任对文化的传承发展尽自己的一份力。因此，在花鼓戏的传承保护过程中政府首先应该起先导作用，必须充分发挥人的主体作用，让广大的市民意识到保护花鼓戏的重要性，增强市民文化自觉。就目前长沙花鼓戏文化传承的现状来看，仅呈现出个别传承现象，如传统民俗活动中，唯一形成规模，比较有影响力的就是 2013 年举办的首届“中国（湖南）花鼓文化艺术节”，此后这类传承传统文化的大型活动便鲜有出现。花鼓戏培训班也没有维持下去。导致这一问题的原因是没有采取相应的措施来保护和发展长沙市花鼓戏，对长沙市传统文化的重视程度太低，对作为非物质文化遗产的长沙花鼓戏宣传太少，没有意识到传承传统文化的重要性和必要性。

（二）花鼓戏传播途径单一，输出渠道受限，受其他精神娱乐的冲击

表 4 与表 5 显示，市民主要通过媒体手段了解花鼓戏相关情况，也愿意通过视频观看花鼓戏，而传统花鼓戏表演形式主要以舞台表演为主，通过媒体手段进行宣传力度较小。同时根据表 9，可看出观众存在老龄化倾向，年轻观众极少。现在的年青一代较多接触网络资源，花鼓戏运用媒体宣传力度不够，导致花鼓戏传播渠道不畅通，与日常生活结合程度低，受众面小。

结合表 10，随着传媒工具变得多样化，传播媒介的多元化迅猛发展，“互联网＋”传媒方式的普及使各类民间传统戏曲的演出市场受到了猛烈冲击。近年来，居民娱乐生活日趋多样化、各种新型娱乐场所的创建又吸纳了不少潜在的花鼓戏观众。与此同时，偶像歌手演出盛典以及各类选秀成为今天人们最为欢迎的演出方式，其受众之广，受欢迎程度之深，都是在花鼓戏剧院前从来没有出现过的盛况。

（三）传承人出现断层

结合表 11 可以看到，有 32.39% 的观众觉得花鼓戏存在青年演员缺失的现象，在戏台上表演的都是一些老面孔，存在青黄不接，缺少优秀传承人的现象。

长沙花鼓戏传承面临着许多问题，但最紧要的问题在于传承人的断代，省花鼓戏剧院有 170 余名演员，绝大多数是中老演员，从演花鼓戏的年轻演员数量过于缺少。调查结果显示，从演长沙花鼓戏在职演职人员平均年龄为 45 岁左右，趋于老化，民间自乐班社的平均年龄接近 60 岁，这种现状严重制约了剧团的艺术生产活动。

这个问题既有社会舆论导向的原因，又有年轻演员待遇太低的原因，低收入使得没有其他收入来源的年轻演员纷纷转行，民间戏班生存条件则更差。

（四）剧目缺乏创新

长沙花鼓戏拥有相对完整的表演故事的艺术手段，但前人审美价值取向的产物，难免显得手法陈旧、形式老套。在上世纪五六十年代，许多创作者作品趋向于“为政治服务”，追随政治形势的改变，喜欢以宣传特定时期方针政策为基本主题，这在很大程度上阻碍了花鼓戏这种艺术形式的健康发展。到了八十年代，剧作家的目光才逐渐开始与当时的人民群众生活紧密相连，时至如今，由于长沙花鼓戏剧目多年来并未有太大的改变，新剧目创作减少，加之大众观念的更新，从前的甚至新创不久的花鼓戏剧目也渐渐难以符合当下观众的精神文化追求。

五、关于改善长沙花鼓戏活态传承现况的建议

（一）政府加大投入，实行多样化的推广方式

对花鼓戏的保护与传承，应该不仅仅从精神方面给予支持，同时在物质方面应该给予更大的帮助，政府在资金方面应该给予一定的支持，应该把花鼓戏的扶持事业视为重点建设项目。扶持民间个体或集体性质的戏班，帮助它们解决部分活动经费问题，给专业表演团体或乡镇业余演出团体的演职人员提供最基本的生活保障，提供一定的周转资金；同时还可以在各个地区设立戏曲保护与发展资金，提高补贴标准。

在推广工作方面，可以成立花鼓戏协会，组织各类艺术交流和演出，开展学术活动，并创办自己的刊物；还可以创设花鼓戏学习班，举办花鼓戏艺术讲座，对观众普及花鼓戏知识；建议筹建“湖南省花鼓戏档案”和“花鼓戏保护中心”，针对一些后继乏人的乡间名老艺人的绝技绝活分别从剧目、音乐、唱腔等方面进行整理并录制成磁带、光盘等视听资料。

（二）利用明星效应、“粉丝”经济

中国“粉丝”文化和“粉丝”经济出现于20世纪90年代后期，当时的“追星族”有较强的自发性，但是缺乏计划性和组织性。而如今的“粉丝”则呈现出职业化趋向，其有计划、有组织，专业化程度较高，甚至逐渐形成“粉丝”

产业。现在的“粉丝”是一群特殊的大众文化接受者，年龄较为集中在15~31岁，女性较多，她们以异乎常人的热情投入于他们所倾慕或崇拜的特定个人、节目、作品、团体等，虽然不一定有很强大的购买能力，但其为偶像消费的冲动却很惊人。“粉丝”不单单是庞大的消费群，同时也是具有潜力能量的经济力墙。

弘扬非遗文化，促进花鼓戏的继承与发展，其根本所在是各个花鼓戏戏班子要从自身出发想办法，要自力更生，充分抓住时代发展的机遇，利用“粉丝”经济和明星效应，扩大知名度、影响力、号召力，要敢于创新。

（三）“互联网＋”宣传方式

随着科学技术的不断发展，我们已经进入了信息化时代。在信息化时代，任何事情要想有一定影响，创造出一定价值，前后期的宣传一定是必不可少的。花鼓戏的发展可以充分利用“互联网＋”各平台流量宣传作用，打造一个高阅读量的公众平台，既能拉近剧团与观众之间的距离，又能让大众及时掌握剧团动态，可以有效迅速地建立起一个良好的反馈机制，更让花鼓戏的传承得到更多社会关注。

具体来说，首先要选择宣传渠道的类别，如搜索平台、网络媒体、官网、社交媒体、自媒体等注重互动和用户体验元素的网络渠道。然后是通过这些媒体定期长期更新剧团动态，这样才能积累品牌。再次，最好有自己的企业官网，做竞价排名推广。最后，在自主开发的平台上，提升用户体验，融入并加强互动元素。除此之外，利用互联网存储将这种艺术记录下来，为固态传承留下珍贵研究资料，让花鼓戏能一直出现在群众视野之中。

（四）送戏进校园、进社区、下乡

要让戏曲接地气，接地气才会有人气。我们要思考更多方式让更多人知道了解这种艺术。一方面，可以让戏团在学校、社区、农村多开展义演，让越来越多的人能够有机会来了解这门艺术；另一方面，社会群体也应该以行动营造利于非遗传承的环境：学校可以设立专门的选修课，也可以请戏班子进校园演出，社区可以邀请专业剧团到社区演出，丰富居民文娱活动，推动精神文明建设；等等。总的来说，社会各界应一同努力，让花鼓戏传承能持之有效地进行下去。

（五）与旅游相结合，促进花鼓戏开发

近年来，张家界的旅游得到了长足的发展，而其中一个重要的名片就是大型实景演出《天门狐仙·新刘海砍樵》，剧情来源于湖南家喻户晓的民间神话故事《刘海砍樵》。《刘海砍樵》是花鼓戏的一个经典的剧目，自创作以来就一直受到人们的欢迎与喜爱。《天门狐仙·新刘海砍樵》便是以原有剧目为基础进行了艺术的再创造，结合湘西少数民族民歌、舞蹈等，利用现代高科技的舞台特效技术与歌舞剧的形式，完成了一次成功的创新，成为了中国山水实景演出的划时代巨献，同时也是花鼓戏与旅游相结合的一种成功范式。

因此，应将花鼓戏与民俗文化传承、物质文化遗产结合，一同打造旅游开发热点，依托各地丰厚文化内涵和历史底蕴的特有优势，建立共同传承与开发的机制，让长沙花鼓戏在活态中得到传承。

（六）结合社会生活实际，创作新剧目

长沙花鼓戏的发展和创新主要体现在表现手法及其新曲目的选题及创作上，其特有的戏曲风格及音乐艺术是不能随意调整的。花鼓戏的创新包括音乐结构的创新以及演唱方法的创新，不同类型的花鼓戏会因新生代曲种的增加而更加丰富充实。创作者和编曲者应该根据现代不同生活内容的需要来决定花鼓戏的音乐结构。

剧目的创新要求剧目创作者做到以下几点：首先需要把表现厚重的历史文化和鲜明的时代精神结合起来；其次需要把地方特色和深刻揭示人类共有心灵结合起来；再次需要把追求高品位的艺术美和满足人民群众审美需求结合起来；最后，需要把作家的主体创作与群众策划结合起来。除此之外，花鼓戏的主题应该多样化发展，要反映社会生活实际，要贴近群众生活。

六、结语

十九大报告指出，文化兴国运兴，文化强民族强。没有高度的文化自信，没有文化的繁荣兴盛，就没有中华民族伟大复兴。习近平总书记指出，坚定文化自信，是事关国运兴衰、事关文化安全、事关民族精神独立性的大问题。

花鼓戏是我国的优秀传统文化，更是被列入了国家非物质文化遗产名录，

是我们文化自信的重要来源之一。保护、继承和发展花鼓戏是我们每一个人的责任，也是我们作为当代大学生的担当。

通过此次调研活动，我们更加深入地了解了花鼓戏，知晓了花鼓戏所面临的困境，分析了花鼓戏发展困难的原因，同时也对花鼓戏的保护和发展给出了针对性的建议。我们希望通过我们的实践和努力，使花鼓戏不仅仅是存在于纸面上的“非遗”，更希望花鼓戏能够真正地走进寻常百姓的生活，真正实现花鼓戏的活态传承。

花鼓戏的传承与发展仍需社会各界共同努力。在湖南花鼓戏这门艺术形式的传承上，数代先人前赴后继地走在前面，而我们也仍在路上。我们期待，在这块潇湘热土之上，长沙花鼓戏能够重焕光彩。

参考文献

[1] 石立夫. 长沙民间花鼓戏班的生存调查及研究 [D] 北京：中国传媒大学，2008.

[2] 郭丹. 论湖南花鼓戏的形成和发展 [J]. 湘潮，2007（7）.

[3] 谭琴. 湖南地花鼓的文化价值分析 [J]. 娄底师专学报，2003（4）.

[4] 贾古. 湖南花鼓戏音乐研究 [M]. 北京：人民音乐出版社，1981.

[5] 吴济时. 文艺生态运动与当代戏剧 [M]. 北京：中国戏剧出版社，2003.

高考加分政策能否给少数民族考生带来实质性帮助

——以湖南江永县千家峒瑶族乡为例

课题组成员：闫颖，邱驿琳，龙慧容，吴苏洋，谭灿，罗京

指导老师：朱海龙，戴家武

摘要：少数民族高考加分政策是中国特色民族政策的重要组成部分，被称为中国的少数民族教育肯定性行动。这项政策使少数民族兄弟姐妹的高等教育权利得到了切实的保护，为少数民族学生进入高校深造并服务于民族地区经济发展起到了重要作用。在肯定这些成果的同时，也必须看到这项政策还有一些不足之处。考生篡改民族成分的现象时有发生；少数民族地区经济文化仍处于相对落后状态，基础设施建设薄弱，师资力量弱，少数民族高考加分政策并没有从实质上改变当地教育。要解决少数民族地区教育问题，既要完善少数民族高考加分政策，又要从当地实际入手，加强学风校风建设，完善教学基础设施。

关键词：少数民族考生；少数民族高考加分政策；教育

自新中国成立以来，国家一直重视少数民族高等教育的发展，创造性地提出了一系列的优惠政策来加快少数民族地区教育的健康发展；其中，少数民族高考优惠政策就是其中非常重要的举措之一。少数民族高考招生优惠政策是对少数民族学生实施的特殊的招生政策，是基于少数民族历史与现实的社会条件，在尊重民族差异存在的前提下，为了更好地实现民族平等而实施

的一项补偿性的民族政策。这一政策，对于少数民族学生进入大学接受高等教育发挥了至关重要的作用。国家实行的高考民族倾斜政策，目的是在相当长的一段时期之内，一方面为促进少数民族享有公平的教育机会而对高等教育资源进行重新配置，其经济学上的理论依据就在于实现“帕累托最优”；另一方面希望通过教育的公平不断培养少数民族专门高级人才，从而推动本地区各项事业的发展以及缩小少数民族地区与发达地区在各方面存在的较大差距。然而在该项政策实施过程中，由于各省市通常会根据自身的情况制定加分标准，地区差异较大的加分标准也带来了不少争议。同时，由于少数民族身份的确定和核实是关乎能否最后得到加分的关键，存在不少造假事件，影响到公众对少数民族高考加分优惠政策的认识和评价，引起社会对少数民族加分政策的规范性和政策的实施效果的质疑。

如何从根本上解决上述问题，采取何种措施去规范完善少数民族高考加分政策，使该政策实质性地帮到少数民族考生。应加大教育投资，改善教学条件，充实师资力量以提高基础教育水平，让少数民族的孩子们不致输在起跑线上，以实现真正高水平的教育公平。本文将利用在千家峒瑶族乡收集到的问卷等调查数据，探讨少数民族地区对高考加分政策的了解情况，以及考察少数民族高考加分优惠政策对少数民族地区考生的效度，同时对舆论和学界的争论和观点进行总结，在实地考察基础上为加分优惠政策的继续实施提供合法性和正当性依据，为加分优惠政策的改革和完善提供意见和建议，进而实现高考公平，推动整体的社会公正。

本文希望能通过少数民族地区对高考加分政策了解情况以及对少数民族高考加分优惠政策的效度分析为高考加分政策的规范与完善提供依据。民族教育公平问题是民族教育事业的关键问题，如何对优惠政策进行修正优化是当今决策部门需要考虑的重大课题。希望本研究提出的启示，能为国家制定民族教育政策，发展民族教育事业提供科学的依据。另外，从实施效果的角度对加分优惠政策问题进行研究，可以揭示区域教育、经济发展与国家整体教育政策之间的协调和变异程度，更准确地揭示优惠政策演化的利益因素、经济因素、地理因素及教育内部因素的影响，从而在实践中推动优惠政策的改革，促进义务教育的健康发展和高等教育的区域布局调整，为政府决策提供参考和借鉴。

一、调查设计

（一）研究方法

1. 文献研究法

通过翻阅相关书籍、上网等方式查找我国对少数民族学生高考加分的法律政策以及关于给少数民族学生高考加分原因与帮助的研究报告、论文等；借助中国知网等中文期刊检索工具搜集和整理已有的相关研究资料，了解目前国家对于少数民族学生高考加分优惠政策的最新动态，教育专家对这些政策的最新研究成果，为本研究提供充实的理论支持。

2. 问卷调查法

本次调研对象为千家峒瑶族乡学校初中生，主要内容为考察学生们对高考加分政策的了解程度以及高考优惠政策给他们的学习生活带来了怎样的影响，以便我们做出高考加分政策是否对学生们有实质性帮助的理性判断。

3. 访谈法

此次调研访谈有学生、家长、老师、学校领导等多个对象。根据访谈提纲，以聊天的形式，了解学生们自身对高考加分政策的看法以及家长、老师如何看待高考加分政策的利与弊；同时记录现场对话，进行整理和分析。

4. 统计方法

通过问卷星网络技术对问卷结果进行科学的统计分析，利用 SPSS17.0 统计软件包对问卷结果进行统计分析。整理访谈记录，总结访谈成果。

（二）问卷设计

本调查问卷共有 26 道题目，共分为两个部分。第一部分从高考加分政策本身出发，调查了其宣传力度，群众对其了解程度以及最终的落实程度。第二部分着重调查了当地学生的学习情况、学校基础设施建设和老师教学水平。问卷从这两部分出发，重在研究高考加分政策是否真正促进了学生们的学习，给予了学生们实质性的帮助。

1. 调查范围

以千家峒瑶族乡学校为基础，问卷对象为初一、初二学生；访谈对象有老师、学生、家长、校领导等；实地考察涉及整个学校的基本情况。

2. 调查思路与过程

①结合千家峒瑶族乡学校少数民族学生学习情况与高考加分优惠政策实际情况，确定调查课题。

②查阅文献资料，了解相关政策，确定调查问卷并落实问卷填写。

③采访当地学生、家长、学校老师与领导，从利益相关者的角度了解高考加分政策是否真的对学生有帮助。

④通过网络查找非少数民族学校升学率以及学校基本情况，比较学校之间的差异，分析原因。

⑤整理统计问卷，汇总调研过程中得到的信息，分析总结。

⑥撰写调研报告。

二、调查结果分析

为调查少数民族加分政策是否对被惠及学生起到实质性帮助，调查小组以湖南省永州市江永县为例，向当地农村初中生发放 60 份调查问卷，其中汉族与瑶族的比例为 1 ∶ 11，经过系统分析，得出以下观点。

（一）从学校方面来看

1. 关于当地近三年升学率的分析

表 1　当地近三年升学率的数据表

年份	学校升学率
2014 年	22.5%
2015 年	23.2%
2016 年	25.0%

千家峒作为瑶族的聚居地，当地大部分是瑶族居民，该地区的学生同样享有国家少数民族中考和高考加分政策的优惠。千家峒瑶族乡学校是一所小学和初中合为一体的学校，在当地是典型的少数民族学校，其学生大部分是瑶族。该学校成立于 2001 年，近几年升学率有所提升，但依然维持在 23% 水平上下，大部分学生未能在享有加分政策优惠后成功入学。由于历史原因和地理原因，少数民族在经济、科技、教育等方面落后于全国整体发展水平。国家本着民族平等、民族团结、共同繁荣的原则，高度关注少数民族和地区的发展。经济发展需要大量人才，教育作为培育人才的重要途径，受到高度

重视。国家出台了各项政策大力发展少数民族的教育，提高少数民族学生的升学率，加大对少数民族人才的培养力度，而中考和高考加分政策就是其中的一项重要举措，其符合国家实行该政策的初衷，在实行多年后，有所成就，并得到广泛认可。但该举措的弊端也日益显现，逐渐有人质疑，引发群众思考。而从千家峒瑶族乡学校的升学率分析得出，其学校的升学率长期低于全国水平，虽然有所提高，但效果不明显。所以，这项政策对于千家峒瑶族学校的学生来说，未能起到实质性帮助，大部分学生未能获得更高水平的教育机会。影响少数民族教育的根本在于学校和学生，单凭加分政策的优惠，不能从根本上解决问题。

2. 关于影响当地升学率因素的分析

表2　影响当地升学率的数据表

影响因素	所占百分比
良好的学习氛围	54.17%
完善的基础设施	12.5%
宝贵的教育人才	8.33%
高考加分优惠政策	8.33%
其他	16.67%

从调查结果来看，在单选题“您觉得哪些因素会对当地的升学率产生影响”中，有 54.17% 的选择“良好的学习氛围”，12.5% 的同学选择“完善的基础设施”，选择“宝贵的教育人才”和“高考加分优惠政策”的同学占比均为 8.33%。在学生的心中已经形成了这样一个矛盾的局面：一方面，学生认为学习氛围对一所学校的升学率影响最大；另一方面，超过半数的学生又希望不劳而获，相比于雄厚的教学力量，更愿意选择高考加分政策的支持。高考加分政策应该成为促进学生积极性提高的一个有效工具，而不是过分强调与倚重它的影响。针对这个现象，学生要认识到加分能帮助到自己，弥补自己在某方面的缺陷，但绝不是决定自己成绩的那个因素，想获得好成绩，关键靠自己的实力。另外，校方要积极引导，弥补学生在认知方面的缺陷，综合提高学校的升学率。

3. 关于当地老师年龄构成的分析

表3　影响当地升学率的数据表

年龄段	老师人数
35 岁以下	8
35~45 岁	42
45 岁以上	13

在学生教育方面，老师发挥了重要作用。其担任着引领学生学习、教授知识和方法等重要任务。由此组数据可以看到，千家峒瑶族乡学校的老师大部分处于 40~50 岁的年龄阶段，其在该学校的任职大部分超过 10 年。由于老师大部分是当地人，该学校离县城距离近，地理位置较好，大部分中高龄阶段的老师不愿意被分配到其他学校，最多在附近几所学校之间流动，直到退休年龄才退出该校，为其他新的老师进入提供更多的可能性。长时间老师的变动较少，其人事安排由教育局掌管，新的年轻老师流入该学校的较少，总的来说，该学校老师之间缺乏竞争，教学水平未能得到充足的创新和改善，老师的教学观念得不到及时的更新，教学方法未能得到及时的改善，甚至出现部分老师消极教学的现象，这将对学生的学习产生负面影响。学校未能注入新的血液，学生可能出现学习热情不高、积极性不足、学习过于死板等一系列问题。所以，从师资力量考虑，老师的调任和培训对于提高教育水平具有重大作用，是提高学生积极性，提高升学率的重要举措，这相对于少数民族加分政策更具有实质性帮助。

4. 关于当地学生家庭成分的分析

表4　当地学生家庭成分数据表

类别	所占百分比
留守儿童	70%
父母离异	11%
父母在身边	19%

除了社会环境、学校环境对学生教育有重大影响外，家庭环境对于学生学习的影响更大更明显。从该组数据可以得出，千家峒瑶族乡学校的大部分学生是留守儿童，父母外出工作，有些孩子是同爷爷奶奶生活，有些是独自生活。农村的爷爷奶奶年纪大，由于他们个人受教育程度低，其思想观念和能力都落后于现代水平，对孩子的教育不能起到及时的帮助作用。学生独自

生活的，缺乏家庭教育，其年龄小，各方面处在懵懂期和塑造期，三观正在形成期，所以即使存在学校教育，家庭教育的缺失，加上孩子自我教育能力不足，其容易转化为叛逆期和厌学期。总的来说，家长在外工作，便导致家长对孩子学习的关注度不够，不能及时发现孩子在学习时存在的问题，并督促和鼓励孩子积极学习。由于该年龄阶段的学生自制力和自觉度不够，在缺乏家长的实时监管下，缺乏约束好个人行为的能力，对学习的重要程度认识不够，心理需要未能得到满足，这就容易导致学生厌学、弃学，最终影响其升学。同样，父母在身边的，也可能存在由于父母学历低，个人对孩子教育认识程度不够的问题，而导致不能正确引领孩子的三观，无法对其学习起到积极性作用。由此可见，家庭环境是影响教育的又一重要因素，相对于少数民族加分政策，其改善后将更具有实质性帮助。

（二）从高考加分政策来看

1. 关于学生是选择高考加分政策还是雄厚教学力量支持的分析

表5　关于两种选择的数据分析表

选项	所占百分比
加分的优惠政策	54.17%
雄厚的教学力量支持	45.83%

首先，从调查结果来看，在填写问卷的60位同学中，有55位瑶族同学，在问题“您是愿意选择加分的优惠政策还是选择雄厚的教学力量支持”，有54.17%的同学选择“加分的优惠政策”，有45.83%的同学选择“雄厚的教学力量支持”。调查显示，超过半数的同学宁愿选择借助自己是少数民族的优势获得分数的增加，而不是通过雄厚的教学力量来真正提升自己的能力来提高自己的裸分。这在侧面反映了当下的一些投机取巧的现象。学生没有理解国家实行加分政策的初衷，实行加分政策的其中一个目的便是为了促进当地的人才培养，使学生们的能力得到有效的提高。而超过半数的同学的选择无疑是对加分政策的一个误解，简单的分数增加并没有对学生起到实质性的帮助。校方针对这个现象，应该多与学生沟通，骄傲自满者让他看清事情的本质，多加提点；自卑羞怯者，在多个方面给予其信心，因材施教。积极与家长沟通，形成家校统一战线。另外，要积极引进师资，提高学校的整体教

学水平，为提高学生的整体素质提供一定的物质保障。

2. 关于学生是否会主动了解高考加分政策的分析

表 6　学生是否会主动了解高考加分政策的数据表

选项	所占比例
会主动了解	34.62%
不会主动了解	65.38%

由图表可知：当问到学生是否会主动了解国家出台的少数民族高考加分政策时，大部分的学生表示不会。这说明学生平时接触到的信息量不足，从一个方面反映出国家对加分政策的宣传力度还有提升的空间。加分政策是为了补偿少数民族地区经济文化落后而设立的一项政策，其目的之一是保证少数民族地区少数民族的受教育权。如果国家对其的宣传力度不够，导致应该知道此项政策的人们不能充分了解它，不能充分利用这项政策；那么，这项政策的影响力和效率无疑会大打折扣。不仅如此，在宣传方面，还有一个更为严重的问题，那就是宣传误区。少数民族高考加分政策是一项“补偿性政策”，而不是某些人所理解的“照顾性政策”。如果有许多人都认为这是“照顾性政策”，那么就会出现忽视民族地区考生所面临的困境——民族地区的学生很难接受优质高等教育。举个例子，从高等学校区域分布来看，民族 8 省区共有普通高校 276 所，仅占全国高校总数的 12.56%。因而，一项政策的宣传对这项政策的实行效果有着重要的影响，应该加大对其的宣传，让大家了解它，而且还要从理论上阐述加分政策的合理性和必要性。

3. 关于学生对加分政策了解程度的分析

表 7　学生对加分政策了解程度的数据表

了解程度	所占百分比
非常了解	3.85%
比较了解	7.69%
一般了解	23.08%
不太了解	50.00%
不了解	15.38%

在问题“请问您对少数民族高考加分政策的了解程度”中，只有 7.69% 的人选择“比较了解”，23.08% 的人选择“一般了解”，选择“不太了解”

和“不了解”的竟高达65.38%。一方面，这反映了学生对加分政策的不重视，不了解。长此以往，学生们可能会误解加分政策的初衷——实现教育的实质公平，转而形成一种惯性思维，即我们地区落后，国家必须要照顾我们，加分是理所应当的。另一方面，这也容易导致部分不法考生为获得高考加分机会而运用不正当手段修改民族成分的现象出现，扭曲学生的个人发展。不仅如此，学生对加分政策的不重视，对加分政策具体内容的不清楚也是我国还未建立高考加分政策的监督机制的一个重要原因。部分不具备条件的考生通过非法手段获得了和少数民族考生同样的待遇，这既是对少数民族考生的不公平，也损害了其他考生的利益。我们现在奉行的是民主监督，民主监督的主体是群众，只有群众真正了解了这一政策，才能为监督贡献力量，使监督落到实处。

三、结论和建议

（一）结论

由于我国的基本国情和民族政策，少数民族高考加分政策仍将继续存在。高考少数民族加分政策是针对少数民族考生民族身份的照顾性政策，少数民族高考加分政策施行至今，在培养少数民族高等教育人才，促进少数民族教育水平发展方面产生了很大的促进作用。然而，现阶段，少数民族地区发展水平还比较低，教育水平与其他地区相比仍有很大的差距，教育没有从实质上得到帮助。少数民族是整个中华民族的一部分，少数民族地区教育水平的高低，会影响整个国家的教育水平乃至经济文化发展水平。因而，必须努力发展少数民族地区教育。要从根本上改变这一状况，一方面，要完善现阶段的少数民族高考加分政策，使其更有实行的必要，使其更能帮助少数民族考生，起到积极的促进作用；另一方面，要从当地实际入手。少数民族地区经济文化较薄弱，各项基础设施不完备，师资力量较弱，这也成了制约当地教育发展的瓶颈。

（二）建议

1. 坚持实施少数民族高考加分政策，并根据实际情况进一步完善

第一，要加大对少数民族中高考加分政策的宣传和阐释力度。

少数民族中高考加分政策实施多年，其公正性遭质疑，不仅一些汉族考生认为此类加分政策是对汉族的逆向歧视，甚至在一些少数民族内部也认为这一政策的实施对于提高他们的平等受教育权利毫无作用。另外，在与支教地点千家峒瑶族乡学校学生们的交谈中，我们发现当地的孩子对于加分政策的概念比较生疏，似乎很惊讶自己能够享有这一优惠政策，更不用说明白自己为何能够享有这一优惠政策了。基于此上多种原因，应加大对少数民族中高考加分政策的宣传和阐释力度，让人们能更系统深入地理解这一政策，减少人们对这一政策的误解，从而更好推动这一政策的实施，发挥其积极作用。

第二，要进一步明确中高考加分政策的法律地位，对加分政策的实行、监督做出明确规定。

在宪法和各部门法中，为确保少数民族高考加分的公正运行，切实维护的法律规定较多，但未成体系，实施机制不够健全。虽在《民族区域自治法》《义务教育法》《高等教育法》《职业教育法》等法律法规中建立了一套少数民族教育的优惠制度，但对高考加分政策的实施、执行未做出严格规定，立法上存在空白，需加强重点领域立法完善加分政策的实施和监督机制。机制的不健全、立法的空白以及执行过程中的粗糙在某些程度上方便了利用少数民族高考加分政策进行考生身份造假以谋取私利的行为，损害了其他考生的利益，造成了极其恶劣的社会影响。因此，应当进一步明确中高考加分政策的法律地位，对加分政策的实行、监督做出明确规定，使得中高考加分政策在实施过程中有法可依，并对通过造假方式获得高考加分的相关人员，必须按照我国相关法律法规，加大处罚力度，绝不姑息，通过此一系列手段保证少数民族加分政策的有效实施。

第三，要建立完备的中高考加分政策监督机制。

我们应建立事前、事中、事后监督机制。首先，应建立事前监督机制，在考试前有公安部门、民族工作部门和教育部门共同对考生身份进行审查，确定能享有加分优惠政策的名单，然后向社会公示，接受其他考生和社会大众的监督。其次通过事中监督机制接受社会大众的投诉，对审查公示后仍有异议的考生进行二次审查。另外，对通过非法手段获得高考加分政策的造假者，只要证据确凿、事实清楚，应立即取消已获得的加分项并移送司法机关、行政机关及时处理。通过建立事前、事中、事后的监督机制，确保少数民族高考加分的公正运行，切实维护少数民族考生的合法权利。

2. 从学校方面入手，给学生提供一个好的校园学习环境

第一，加强学风建设。

加强学风建设，对学校校风建设，学生自主学习积极性的培养，学习效率的提高，学校质量的大幅度提升有重要的现实意义，助推学生们形成正确的世界观，对学生们的终生发展有重要的历史意义。在对江永县千家峒瑶族乡学校的调查研究中我们发现，该校的学风相较该县的重点中学还是有一定的差距，大部分学生的目标不够明确，学习劲头不足，而这种“负面”情绪也对那些想要努力认真学习的学生们造成了一定影响。因此，对于少数民族地区的学校而言，加强学风建设，实打实地抓教育，在给本校学生们创造良好的学习环境，提高本校的升学率方面发挥着十分重要的作用。

第二，加强学校教师管理，提高教学质量。

百年大计，教育为本；教育大计，教师为本。教师是组成教育和教学活动的重要因素，合理的教师管理是提高学校整体管理水平和效率的主要途径。

⑴严格把关新教师招聘，完善新教师招聘机制，注意引进“新鲜血液”。

引入竞争机制，全面推行教师聘任制，实行资格准入、竞争上岗、全员聘任，努力创建充满活力的激励竞争机制和有效的约束机制。要采取有效措施，吸引社会上具有教师资格的优秀人员到中小学任教，逐步提高新聘教师的学历层次，改善教学方法，进一步完善新聘教师的试用期制度。在对千家峒瑶族乡学校校长的访谈中我们了解到：千家峒瑶族乡学校因为距离县城较近，一直是很多老师特别属意的教学地点，且该校没有本校招聘老师的权利，所以该校除了老师本人自动申请调离、重大违纪、教育部任职调换，一般不会有大的人事变更，使得该校教师力量过于稳定，缺乏“新鲜血液”，在很大程度上并不利于该校教师教学经验的交流和教学方式的创新。

（2）加强学校内部已有教师管理。

坚持实事求是、客观公正、注重实绩的原则，加强对教师、校长的年度考核和聘期考核。在个人自评的基础上，学校领导、教师、家长、学生共同参与，促进教师职业道德、法律素质和业务水平不断提高的评价体系和考核办法，探索建立教师业务水平定期考试制度。要把职业道德修养、相关法律知识和工作实绩作为教师和校长考核的重要内容。考核结果作为续聘、解聘、

奖惩的重要依据。经考核不合格的，教师要调整出教学岗位，校长要解聘或撤销职务。根据了解，千家峒瑶族乡学校因为任职调动方式等的局限，教师人员一直比较稳定，在这种情况下，老师们的竞争意识和危机意识比较欠缺，因此希望通过此一系列工作调动全校老师的工作积极性，促使老师们在竞争中、压力中进步，相互督促，共同进步。

（3）从严治教，坚决查处违纪违法行为。

各级教育行政部门要认真贯彻落实《教师法》《未成年人保护法》等法律法规，自觉遵守组织人事工作纪律，正确行使职权，切实履行职能，坚持依法行政、依法治教。对于在教育人事工作中违反《教师法》或组织人事工作规定，对极少数教师向学生灌输封建迷信和邪教、侵犯学生人身权利、严重违反社会道德以及极少数校长贪污受贿、失职渎职等严重违纪违法的问题，要依据法律法规和有关规定进行严肃查处；构成犯罪的，要移送司法机关。对发生上述问题的，要追究相关单位领导人的责任，并视情节给予党政处分。

第三，加大教育投入，完善学校基础设施建设。

学校基础设施的作用是为了保障学校教育教学活动的正常开展，是极其重要的物质保障。在千家峒瑶族乡学校支教期间，我们发现整个学校的基础设施还存在很大的改善空间，比如可适当加强校园文化建设，精心布置好每一面墙壁，营造整洁、美观、雅致、富有人文情趣的校园环境。另外虽然每间教室都配备有电子显示屏，但使用率不高，无线网覆盖率很低；没有学生食堂；办公用品不够齐全；乒乓球台由简单的水泥台和木板搭建完成；等等。诸多方面都仍需要改善。

3. 学生自身应树立明确的理想信念，勤奋刻苦，奋勇拼搏

理想信念一方面能够使人的精神生活的各个方面统一起来，保持心灵的充实和安宁；另一方面又能引导人们不断地追求更高的人生目标。青少年正处于人生发展的黄金期，树立正确的理想信念并为之努力奋斗对其今后的影响无疑是巨大的。有了坚定的正确的理想信念，也就有了前进的方向，有了刻苦学习的动力。同时，在对千家峒瑶族乡学校的孩子们的调查研究中，我们发现那些上课认真，课后同样刻苦的往往是那些目标明确，知道自己想要什么，未来想要变成什么样子的学生们。

参考文献

[1] 虎有泽，尕永强．正确认识少数民族高考加分政策 [N]．中南民族大学学报（人文社会科学版），2016，36（5）：18-22.

[2] 宗玉蓉，田园，陈敏华．少数民族学生高考加分政策存在的问题及对策 [J]．江苏高教，2010（1）：152-153.

[3] 李卫英．由“补偿”到“奖励”：对少数民族高考加分政策的思考——以贵州省为例 [J]．民族教育研究，2015（4）：140-144.

[4] 高岳涵．少数民族高考加分政策效果调查研究 [J]．广西民族大学学报（哲学社会科学版），2014，36（3）：94-98.

[5] 吴次南．高考中少数民族加分政策实施效度的研究——以贵州考生为例 [J]．科研管理，2013，34（12）：61-68.

守护民族的精神家园

——沅陵辰州傩戏现状及传承发展策略研究

课题组成员：湖南师范大学资环院社团联合会
暑期社会实践团成员
指导老师：赵子林，罗静伟

摘要：辰州傩戏是湘西土家族苗族地区流传最广的傩戏，三百年前就已经相当盛行，在怀化沅陵县流传极广，具有重要的文化地位。辰州傩戏生动记载了土家族人们的生产劳动、生活方式、宗教信仰和价值取向。2006年辰州傩戏被列入了国家非物质文化遗产保护名录，足以见得辰州傩戏的重要性之大。但令人惋惜的是，近年来辰州傩戏存在着传承人老龄化，传承断层，影响范围逐渐萎缩，民族特色消亡等问题。基于此，课题通过实地考察、访谈、问卷调查等形式对其传承与发展现状进行了研究。研究发现，当地居民对辰州傩了解甚微，其发展现状值得重视，急需进行静态保护和动态保护相结合的全效保护机制。该课题研究的目的也在于呼吁更多人站出来共同维护辰州傩的文化地位，促进其良好地传承与发展。

关键词：沅陵辰州傩戏；文化地位；发展现状；解决策略

我国是世界上拥有最完整、最丰富的傩戏历史的国家，而辰州傩戏则是全国最具地方代表性的一部分。湖南省沅陵县辰州傩戏是具有人文情怀的文化传统，在湘西北的民间生活中占有重要的地位，它生动记载了土家族人们的生产劳动、生活方式、宗教信仰和价值取向。辰州傩涵盖了政治、文化、历史、民族、艺术、等多方面内容，是学术研究的活化石。作为独具特色的传统文化，沅陵辰州傩戏于 2006 年 5 月 20 日被国务院批准列入第一批国家级非物质文化遗产名录。它的仪式和唱本蕴藏着十分丰富的文化人类学内涵。三百多年前，傩戏就开始在巴蜀吴越楚一带盛行，甚至传到中原，而时至今日，这宝贵的传统文化瑰宝在沅陵县七甲坪镇的主要传人仅有 17 人。作为一名研究者，坚定不移地做关于沅陵辰州傩戏的相关研究，意义重大。

然而随着时代的发展，传统观念的转换，人们渐渐遗忘了曾经辉煌的辰州傩文化，傩文化逐渐走向衰落几近失传。与此同时，也有人看到了傩文化的价值，坚持着对传统文化的认同及责任感，试图通过多种方式传承及发展辰州傩文化。然而现今的傩文化发展始终没有进入正轨，其发展研究的策略依然在探讨中优化着。所以，在文明的交替转换中，理清沅陵辰州傩戏的生存现状，为其良性保护与发展提供参考办法显得非常重要。

一、研究的方法

本次调研主要采用实地考察法，参考文献法及访谈法。

二、沅陵辰州傩传承与发展综述

（一）沅陵辰州傩

沅陵县，隶属于湖南省怀化市，位于湖南省西北部，沅水中游，素称“湘西门户”，是湖南省面积最大的县。沅陵古曰辰州，自古是一个苗、土夹居、“巫傩文化”盛行的“神秘王国”。沅陵巫傩文化流传几千年，它的神秘与奥妙惊服国际学术界。傩文化在五溪文化中占有重要地位。沅陵“辰州傩”（又称“土家傩”），见诸史籍者甚多：清康熙四十四年（1705）《沅陵县志》记载：“辰俗巫作神戏，搬演孟姜女故事。以酬金多寡为全部半部之分，全者演至数日，荒诞不经，里中习以为常。”清乾隆十年（1745）的《永顺县志》也有记载：“永俗酬神，必延辰郡师巫唱演傩戏。至晚，演傩戏。敲锣击鼓，人各纸面一：有女装者，曰孟姜女；男扮者，曰范七郎。”辰州傩戏源于荆楚，辐射于巴蜀吴越秦等地，曾一度影响中原。

傩戏按其内容形式有傩堂正戏、小戏、大本戏之分，正戏是法师请神演变而成，表演剧情简单；小戏已具小型戏曲特征；大本戏的戏曲化程度较高，主要剧目有《孟姜女》《龙王女》《七仙女》《鲍三娘》等，傩技为绝技杂技表演，主要有上刀梯、过火槽、踩犁头等。

辰州傩戏不仅是戏剧的活化石，更重要的是它涵盖了政治、历史、民族、考古、艺术等方面，是该方面学术研究难得的研究文本。2006 年 5 月 20 日，沅陵辰州傩戏经国务院批准列入第一批国家级非物质文化遗产名录。

（二）传承和发展的问题

随着工业文明的发展，传统文化受到巨大的冲击。城市文化的迅速蔓延使得传统文化日渐式微，现代的流行音乐时尚潮流成为人们审美的主要方向，傩戏渐渐退出人们的生活舞台，城市文明和经济社会冲击着传统的民间习俗以及人们的文化价值观。

政府方面，传承意识的淡薄不仅体现在关注、推广不够，也体现在资金投入和组织管理上。目前并未形成专门的管理机构、专职的管理人员，也没有专项的财政预算和支出，使得辰州傩戏并没有很好地推广到群众的生活中去。

（三）创新创造上的问题

①民间艺人思维局限问题：民间辰州傩戏表演者多以在家务农者、个体者为主体组成部分。他们接触到的外在环境是极其有限的，不清楚时代的发展变化，不懂得顺应时代的潮流，只是一味地继承而不懂得创新。

②地理环境变迁问题：城乡一体化深入推进，走出农村进一步开展，城市文明以及城镇化发展逐渐破坏了沅陵辰州傩戏的栖息之所，很少再有特定的舞台提供土生土长的傩戏表演，使傩戏成了一种不定时不定地的小众化表演方式。

③沅陵辰州傩戏面临传承人群老龄化问题：中老年龄层段将面临传承人群陷入断层的危机；该年龄层段具有思维禁锢、固守传统观念等特点，不利于辰州傩戏与时俱进；该层次阶段辰州傩戏传递的文化信息缺少现代活力。

三、傩戏传承现状与功能

（一）傩戏传承现状

当今时代，科技发展迅速，各种电子产品层出不穷，电视节目和电竞游戏日益丰富，戏剧正在慢慢被我们遗忘。而傩戏作为地方代表性戏剧，也面临着这样的问题。

一是传承人的断层。受政治因素的影响，建国后以取缔封建迷信为主的多次清查，使从艺人员都受到不同程度的政府追究，致使从艺人员转行停艺。目前尚存年老的一代艺人，已是六七十岁，有的已达八十岁高龄，对于某些高难度傩技表演，他们已是力不从心。

二是傩祭、傩戏、傩技的枯燥无味，冗长经文，使快节奏的年青一代不愿学。30~40 岁的传人寥寥无几，许多傩坛已面临后继无人的局面。

三是影响范围日趋萎缩，生存环境不容乐观。随着科学技术的进步，人们审美需求的提高，对傩的关注愈来愈淡薄，致使行傩越来越艰难，尤其是行大傩。20 世纪 50 年代初，沅陵县 60% 乡镇都存有行傩队伍，如今仅存七甲坪及周边乡镇。

四是急功近利的演出，致使民族特色一点点在消亡。县乡虽极力在保护，但作为国定贫困县，无更多的资金投入在更深层次挖掘、整理、研究和开发傩戏上，民间的演出已逐渐采用现代器乐和手法，原汁原味的艺术特色逐渐消融。

五是辰州傩多为口传艺术，传人难得真谛，只能凭实战和揣摩而得。随着手抄本的流失，辰州傩的前景更加难以预测。

（二）沅陵辰州傩戏的功能

1. 沅陵辰州傩戏的历史功能

傩文化在五溪文化中占有重要地位。辰州傩不仅是戏剧的活化石，更重要的是它涵盖了政治、历史、民族、考古、艺术等方面，是这些方面学术研究难得的研究文本。

2. 辰州傩戏的文化功能

个人方面，沅陵辰州傩戏反映了人们的道德面貌。道德思想主要是通过傩戏活动及其中的歌舞表演作为传播和教育的手段，通过一定的表演告诉人们怎样做人、怎样生活，让人们在歌舞表演中受到启发、激励和教育，从而使相应的社会道德要求和善恶观念在人们的品性中潜移默化。

学术价值方面，一是传承千年的辰州傩文化中保存着古代祭祀仪式多姿多彩的风貌，是楚文化、湖湘文化之根，是研究湖湘文化的历史文本。二是辰州傩戏是一种介于古老湘西原始戏剧与现代戏曲之间的原始戏剧、形态，是戏剧进化时期遗存下来的“活化石”，是当地许多地方戏剧种的老祖宗。

它能保存至今，是一份不可多得也是难以再生的文化遗产。三是傩文化涵盖了民族民间政治、历史、民族、考古、艺术等诸多方面内容，它的仪式、唱本成了进一步进行研究的不可多得的人类学研究文本。

3. 沅陵辰州傩戏的社会功能

（1）传承历史文化信息，增强民族凝聚力。古老傩事活动中的傩祭与傩戏，在一定程度上发挥了传承本民族历史文化信息的重要作用。傩祭歌舞与傩戏的演出，使本民族的由来、宗教、社会价值观、伦理道德规范、生活习俗和生产技能为后代所了解与掌握，在某种意义上有助于增强民族的文化认同、民族自尊心和凝聚力，也在一定程度上维系了社会的稳定。

（2）驱灾辟邪体现原始人文关怀。最为原始的傩戏所崇拜的神祇主要是天神、地神、山神以及苦荞、甜荞、包谷等神化的农作物。傩祭与傩戏驱逐灾疫的功能并没有随着社会历史的发展而发生大幅度的改变。人为宗教和鬼魂信仰的出现，使得傩事成为具有逐除鬼魅或是哄诱安抚鬼魂以求平安功能的祭祀活动。傩戏是人们在生产力水平低下、文化落后的情况下希冀战胜当时所无法战胜的自然事物而产生的。

四、沅陵辰州傩戏传承与发展状况实地调研

1. 调查地点

为了保证样本的客观性和收集意见的全面性，我队伍主要在怀化的五溪一带进行调研工作。

2. 调研时间

2017 年 7 月 19 日。

3. 调研对象

访谈对象：辰龙谷及周围的当地居民代表和部分旅客。我们在调研之前，提前联系好调研地点的负责人,并拟好详细的访谈提纲,确保访谈工作顺利进行。

4. 调研过程

19 日清晨，调研小组来到了官庄著名的辰龙谷。一进入辰龙谷，两个牛角似的石头拱成一个大门，辰龙谷的负责人一直陪同，并跟我们讲解有关辰州傩文化的知识。

边走进辰龙谷，负责人一边跟我们介绍辰州傩文化的起源。辰州古为湘

西北、黔东、鄂西等部分地域，现管五溪流域包括今天的怀化市、湘西自治州和张家界永定地区，多指湖南西北部沅陵一带。辰州傩戏，是由当地的巫师冲傩还愿的歌舞发展而成的祭祀性仪式戏剧。傩戏演出中大多穿插着傩祭活动，目的在于驱鬼逐疫，纳吉纳福。

傩戏正戏是由做法事和请神演变而成的，内容是法师的作法程序。表演者在台上挥舞着，嘴里振振有词。负责人介绍道："娱神时，法师将会在三十几场法事中完成傩坛正戏，同时按傩愿大小的法事程序进行演唱，主东家与群众也会参与进来，其乐融融。"在表演中有人神沟通，有单人表演，有其他师傅在伴唱，也有掌坛师一边在前面引路，一边与尾随其后的人交流。傩坛正戏可以说是傩堂戏的雏形，最具戏剧性和色彩性，十分有娱乐性质。

虽然在演出厅只看了傩坛正戏，但是在展览厅有傩堂小戏和傩堂大戏的介绍。傩堂小戏又称正朝。小戏已经具备小型戏剧节目，这类剧目多由傩坛正戏发展而来，与之不同的是小戏已经具有了一定的戏剧矛盾和情节，表演内容变得较为丰富,也增添了人物性格,生活趣事和世俗故事多被搬上台面,喜剧性强。为了使我们更加直观、深入地认识傩堂小戏，负责人给我们播放了傩堂小戏的表演视频。在视频中我们发现，傩堂小戏一般除了用打锣腔演唱外，还会利用民间小调作演唱，不仅有锣鼓伴奏，还有丝弦乐器，表演内容和形式十分精彩。

表演观看结束后，队员们向表演者进行了访谈，就傩戏的服饰等方面进行了讨论。在访谈中我们知道了演员们在表演傩戏时使用的服饰和行头全是自办自用，经过好几代传承至今，虽有些破旧，但显得格外朴实。傩戏的服饰比较简单，一般傩坛演出仍常以日常生活服饰为主，杂以少量的戏装。表演者们往往放下手中活计，脚上穿着普通的鞋子，带着浓厚的生活气息就走进傩堂演傩戏。

访谈结束后，我们去展览厅参加，我们看到了与傩戏有关的事物，比如神秘独特的面具。通过介绍我们知道了因为傩戏是由傩仪、傩舞演变而来的，所以没有傩面具的戏也就不被称为傩戏了。

在参观期间，队员们对游客就辰州傩文化进行了访谈，访谈内容包括对傩文化的认识、对傩文化发展的看法以及对傩文化传承的建议。

五、调研结果综合分析

围绕"沅陵辰州傩戏现状及传承发展策略研究"的主题，我们采用实地调研法进行了此次调研活动。在湖南省怀化市沅陵县官庄镇多地进行调研，遍及集镇中心，包括著名的特色新景区——辰龙谷。实地考察之外，还对10组当地居民进行了采访，回答有效率达到100%。调研小组将调研过程分为三个阶段：前期准备阶段、实地考察阶段以及数据分析报告撰写阶段。

下面对一些访谈过程中的代表性问题进行具体分析（虽然提出的问题大多为开放性问题，但被采访者的回答方向比较集中，以下分析以选择题的形式进行归纳）：

1. 您现在处于哪个年龄段？

表1　您现在所属的年龄阶段

年龄段	频率	百分比（%）	有效百分比(%)
20岁以下	2	20	20
20~45岁	3	30	30
45~60岁	3	30	30
60岁以上	2	20	20
合计	10	100．0	100.0

此次采访中，在20岁以下的被采访者占了20%，20~45岁的被采访者占了30%，45~60岁的被采访者占了30%，60岁以上的被采访者占了20%，年龄的分布比较广泛，能够较为全面地体现辰州傩戏发展的现实状况。

2. 您对辰州傩戏的了解程度如何?

表2　您对辰州傩戏的了解程度

选项	频率	百分比(%)	有效百分比(%)
非常了解	1	10	10
比较了解	3	30	30
听说过，不太了解	5	50	50
没听过	1	10	10
合计	10	100.0	100.0

我们的采访中，在对于辰州傩戏的了解程度这个问题上，仅有10%的被采访者表示对辰州傩戏非常了解，这些人都亲自表演过辰州傩戏或是亲自参

与过与辰州傩戏有关的活动，这对辰州傩戏的传承具有极其重要的意义，但也暗示出辰州傩戏的传承还不够；而表示比较了解的被采访者有30%，说明辰州傩戏在沅陵县还是比较受到关注的，当地人对辰州傩戏具有一定的保护意识；然而有整整一半的被采访者表示听说过，但不太了解，这说明辰州傩戏的宣传力度还远远不够，要加大宣传覆盖面；还有10%的被采访者表示从未听过辰州傩戏，作为一种非物质文化遗产，还有当地居民没有听说过，无疑说明这种文化正在逐渐消失，亟需加大保护力度。

3．如果有辰州傩戏的专场表演，您会去看吗？

表3　如果有辰州傩戏的专场表演，您会去看吗?

选项	频率	百分比(%)	有效百分比(%)
非常愿意	4	40	40
可以看看	5	50	50
不感兴趣	1	10	10
合计	10	100.0	100.0

对于辰州傩戏的专场表演，被采访者非常愿意去看表演的占40%，他们认为辰州傩戏表演具有浓厚的传统文化意蕴，且具有独特的趣味和魅力。认为可以去看看的被采访者占50%，他们表示，可以去看是在有充足的时间的前提下，可以在专场表演中感受傩戏的魅力，学习傩戏。而表示不感兴趣的被采访者占10%，这组被采访者是一对年轻人，他们忙着打拼工作，且对传统的辰州傩戏没有感情，认为辰州傩戏已经是过去式，不愿再去观看表演。从这个问题的采访我们可以看出，大多数人对辰州傩戏还是有兴趣的，但少数年轻人对其了解不足，不具有对辰州傩戏的保护意识。所以，我们认为辰州傩戏是需要在现代教育中普及宣传的。

4. 您认为谁应当承担传承和发展辰州傩戏的主要责任?

表4　您认为谁应当承担传承和发展辰州傩戏的责任?

责任主体	频率	百分比（%）	有效百分比（%）
政府部门	5	50	50
艺人及团体	4	40	40
文化企业	1	10	10
合计	10	100.0	100.0

通过采访，我们发现，有高达50%的人认为政府部门应当承担传承和发展辰州傩戏的责任，因为政府部门与其他团体相比更具影响力，更能带动人们对辰州傩戏的热情和积极性。有40%的人认为艺人及团体应当承担传承和发展辰州傩戏的责任，因为辰州傩戏作为一种传统文化，历史悠久，精通它的传承艺人自然十分稀少，他们应当承担起自己的责任，将辰州傩戏以艺术的形式表演出来吸引群众的目光以及关注度。另外，还有10%的人认为文化企业应担起主要责任，毕竟随着文化产业的兴起，文化企业在文化发展中的作用越来越显著了，不过在相对比较偏远的沅陵县城，文化企业的力量还是略显薄弱的。

5. 辰州傩戏面临传承人缺失的问题，您如何看待？

表5 辰州傩戏面临传承人缺失的问题，您如何看待

选项	频率	百分比（%）	有效百分比（%）
问题很严重，已经后继无人	2	20	20
是有这方面的问题但还来得及	5	50	50
不清楚这样的问题	3	30	30
不存在这样的问题	0	0	0
合计	10	100.0	100.0

从我们的采访中可以看出，没有人认为辰州傩戏不存在面临着传承人缺失的问题，说明这个问题是存在的。在辰州傩戏的保护中，传承人的保护是非常重要的，在对传承人的了解中，数据显示有20%的人认为“问题很严重，辰州傩戏后继无人”，认为辰州傩戏即将失传，态度比较消极；同时有50%的人认为“有这方面的问题，但是现在还来得及”，一半的人承认有这样的问题，但是对辰州傩戏的保护与传承抱有希望，认为这样的问题可以通过现在的努力使其得到改善，让辰州傩戏有更好的发展；另外还有30%的被采访者表示不清楚这样的问题，说明他们对传统的辰州傩戏发展不够关心。所以总的说来，辰州傩戏的发展是存在问题的。

6. 在辰州傩戏的基础上加入现代元素，您是否认同？

表 6 在辰州傩戏的基础上加入现代元素，您是否认同？

选项	频率	百分比（%）	有效百分比(%)
不认同，保留传统即可	3	30	30
认同，辰州傩戏应与时俱进	6	60	60
不清楚，各有利弊	1	10	10
合计	10	100.0	100.0

在传统辰州傩戏的基础上加入现代元素，采访数据归纳显示有 30%的被采访者表示不赞同，他们认为只要保留传统即可，传统便是最经典的，没有加入任何新元素的必要。相反，采访过程中，有 60%的被采访者表示赞同在传统的基础上加入现代元素，这说明他们都意识到了创新的必要性，任何事物的发展都要学会“取其精华，去其糟粕”，这样才能让辰州傩戏与时俱进，更好地在新时代中发展。而有 10% 的被采访者因为不太了解辰州傩戏，或者了解辰州傩戏却没有考虑过辰州傩戏的发展与传承问题，所以表示不清楚应不应该加入现代元素，其实这也映射着有些当地居民对辰州傩戏的发展并不关心，辰州傩戏的保护与传承还有很长的路要走。

7. 您觉得辰州傩戏的发展会带动沅陵经济的发展吗？

表 7 您觉得辰州傩戏的发展会带动沅陵经济的发展吗？

选项	频率	百分比（%）	有效百分比（%）
会	5	50	50
不会	1	10	10
不好说，视情况而定	4	40	40
合计	10	100.0	100.0

据采访归纳的数据显示，50% 的群众认为辰州傩戏的发展会带动沅陵经济的进步。因为文化产业也是带动地区 GDP 增长的重要因素之一，发展沅陵文化产业可以通过观赏辰州傩戏表演与农家乐度假旅游等相结合，拉动沅陵的经济增长。而 40% 的群众持观望态度，主要与目前辰州傩戏资源的开发状况有联系，有可能投资了却收不回本，没有真正将辰州傩戏的品牌打造出去，就不能让群众感受到信赖和来自经济的自信。还有 10%的少数被采访者坚定地认为辰州傩戏不能推动沅陵经济的发展，他们认为辰州傩戏的发展现状还达不到推动经济发展的要求。

8. 您是否参加过当地举办的辰州傩戏的活动？

表8 您是否参加过当地举办的辰州傩戏的活动

选项	频率	百分比（%）	有效百分比（%）
参加过，以表演相关人员方式	1	10	10
参加过，以观众的身份	3	30	30
听说过，但没参加	4	40	40
没有听说过	2	20	20
合计	10	100.0	100.0

对于当地举办的辰州傩戏活动共有40%的人参加过，其中有10%的被采访者以表演相关人员的身份参加了活动，表明当地仍有一部分人正承担着辰州傩戏的传承工作；而另外30%的被采访者作为观众参加了当地辰州傩戏的活动，说明他们也在无意中为辰州傩戏的发展与传承做出了贡献。另外还有超过半数的人从没有参加过相关活动，反映了当地群众对辰州傩戏的参与度不够，各个组织应该发挥自己的力量多组织辰州傩戏的活动并加强其宣传力度。

本次实地考察，主要是针对沅陵民众所做的关于辰州傩戏保护和传承的现状进行的调查，通过对群众的采访回答进行归纳统计，我们初步了解了辰州傩戏传承与发展的现状，并且重点探寻了沅陵民众对于辰州傩戏发展的态度。从采访结果的归纳可以看出，沅陵民众对于辰州傩戏是具有一定的保护意识的，但辰州傩戏的保护和发展也存在着很多问题，如缺少传承人，缺少年轻人的认可，人们对其认识不正确等。总的说来，辰州傩戏的保护和发展需要进行很大程度的调整，需要政府、文化企业、传统艺人、人民群众的共同努力。其宣传力度需要大力加强，需要将其普及到当地的通识教育中，为以后的发展奠定基础。我们应该重视问题的存在，同时继续现今发展辰州傩戏的正确方法，使其更好地推动经济的发展。

六、沅陵辰州傩戏的传承与发展的意见和建议

文化是民族的血脉，是人民的精神家园。“国民之魂，文以化之；国家之神，文以铸之。”一个国家、一个民族的强盛，总是以文化兴盛为支撑的。中国传统文化是中华民族几千年生产和生活方式的积淀，体现了中华民族最

深层的精神追求，代表着中华民族独特的精神标识，为中华民族生生不息、发展壮大提供了丰厚的滋养。沅陵辰州傩戏作为传统文化中的重要方面，也必须得到更好的传承与发展。但是随着社会的进步和发展、人们生活水平的提高、生活方式的改变、电影电视等流行音乐文化的冲击、普通话的广泛推行，民俗戏曲受到了严重冲击。近年来，社会各界和政府已经逐渐认识到了保护传统文化的重要性，并开始以各种方式保护和传承地方民俗文化。为此，调研小组基于本次调研提出了一些建议，期待对沅陵辰州傩戏的传承与发展有所帮助。

（一）实施静态保护

一是进一步开展普查工作，彻底摸清辰州傩的产生、发展、历史沿革以及辰州傩的现状，收集具有代表性的辰州傩的部分实物。

二是将普查所获资料进行归类、整理、存档，建立辰州傩网站，实现资源共享。

三是组织专业队伍深入开展理论研究工作，并把研究成果编纂出版。

（二）实施动态保护

一是建立七甲坪、蚕忙、楠木三个文化生态保护村，并对十位主要传人实行重点保护，主要是针对老艺人的艺术活动、生活、医疗等方面进行有效保障。

二是健全现有的七甲坪傩文化艺术表演团和一家班等艺术团体。

三是招募年青人进行专业培养，从根本上解决辰州傩的传承难题。

四是创办以辰州傩文化展演为主的培训班，从人才和表演等各个方面提高辰州傩的艺术档次。

五是建立开发辰州傩面具、辰州符等工艺厂，开辟以辰州傩面具为主的工艺产品旅游市场，加速辰州傩形成文化产业。

六是修缮好以金家祠堂为主的辰州傩表演场地，形成以此为中心的傩文化旅游景点。

七是配合全国传统龙舟赛等群众文化活动，设立民间文化艺术节，促进辰州傩文化的传承、发展。

（三）实施保障机制

一是建立市场营运机制。传承发展辰州傩文化，发展辰州傩文化和开发傩文化产业相结合，以产业实体为依托，以发展傩文化艺术为目的艺术市场运营机制，打造以辰州傩文化为主要艺术特色的群众文化之乡品牌。

二是建立原汁原味的原生态保护与不断提高技艺，发展创新，协调发展的动态持续保护制度，在保护好民族特色的基础上，不断提高行艺人的综合技艺，保护其精髓，除去糟粕，不断适应社会进步的需要。

三是推行新型人才机制。在传人上，只要是愿意投身辰州傩文化艺术的有志之士，不论门坛，不论辈分，大量招引传承人，使辰州傩文化艺术源远流长。

我们团队于七月在怀化沅陵展开调研，通过这次调查报告，我们了解到：历史的源远流长造就了沅陵这座历史文明古城辉煌灿烂的物质文明和非物质文明。这座历来贫瘠的城市，远离中原的纷飞战火，不断吸收和融合中原文化，从而形成特有的湘西巫傩文化。

调研中我们认识到，怀化是巫傩文化的主体地带。巫傩文化是古黔中地区的炎人族、神农氏族在长期的生活中形成的一种图腾崇拜文化。史料记载，炎人是我国南方的远古先民，是一个庞大的氏族、部落。这个氏族活动范围宽广，图腾崇拜太阳鸟。太阳图腾、鸾鸟图腾是沅湘（即沅水、湘江流域）先民长期从事稻作农耕活动的产物，是傩文化的核心观念和形成标志。我国著名巫傩文化专家林河先生从文化人类学、民俗学的角度，令人信服地深入分析和详细论证巫傩源于沅湘一带的观点。怀化是巫傩文化的主体地带，据国家文物部门考证，最早的农耕祭祀文化发掘于湖南怀化的洪江高庙文化，距今已有7400多年，可见怀化的傩文化历史风盛之远；怀化新晃侗族自治县的傩戏“咚咚推”，20多年前就被国内外专家学者称之为“中国戏剧的活化石”，它是巫傩文化的早期产物；怀化沅陵是秦国时期的黔中郡郡治之地，也是巫傩文化浓郁的地方，仅该县就现存傩殿1200多个。怀化众多的古城古镇古村落中，有着过鬼节、做道场、贡土地、跳大神、祭跳香、收魂、收黑等民间习俗和巫术，如今，如滚刺床、单刀云梯（上刀山）、趟火池（下火海）、吃火木炭等傩技，都已成中国的民间绝技。

这些年来，傩文化活动最突出的层面，就是随大湘西旅游业的迅速发展而兴起的傩文化保护与开发热潮。二十世纪和二十一世纪交替的这些年，张家界市旅游开发商们，在挖掘土家民族风情旅游资源的过程中，把傩文化中的傩技、傩戏等搬上了舞台，使傩文化进入了市场。继之，吉首、凤凰、沅陵、麻阳、新晃、会同等地，把傩文化的保护与开发推上前台，整个大湘西从北至南走上傩文化保护与旅游开发之路。

但是，我们同时发现传统文化的光芒正在慢慢黯淡，许多传统文化有销声匿迹的危险，这其中有许多方面的原因，也许是现代文化的冲击。又或许是传统文化的保护不足。我们相信，有一天传统文化会再焕发光芒。作为湖南人，我们有责任来弘扬家乡文化，从我们做起，从小事做起，我相信这也是这份调查作业的初衷及目的。我希望能有更多的家乡人加入到保护沅陵非物质文化的队伍中来，关心热爱家乡的文化，让家乡文化走出湖南，并以保护家乡文化为己任。

参考文献

[1] 曾婷. 辰州傩戏的传承研究 [D]. 武汉：中南民族大学，2012.

[2] 舒达. 论文化生态视野下辰州傩文化艺术的传承与发展 [J]. 湖南社会科学，2013（2）.

[3] 李玉华. 欠发达地区非物质文化可持续开发研究——以辰州傩戏为例 [J]. 怀化学院学报，2013（6）.

[4] 谭建斌. 民间遗存巫傩舞蹈艺术形态的历史演变——以湘西地区为例 [J]. 怀化学院学报，2013（10）.

农村留守儿童体育干预心理效应研究

课题组成员：陈玉娉
指导老师：焦晓云

摘要：随着我国经济不断发展，城镇化市场化进程不断推进，一批“留守儿童”逐渐出现在我们眼前。其庞大的数量、繁杂的问题不断引起全社会的广泛关注。本文以留守儿童的现实状况为基础，从体育干预的角度切入，分析体育干预对留守儿童心理健康状况的影响，并从体育的角度探求解决留守儿童心理健康问题的新途径。

关键词：留守儿童；体育干预；乡村体育

留守儿童、孤巢老人等新兴词汇是由我们社会经济迅猛发展所带来的后遗症而衍生出的。随着城市化进程不断加快，农村青年劳动力全体进城务工，村中只留“老弱病残”的情况早已司空见惯，因而老人们往往倍感孤独，儿童们也因常年得不到父母的关怀与陪伴，更易产生叛逆、暴躁等心理问题，严重阻碍了其健康成长的道路。要提高城中劳动力工作积极性，推动社会主义经济建设进程，首先要解决孩子们的问题。要加强社会人文关怀，本着“不抛弃不放弃”的精神平等对待每一个孩子是社会责任。因此对留守儿童心理问题的研究变得刻不容缓。

一、农村留守儿童心理健康状况

对于农村留守儿童的界定目前学术界也尚存争议，其概念内涵和外延上尚未得到规范统一。一般情况下，留守儿童的界定涉及三个要素，即留守儿童的年龄、父母一方或双方外出、父母外出的时间长度。结合最新研究以及本课题的实际情况，将留守儿童限定为：因父母双方或单方长期（半年以上）外出务工或经商，由父母单方、长辈或其他亲友抚养照顾、教育和管理或无人照顾，年龄在6~16周岁的儿童。农村留守儿童产生的主要原因归咎于城市化进程加快，社会经济飞速发展带来的负面影响。孩子虽与长辈、亲戚一起生活，但往往仅能得到最基本的生活保障，高质量的教育水平、及时有效的心理健康疏导、自尊自信的性格培养等都是遥不可及的内容。儿童长期处在这种弱势而压抑的环境下，心理问题便不断产生，主要体现为人格系统发展不健全，具体表现为：内向封闭，自卑心理严重，性格孤僻不合群；情感淡漠，逆反性、敌对性、攻击性强；情绪敏感多疑；人生观、价值观偏移，道德意识薄弱；心理受创致使社会适应能力偏低等。因此近年来留守儿童的教育发展开始逐渐被社会广泛关注。

二、体育干预农村留守儿童心理健康的必要性

（一）留守儿童心理困境的成因

留守儿童是社会转型的产物，是社会经济高速发展不可避免的问题，在现在及未来很长一段时间内都无法完全使这个群体消失，这样的问题还将持续存在。从当前的数据调查来看，我国目前的现状是留守儿童人数多、分布广、各种问题纷繁错杂。就其成因而言，大致可归结于政府、社会与家庭几个方面。

首先，社会结构转型的过程中，政府缺乏必要、有效的衔接机制。在鼓励农民工入城推动经济发展的同时没有积极推出保障大批工人子女的各类权益的相关政策。农民工子女大多无法正常享受城市医保，无法与城市孩子一样享受同等上学的权利，且农民工往往工资福利并不丰厚，微薄的薪水并不足以使其承受城市通货膨胀的压力，将孩子带在身边变得异常艰难。

其次，社会对农民工群体缺乏必要的关怀与包容。公交车上有座位也不敢坐，地铁上因为衣着打扮而遭人白眼，私立学校只接受城市户籍学生，农

民工子弟小学却因设施简陋、管理制度存在缺陷等问题使工人们望而却步。在这个功利浮躁的世界中，工人们深知自身社会地位对孩子们心理状况的影响，与其在光鲜却虚荣的城市里压抑，不如把孩子留在农村，还给孩子一片心灵的净土。

最后，家庭教育的缺失也是留守儿童产生心理障碍的重要原因。隔代抚养与看护往往缺乏正确的关爱与引导。爷爷奶奶们通常缺乏先进的教育理念与对孩子身心健康正确的判断。在身体健康上，老人们总是希望孩子们多吃，却不太注重给孩子们搭配合理的营养结构的膳食，以至于孩子们经常营养不良或是营养过剩。在心理健康上，老人们普遍会对孩子们溺爱，在这种“宠爱”中长大的孩子往往更缺乏耐心与包容心，更易导致恶劣事件的产生。

留守儿童正处在人格形成的关键时期，在这样多方面的影响下，心理问题的形成不言而喻。

（二）对留守儿童进行体育干预的心理价值

就目前的社会情况而言，留守儿童显然是弱势群体。对留守儿童的关怀不仅是迫切的现实需要，更是民族的社会责任。

体育课程具有丰富性、有效性与趣味性等先天优势，势必能比采取政治手段、教育手段或是改变社会观念等措施取得更为直接与快速的成效。蒙台梭利曾强调指出：“体育不仅有助于儿童的身体发育和健康，而且有助于锻炼幼儿的意志和发展儿童之间的合作关系。”以一场篮球赛为例，团队内的合作，面对对手的竞争意识，善于总结自己与对手的优势劣势，审时度势制定出对待不同对手的不同战略等等，都是体育手段最直接的教育，是其他方式不可替代的。因此，对留守儿童的体育干预不是其他方式的辅助手段或是备选方案，而是积极有效的影响方式。在多种体育干预中，我们认为乡村体育是更结合农村实际又行之有效的方法。我国绝大多数农村条件简陋，设施不完善，学生们的体育基础相对较差，我们可以从学生兴趣入手，将“游戏”引入课堂，组织丢沙包、跳绳、接力赛、拔河比赛等简单的活动，寓教于乐，发展乡土体育干预模式。一方面能有效提高学生们的身体素质，加强体育锻炼，增强其体质；另一方面使学生在运动过程中增强自信、增强自我认同感，发展学生们的社交能力，消除因贫困落后而产生的自卑情结，促进留守儿童社会化。采取体育干预的手段，还可以培养儿童的运动习惯，将运动成功辐射进生活，帮助其树立正确的价值观，使身体健康与心理健康共同发展，达到双管齐下、一石二鸟的成效。

三、农村留守儿童心理健康体育干预的实验研究

（一）研究对象

以农村留守儿童为研究对象，采用随机抽样的方法，选择长沙县青山铺中学75名留守儿童作为调查对象，对该地区的留守儿童进行乡土体育干预，对比分析体育干预前后留守儿童的心理状况变化。

（二）研究方法

1. 文献资料法

通过中国知网、湖南师大图书馆等收集近20年内有关农村留守儿童问题、体育干预的文献110余篇，了解留守儿童心理健康现状和体育干预的方法、手段，为本研究的顺利进行打下良好的理论基础，通过借鉴前人的研究成果，确立了论文的研究目标、路径等。

2. 访谈法

针对留守儿童的生活、教育问题，设计访谈提纲，对村长及居委会主任进行访谈，听取了他们对本研究的意见与建议，并得到了他们对体育干预教学研究的支持与帮助。

3. 问卷调查法

留守儿童的心理指标测试采用症状自评量表（Self-reporting Inventory），又名90项症状清单（SCL-90），包括9个因子，有躯体化、强迫症状、人际关系敏感、抑郁、焦虑、敌对、恐怖、偏执、精神病性。

问卷发放情况：前期发放SCL-90问卷75份，回收75份，有效问卷61份，有效率81.33%；后期发放SCL-90问卷75份，回收75份，有效问卷65份，有效率86.67%，选取有效问卷61份。依巴比的观点，问卷回收率在60%以上为良好，70%以上为非常好，因此本课题的调查问卷的回收率与有效率都非常高，能够满足研究需要。

4. 教学实验法

本研究通过学校的“三下乡”活动，对长沙县青山铺75名留守儿童进

行乡土体育干预，体育项目包括跳绳、丢沙包、拔河等。每天练习 45 分钟，干预 2 周，之后采取每周两节体育课，干预一学期，并在其间举行各种比赛。利用心理测量量表对实验对象前后心理素质各项指标进行测试，并对测试结果进行差异显著性分析。

5. 数据统计法

对 SCL-90 量表的数据采用 Windows 2003 Excel 软件进行处理，结果采用“平均数 ± 标准差”表示，组间与组内变量均采用 t 检验，$\alpha=0.05$，即以 $P<0.05$ 提示差异具有显著性，以 $P<0.01$ 提示差异具有非常显著性。

6. 比较分析法

通过实验前期、后期心理素质数据进行纵向比较分析，通过实验结果判定体育干预是否对心理素质有显著影响。

（三）实验结果及分析

对留守儿童进行半年的乡土体育干预，前两周每天一节体育课，之后每周两节体育课，同时组织各种乡土比赛和游戏，干预后测试心理健康问卷测试各项分值指标，对干预前后进行 T 检验，求得 P 值，如表 1 所示：

表 1 乡土干预前后留守儿童心理健康状况（SCL-90 量表）结果（ ±S）

A 因子	前期	后期	T 值	P 值
躯体	1.37 ± 0.48	1.31 ± 0.31	0.87	0.387
强迫	1.77 ± 0.63	1.57 ± 0.50	2.01	0.048 *
人际关系	1.59 ± 0.57	1.35 ± 0.45	2.27	0.026 *
抑郁	1.56 ± 0.54	1.36 ± 0.34	2.48	0.009 **
焦虑	1.49 ± 0.55	1.28 ± 0.34	2.39	0.019 *
敌对	1.67 ± 0.71	1.50 ± 0.61	1.22	0.022 *
恐怖	1.52 ± 0.61	1.36 ± 0.41	2.18	0.033 *
偏执	1.55 ± 0.60	1.31 ± 0.34	2.60	0.009 **
精神病性	1.41 ± 0.51	1.37 ± 0.49	0.41	0.687

注：$p<0.05$ “*”，显著性差异；$p<0.01$ “**”，非常显著性差异。

表 1 的数据统计结果表明：乡土体育干预半年后，调查对象的心理因子得分都有不同程度的下降，抑郁、偏执因子呈非常显著性差异（$p<0.01$）；强迫、人际关系、焦虑、敌对、恐怖呈显著性差异（$p<0.05$）；躯体、精神病性因

子不具有统计学差异。这说明，乡土体育干预能有效改善和提高留守儿童的心理健康状况。

1. 乡土体育游戏帮助留守儿童正确认识自我

在正常情况下，6~16 岁年龄段的孩子们大多乐于参加集体活动，尤其是体育活动，更多表现为“精力旺盛”“不知疲倦”；而留守儿童通常表现为性格孤僻、喜欢独处、对类似活动积极性不高等、宁愿被大家遗忘等。在经过体育干预后，儿童的自信心明显增强，多数儿童更愿意参与集体活动并展现自己，孤僻不合群的现象明显大大改观。调查显示，在体育干预之前，留守儿童参与体育活动的积极性不高，50.2% 的学生不太愿意参加集体性活动，对集体活动、体育项目有较强的回避、排斥心理；体育干预后，70.7% 的学生会主动参与到体育活动中来，若是原计划的体育课被取消，多数孩子会感到沮丧与失望。由此可见，体育活动能使留守儿童正确认识自我性格，发现自我需求，提高自我认同感与自尊心、自信心。

2. 乡土体育游戏增强留守儿童归属感

留守儿童普遍存在这叛逆、偏执等性格特点，逆反心理严重，期待通过与老师、家人的争执而获得关注。针对以上情况，乡土体育游戏通常以团队的形式来展开，如接力赛、拔河等活动，虽然简单却需要强烈的团队合作意识，任何一人的行为均会影响到整个团队的荣辱，任何一人的背后都有强大的团队作支撑，教育学生齐心协力才能共创佳绩。因此，留守儿童作为团队的一分子，大多表现出对团队的认同感与归属感，将集体作为情感依托，内心中的胆怯、多疑、排斥同伴的因素不断减少，正能量不断提升。调查显示：在干预前，50.2% 的学生不太愿意参加集体性活动，更愿意参加三人以下的活动或者独自玩耍，部分留守儿童在体育活动中出现捣乱、破坏和暴力行为；干预后，留守儿童明显对集体活动的热情大大提高，自信心增强，将团队的成功归于每一分子的努力而非个人英雄，并为自己是团队的一分子而感到自豪。

3. 体育干预促进留守儿童形成正确价值观

留守儿童年龄较小，个人意识与性格思想都没有完全定型，很容易被身边人的习气作风所影响，由于缺乏正确的三观引导，很容易产生不当的人生观与价值观。范先佐调研表明，由于父母长期不在身边，不能得到父母的关照和教育，缺乏良好的家庭管教氛围，留守儿童在行为习惯上易出现放任自流、不服管教、违法乱纪等不良行为；除此之外，留守儿童中独生子女较多，寄养或是隔代抚养往往会溺爱孩子，使孩子养成不当的是非观与道德观。而体育精神所倡导的是公平竞争、团结协作、规则意识、乐观主义等精神品质，老师在快乐运动中潜移默化地对孩子进行引导和教育，让孩子认识到自身的不足，并树立起积极向上的价值观念，弥补了家庭教育缺失的不足，对留守儿童而言意义非凡。

4. 乡土体育文化加强留守儿童的文化认同感

绝大多数农村经济不发达，基础条件相对落后，在经济迅猛发展的时代，越来越多的农村人开始向往城市，追求心中的城市梦。城市的发展与农村的落后形成强烈的对比，使本就走向衰败的质朴的农村文化更加步履维艰。城市文化殖民使农村儿童更加向往高楼大厦，而再感受不到农村的泥土芳香。失去了文化根基的农村显然是无法踏踏实实向前发展的。而乡土体育正是看到了这一漏洞，不强求完备的设施、健全的器具，使体育锻炼从游戏中来，到生活中去，用最质朴的生产生活方式干预留守儿童的心理健康，既是对农村儿童文化的熏陶，又是对其认同农村文化的引导。中国的城镇化进程在加快，但我国仍然是农业大国，农村的地位依然不可动摇。留守儿童作为农村的新一代，应该是农村文化的传承者，借助于城镇化的契机，改造农村落后的现状，促进城乡融合的同时保有农村文化的根基是他们肩上挑着的重担。

四、结语

事实证明，乡土体育干预对于农村留守儿童的心理健康状况是有着巨大的意义与价值的，使留守儿童从身体素质到心理健康再到价值观培养上都有着翻天覆地的变化。在解决留守儿童的问题上，体育干预固然有着巨大的贡献，但面对我国数量庞大的留守儿童群体，面对纷繁错杂的问题，仅靠这种手段还是远远不够的，这仅仅是万里长征的第一步而已。要想解决留守儿童的各种问题，仍需我们国家政府、社会公众与每个家庭的共同努力。

参考文献

[1] 全国妇联. 中国农村留守儿童、城乡流动儿童状况研究报告 [R]. 2013.

[2] 于海强. 辽宁省农村留守儿童健康的体育干预研究 [D]. 大连：辽宁师范大学硕士论文，2010.

[3] 王玉琼，马新丽，等. 留守儿童，问题儿童 ?[J]. 市场瞭望塔，2005（1）.

[4] 范先佐. 农村“留守儿童”教育面临的问题及对策 [J]. 国家教育行政学院院报，2005，（7）：80.

[5] 金一鸣.（教育社会学）当代教育新理论丛书 [M]. 南京：江苏教育出版社，2000（8）.

[6] 马戎，龙山. 中国教育问题研究 [M]. 福州：福建教育出版社，2000.

[7] 贾晓波. 心理适应的本质与机制 [J]. 天津师范大学学报（社会科学版），2001，154（1）：19.

[8] 柳友荣，罗永义，柳永. 农村社区体育：留守儿童心理成长干预的现实路径——基于公共治理视域 [J]. 池州学院学报，2013，27（4）：1-6.

[9] 吴红慧. 弗洛伊德的人格结构理论及其对教育的启示 [J]. 基础教育，2004（12）：14-16.

[10] 黄莉. 中华体育精神的文化内涵与思想来源 [J]. 中国体育科技，2007，43（5）：5-6.

[11] 黄应圣，刘桂平 . 农村“留守孩子”道德品质状况的调查与思考 [J]. 教书育人，2004（11）：51

[12] 孙楠. 大众传媒之于村民自治的文化价值建构 [J]. 法制与社会，2009（8）：278-279.

农村小学学生间冷暴力现状及应对

课题组成员：卢庆，陈琳，刘婵林，谭菁，廖思琦，周阳
指 导 老 师：赵子林

摘要：学生之间的冷暴力发生在同伴的人际交往互动过程中，主要表现为言语上的讽刺、辱骂，行为上对同伴的冷漠、歧视、故意疏远等，其对学生的人格发展和身心健康有极大的负面影响。该研究随机抽选长沙市雨敞坪镇中心小学120名学生进行了“关于农村小学生间冷暴力现状”的问卷调查，并对典型对象进行了深入访谈，发现农村小学生间的冷暴力问题较为普遍，这与小学生不成熟、不稳定的心理特征以及农村学校、家长对小学生心理健康缺乏正确引导、社会对冷暴力问题关注度较低等原因有关。在此基础上，课题组成员从家庭、学校、同伴及社会等几个方面提出了若干预防和解决冷暴力问题的建议及对策，以帮助引导农村小学生树立良好的交往观念，促进农村小学生心理健康发展。

关键词：农村小学；冷暴力；原因；对策

近几年，我国校园暴力已经成为影响家庭和谐、校园安全、社会稳定的重要因素之一。校园暴力不仅给当事学生带来了巨大的身心伤害，也给相关家庭和学校造成了财产和精神等方面无法挽回的损失。而与这种显性的校园暴力相对应的另一种隐性的暴力——校园冷暴力的危害也在逐渐凸显。《现

代汉语新词语词典》指出："冷暴力是指不采用传统的殴打等暴力形式解决问题，而是以冷淡、轻视、放任、疏远和漠不关心等态度致使他人心理上或精神上受到侵犯和伤害。"学生间的冷暴力属于校园冷暴力中的一种，是指学生个体或群体在人际互动的过程中，以歧视、孤立、嘲讽、威胁、刻意疏远等言行对学生个体或群体造成心理和精神伤害的行为。国内关于校园冷暴力的研究，主要是教师施加于学生的冷暴力，对学生之间冷暴力的研究较为薄弱和缺乏。学生之间的冷暴力较为隐蔽但却比显性暴力更为普遍和常见，其对学生的人格发展和身心健康有着巨大的负面影响。

埃里克森的社会化发展理论指出："学龄期（6~12 岁）是学生克服自卑感、培养勤奋感的时期，如果他们能顺利地完成学习课程，他们就会获得勤奋感，这使他们在今后的独立生活和承担工作任务中充满信心。反之，就会产生自卑。"在与同伴交往的过程中，其矛盾、不稳定的心理特征很容易出现认知偏差和行为偏差，从而引发冷暴力问题。在此阶段，如果学生经常遭受同伴的轻视、嘲讽甚至是排斥，受到不公正的对待，长期得不到同伴的肯定，其身心健康发展将会受到严重阻碍，逐渐脱离群体，拒绝融入社会。此外，现实状况显示农村居民对孩子的心理状态和健康的关注度比较低，家长、学校都缺乏对孩子的精神、情感和心理上的疏导，这为小学生同伴间的冷暴力留下了发展的空间。因此对学生间冷暴力的研究可以了解学生间交往的部分状况，从而及时引导学生的人际交往，使学生树立良好的人际交往观念，促使其身心健康发展。

《国家中长期教育改革与发展规划纲要》（2010—2020 年）指出："把教育摆在优先发展的战略地位，把育人为本、德育为先作为教育工作者的根本要求。"学生之间的冷暴力问题与学校德育有着紧密的联系，解决学生间冷暴力的问题有助于构建和谐校园，实现德育目标。因此，在农村小学背景下进行同伴间冷暴力问题的研究是势在必行的。

课题组运用调查问卷法、访谈法、个案研究法等调查方法综合了解农村小学学生间冷暴力的现状，将研究对象分为施暴学生和受暴学生两大类，研究内容分为行为冷暴力和言语冷暴力。通过变量分析推导可能出现的原因，并总结和分析具有操作性的冷暴力应对措施以供参考，便于学校和家长积极疏导学生负面情绪及行为，使学生身心状况朝着健康的方向发展。

一、研究设计

该研究是在对雨敞坪镇中心小学实地调查的研究基础上，以量化研究为主体，以质性研究为辅助，针对农村小学生之间的冷暴力现状展开全面深入探讨。该研究综合运用了文献法、问卷调查法、深入访谈法，具体调查研究设计如下：

第一步是选取120名雨敞坪镇中心小学学生为样本，发放问卷进行调查。问卷的发放和回收工作由各班班主任进行，统一时间作答，保证了问卷的有效性。调查问卷包括三大部分：第一部分是学生的基本情况，包括年龄、性别、家庭情况，家庭情况包括学生家庭子女情况、监护类型、父母对子女同伴关系的关心程度及教育方式。第二部分是冷暴力现状基本情况的调查，该部分又分为4个小部分，分别是施暴者（语言、行为）及受暴者（语言、行为）。考虑到小学生的理解能力较差与专业知识有限的情况，研究采用封闭式问卷，将答案设置为简单的“是”与“不是”，便于学生理解以做出符合实际情况的选择。第二步是对典型冷暴力施暴者和受暴者及其家长、教师进行访谈，了解其在校表现以及家校联系情况，对施暴者和受暴者的状况综合性的描述。

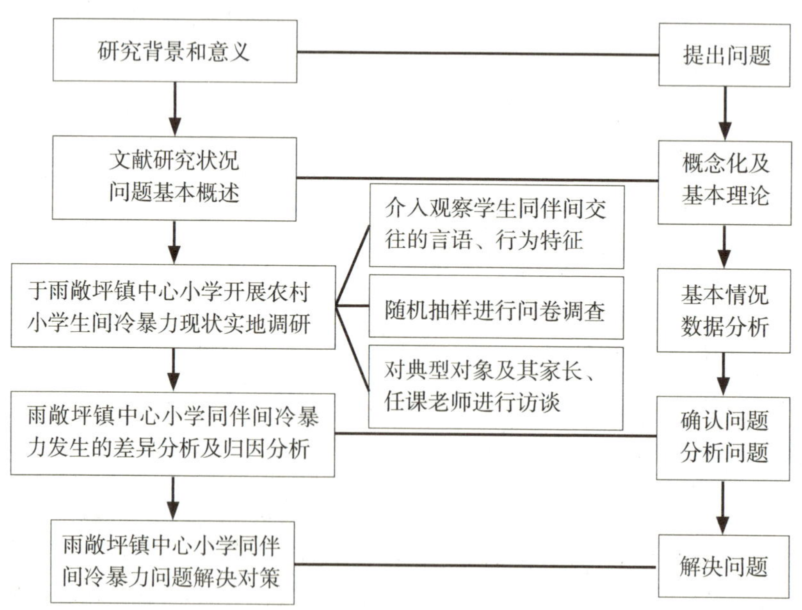

图1　研究技术路线图

二、研究分析

该研究数据来源于关于“农村小学生间冷暴力现状”的调查研究，以长沙市雨敞坪镇中心小学为调查点，以三、四、五、六年级学生为研究对象，共发放问卷120份，回收120份，有效问卷110份，无效问卷10份。

样本分析如下：研究对象中男生44人，占40%，女生66人，占60%，以女生居多。11岁占比最多为25.5%，10岁占比20.9%，8岁占比19.1%，6、7、13、14岁人数相对较少。关于家庭情况主要了解是否为留守儿童，是否为独生子女及监管类型。针对“父母谁在外打工”这一问题调查结果显示：27%的学生是父亲单独在外打工，10%的学生是母亲单独在外打工，20%的学生是父母都在外打工，有43%的学生父母未外出打工，约有一半比例孩子父亲或母亲在外打工。针对“是否为独生子女”这一问题调查结果显示：20%的学生为独生子女，80%的学生为非独生子女。问卷以“家里谁管你比较多”为标准来设定学生的监护类型，并细分为父亲监护、母亲监护、祖辈监护、同辈监护和其他。调查结果显示，18%的学生由父亲单独监管，52%的学生由母亲单独监管，6%的学生由父母共同监管，此外，还有23%的学生由哥哥姐姐或者祖辈监管。由此可以看出，农村小学生的主要监护类型是母亲监护，其次是祖辈、同辈监护，只有少部分由父亲监护。（见表1）

表1　研究对象基本情况统计表

<table>
<tr><td>年龄</td><td>6岁</td><td>7岁</td><td>8岁</td><td>9岁</td><td>10岁</td><td>11岁</td><td>12岁</td><td>13岁</td><td>14岁</td></tr>
<tr><td>人数（人）</td><td>1</td><td>7</td><td>21</td><td>11</td><td>23</td><td>28</td><td>11</td><td>3</td><td>2</td></tr>
<tr><td>比例</td><td>0.9%</td><td>6.4%</td><td>19.1%</td><td>10%</td><td>20.9%</td><td>25.5%</td><td>10%</td><td>2.7%</td><td>1.8%</td></tr>
<tr><td colspan="3">性别</td><td colspan="3">男</td><td colspan="4">女</td></tr>
<tr><td colspan="3">人数（人）</td><td colspan="3">44</td><td colspan="4">66</td></tr>
<tr><td colspan="3">比例</td><td colspan="3">40%</td><td colspan="4">60%</td></tr>
<tr><td colspan="3">独生子女</td><td colspan="3">是</td><td colspan="4">否</td></tr>
<tr><td colspan="3">人数（人）</td><td colspan="3">22</td><td colspan="4">88</td></tr>
<tr><td colspan="3">比例</td><td colspan="3">20%</td><td colspan="4">80%</td></tr>
<tr><td colspan="2">父母外出务工情况</td><td colspan="2">父亲外出打工</td><td colspan="2">母亲外出打工</td><td colspan="2">均外出打工</td><td colspan="2">没有外出打工</td></tr>
<tr><td colspan="2">人数（人）</td><td colspan="2">30</td><td colspan="2">11</td><td colspan="2">22</td><td colspan="2">47</td></tr>
</table>

续表

比例	27.3%	10%	20%	42.7%	
监管情况	父亲监管	母亲监管	父母监管	祖辈监管	同辈监管
人数（人）	19	57	7	25	2
比例	17.3%	51.8%	6.35%	22.7%	1.8%
对同伴关系的关心程度		关心		不关心	
人数（人）		87		23	
比例		79.1%		20.9%	
子女与同伴有矛盾	找同学谈话	不用在意	不要继续在一起玩	不管你	其他
人数（人）	58	18	11	4	19
比例	52.7%	16.4%	10%	3.6%	17.3%

该研究将学生间的冷暴力分为“言语冷暴力”与“行为冷暴力”两大类别，在两大类别里又将研究对象分为施暴者和受暴者进行调查。第一部分设置了4个问题对小学生同伴言语“冷暴力”施暴现状进行调查，从调研结果可发现，当其与同伴发生矛盾时，使用侮辱性语言骂同学的比率为52.1%，比重超过一半。其次是“对讨厌的同学我会在背后说他的坏话”，占比33.6%。“对讨厌的同学我会当面嘲笑他”以及“我会给班上的同学取侮辱性的外号”比率相对最低。这些数据表明，在实施言语“冷暴力”中施暴者更倾向于在特定的情境中直接进行语言攻击或者以在背后说坏话的形式表达自己的不满。（见表2）

表2　小学生言语“冷暴力”施暴现状调查表

选项	是	否	
我会给班上的同学取侮辱性的外号	20（18.2%）	90（81.8%）	
	是	有时	从不
与同学发生矛盾时，我会用侮辱性语言骂他	2（1.2%）	56（50.9%）	52（47.3%）
	是	否	
对讨厌的同学，我会当面嘲笑他	9（8.2%）	101（91.8%）	
	是	否	
对讨厌的同学，我会在背后说他的坏话	37（33.6%）	73（66.4%）	

关于小学生同伴言语“冷暴力”受暴现状调查结果显示受到言语冷暴力

的学生所占比例较高，其中“被其他同学取笑捉弄过”的占比 75.4%，其中“经常被其他同学取笑捉弄”占比 10.9%，“我受到其他同学的言语恐吓威胁”和“有同学说我坏话或诬陷我”的比率接近，分别为 57.3% 和 59.1%。“有同学给我取过侮辱性的外号”所占比率相对较低。（见表 3）

表 3　小学生言语“冷暴力”受暴现状调查表

选项	经常	有时	从不
我被其他同学取笑捉弄	12（10.9%）	71（64.5%）	27（24.5%）
	是	否	
我受到其他同学的言语恐吓威胁	63（57.3%）	47（42.7%）	
	是	否	
有同学说我坏话或诬陷我	65（59.1%）	45(40.9%)	
	是	否	
有同学给我取过侮辱性的外号	58(52.7%)	52(47.3%)	

第二部分“行为冷暴力”选取了 2 个问题来对小学生同伴行为“冷暴力”施暴现状进行调查，从调研结果可以看出“当我看不起某同学，我会跟其他同学说：少或不要跟他来往”占比较高，为 23.6%，“班上有我讨厌的人，我会让其他同学不跟他玩” 比率较低为 13.6%。此数据表明同辈群体间出现过集体施暴的现象。（见表 4）

表 4　小学生行为“冷暴力”施暴现状调查表

选项	是	否
班上有我讨厌的人，我会让其他同学不跟他玩	15（13.6%）	9（86.4%）
当我看不起某同学，我会跟其他同学说：少或不要跟他来往	26（23.6%）	8（76.4%）

关于小学生同伴行为“冷暴力”受暴现状的调查发现“我向同学寻求帮助时受到故意或恶意的拒绝”现象占比 49.1%，比率较高。同时，“很少或者没有人愿意和我玩”占比有 9.1%。此数据表明，小学生受到冷暴力不仅和身边同伴的孤立行为有关，而且和自身孤僻的性格也有关系。（见表 5）

表5 小学生间行为“冷暴力”受暴现状调查表

选项	经常	有时	从不
我向同学寻求帮助时受到故意或恶意的拒绝	9（8.2%）	45（40.9%）	56（50.9%）
	是	否	
很少或者没有人愿意和我玩	10（9.1%）	100（90.9%）	

由以上数据可看出小学生间“冷暴力”之间的差异是多方面的，继而该研究将造成差异的影响因素分为性别、年级、是否独生子女、是否留守儿童四个方面来进行分析。在性别差异方面，施暴者中男生占比率明显高于女生，而受暴者中也是男生高于女生，表明男生冷暴力发生率高于女生。（见表6）

表6 性别差异引起的农村小学生间冷暴力差异调查表

选项	男（44）	女（66）
施暴		
我会给班上的同学取侮辱性的外号	15（34.1%）	2（3%）
与同学发生矛盾时，我会用侮辱性语言骂他	25（56.8%）	30（45.5%）
对讨厌的同学我会当面嘲笑他	8（18.2%）	0
对讨厌的同学，我会在背后说他的坏话	20（45.5%）	16（24.2%）
班上有我讨厌的人，我会让其他同学不跟他玩	13（29.5%）	14（21.2%）
当我看不起某同学，我会让同学不要跟他来往	23（52.3%）	16（24.2%）
受暴		
我被其他同学取笑捉弄	35（79.6%）	48（72.7%）
我受到其他同学的言语恐吓威胁	24（54.5%）	40（60.6%）
有同学说我坏话或诬陷我	24（54.5%）	37（56.1%）
有同学给我取过侮辱性的外号	28（63.6%）	27（40.9%）
我向同学寻求帮助时受到故意或恶意的拒绝	23（52.3%）	31（47%）
很少或者没有人愿意和我玩	5（11.4%）	5（7.6%）

在年级差异分析中发现，施暴者四、五年级比例明显高于三、六年级，受暴者比例四、五、六年级明显高于三年级，由此推断出四、五、六年级是冷暴力高发的年级。（见表7）

表 7　年级差异引起的农村小学生间冷暴力差异调查表

选项	三年级（32）	四年级（21）	五年级（23）	六年级（34）
施暴				
我会给班上的同学取侮辱性外号	3（9.4%）	6（28.6%）	5（21.7%）	5（14.7%）
发生矛盾我会用侮辱性语言骂同学	10（31.3%）	13（61.9%）	10（43.5%）	24（70.6%）
我会当面嘲笑讨厌的同学	4（12.5%）	2（9.5%）	3（13%）	1（2.9%）
我会在背后说讨厌同学的坏话	8（25%）	10（47.6%）	11（47.8%）	16（47.1%）
我会让同学不跟我讨厌的人玩	16（50%）	14（66.7%）	6（26.1%）	3（8.8%）
当我看不起某同学，我会让其他同学不要跟他来往	18（56.25%）	15（71.4%）	8（34.8%）	5（14.7%）
受暴				
我被其他同学取笑捉弄	21（65.6%）	17（81%）	16（69.6%）	31（91.2%）
我受到其他同学的言语恐吓威胁	20（62.5%）	12（57.1%）	11（47.8%）	22（64.7%）
有同学说我坏话诬陷我	17（53.1%）	11（52.4%）	12（52.2%）	26（76.5%）
有同学给我取过侮辱性的外号	10（31.25%）	13（61.9%）	10（43.5%）	26（76.5%）
我向同学寻求帮助时受到故意或恶意的拒绝	13（40.63%）	12（57.1%）	14（60.9%）	17（50%）
很少或者没有人愿意和我玩	5（15.63%）	1（4.8%）	4（17.4%）	2（5.9%）

在是否为独生子女差异分析中发现，施暴者中独生子女比例高于非独生子女，受暴者中也是独生子女高于非独生子女，由此可以推断出独生子女是冷暴力高发群体。（见表 8）

表8 是否独生子女引起的农村小学生间冷暴力差异调查表

选项内容	独生子女（22）	非独生子女(88）
施暴者		
我会给班上的同学取侮辱性的外号	7（31.8%）	10（11.4%）
与同学发生矛盾时，我会用侮辱性语言骂他	14（63.6%）	40（45.5%）
对讨厌的同学，我会当面嘲笑他	4（18.2%）	4（4.5%）
对讨厌的同学我会在背后说他的坏话	11（50%）	18（20.5%）
班上有我讨厌的人，我会让其他同学不跟玩	7（31.8%）	29（33%）
当我看不起某同学，我会让同学说不要跟他来往	9（40.9%）	26（30%）
受暴者		
我被其他同学取笑捉弄	17（77.3%）	66（75%）
我受到其他同学的言语恐吓威胁	12（54.6%）	51（58%）
有同学说我坏话或诬陷我	17（77.3%）	47（53.4%）
有同学给我取过侮辱性的外号	15（68.2%）	41（46.6%）
我向同学寻求帮助时受到故意或恶意拒绝	12（54.6%）	42（47.7%）
很少或者没有人愿意和我玩	3（13.6%）	7（8%）

从是否留守儿童的差异分析中可看出，留守儿童在施暴中所占比例高于非留守儿童，在受暴中所占比例同样高于非留守儿童。（见表9）

表9 是否留守儿童引起的农村小学生间冷暴力差异调差表

选项	留守儿童(18）	非留守儿童(92）
施暴		
我会给班上的同学取侮辱性的外号	3（16.7%）	14（15.2%）
与同学发生矛盾时，我会用侮辱性语言骂他	11（61.1%）	44（47.8%）
对讨厌的同学，我会当面嘲笑他	1（5.6%）	7（7.6%）
对讨厌的同学，我会在背后说他的坏话	9（50%）	21（22.8%）
班上有我讨厌的人，我会让其他同学不跟他玩	4（22.2%）	34（37%）
当我看不起某同学，我会跟其他同学说:少或不要跟他来往	5（27.8%）	38（41.3%）

续表

选项	留守儿童(18)	非留守儿童(92)
受暴		
我被其他同学取笑捉弄	15（83.3%）	68（74%）
我受到其他同学的言语恐吓威胁	9（50%）	54（58.7%）
有同学说我坏话或诬陷我	12（66.7%）	54（58.7%）
有同学给我取过侮辱性的外号	8（44.4%）	48（52.2%）
我向同学寻求帮助时受到故意或恶意的拒绝	11（61.1%）	43（46.7%）
很少或者没有人愿意和我玩	0	10（10.9%）

在上述基本情况及差异分析的基础上，该研究尝试对导致冷暴力爆发的相关影响因素探究并进行归因分析。小学生间冷暴力的发生与学生自身、家庭、同伴群体、学校及社会有着密不可分的关系；因此该研究主要从以下五个相关影响因素进行农村小学生间冷暴力的归因分析。

1. 学生本人

（1）自我意识的发展

自我意识的发展可以通过自我评价能力和自我控制能力的发展来表现。第一是自我评价能力，自我评价包括多个方面，对自己评价较高的儿童，积极乐观，有自信。对自己评价不良的学生则经常产生悲哀、沮丧的消极情绪，久而久之容易形成自卑等个性，从而导致难以融入集体，处理人际关系能力差，从而成为冷暴力的受暴者。第二是自我控制能力，罗腾伯格通过“延迟满足”对研究儿童自我控制行为的研究表明：童年期儿童延迟满足能力随年龄增长而有显著提高；自我控制行为在童年期随着年龄的增长在逐渐加强。自我控制能力的发展对协调人际交往有重要意义，自我控制能力越强就意味着能更有效地处理人际关系，也就不太可能通过冷暴力来表达自己的对同学的不满，在年级差异分析中六年级施暴现象是最低的。

（2）道德的发展

随着年龄的增长，学生的道德水平都逐渐发展起来，但总体来说，由于年龄阅历、知识水平等原因，小学生的身心发展还不成熟。低年级小学生虽已能初步控制自己的情感，但还常有不稳定的现象，而这种情感不稳定性很容易导致学生在人际交往产生问题时不能理性思考和解决，从而出现冷暴力问题。研究数据中也表明施暴者四、五年级明显高于三、六年级。

（3）极端个性缺陷

观察受暴现象较为明显学生的日常行为以及对其的访谈，我们发现受暴者的个性因素也是冷暴力问题发生的诱因。由于外界以及自身内部因素的影响，有些学生性格比较孤僻，封闭自己，不愿与人交往，害怕受到伤害，身边的朋友也比较少；还有个别小学生过于活泼，常常以捣乱班级秩序、捉弄他人为乐趣，班级其他同伴对此强烈反感。这两类同学很容易成为冷暴力的受暴者。

（4）不良的心理状态

学生因为在学校表现好、成绩好而受到老师、家长的表扬，甚至被当成其他同学的学习榜样来激励那些相对表现不好的同学，这种方法如果是用对比的方法展现出来的话很容易使那些被老师家长判定表现不好的同学产生自卑或者嫉妒心理。如果产生自卑心理很容易使同学在始终得不到父母老师的赞扬下不断否认自己，从而缺乏自信心，不擅长处理人际关系等，并因此受到同学们的冷落成为受暴者。但如果产生的是嫉妒心理，则容易导致表现不好的学生带头排斥表现好的同学，成为施暴者。

2. 家庭

（1）家庭冷暴力的影响

现今家庭冷暴力也较为普遍。父母之间的冷战、吵架甚至打架行为会在孩子心中留下深刻印象，尤其是在孩子模仿能力较强的时期。父母之间的矛盾直接影响到孩子对同伴的交往态度，使其在同伴交往中缺乏信任和安全感，久而久之，小学生就会被周围的同伴排斥在外，成为同伴“冷暴力”的施暴者和受暴者。

（2）父母教养方式不当

长期不当的父母教育方式容易使子女形成难以适应社会的不良人格特征。不当的教养方式主要有两种，权威型教养方式和放养型教养方式。权威型教养方式中父母过于支配，导致孩子容易形成消极、被动、懦弱甚至不诚实的个性特征，从而使得孩子难以适应外部环境，不关心他人，心思敏感，难以与同学相处，很容易发展成冷暴力的受暴者。放纵型教养方式则是父母对孩子过于溺爱，孩子养成任性、自私、自我为中心等性格，做事随意，忽视同伴的感受，从而人际交往较差，容易发展成为冷暴力的施暴者。通过调查数据，我们可以看到，当子女与同伴有矛盾时，有16%的家长觉得不用在意，有10%的家长是让孩子不要继续和同伴一起玩的，还有3.6%的家长采取放任不管的态度。

（3）父母素质的影响

父母是孩子的第一任老师，父母的一言一行对儿童的成长和发展产生重要和深远的影响。有些家长在日常生活中传递的是欠妥的处事方式，如：喜欢在背后说别人坏话，这可能会引得子女学习到不良的处事方式。调查发现“对讨厌的同学我会在背后说他的坏话”占比33.6%，而“有同学说我坏话或诬陷我”占比59.1%，说明大部分学生会使用这种不良的处事方式。

（4）父母陪伴的缺失

皮亚杰认为幼儿在进行判断时是以自我为中心的，不能从他人的立场出发考虑问题，而在父母的陪伴下，孩子能进行很好的沟通和交流，可以对孩子的自我中心进行引导，使孩子形成分享、换位思考的良好品质。父母的陪伴有助于儿童对外界的积极探索以及同伴关系的发展。父母陪伴的缺失容易导致孩子缺乏安全感，不自信，处理人际关系能力匮乏等。与之对应，在小学生间“冷暴力”之间的差异分析中，我们可以看到，留守儿童的施暴和受暴占比明显比非留守儿童高。

3. 同辈群体的消极榜样作用

同伴经历、与同龄人结合伙伴关系对小学生的人格发展和社会性发展具有不可忽视的作用。同龄伙伴可以起到好的榜样作用，比如说同辈间相互帮助共同促进学习提高，或者是在同辈交往中形成乐观开朗的性格等。但同龄伙伴也可能会起到消极榜样作用。比如一个学生对另一个学生进行言语攻击等冷暴力行为，甚至还唆使其他同辈对受暴者施行冷暴力，再加上小学生的从众心理，导致越来越多的学生对受暴者施行冷暴力，伤害受暴者。在该研究中，有13.6%的同学在回答“班上有我讨厌的人，我会让其他同学不跟他玩”时选择的“是”，有23.6%的同学在看不起某同学时会跟其他同学说：少或不要跟他来往。该数据说明学生间的冷暴力现象的蔓延一定程度上受到了同龄伙伴的影响。

4. 学校

（1）教育者专业素质不高及不良的管理风格

在农村小学中，因为师资缺少，经济困难等原因，招募老师时要求降低，由此出现两种状况：老教师经验丰富但专业素质不高；新教师缺少经验，虽然有学习过教育学和心理学课程，但是并不精深，而且还不能做到学以致用。因此，当面对老师判定的“差生”的时候，更多的是选择放任不管的方式，却不知这也是一种冷暴力。而且老师对“差生”的冷暴力言行容易传染给学生，从而使学生在处事中选择这种方式，从而形成冷暴力的恶性循环。

同样，教师的管理风格对冷暴力的形成和蔓延也有一定的影响。在友好、民主的教师气氛区中，课堂气氛活跃，师生关系融洽，在面对问题很多的学生，老师选择的不是忽视，而是细心解疑；而在性情冷酷、刻板、专横的老师所管辖的班集体中，课堂互动很少，学生难以与老师建立和谐师生关系，而老师也觉得扰乱课堂气氛的学生是故意针对，因此对这些学生冷处理，学生在面对这样的对待下容易不自信，影响其健康成长。因此加强小学教师素质，管理风格科学化民主化迫在眉睫。

（2）学校德育和心理健康教育的缺失或不健全

现在依旧有一些农村小学开设心理课和品德课只是为了应付上级教育部门的检查，上课的老师也是非专业的老师或其他学科教师。学生的德育和心理健康教育缺失导致学生对冷暴力等生活中的心理问题认识不足甚至为零，即使在遇到心理上或者道德上的困惑时也没有一个专业老师能为他们解答，这实际上是为学生间的冷暴力的产生以及扩大提供了条件。

5. 社会

（1）大众传媒的影响

随着电视电脑等大众传媒的普及，大众传媒成为了人们生活中的调剂品，几乎每个人家里都会有电视、电脑等物品，而且放学后和电视、电脑等有接触的小学生不在少数，而大众传媒中多有骂人、说脏话、背后八卦诬陷等冷暴力现象，这些行为很容易被小学生进行模仿和学习，从而成为冷暴力发生的隐患。

（2）公众对冷暴力的忽视

公众尤其是老师、父母等成员对冷暴力的忽视是引起和扩散冷暴力的一个重要因素。在生活中，成人不自觉做出来的行为，如随意骂人，当着孩子的面吵架等行为会对孩子的成长造成不良影响，尤其是低年级学生，很容易让孩子对他们的行为进行模仿学习并在人际交往中实践。

三、结论

基于以上数据分析及归因分析的基础上，研究发现农村小学生之间的冷暴力现象较为普遍，这与学生自身的心理特征、家庭、同伴群体、学校管理、社会风气等有着密切关系。同伴之间的冷暴力对学生心理健康与人格发展的危害不容忽视，因此该研究针对相关影响因素提出了若干建议以供参考。由于小学生的自制力较弱，所以该研究侧重于从外界的推动力出发来研究农村小学生间冷暴力的减轻和预防对策。

首先，家庭方面。塑造和睦的家庭环境，父母应尽量不用冷战等冷暴力方式解决问题，而应采取一起协商解决问题的方法，潜移默化地去影响孩子，让孩子在人际关系交往中面临与同学发生矛盾的情况时，不会因为冲动而采取冷暴力的方式对待同学。此外，家长应优化教养方式，不要过度支配或溺爱孩子，留给孩子一定的自主权，正确引导孩子养成活泼、快乐、自立、善于交往等积极的个性品质。再有，多和孩子进行情感交流，给予孩子更多的陪伴，让孩子知道生活中可以用其他合适的方式来化解问题和矛盾，从而在处理人际关系中更多地采取非冷暴力的方式。

其次，学校方面。开展并落实专业的德育和心理健康教育课程，此外针对学生间的冷暴力现象更多需要班级任课老师特别是班主任深入了解班级状况，一发现冷暴力现象就采取有效的措施引导学生，不让冷暴力现象蔓延。

再次，同伴群体。积极运用同伴的榜样力量，引导孩子学习同伴身上的优点，面对同辈中消极榜样作用时，小学生需要提高自己的辨别力，在出现冷暴力现象时不要盲目跟风，而是理性选择拒绝冷暴力。

最后，社会方面。教育部门应加强对学校德育课程的落实情况的监督，保证德育课程的专业性和有效性。同时，应发挥公益组织的作用，通过公益组织的相关活动积极向学校教育工作者、家长宣传冷暴力的危害，并建立小学生冷暴力疏导中心，利用专业工作者说服、劝解、教育等方式对冷暴力的施暴者、受暴者进行针对性疏导，以此减少同伴间冷暴力对小学生的心理伤害。此外，要利用社会网络加强对冷暴力的认识，让公众特别是学校、家长认识和了解冷暴力的危害，积极做出预防。更为重要的是，对面向小学生的文化产品一定要严格审查和筛选，避免相关冷暴力信息影响孩子成长。

希望以上建议能够对相关家庭和学校有所启示和帮助，能有效预防并及时发现和引导有冷暴力问题的学生，促使其树立良好的人际交往观念，朝着健康快乐的方向成长。

参考文献

[1] 黄靖 . 校园冷暴力的归因及对策分析 [J]. 高教学刊，2017（9）：131-135.

[2] 杨通华 . 留守儿童心理健康：人格特质与社会支持的影响 [J]. 中国健康心理学杂志，2016，24（2）：285-291.

[3] 季华艳 . 冷暴力：一个不容忽视的教育现象 [J]. 基础教育研究，2015（21）：77-82.

[4] 薛宝雯 . 家庭结构变化对儿童心理健康的影响 [J]. 江苏预防医学，2013，24（1）：1-3.

[5] 辛永林 . 国内校园暴力研究的最新进展和问题思考 [J]. 现代教育科学・普教研究，2012（6）：113-140.

[6] 张兴贵 . 论内隐认知 [J]. 心理学探新，2000，20（2）：41-44.

[7] 周宗奎，孙晓军，刘亚，等 . 农村留守儿童心理发展与教育问题 [J]. 北京师范大学学报，2005，1.

[8] 郑信军 . 7 — 11 岁儿童的同伴接纳与心理理论发展的研究 . 心理科学，2004，27（2）：398-399.

[9] 武建芬 . 心理理论与同伴交往 [M]. 北京：光明日报出版社，2009.

[10] 彭运石 . 心理学——成长中的教师和学生 [M]. 长沙：湖南教育出版社，2006.

[11] 蔡本利 . 小学阶段教育冷暴力现象的原因及对策研究 [D]. 济南：山东师范大学，2015.

[12] 赵慧慧 . 农村初中学生间冷暴力问题研究 [D]. 大连：辽宁师范大学，2014.

[13] 蔡重阳 . 农村留守儿童心理健康问题研究 [D]. 长沙：湖南师范大学，2013.

[13] 郭红林 . 留守儿童心理理论、亲社会行为与友谊质量的相关研究 [D]. 武汉：中南民族大学，2013.

苗族银饰纹样的审美价值研究

——以贵州省松桃苗族自治县为例

课题组成员：艾伦，冯启瑜，张妍，李佳航，裴韦帅，
周珂，任慧敏

指导老师：朱海龙

摘要：银饰作为苗族特有的民族工艺之一，承载着与苗族人民生活息息相关的思维信仰理念、生产生活方式、巫术祭祀礼仪等文化内涵。生活在松桃地区的苗族人民由于地理的特征以及东方审美意识的共同熏陶与影响，创造出了神秘、古朴而多样的银饰形式。苗族银饰构图精巧，造型古朴，制作技艺精湛，它犹如苗族的史书，忠实地记载了苗族人经济、文化生活的演变与发展，表现出了丰富的艺术学、民俗学、人类学方面的文化底蕴。深入研究苗族银饰文化对我们进一步认识苗族文化具有实用价值和现实意义。所以它的形成与发展并不是一蹴而就的，而是中华大地上一支独特的艺术奇葩，是苗族人们生存环境与世态民情的真实写照。

关键词：苗族银饰纹样；审美价值；贵州松桃苗族自治县；定性研究

苗族银饰作为苗族的标志工艺之一，其所蕴含的审美系统具有极高的美学价值和经济价值。2017 年的暑期，我们来到了贵州省松桃苗族自治县开展暑期社会实践活动，松桃苗族自治县位于贵州省东北部梵净山麓，地处贵州、湖南、重庆二省一市交界处，素有“鸡鸣三省”之美誉。该县以苗族为主的少数民族占全县总人口的 68.1%，是 1956 年经国务院批准的贵州省成立最早

的少数民族自治县和全国五个苗族自治县之一。

贵州省松桃地区的苗族银饰文化具有悠久的历史传承和独具一格的地域特色，其银饰的纹理和样式种类繁多，寓意深厚，具有极大的审美价值。它们承载着松桃苗族的历史文化，具有深刻的民族崇拜与信仰，蕴含着苗族历代传承中所形成的独特审美观念；其银饰纹样的独特构造和传承发展，也折射出了松桃苗族人特有的人生观、价值观和审美观。美中不足的是，国内对于贵州省松桃地区的银饰研究较少；同时，关于银饰纹样的审美价值研究缺乏系统性、实践性和时代性。

于是，我们湖南师范大学美术学院赴贵州松桃苗族自治县暑期实践团开展了主题为“苗族银饰纹样的审美价值研究——以贵州省松桃苗族自治县为例”的暑期调研活动，充分利用我们的专业优势，通过开展对贵州松桃苗族银饰纹样的文献研究、实地考察、对银饰工艺传承人的访谈等多种途径，来研究松桃苗族银饰深层次的、系统全面的以及在新时期的文化内涵和美学价值，以弥补国内在苗族银饰研究方面的地域性、系统性和时代性的不足，同时弘扬和传承中华民族的优秀传统文化和民族特色工艺；除此之外，对银饰纹样审美价值的系统科学的研究阐述，能够更好地促进松桃苗族银饰手工艺品的市场推广，进一步推动松桃地区银饰产业的蓬勃发展。

一、研究目的

1. 通过对贵州省松桃苗族自治县银饰纹样的审美价值进行实地调研，以得出苗族银饰的工艺美、生活美、质朴美、视觉美以及展示美等审美价值。

2. 系统研究松桃苗族银饰悠久的历史、习俗以及种类繁多的纹理和样式，得出松桃银饰更深层次的文化内涵和美学价值，深化了对松桃苗族人特有的人生观、价值观和审美观的认知与了解。

3. 综合实际研究的不足与苗族银饰近年来出现的问题，找出问题的原因，探索松桃银饰承载的历史文化、深刻的民族崇拜与信仰和苗族历代传承中所形成的独特审美观念。

二、研究的方法

本文坚持宏观研究与微观分析相结合的原则，采用文献分析法、历史描述法、比较法、演绎法、归纳法、举例说明及推论法等研究方法来撰写该调研报告。

①文献研究法

阅读有关松桃苗族的历史、人文、地理、服饰等民俗方面的书籍，并从中了解苗族银饰的发展历史、文化内涵及审美习惯，通过文献考察和图像资料之间的互动比较法，在考察中认识并鉴别出松桃苗族银饰的形态特征、纹样、审美价值，运用实证考察、历史比较、综合比较等手法确定研究框架，运用分析体验等形式进行展开研究。

②实证考察法

为了深入全面地了解松桃苗族银饰的审美纹样及其价值，我们前往了松桃苗族自治县苗族手工艺术文化中心、松桃火连纯银银饰加工厂、松桃苗族文化陈列馆等地，向相关手工艺人及管理人员了解苗族银饰具体情况。

三、研究过程

（一）国内外研究的背景和现状

苗族是一个世界性的民族，分布在国内外许多地区，在长期迁徙和历经战乱的过程中，分布在各地域定居下来的苗族的风土人情和生活习惯都或多或少受到了当地人文、地理、文化的影响。其中，贵州是最大的苗族聚居地，佩戴银饰很有讲究，而且银饰艺术也承载着苗族的历史文化，寓有深刻的民族崇拜与信仰。松桃苗族作为苗族的一个独特的分支也形成了很多具有松桃地域特色的习惯。

在国内，苗学研究主要集中在中国社科院、中央民族大学苗学研究所、中南民院、湖南社会科学院历史研究所、贵州苗学研究会等单位。在国外，研究苗学的国家和学者遍及英国、美国、澳大利亚、法国、日本、韩国、新加坡等欧亚美国家，这些国家的苗学学者都从本国现有的苗族生活状况出发，从苗族的政治经济、生活状况、典章制度、民族信仰、文化艺术等方面进行分别论述和研究。苗族是一个世界性的民族，分布在海外诸多国家，因为苗族的长期迁徙和历史上的战争，使得苗族分布很广，而国外对中国特别是贵州地区的苗族研究由于受到地理条件和文化观念的影响，其数量相当有限。

国内的苗学著作相对比较多，比较权威的有苗学学者伍新福的《苗族文化史》，本书对苗族的传统文化从文学艺术、语言文字等作了全面系统的记述和历史探讨，未作统一的综合性历史分期，而是将不同内容分别归为"文学艺体""思想·科教" "风俗·宗教"三篇。另外杨正文的《苗族服饰文化》也是较全面的苗学著作，本书从苗装变迁、苗族支系与分部、服饰类型与风格、纹饰造型、苗装制作工艺、苗装人类学分析、美学分析等方面全方位展示了苗族服装的变迁及苗服风貌。针对苗族银饰纹样的著作有苑志贤的《苗族银饰》一书，本书介绍了贵州地区的各种银饰种类、花样、类别、制作、审美等内容。苗族银饰在国内外民众中已具有良好的整体形象。很大程度上，银饰已经成为苗族身份的标志。

苗族银饰在不同的时期和不同的地域，它的图案和纹样的特点均不相同，所反映的题材也不一样，综观苗族饮食中的图案和纹样，其造型的主题多样化，并且主题大都冲突，追究其中的原因，是因为造型者的重要观念和生活观念的不同，多元化的神灵崇拜和宗教信仰。银饰图案所涉及的题材既是苗族宗教文化的反映又是现实生活的真实写照。在装饰手法上，苗族银饰图案最突出的一个特点就是幻想与真相交织，抽象与具象手法并用。一个简单的纹样，不仅具有特定的符号意义，更具有被人们顶礼膜拜的偶像意义。而其艺术审美有极强的生命力，显现出苗族银饰图案独特的艺术魅力和美学价值。

目前研究苗族银饰的文献相对较零散的主要原因在于贵州苗族是苗族大家庭的一个分支。再者，由于苗族在历史上的战乱和迁徙没有特定的文化典籍记载，更没有自己本民族的语音文字，仅凭苗族人民口传心授来界定其美的元素，对于银饰艺术的文字记载就更加是少之又少，苗族人民在习惯和自然中以及在漫长的岁月积淀里形成了具有特点的苗族文化。另外，在功利主义思想甚嚣的尘世，苗族银饰作为民族的标志工艺，其美学元素是唯善唯美和自然和谐的，贵州民间工艺文化的相对古老性和独具的传奇色彩对银饰的影响也折射出了贵州苗族人特有的人生观、价值观、审美观。此选题的确定目的在于我国贵州松桃县苗族审美价值。

（二）调研过程

通过盘石完小校长对松桃苗族自治县风土人情的相关介绍与在网上查阅

的相关资料，我们发现国内对于贵州省松桃地区的银饰研究较少，同时关于银饰纹样的审美价值研究缺乏系统性、实践性和时代性。因此，将调研的题目定为：苗族银饰纹样的审美价值研究——以贵州省松桃苗族自治县为例。

历史上的苗族虽然因为朝代更替、战乱等多种原因，不断迁徙，不断分散，但聪明的苗族人民在保存了自己的文化的同时，亦吸收了其他民族的文化精神，从而使丰富独特的苗族银饰文化成为民族文化百花园中的一朵奇葩。《苗族服饰文化》一书从苗装变迁、服饰类型与风格、纹饰造型、美学分析等方面全方位展示了苗族服装的变迁及苗服风貌，图文并茂，语言清新活泼，资料详实。苗族银饰所表现出的独特的创造生命力、巧夺天工的色彩运用，特别是寓意丰富的纹饰，不难给人留下苗族是个“欢乐民族”的印象。

澳大利亚的人类学家格迪斯曾有一个著名论断：“世界上有两个苦难深重而又顽强不屈的民族，他们就是中国的苗人和分布于世界各地的犹太人。”这个论断同样也在苑志贤的《苗族银饰》中提到。苦难的历史不仅让坚韧不拔的民族精神深刻在每一个苗族人民的灵魂里，而更令人叹为观止的是，心灵手巧的苗族人民创造了世界民族之林中最绚丽的苗族服饰和银饰。

浙江师范大学田爱华（2009）的硕士论文《湘西苗族银饰艺术的审美价值研究》选取了与贵州省苗族银饰相比介绍较少的湘西苗族银饰为题，分别对苗族历史的变迁及苗族银饰的形成、湘西苗族银饰的审美系统、湘西苗族银饰的文化心理及符号寓意等方面进行了相关论述，其中关于湘西苗族的审美观念对银饰的影响独特的见解更是让人受益匪浅。

纸上得来终觉浅，为了能对松桃苗族银饰的审美纹样及其价值的了解更深入、更透彻，在对苗族银饰纹样和审美价值有一定了解并设计个案访谈提纲后，我们还进行了实地考察。

第一站：前往松桃苗族自治县苗族手工艺术文化中心，向文化中心总裁和工作人员了解苗族的人文、地理及松桃地区苗族银饰的发展情况和美学寓意。

第二站：前往松桃苗族自治县苗疆工艺坊中的松桃火连纯银银饰加工厂、花花饰界（服装银饰商店）、贵银庄银饰店等机构，向负责人（店长）了解银饰各类纹样、苗族银饰历史文化、银饰加工程序、苗族对银饰纹样的传统审美需求、当代苗族银饰的市场审美需求，并收集各类银饰纹样的图片资料，同时进行对苗族银饰手工艺者的个案访谈。

第三站：前往松桃苗族文化陈列馆参观了解松桃苗族地区苗族银饰的实物演变历史、苗族银饰铸造的方式、传统苗族银饰的纹样构造及其背后蕴含的文化寓意和审美价值。

四、研究结果

（一）松桃苗族银饰的民族文化心理及符号寓意

银饰在我国少数民族服饰文化中非常普遍，它的存在和发展是少数民族服饰文化的重要组成部分，不同的民族能在其特有的人文环境下获得各自存在的方式，可以说服饰起到了举足轻重的地位，作为服饰重要附属品的银饰则反映了各具特色的文化传统和文化心理。松桃的苗族银饰作为“纯粹状态下的语言”承载着民族意识、审美、文化、地理等多方面的符号构成，同时也是一个将物质传递手段客观化、对象化的过程。

1. 民族构成的重要标志和特殊符号

在我国民族中，几乎每个民族都有自己独特的识别标志，大部分民族的区分均可以从服饰、语言、习俗、地理等来划分，银饰是苗族最鲜明、最耀眼也是最能彰显其民族特色的构成要素和标志。同时，苗族银饰也承担起符号的特指作用。构成各地苗族银饰的符号又具有“能指”和“所指”的特征，“能指”可与其他民族的银饰相区分，相融合；“所指”内涵博大精深，含有宗教的、道德的、神话的、历史的、经济的、民俗的、审美的等诸多因素。

2. 松桃苗族银饰的符号系统

苗族银饰作为服饰的重要组成部分，其各部分、各元素之间都有着密切的联系，什么样的场合，就有什么样的服装加佩什么样的银饰，它们共同形成一个“系统”。服装加上头饰、颈饰、胸饰、背饰等这些符号元素，只有协调起来，组合起来，才能体现其完整的实用和审美价值。另外苗族银饰由于地理环境、宗教信仰、风俗习惯的大同小异，又形成了各自独特的符号系统。生活在松桃地区的苗族妇女所佩银饰同样因为地域的不同而存在着或多或少的差异，如青年苗女的凤簪一般斜插于头帕右端，而花垣、雅酉等地则并不把头饰直接插于髻顶发间，而是以“青布蒙头”还有各式银项圈、银披肩、银压领、银手镯等。这些形形色色的银饰佩件，构成了松桃苗女盛装的服饰系统，当然这是未婚苗女的衣着打扮，已婚育妇女并无太多讲究，这也是苗族银饰传递婚否信息的一个重要标志。如果把整个苗族银饰看作一个系统，那么松桃苗族女子的银饰穿戴就是一个子系统。这个子系统由盛装的衣饰和各类银制饰物等符号相互组合而成，传递出节日、婚约等一系列非语言的解释和情感表达。

3. 银饰的多义性和易变性体现

银饰，作为民族服装上的装饰符号，它是苗族珍爱的艺术品，又无条件地履行着无字民族的历史记载。作为财产，是家庭富裕的象征。苗族银饰的纹样题材丰富，所涉及的对象广泛，其图案、造型都反映了苗族历史、自然崇拜及图腾崇拜、神灵崇拜等。从银饰本身造型来看，苗族更是注重银饰材质的单纯表现，其风格是纤细精巧的；从地理环境方面来说，苗族易与汉民族发生较为密切的文化交往与关系，因此受到较多的汉民族文化影响；从图腾崇拜的宗教信仰上看，苗族银饰明显体现了其民族的图腾文化。

同是对银饰的喜爱，同是对一种图案的造型，它的“所指”涵义竟是如此不同，由此可以得知，苗族银饰是作为艺术符号而出现的，是一种特殊的符号形式，它的派生意义可随着本民族所处的时代、历史、地理环境、宗教信仰、风俗习惯的不同形成理解的变换。

4. 苗族银饰中像似符号的相似性

绝大部分的苗族银饰都带有象似符号的特征，象似符号的特征就是相似性。苗族人还特别喜欢用牛角的形状来进行装饰。因此，银牛角的造型就成了苗族服饰中怀念祖先蚩尤“头有角”的像似符号。苗族人喜欢银饰不仅体现在银所制作的各类器具及装饰上，而且还表现在对金属银的称呼上，苗语中对银饰的称呼和苗语中对人的称呼是一样的，所以银也是苗族人人口发展的相似符号。银饰也因此成为苗族传统装饰的精华。它作为人口兴旺的象征符号的印证，不仅凝聚着苗族的灵魂，更是熔铸苗族历史文化的足音。

5. 苗族银饰中象征符号的异质同构

苗族银饰在象征符号中，受汉文化思想影响表现和隐喻的成分是相当多的。象征符号的“能指”与“所指”的关系往往是“一与多”“多与一”的关系，存在着不确定性和多义性。银饰中的象征符号同样借助比、兴两法，通过比喻、联想等间接地传达符号的寓意，像银饰中蝴蝶的象征意义、枫树的象征意义等。这种象征的符号又可表现在银饰佩戴上的异质同构上，苗族妇女全身上下的银饰装备颇能说明形式与情感的异质同构。苗族人民“天人合一”的审美需求也是符合大自然发展变化规律的：森林的繁茂体现生机勃勃、财富繁多，那么银饰种类的繁、重也就说明了财富和美的程度。

6. 苗族银饰中无指称意义的符号

苗族银饰中各种造型符号中，有一部分符号可称为无指称意义的符号。银饰中无指称意义的符号，没有象似或象征寓意的内涵而是偏重于装饰性质，这样的造型如银饰中的挂链、围腰、银泡、纽扣、吊坠、响铃等。从审美方面看，这些无指称符号并不是无价值的，更不能断言它是形式主义的。它的功能就是刺激感觉，满足感觉，改造感觉。随着时光的流逝，这类符号的象征寓意消失了，留下的是装饰性的外壳，也表现出了它最简单最严整也是最和谐最亲近的美学思想。

（二）松桃苗族的审美观念对银饰的影响

1. 原始思维的残存与停留

原始的“万物有灵”观念常常衍化在日常生活及银饰的造型题材中，给银饰的艺术蒙上了一层唯美而浪漫的原始色彩。

苗族人原始的思维形式左右着原始巫教、原始图腾的产生与衍化。银饰艺术在这种观念的感召下不断成熟发展，不仅成为巫术礼仪中的必备装饰，而且也是吊唁丧葬中为亡者超度的法器，苗族人这种原始思维的激情和欲望通过银饰的审美外化得到了极度的张扬。

银饰艺术在原始思维的启发下成为体现苗族人认识自然的强烈愿望，这些神话和带有神话遗迹的银饰物品又展示了苗族人民纯真本性的审美特征，同时，体现在银饰上反映客观世界的外在联系特征又丰富和发展了银饰的制作内容，随着时间的积淀形成具有审美价值的替代。

2. 荆楚文化的承袭与影响

松桃地区的苗族人对银饰的审美文化浸润了巫风楚韵，是一种以生命底蕴为人格理想，一种高扬着形式创造和内蕴着虚幻性审美智慧的文化。它还具有鲜明的自我发展的特征，表现出特定的文化形态和审美趣味，楚文化在这种形态之下则较多地保持了远古时期的神思妙想与原始遗风，一方面表现出审美文化的灵动炽热，神奇瑰丽富于幻想的特征，另一方面又闪露出古代朴素的伦理自然观念和个性发展倾向。

银饰艺术中的楚巫文化显现是苗族银饰艺术的重要题材，松桃的苗族银饰器物上的各种动物图案形象之丰富、形态之奇异始终弥漫着时空一体，人神并在的抽象化色彩，无论是银项圈、手镯、身前身后饰及头饰的形制都具有器物神性的繁缛富丽的精工雕琢。这与苗族银饰繁杂的佩戴形式又是相吻合的，表现了苗族人对祭祀之心、崇拜之理、念祖之情的虔诚与肃穆。银饰这种融各种崇拜于一体和唯我自发的意向表达已经与多元而古老的审美思维模式相结合，表达了浓烈的楚裔族系的审美文化内涵。

3. 华夏审美的意会与传达

中原华夏的审美思维属于东方文化范畴，华夏的审美文化及意识深受原始思维意会性的影响，即人类在生产、生活实践过程中，锻炼而成的认识外界事物的最基本的能力。

华夏文明中的美感认识以强烈的主观性情感性为重要特征，强调审美活动是主体的自由活动。银饰的图案艺术偏重于感知、体验、同情、赞美、希望等各因素，表现了对事物表达的“拟人化”倾向和类比思维。松桃的苗族银饰的意会思维在传达方法上又多用象征、比喻、暗喻等方式来传达苗族人民的美感体验，这种表现方法多来自于东方审美所共有的意会传达思维，银饰艺术吸收借鉴其他民族艺术所共同认可的构图形式将抽象的动植物及不同季节开放的花、不同时空的各类事物拼凑在一起，以传达某一固定的旨意，例如日常生活中熟悉的花、草、虫、鱼、鸟、兽等，通过它们多层次多方位相互组合，表达某种吉祥、幸福的含义。这种“以己度人”的认知方式，特别讲究艺术表现上的象征性，这种象征性特点在松桃苗族人的审美思维中大量存在和体现，故作为松桃苗族人审美物象代表的银饰艺术也因此而呈现出主观意会性传达特征，从而具有朦胧而含蓄的美感。

五、研究体会

此次调研活动的调研对象为苗族银饰，首先认识到选题的重要性。做调研一定要做有实际意义、具备可操作性的课题，和自己专业相关联的课题，并学会不同的思考方式。由于思考角度的不同，对事物的看法也不同。小组成员通过交流，领略到不同的思维方式带来的全新感觉，对事物的认识更加全面、客观、科学，体会到只有不断地学习和深刻地思考，才能找到智慧的源泉，要把理论和实践相结合，学以致用。

同时，调研小组通过此次社会实践，深入了解了贵州松桃苗族银饰的工艺美、生活美、视觉美、展示美、质朴美。在贵州社会实践的半个月，不仅在支教点有高强度的工作，更需要走进贵州松桃县各地调研走访苗族银饰。这无处不体现我们团队的力量和团结，更离不开队伍里其他队员的支持和帮助。在炎热的夏天，我们学会了面对，学会了坚持，学会了协作。

在注重素质教育的今天，实践活动已成为一种培养综合型人才的重要途径，社会实践是大学生学习知识、锻炼才干的有效方式，更是大学生服务社会、理论与实践相结合的重要形式。亲身实践能够使我们增强认识问题、分析问题、解决问题的能力，为我们认识社会，了解社会，步入社会打下良好的基础。社会是一所更能锻炼人的综合性大学，只有正确地引导我们深入社会，了解社会，服务于社会，投身到社会实践中去，才能使我们发现自身的不足，在实践中成才，学有所用，找到自己在社会中的价值。

参考文献

[1] 李廷贵. 苗族历史与文化 [M]. 北京：中央民族大学出版社，1996.

[2] 伍新福. 苗族文化史 [M]. 成都：四川民族出版社，2000.

[3] 宛志贤. 苗族银饰 [M]. 贵阳：贵州民族出版社，2004.

[4] 唐家路，潘鲁生. 中国民间美术学导论 [M]. 哈尔滨：黑龙江美术出版社，2000.

[5] 王伯敏. 中国民族民间工艺美术 [M]. 福州：福建美术出版社，1994.

[6] 吕品田. 中国民间美术观念 [M]. 南京：江苏美术出版社，1992.

[7] 翁家烈. 中国苗族风情录 [M]. 贵阳：贵州民族出版社，2002.

[8] 吴晓东. 苗族图腾与神话 [M]. 北京：社会文科文献出版社，2000.

[9] 朱晓萌. 从苗族银饰的构成艺术探究其内在价值 [D]. 天津：天津工业大学，2007.

[10] 田爱华. 湘西苗族银饰艺术的审美价值研究 [D]. 杭州：浙江师范大学，2009.

[11] 杨鹤. 苗族银饰的文化人类学意义 [J]. 中南民族学院学报（哲学社会科学版），1995（1）.

当代中学生性教育现状调研报告

——以河北省衡水市武邑县为例

课题组成员：袁倩兰，高彩霞，罗涵柯，谭丁，
龙慧玲，文佳程
指导老师：谭吉华

摘要：改革开放以来，国人的性观念已经发生了翻天覆地的变化，但在性教育方面，家长、学校、社会却一直存在种种顾虑，对青少年的性教育严重滞后。为了解当前中学生受性教育的状况，文学院赴衡水暑期社会实践团调研组组织了此次调研，通过发放纸质、电子问卷的方式，以河北省衡水市武邑县武邑镇中学学生及网上平台中学生为主体对象，并根据调查结果分析了当代中学生对于性教育的看法与所受性教育的状况。结果显示：中学生对性知识了解明显不够，而家长和学校在这方面的教育显然不足，中国性教育的缺位与当前社会屡屡发生的相关热点显然有着千丝万缕的联系。为此，我们调研小组也根据所学知识提出了一些建设性建议。

关键词：中学生；性教育；性常识；缺位；性教育承担主体

改革开放以来，随着经济发展，大众各方面的观念发生了翻天覆地的变化，人们的性观念、性行为已不同以往，谈“性”色变的时代似乎早已过去。但在性教育方面，家长、学校、社会却一直存在种种顾虑，遮遮掩掩。青春期是人的一生中最重要的时期，在青少年的生理、心理发育成熟过程中，需要对他们进行有关性知识、性道德与法制、性心理卫生等方面的教育，但是

现实中对青少年的性教育却严重滞后，无论是青少年性生理、性心理的需求与成长，还是社会的发展都需要我们树立科学健康的性教育观。性教育是指对受教育者进行性知识传授的教育。性教育的内容包括性生理知识、性心理知识、性道德与性观念、性法制知识等。目前在我国，性教育主要是针对青少年开展的性知识教育。

2014 年 12 月，李克强总理批示："要注意有针对性开展青少年健康教育，并与防艾工作合理结合。" 2016 年 10 月中共中央、国务院发布了《"健康中国 2030" 规划纲要》，提出要将健康教育纳入国民教育体系，把健康教育作为所有教育阶段素质教育的重要内容。国家卫生和计划生育委员会宣传司 2016 年 11 月发布的《关于加强健康促进与教育的指导意见》中也明确提出要推进"把健康融入所有政策"，加强学校健康促进与教育工作。目前我国已经基本具备在义务教育阶段开设性教育课程的主客观条件。教育部门要加紧落实国家各项相关政策，把性与生殖健康教育真正纳入义务课程体系，惠及中国所有儿童及其家庭。

改革开放以来，随着思想解放与西方性文化的传入，学生性观念日趋开放。这两者的共同作用，导致了一系列严重的社会问题，诸如未婚先孕、未成年人实施强奸、未成年性侵事件、艾滋病患者低龄化等。尽管性教育在我国已有一定的发展历史，但由于各种历史、文化原因，性教育在青少年学生群体中长期缺位，依旧存在以下三个方面的问题：

1. 学校性教育存在的问题

首先，性教育课程体系滞后，教育内容不完善；其次，性教育师资严重缺乏；再次，性教育对象偏窄，教育方法简单。

2. 家庭性教育存在的问题

长期以来，由于我国的性教育一直都处于空白状态，即使是在家庭中承担教育者角色的家长，也基本未曾接受过系统正规的性教育，且其通过各方面了解到的性知识本身也存在着错误与缺失。据此而言，我国的家庭性教育对孩子提供的帮助和指导是非常有限的。

3. 社会环境对青少年性教育的影响

在当代社会生活中，电视、网络、报刊等大众媒体源源不断地以各种形式向人们输送所需信息。尽管官方明令禁止黄色出版物、黄色网站的存在，但是，由于实施全方位监管的难度较大，色情内容仍藏匿于青少年能够接触到的各类媒体平台。对于没有进行合理性教育的孩子而言，其辨别是非能力与自控能力较差，成长过程中的身心健康极易受到严重影响。

本文尝试从上述三个方面入手调查，以河北省衡水市武邑县武邑镇中学的学生、教师及周边居民为例，了解当前国内青春期性教育的现状并提出合理建议。

一、研究目的

了解中学生对性的认知；了解目前家长和学校对学生进行的性教育程度；为如何对学生进行有效的、科学的性教育提供可参考的建议；从学生所受性教育状况探讨未成年“性”相关社会问题。

二、研究的方法

1. 文献资料分析方法

通过各种途径搜集和分析相关的文献资料。通过中国知网、万方、维普等电子期刊数据库搜索引擎等途径搜索关于目前中学生对性知识的了解现状以及各地性教育的程度、影响和管理方面的论文和研究报告；通过查阅中国科学网、中国新闻网以及《人民日报》《南方周末》等知名媒体关于中学生性教育的相关报道为本文的理论分析和文献综述做准备。

2. 问卷调查法

问卷分为纸质、电子问卷两种方式，包括基本情况、性知识、性心理和性教育等方面，采用不记名方式进行施测。回收问卷共 130 份，其中有效问卷 123 份，回收率 94.1%。

3. 人物访谈法

选定学生、家长、老师三种人群为采访对象，结合其身份更全面、更深入地探讨性教育相关问题，以此来了解学生、家庭、学校三方对于性教育的看法与中国性教育缺位的责任与原因。

三、研究过程

（一）问卷调研

1. 总述

此次调研，以发放纸质、电子问卷两种手段，在河北省衡水市武邑县武邑镇中学及网上平台共获得调查问卷 130 份，有效问卷 123 份，回收率 94.1%。此次调研以中国当代中学生为对象，囊括城市、农村学子，年龄跨度从 11 岁到 17 岁，年级跨度从初一到高三，较全面地反映了当代中学生对于性教育的看法。

2. 分析

（1）对性教育状况的了解和分析

表 1　未成年性教育认识现状表

选项	有无开设相关课程		相关课程开设必要性			性教育必要性		
	有	无	必要	无所谓	无必要	必要	无所谓	无必要
比例	24%	76%	67%	26%	7%	58%	27%	15%

从表中可以看出，认为学校有开设生理卫生课的学生占总比例的 24%，认为没有开设生理卫生课的学生占总比例的 76%；对于有没有必要开设生理卫生课的看法，有 67% 的学生觉得有必要开设，26% 的学生认为无所谓，另外的 7% 学生认为没必要开设；有 58% 的学生认为需要普及性教育，而 15% 的学生认为不需要普及性教育，还有 27% 的学生采取无所谓的态度。

数据说明：当前性教育的力度和普及程度都不够，仍有大部分学校未开设生理卫生课；大部分学生认为有必要开设生理卫生课，可见学生对性教育的需求是有的，但是很多学校在这方面仍是空白，有待加强。

表 2　未成年获取性教育途径表

选项	获取性教育途径				
	教师、家长	同学、朋友	网络	书籍影音	其他
比例	27%	23%	19%	16%	15%

有 27% 的学生通过教师、家长获得性教育知识，有 23% 的学生通过同学、朋友获得性教育知识，19% 的学生通过网络获得性教育知识，而 16% 的学生通过书籍影音来获得，15% 通过其他方式获得。

从表中可以看出教师、家长是孩子们获取性教育的主要渠道，可见他们对孩子们的身心健康发展起到了关键作用。网络、书籍等也是未成年获得性教育的重要渠道。

表3 未成年性教育责任承担表

选项	性教育责任承担				
	家庭	学校	政府	不需要外界干涉	不需要了解
比例	33.51%	36.65%	15.18%	8.90%	5.76%

有33.51%的学生认为家庭应当承担起性教育的主要责任；同时36.65%的学生认为这一角色应由学校来承担；15.18%的学生认为政府是开展性教育的主体；8.9%的学生认为不需要外界干涉，可以自行了解相关信息；5.76%的学生认为不需要了解相关信息，顺其自然。

学生接受性教育的主要渠道本该来自学校和家庭，但在现实生活中家庭和学校却基本没有发挥出其本该发挥的作用。学生靠自己所了解的性知识由于渠道原因难免良莠不齐，甚至可能产生反作用。

（2）对基本生理卫生知识的了解情况

表4 中学生对性常识知识了解情况表

类别	何时知道自己是怎么出生的			对月经或遗精现象的反应				对月经或遗精现象的告知对象			
	小学时期	初中时期	不知晓	困惑	害怕	新奇	其他	妈妈	爸爸	同学朋友	谁也不告诉
比例	64%	25%	11%	49%	20%	12%	19%	41%	9%	23%	27%

64%的学生小学时期已经知晓自己是如何出生的，四分之一的学生初中时期才知晓，但还有11%的学生至今不知道；对于青春期出现的月经或遗精现象，49%的学生表示困惑，20%的表示害怕，12%的表示新奇，19%的表示其他；有41%的学生表示出现月经或遗精现象会告诉妈妈，9%表示告诉爸爸，27%的学生表示谁也不告诉，23%的则表示会告诉同学或朋友。

人的出生与青春期的基本生理现象属于性知识常识，而受调查的中学生的答案却不容乐观，这也从侧面反映了中国性教育的覆盖面与普及度存在较大问题。

表5 中学生对艾滋病传播途径了解情况表

选项	艾滋病的传播途径				
	血液	共用注射针头	性交	共用碗筷	握手
比例	32%	29%	21%	17%	1%

对于艾滋病的传播途径，32% 的学生认为其可以通过血液传播，29% 的认为共用注射针头可以传播，21% 认为会通过性交传播，而 17% 认为会通过共用碗筷传播，1% 的认为会握手传播。数据说明，对于艾滋病的传播途径，许多学生依然有着不足甚至错误的认识。

表6 中学生对婚孕了解情况表

选项	安全套、避孕套的作用				婚前怀孕对男女双方前途和名誉的影响				堕胎对女性的影响		
	避免怀孕	防止性病传播	隔离病毒细菌	不清楚	影响双方	影响女方	影响男方	不影响双方	伤害很大	不知道	不清楚
比例	39%	25%	15%	21%	63%	22%	1%	14%	46%	32%	22%

对于安全套、避孕套的作用，39% 的学生认为可以避免怀孕，25% 的学生认为可以防止某些性病的传播，15% 的认为可以隔离部分病毒和细菌，21% 的学生不清楚其用途。

对婚前怀孕社会影响的看法，有 63%的学生认为该行为会影响男女双方的前途和名誉，占受调查学生中的大多数；22% 的学生认为这仅仅会影响到女生的前途和荣誉，1% 的学生认为会影响到男生的前途和荣誉；14% 的学生认为婚前怀孕对男女双方的前途和荣誉都没有影响，该项选择人数也占调查人数的一定比例，表明中学生对于婚前怀孕这一行为的认识度还不够，同时也表明我国中学生性教育在这一方面的不足。

46%的学生认为堕胎对于女性的伤害很大，32%的学生表示不知道，还有 22%的对于这一问题表示不清楚。这一数据中，大多数被调查中学生都对堕胎的危害不甚了解，也揭示了性教育不充足的隐患所在；在当今时代，“初夜低龄化”已然成为了一个不可忽视的社会问题，但是中学生对于基本性行为知识却缺乏了解，甚至在调查中，隐隐可以发现一个非常严峻的问题——中国的性教育，只重结果不重过程。

在生理卫生知识方面，我国的性教育并没有想象中的完善，在青春期身体机制的变化、性安全意识教育等基本生理卫生知识方面均相对缺乏。

（3）对于两性关系的观点分析

调查表明，如今大多数中学生对于青春期的恋爱持否定态度，而且对如何处理两性关系的态度也不十分明确。调查显示，54% 的学生已经有了吸引异性的意识，而 46% 的学生则表示没有吸引异性的意识。对于青春期的恋爱观，51% 的学生认为大学及以后能够谈恋爱，18% 的学生认为高中可以谈恋爱，12% 的学生认为初中可以谈恋爱，3% 的学生认为小学可以谈恋爱。而 16% 的学生表示不清楚什么时候可以谈恋爱。从某种程度上来说，中学生不知道如何正确处理与异性之间的交往，对于与异性之间的交往，56% 的学生持一般心情，25% 的学生表示比较喜欢，15% 的学生表示渴望接近，而 4% 的学生则表示厌恶反感。对于如何处理对异性的好感，46% 的学生表示要顺其自然，18% 的学生表示对异性没有好感，13% 则表示压抑自己的好感，而 11% 的学生表示会主动接近有好感的异性，12% 的学生表示不确定。

有 10%的学生认为不能在恋爱中有肢体的接触，15%的学生认为可以在恋爱中接受亲吻的亲昵行为，占额最高的是牵手，30%受调查的学生都表示在恋爱中可以接受牵手的肢体接触，6%的同学表示能够接受亲吻、牵手以外的更深层次的接触。这表明无论是对于好感的萌生还是与异性的肢体接触，许多中学生都没有恰当的认识。这与中国大环境下禁止“早恋”的氛围不无关系。因此老师和家长应该正视“两性关系”，用恰当的方式来引导学生处理问题。

另外，在中学生群体中，性道德领域中的“道德多数”与“少数人”性道德间存在明显冲突，有 37%的学生表示，长期保持单身或者离婚状态是正常的，40%的学生认为该状态不正常，另有 23%的学生对此问题表示不确定。当谈及性取向问题，67%的学生认为同性恋不正常，16%的学生则持相反态度，认为同性恋是正常的，另还有 17%的学生表示不确定同性恋是否正常。因为身边大多数人或者说是所有人都选择结婚、都是一婚、都是异性恋，再加上他们的对于“少数人”的态度，在大多数中学生看来，长期单身、离婚、同性恋都不正常。这种看法不仅受教育环境的影响而且受社会舆论导向的影响。中学时代是进行基本性道德教育、树立正确意识的黄金时期；因此，家长和老师应该以一种尊重和理解的眼光来对待，而并不是戴着“有色眼镜”

来进行自我判定。

（4）对性的总体看法情况

在本世纪初，德国学者布洛赫则提出：“考虑到性爱在个人生活及社会生活中的整个重要性及其与人类文明进化的关系，性科学应成为人类科学的一部分。”在我国，由于传统文化对于“性”观念的影响，“许多人也许是大多数人对性的看法仍然比对人生其他要素的看法要不合理”，使人类的性成为“最充满混乱、愚昧、缄默和谬误的一个领域”。而对性的正确看法与认知，对于青少年的成长来说无疑是至关重要的。

据调查结果显示，我国青少年对于性这一成长过程中必须面对的问题，总体认知水平仍然处于需要增进的阶段，分别表现为两个方面：一、没有正确的性认识，对可谈及“性”相关字眼的场合分辨不清；二、性保护意识缺失。

表 7　中学生谈及性话题情况表

变量	选项	比例
有关性的脏话	经常会说	6%
	会，无心之举	69%
	不会，认为不好	25%
谈及性时的对象	同学、朋友	49%
	父母	20%
	老师	13%
	不和别人讨论	28%
对性话题的看法	正常的，人之常情	44.26%
	隐晦的，不公开谈论	41.81%
	无所谓，别人讨论时自己也可以加入	13.93%

多数学生会在说脏话的情况下谈及性，尽管这中间有 69%学生认为这是自己的无心之举；有 49%的学生表示会和同学和朋友谈及性，而寻求家长和老师这类更权威对象的只分别占到 20%和 13%，不和任何人谈论这一话题的学生比例高达 28%；对性话题的看法可以显示中学生对于性的态度，只有不到半数的学生认为性话题是正常的，人之常情，另有 13.93%的学生认为无所谓，别人讨论时自己也可以加入，仍有 41.81%的学生持保守看法，认为性是隐晦的，不宜公开谈论。

表 8　未成年人遭受性侵害时做法情况表

变量	选项	比例
遭受性侵害时的做法	告诉家长	28%
	告诉老师	13%
	告诉好友	11%
	及时报警	34%
	不告诉他人	5%
	不确定	9%

对于遭受性侵害、性猥亵时的做法，28%的学生选择告诉家长，13%的学生选择告诉老师，11%的学生选择告诉好友，34%的学生选择及时报警，5%的学生选择不告诉他人，还有 9%的学生选择不确定，这表明还有相当一部分的学生没有正确的性保护意识。

以上数据统计说明，仍有部分中学生对于性没有正确的认识；学校与家庭在性教育中角色缺位现象较为明显；在性保护意识方面仍待加强。

（二）人物访谈

1. 总述

为了了解中国当代中学生性教育现状，我们以衡水市武邑镇中学学生为主要调研对象，在线上、线下向中学生发放了纸质与电子问卷，同时通过人物访谈更有针对性地向学生、家长、老师进行了相关咨询。

2. 访谈反馈情况

在这三个群体之中，作为性教育主要接受对象的学生反而是对于性教育要求最低也最排斥的，家长在性教育中严重缺位，老师被三个群体认为是性教育的主要力量，但是受政策、资源、环境与舆论等的影响，基本未能发挥作用。

（1）学生对于性与性教育的认识过于狭隘

调研组前后对 10 名学生进行了人物访谈，发现学生对于性教育的认识过于狭隘，同时带有明显的抵触情绪。他们处在接收性教育的最佳年龄，一方面没有享受到本该拥有的接受性教育的权利，一方面对于这种权利的丧失甚至是喜闻乐见的。调研组后期在对武邑镇中学暑假夏令营全体学生进行调查时发现，拒绝接受性教育的学生不在少数，他们耻于谈性哪怕不带任何情欲。

①对于性教育的概念模糊不清甚至完全没有概念

谢莹在《当前中国性教育面临的伦理难题及对策研究》一文中这么解释性教育：性教育不仅是性知识的教育、性法制的教育以及性观念和性道德的教育，也是包括与性有关的一切自然的、生理的、心理的、科学的、社会的、伦理的、道德的教育。

而当代社会对于性教育的理解完全没有相关学者理解全面，学生在这方面表现得尤为明显，在访谈时发现，学生对于性教育一词的理解集中在“性”之一字上，而“性”在他们看来便是“性行为”，因此在接受访谈时显得极为腼腆羞涩。

在问及是否接受过性教育时，大部分学生表示接受过，追问下女生表示母亲会告诉她们月经期间的一些注意事项，但主要内容只是不能着凉，否则以后会生不出孩子，还有便是交友问题，强调不可以与坏学生交往，不能谈恋爱。男生来自家长的性教育更加稀薄，仅是不能谈恋爱注意交友而已。他们完全不觉得把这些称之为接受过性教育有什么问题。

谈及在学校接受的性教育时，他们表示在生物课本上学过一些，更有一名男生说到在政治课本上接收过相关信息。在采访的所有人群中，仅有一名女生表示上过生理卫生课，但她极其排斥，整节课故意分心去做其他事。

在问及是否应该进行性教育时，采访的10名学生中有5名认为没有必要，后期分析问卷数据，在样本数量为123位学生时，仍有48%的学生认为没有必要或者无所谓。

学生对于性教育的排斥情绪如此之重是我们始料未及的，在访谈时明显能感受到他们对于性教育的排斥主要原因是因为性，次要原因便是他们对于性教育的理解过于狭隘，所接受的性教育过于浅薄而毫不自知，因此导致了他们认为性教育是可有可无的。

②极其反感与厌恶“性”

性是人类生活中必要的组成部分，合理融洽的男女两性关系是人类社会赖以构成的基础之一，同时也是人类所面对的最基本的社会关系，任何人都无法回避社会生活中对性的话题的谈论。

“性”这个字本身是一个中性词，但在中国传统伦理观的影响下变成了一个带有明显感情色彩的词语。当我们问及学生对于性的看法时，他们相当直白地用“恶心，变态，肮脏”三个词语来形容。在问及原因时只有少数几个能够讲出自己的理由，比如同学之间拿“下三路”来开玩笑。

他们眼中的“性”基本已经等于“性行为”，而他们所接触到的性行为的相关信息大部分来自于黄色书籍、黄色图片、黄色视频、黄色广告，而这些东西为了吸睛往往尺度极大，质量极差。而身边人对于性的态度会更持久深远地影响他们对于性的看法，家长对于性遮遮掩掩的态度，同学朋友对于性的恶意玩笑，即使是老师，在谈及性时都恨不得三言两语马上带过。这两方面的原因是中学生对于性的看法的形成的主要原因。

由于对性的反感，我们在尝试着去进行性安全教育科普时，几乎所有访谈学生都表示出拒绝，甚至让我们删掉安全套的相关内容。他们认为自己是没有必要接受相关知识的。同时，有一名学生委婉表示，她的一个朋友已经与男友发生过性行为。

学生对于性的排斥与反感，是他们拒绝与认为性教育可有可无的重要原因。

（2）家长在性教育中的缺位与反作用

家庭是孩子社会化的第一课堂，父母是子女性教育的启蒙者，在性教育中的作用无可替代，父母对孩子进行性教育有着不可推卸的责任，然而在我国，绝大多数家长不愿与子女谈论具体的与性有关的话题，性作为家庭教育的禁忌存在。不少父母担心与孩子进行性问题的讨论会导致孩子过早的性体验与性交行为，有的父母则是由于自身缺乏科学性知识，性教育的能力有限，难以正确回答孩子提出的相关问题。

为了了解青少年对于应该由谁来承担性教育主要责任的看法，我们针对中学生在线上线下发放了电子和纸质问卷，得到了非常直观明确的数据，36.65% 的青少年认为应该由学校承担性教育的主要责任，而认为应该由家庭承担主要责任的比例也与之相差不大，为 33.51%。针对这一数据，我们对家长进行了人物访谈。

当问及是否会对孩子进行性教育时，肯定的回答居多数，但是问到具体内容时便鲜明地体现了家长在性教育中的缺位。与学生的回答相似，家长进行性教育的主要内容便是月经与交友问题，仅有一名家长表示会对孩子进行生理与心理知识教育，这名家长的职业是幼儿园教师。问到应该由谁来承担性教育的主要责任时，与学生不同，所有家长全都认为应该由学校负责，原因不一而足，但家长对于性教育责任的推卸可见一斑，学校该承担起的是大众向的性教育，某些私密性的话题不适合当众提及。不可否认，家庭中的基础教育仍然在孩子性观念的形成与性行为的选择上占据主要影响地位。这种伴随终身的影响会在孩子面临性的困惑与是非观选择时，表现为轻信一样迷茫的同龄群体或偏颇性较强的媒体讯息。而上述两者传达的性文化良莠不齐更进一步加深了孩子对性的误解。

同时，我们也能感受到家长在被采访过程中的尴尬与羞于启齿。某名家长在回答时将声音压低，谈及某些内容时一律用“那个”“你知道的”等词语代替，神情极不自然。这无疑会影响到孩子对于性的看法与态度。

家长对于“性”的双重标准也值得探讨，他们理所当然地把性划分到成人领域，会在孩子面前讲述一些与婚恋、性爱有关的话题；但是一旦孩子主动提及便是变态，即使不是用斥责的语气，也足够使孩子产生负面情绪。

在与学生的交流中我们可以发现，家长对于性的态度才是影响学生对于性的态度的重要原因。

（3）学校在性教育中的尴尬处境

与学生群体中认为应该由学校承担性教育的主要责任的比例仅占 36.65% 的数据不同，所有受采访家长与老师全部认为应该由学校承担起性教育的主要责任。我们可以理解学生在公众场合接受性教育的排斥，然而学校与家庭、社会相比，拥有较好的设备与优质师资，且能集中青少年群体，以最少的人力、物力投入，保障学生接受正确、规范的基础性教育。因此，将学校作为进行性教育的场所，无疑是综合考量后的最佳选择。

在受访的三个群体中，老师扮演的是最客观、最理智的角色。老师表示性教育应该尽早地开展，全面地普及；但囿于师资力量等主客观原因，中国学校里性教育的缺位是不可避免的。

从 2001 年 12 月开始，中国以立法和政策的形式明确了学校负有实施性健康教育的责任，但是很少学校真正落实这个规定。而且，基本上也只是从医学和健康的层面来推行。因此尽管有进展，但在当今中国的教育体系，性教育仍处于初级阶段，不仅表现在开展的时间短，缺乏适当的教学模式等方面，而且也表现为性教育内容的不完善。在实践上，尽管课程设置进行了一系列改革，学生的课程由必修课、选修课和活动课组成，传统的课程格局却并未被打破，必修课的种类和难度并未降低，必修课在升学考试中的权重基本保持不变，这无疑会导致非应试科目的边缘存在，性教育就是被忽略的课程之一。

在国家社科基金项目对于“艾滋病危险性性行为干预面临的伦理难题及对策研究”的调研中，获得的数据表明，约 80% 的一般公众认为学校有必要开设性教育及相关课程。而师资的短缺、性教育教材的单一、内容的敏感度、学生的接受能力等问题，都使学校处于心有余而力不足的状态。

四、研究结果

中学生处于青春期，是从童年到成年的过渡时期，是生殖器官从开始发育到成熟的阶段，是一个人生理和心理的急剧变化时期，被称为“人格再造的契机”，但是处在青春期的青少年似乎被置于一个尴尬的境地。尽管他们兼具儿童和成年人的某些特点，但他们既不是儿童，也不是成人，而是经历着人生从生理、心理和社会性都走向全面成熟的重要阶段。伴随男女两性身体形态的变化和第二性征的迅速发育，青少年的独立意识、性意识和性情感开始萌发，特别是性生理和性心理的变化更为剧烈，因此对中学生进行性健康教育显得刻不容缓。

从调查问卷的结果分析可以看出，现当代中学生的性生理发育呈现出“加速度”的现象，但是青少年性教育却没有跟上这种速度，因此造成了青少年性生理与性心理发展不平衡的矛盾。他们渴望与异性交往，希望了解性知识，但是在现实生活中，他们往往因为得不到科学的指导而陷于迷惑、焦虑或冲动之中。分析发现，造成青少年性问题的原因是多方面的，既有青少年自身机体因素，又有社会环境作用。

（一）自然因素：中学生性生理发育日趋早熟

在当今，由于我国经济迅速增长，生活水平的提高和生活条件的改善，食物结构的变化——特别是摄入了更多蛋白质的缘故，目前青少年的性生理发育成熟期普遍提前，大约平均提前 1 至 2 岁，如在小学五六年级已有不少男孩出现遗精或者女孩出现月经初潮，初中二年级则是大部分学生性成熟的集中阶段。而由于社会规范与人口素质提升等方面的要求，中学生面临着性早熟与社会滞后的矛盾，自其产生性萌动、性成熟和性冲动的自然需求开始，到允许结婚，实践合法的行为，一般存在着 10 ~ 15 年的时间间隔。一旦缺乏正确的教育引导，他们很可能怀着好奇心涉足性行为，产生早恋及性越轨现象。

（二）社会环境：西方性观念思潮和大众媒体的传播

随着改革开放以来，西方的文化和思想也逐渐进入我国，其中也包含西方的性享乐主义和开放主义。而且随着技术的发达和传播媒体的多样化，各种偶像剧、言情剧如雨后春笋般蜂拥而至。处于青少年时期的中学生接触外部社会的渠道拓宽，外来文化的冲击使他们眼花缭乱，国外开放自由的性观念更使他们茫然无措。与此同时，铺天盖地的“网恋”“早恋”“同性恋”等时髦的名词，也充斥着他们的学习及生活，吸引着中学生的注意力。由于中学生模仿心理和逆反心理极强，因此容易被不良文化误导。

（三）学校和家长：性教育的缺少

性教育，不仅仅是性知识的教育，更应该是青少年性道德文明的教育。现在的中学生，在学校所受的性教育是非常有限的。有些学校对学生进行青春性教育，也只是停留在一些简单的性生理知识和性卫生教育，而对性心理问题、性道德教育则基本忽略。这主要是有两个方面的原因：一是学校片面追求升学率，认为青春期性教育是可有可无的；二是由于受传统观念的影响，对性的问题，一贯采用禁和堵的办法。而随着子女年龄的增长，父母和孩子之间发生了一些微妙的变化，父母对子女多采取沉默的态度，极少和孩子沟通，在家长的眼里有些问题还是只能孩子自己或是老师来帮助解决，特别是“性”教育，一些家长觉得难以启齿最好不说，认为孩子大了自然会知道。在这种情况下，青少年从儿童发育到青春期，性意识一般是通过耳闻目睹周围人的性言行形成的。他们无法从学校、家长那里得到科学的性知识、性道德观，更容易误入歧途。

五、研究体会

随着时代的进步，我们的社会变得越来越开放，越来越具有包容性。曾经讳莫如深的性话题，也引得人们关注，尤其体现在对于中学生的性教育的问题上。而中学生自身是如何看待“性”的呢？

根据问卷调查结果显示，绝大多数的学生表示学校并没有开设生理卫生课，而大多数的学生认为开设生理卫生课是有必要的，而对于性教育的普及大多数学生认为也是有必要的。这反映出在一定程度上，中学生渴望了解这些知识。无论是学生还是老师都应该正视“性”，性不仅是人自然属性的本质内容，更是作为“人”的客观本质需要。中学生正处于性观念形成的初期阶段，因此对于处在青春期的中学生而言，性教育不可或缺。

第一，学生对于基本的生理卫生知识的了解还不明晰，出于对未成年人的保护，适当的了解是完全有必要的。随着早恋、婚前同居、早孕等性越轨现象逐年增加，性违法犯罪行为呈现快速上升的趋势，性传播疾病在我国各城镇迅速蔓延，性教育已成为指导、规范和约束人们的性行为与性关系的必要手段。

第二，我国的学校、家庭与社会的性教育存在不足之处，具体表现在学校的性教育中，性作为教育课程的边缘存在；在家庭性教育中，性作为禁忌存在；在社会性教育中，性充斥与性规制并存。现况调查表明，中学生在实际获取性相关知识（即青春期知识、性知识以及性传播疾病）的主要渠道呈多样化趋势。老师、父母、同学和朋友是中学生获取性相关知识的最主要来源，而通过书籍或网络获取性知识的学生也占有一定比例。这反映出老师和家长应该在传授性相关知识方面起积极引导作用，同学和朋友应该起积极交流作用，社会各方面力量也应该积极引导，努力为孩子创造一个文明、健康、科学的性文化学习环境。

参考文献

[1] 崔彬彬．青春期性教育存在问题及教育对策研究 [D]．南京：南京师范大学，2007.

[2] 谢莹．当前中国性教育面临的伦理难题及对策研究 [D]．昆明：昆明理工大学，2012.

[3] 罗国杰．伦理学 [M]．北京：人民出版社，2008.

[4] 蔡晓芬，金云．国内性教育研究现状及分析 [J]．天津：社会心理科学，2014（21）：10-12.

[5] 王雪峰，高畅，王立国．我国学校性教育的三重矛盾 [J]．青年探索，

2005（1）：46-48.

[6] 王宗俊. 性教育的必要性和意义 [J]. 首都师范大学学报（自然科学版），1998（2）：93-96.

[7] 张立英，李晓铭，尹文强，等. 青少年性相关知识来源的偏好：中国性教育的启示 [J]. 国际生殖健康 / 计划生育杂志，2010，29（6）：422-428.

[8] 罗丽君. 教师的缄默性教育观念及其对课堂教学行为的影响研究 [D]. 重庆：西南大学，2009.

[9] 彭露露. 初论“性污名”的文化体现及性教育对策 [D]. 武汉：华中师范大学，2011.

[10] 刘怡仙，林志伟，冯佳雯. 性教育的非官方试验：拿走恐慌，它就是普通的事 [J]. 性教育与生殖健康，2017（2）：44-52.

[11] 刘仲华. 教育不能忽视对身体的认知 [N]. 人民日报，2017-5-16（13）.

四、中国特色社会主义社会发展篇

困境中的白衣天使

——江苏省南京市医护人员人格特征、心理资本与职业倦怠情况的调查分析

课题组成员：丁毅林，阚君怡，杨晨，尤陆颖，李茜聪

指导老师：吴奇

摘要：本研究采用 MBI-HSS 职业倦怠量表、中国大五人格问卷简版（CBF-PI-B）、PCQ-24 心理资本量表对江苏省南京市 21 家医院 120 名医护人员进行问卷调查，同时运用了访谈法对资料进行了补充收集，以反映医护人员人格特征、心理资本与职业倦怠情况的现状，探究三者关系并给出切实可行的建议。调查结果显示：医护人员存在极为严重的职业倦怠感，其职业倦怠感在收入水平、职称高低、受教育程度上都呈现显著性差异。除此之外，医护人员的职业倦怠感和其心理资本、人格特征均具有显著的相关关系，通过人格特征和心理资本能够预测医护人员的职业倦怠感程度。

关键词：心理资本；人格特征；职业倦怠；医护人员

目前国内外学者已经就医护人员的职业倦怠方面有了深入而详尽的研究。1974 年，美国临床精神病学家 Freudenberger 最早提出“职业倦怠”的概念并进行心理学研究。2001 年在美国、加拿大、德国、英国和苏格兰 5 个国家的医院展开的一项调查发现，医护人员存在非常严重的职业倦怠现象。在参与调查的 5 个国家中，有 4 个国家 40% 的护士表示对目前工作感到不满意。在美国，有 1/5 的护士声称将在 1 年内停止工作，而年轻护士则有 1/3 表示

将在近期内提出辞职。在我国的一项调查中显示，42.1% 的医院护士存在一定的情感耗竭现象。

作为一种伴随于长时间压力体验下而产生的情感、态度和行为的衰竭状态，职业倦怠感常常会因为环境因素的不同而变化。以往的研究显示职业倦怠感可以和性别、年龄、婚姻状况、受教育水平、月平均收入等因素建立相关联系。因此我们推测在不同的环境条件下，医护人员的职业倦怠感存在显著差异。

但是除了环境的因素之外，个人的心理特质也会对其产生影响。比如有研究发现心理健康状况、生活满意度等因素可以预测公务员的职业倦怠感。对河北省 101 名医护人员的调研中显示，消极的应对方式与职业倦怠存在显著的正相关关系。研究同样发现，工作压力与职业倦怠存在相关关系。然而，目前已有的这些研究大都只是局限于职业倦怠的现状调查，或者是心理健康、应对方式等因素与职业倦怠情况的相关分析，较少考虑到人格特征对于职业倦怠的影响。有研究显示，人格特征与心理资本存在显著关系，并且急诊科护士心理资本与职业倦怠存在显著负相关，由此我们推测人格特征会通过心理资本对职业倦怠感进行影响。本研究提出两个假设：其一，医护人员职业倦怠感随受教育程度、收入水平等因素而具有显著差异；其二，心理资本在医护人员人格特质、职业倦怠感中起中介作用。

一、研究目的

医疗卫生人员的心理健康状况关乎医疗服务质量。本研究旨在通过调查各等级医院医护人员职业倦怠的现状，分析人格情况和心理资本对于职业倦怠的影响作用，比较不同医院以及不同性别间医护人员的职业倦怠差异，为减轻医护人员职业倦怠感、提高其职业认同感提供对策与建议。

二、研究的方法

1. 研究对象

本研究以江苏省南京市各级医院的医护人员作为研究对象，走访了南京市第一医院、江苏省人民医院、南京市红十字医院等 21 家医院，共发放问卷

128 份，收回问卷 120 份，问卷回收率为 93.75%。样本基本情况见表 1。

表 1　样本基本情况表

特征变量	选项	人数	比例（%）
性别	男	22	18.3
	女	98	81.7
教育程度	高中及以下 / 中专	3	2.5
	大专	38	31.7
	本科	67	55.8
	硕士研究生及以上	12	10
工作科室	外科	32	26.7
	内科	31	25.8
	儿科	8	6.7
	妇产科	15	12.5
	其他	34	28.3
职务	医生	38	31.7
	护士	75	62.5
	其他	7	5.8
职称	无	20	16.7
	初级	42	35
	中级	46	38.3
	副高级	11	9.2
	正高级	1	0.8
医院等级	三级医院	89	74.2
	二级医院	19	15.8
	社区医院	12	10

2. 研究工具

（1）中国大五人格问卷简版（CBF-PI-B）

本研究采用王孟成、戴晓阳等人于 2011 年编制的中国大五人格问卷，该量表共 40 个题目，每个维度分别由 8 个条目测量；简式版量表各维度具有较好的信度系数，内部一致性系数在 0.764（宜人性）~ 0.814（神经质）之间，平均 0.793；间隔 10 周的重测系数 0.672（宜人性）~0.811（开放性）之间，平均 0.742 。简式版五因子结构较为清晰，共可解释总方差变异的 43.49% ，各因子与完整版量表对应因子的相关均在 0.85 以上；各因子与 NEO–PI–R 对应因子间的相关在 0.358（A）到 0.846（C）之间；各因子与 BFI 对应因子间的相关在 0.584（宜人性）到 0.826（神经质）之间，相关系数均在 0.01 水平上显著，具有良好信效度。

（2）Maslach 职业倦怠问卷（MBI-HSS）

本研究采用魏雪梅等改编的修订后的 MBI-HSS 量表。该量表有 22 个条目，3 个维度，采用 Likert5 级评分。3 个维度包括情感耗竭 9 个正向条目、去人格化 5 个正向条目、个人成就感 8 个反向条目。情感耗竭和去人格化得分越高，表明职业倦怠程度越严重；个人成就感得分越低，表明职业倦怠程度越严重。魏雪梅采用整群分层随机的方法，选取南充市 535 名临床护理教师进行调查，对所得数据进行信效度检验。结果全量表 3 个维度的 Cronbach’s α 系数分别为 0.881、0.906、0.873、0.838，分半信度为 0.816；探索性因子分析提取 3 个因子，分别是情感耗竭、去人格化、个人成就感，累计贡献率为 58.822%，项目负荷在 0.588~0.882 之间；验证性因素分析证明 3 因素模型为最优模型。说明修订后 MBI—HSS 具有良好的信效度，可用于我国临床护理职业倦怠测评。

（3）心理资本问卷（PCQ-24）

本研究选用 Luthans 等编制，李超平翻译的心理资本问卷（PCQ-24），该问卷包括自我效能感、希望、乐观、韧性 4 个维度，共 24 题，采用 Likert 6 点积分。各维度得分越高，说明心理资本水平越高。

问卷数据由问卷星进行录入，并采用 SPSS 19.0 和 AMOS 21.0 进行处理。

三、研究过程

1. 医务人员职业倦怠情况现状分析

（1）医护人员职业倦怠情况严重

表 2　医护人员职业倦怠感与国外常模的比较

类别	本组	常模	T 值	Sig. 值（双侧）
情感耗竭	18.86 ± 5.02	22.19 ± 9.53	–7.27	0.001
去人格化	9.16 ± 3.06	7.12 ± 5.22	7.30	0.001
个人成就感	24.39 ± 6.12	36.53 ± 7.34	–21.74	0.001

通过表格我们可以发现，医护人员具有严重的职业倦怠感，去人格化维

度得分显著高于国外常模，个人成就感维度得分显著低于国外常模。

（2）受教育程度不同，职业倦怠感不同

表3 不同教育程度医护人员职业倦怠感的方差分析

类别		平方和	df	均方	F	显著性
情感耗竭	组间	160.404	2	80.202	3.365	.038
	组内	2717.459	114	23.837		
	总数	2877.863	116			
去人格化	组间	102.165	2	51.082	5.906	.004
	组内	986.057	114	8.650		
	总数	1088.222	116			
个人成就感	组间	58.062	2	29.031	.773	.464
	组内	4284.057	114	37.579		
	总数	4342.120	116			

由于选择“高中”一栏的人仅有三人，为了避免极端值的干扰，我们删去了这三个样本。由表可知，受不同教育程度的医护人员在职业倦怠的三个维度中去人格化的显著性小于0.05，存在显著差异。

不同教育程度医护人员职业倦怠感的多重比较结果见下表：

表4 不同教育程度医护人员职业倦怠感的平均数（M ± SD）及多重比较

类别	大专	本科	硕士研究生及以上	差异显著组（.05水平上）
情感耗竭	20.53 ± 5.59	17.99 ± 5.50	19.50 ± 5.30	大专—本科
去人格化	10.37 ± 2.65	8.42 ± 2.65	10.08 ± 3.81	大专—本科
个人成就感	23.37 ± 6.43	24.58 ± 6.23	25.58 ± 4.19	

我们推测大专毕业生需要在工作期间不断地补充自己在医护方面的知识，因此他们存在较高的职业倦怠感。

（3）收入差异引起职业倦怠感的显著不同

表 5　不同收入医护人员职业倦怠感的方差分析

类别		平方和	df	均方	F	显著性
情感耗竭	组间	255.59	4	63.89	2.68	0.03
	组内	2741.03	115	23.83		
	总数	2996.59	119			
去人格化	组间	62.545	4	15.64	1.71	0.15
	组内	1049.44	115	9.13		
	总数	1111.99	119			
个人成就感	组间	76.93	4	19.23	0.55	0.73
	组内	4373.66	115	38.03		
	总数	4450.59	119			

由表可知，不同收入的医护人员在职业倦怠的三个维度中情感耗竭的显著性小于 0.05，收入在 8000 元以上的医护人员显著低于收入 8000 以下的，具有显著性差异。除了工作上的压力，医护人员还承担着养家糊口的重担，因此我们认为低收入水平会造成医护人员丧失工作热情，从而引起强烈的职业倦怠感。

（4）职称越高，职业倦怠感越严重

表 6　不同职称医护人员职业倦怠感的方差分析

类别		平方和	df	均方	F	显著性
情感耗竭	组间	85.02	3	28.34	1.14	0.34
	组内	2849.30	115	24.77		
	总数	2934.32	118			
去人格化	组间	106.97	3	35.662	4.15	0.01
	组内	987.57	115	8.588		
	总数	1094.56	118			
个人成就感	组间	51.85	3	17.28	0.45	0.72
	组内	4385.61	115	38.13		
	总数	4437.46	118			

因为正高级的样本只有一份，存在较大的抽样偏差可能性，所以在分析中我们删去了那一份样本。由表可知，不同职称的医护人员在职业倦怠的三个维度中去人格化的显著性小于 0.05，具有显著性差异。

不同职称医护人员职业倦怠感的多重比较结果见下表：

表 7　不同职称医护人员职业倦怠感的平均数（M ± SD）及多重比较

类别	无	初级	中级	副高级	差异显著组
情感耗竭	17.05 ± 4.66	19.33 ± 4.56	19.32 ± 5.62	19.09 ± 4.04	
去人格化	7.15 ± 1.99	9.36 ± 2.89	9.70 ± 3.31	10.18 ± 2.79	无—初级 无—中级 无—副高级
个人成就感	24.10 ± 3.97	23.81 ± 6.46	25.17 ± 6.42	23.55 ± 7.23	

通过多重比较发现，无职称的医护人员和其他职称医护人员均在去人格化维度有显著性差异。职称等级越高，去人格化水平越高。

2. 医务人员人格特征、心理资本与职业倦怠感的关系研究

（1）心理资本与医务人员职业倦怠的相关分析

表 8　心理资本与职业倦怠情况的相关分析（r 值）

类别	情感耗竭	去人格化	个人成就感
自我效能感	–.249**	–.194*	–.250**
希望	–.378**	–.320**	–.184*
韧性	–.167	–.239**	–.146
乐观	–.417**	–.351**	–.143

“*”表示在 0.05 水平（双侧）上显著相关，“**”表示在 0.01 水平（双侧）上显著相关。

从表中我们可以看到，情感耗竭与自我效能感、希望、乐观三个维度存在极其显著的负相关；去人格化和自我效能感存在显著负相关，和希望、韧性、乐观存在极显著的负相关；个人成就感和自我效能感存在极显著的负相关，和希望存在显著负相关。

综上所述，我们可以看出心理资本与职业倦怠情况存在显著的负相关关系。拥有较高心理资本的个体一般很少存在职业倦怠的情况，反之亦反。

（2）人格特征与医务人员职业倦怠的分析

表 9　人格特征与职业倦怠情况的相关分析（r 值）

类别	情感耗竭	去人格化	个人成就感
神经质	.536**	.368**	.216*
严谨性	–.310**	–.232*	–.366**

续表

类别	情感耗竭	去人格化	个人成就感
宜人性	-.389**	-.535**	-.030
开放性	-.262**	-.210*	-.162
外向性	-.250**	-.140	-.311**

"*"表示在 0.05 水平（双侧）上显著相关，"**"表示在 0.01 水平（双侧）上显著相关。

从表中我们可以看到，情感耗竭与神经质存在极其显著的正相关，与严谨性、宜人性、开放性、外向性存在极其显著的负相关。去人格化与神经质存在极其显著的正相关，与宜人性存在极其显著的负相关，与严谨性、开放性存在显著的负相关。个人成就感与神经质存在显著的正相关，与严谨性、外向性存在极其显著的负相关。

（3）人格特征与医务人员心理资本的分析

表 10　人格特征与心理资本情况的相关分析

类别	自我效能	希望	韧性	乐观
神经质	-.404**	-.469**	-.179*	-.348**
严谨性	.612**	.426**	.490**	.152
宜人性	.269**	.363**	.254**	.413**
开放性	.304**	.477**	.340**	.406**
外向性	.298**	.309**	.158	.296**

"*"表示在 0.05 水平（双侧）上显著相关，"**"表示在 0.01 水平（双侧）上显著相关。

由表可知，神经质与自我效能感、希望、韧性、乐观均为极其显著的负相关；严谨性与自我效能、希望、韧性有极其显著的正相关，但与乐观没有显著关系；宜人性与自我效能感、希望、韧性、乐观均为极其显著的正相关，开放性也与自我效能感、希望、韧性、乐观均为极其显著的正相关；外向性也与自我效能感、希望、乐观均为极其显著的正相关，但与韧性没有显著关系。

（4）心理资本中介作用检验

根据相关分析结果，可以发现在五大人格中，神经质与心理资本的五个维度以及职业倦怠感的三个维度均存在显著或者极显著的相关性。因此将神经质作为自变量引入回归分析，结果如表 11。

表 11 心理资本在神经质与职业倦怠感之间的中介效应检验

中介模型假设	自变量	因变量	t	R	调整 R^2	F
神经质—自我效能感—情感耗竭	神经质	自我效能感	–4.793***	.404	.156	22.974***
	神经质	情感耗竭	6.888***	.536	.281	47.445***
	自我效能感	情感耗竭	–2.790**	.249	.054	7.784**
神经质—自我效能感—去人格化	神经质	自我效能感	–4.793***	.404	.156	22.974***
	神经质	去人格化	4.300	.368	.128	18.491***
	自我效能感	去人格化	–2.149*	.194	.029	4.617*
神经质—希望—情感耗竭	神经质	希望	–5.776***	.469	.214	33.358***
	神经质	情感耗竭	6.888***	.536	.281	47.445***
	希望	情感耗竭	–.378***	.378	.136	19.655***
神经质—希望—去人格化	神经质	希望	–5.776***	.469	.214	33.358***
	神经质	去人格化	4.300***	.368	.128	18.491***
	希望	去人格化	–3.666***	.320	.095	13.443***
神经质—乐观—情感耗竭	神经质	乐观	–4.029***	.348	.113	16.231***
	乐观	情感耗竭	–4.980***	.417	.167	24.802***
	神经质	情感耗竭	6.888***	.536	.281	47.445***
神经质—乐观—去人格化	神经质	乐观	–4.029***	.348	.113	16.231***
	乐观	去人格化	–4.066***	.351	.115	16.536***
	神经质	去人格化	4.300***	.368	.128	18.491***

“*”表示在 0.05 水平（双侧）上显著相关，“**”表示在 0.01 水平（双侧）上显著相关，“***”表示在 0.001 水平（双侧）上显著相关。

回归分析结果显示，心理资本在神经质和职业倦怠感中具有不完全中介作用。由此构建图 1 的结构方程模型。

该模型中拟合卡方值（Chi—square）为 11.944（P=.102），CMIN/DF 为 1.706（CMIN 为卡方值），未标准化假设模型整体残差 RMR 值为 0.787，

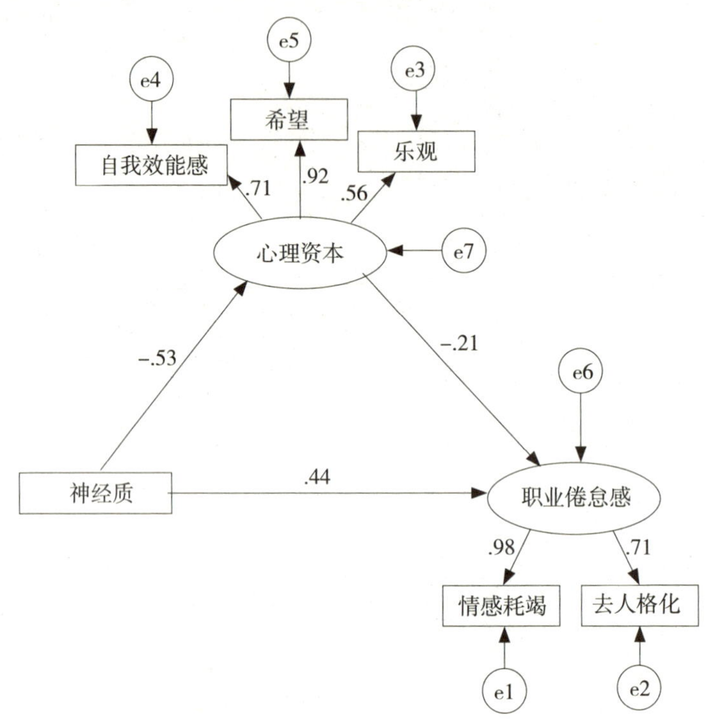

图 1　医护人员心理资本的中介作用示意图

TLE=.958，NFI=.956，CFI=.985，GFI=.967。以上数据显示，心理资本中介效应模型具有较好的拟合度，即神经质人格、心理资本能较好地预测职业倦怠感。

四、研究结果

（一）结论

医护人员存在极为严重的职业倦怠感，其职业倦怠感在收入水平、职称高低、受教育程度上都呈现显著性差异。除此之外，医护人员的职业倦怠感和其心理资本、人格特征均具有显著的相关关系，通过人格特征和心理资本能够预测医护人员的职业倦怠感程度。

（二）问题的讨论

1. 职称晋升压力过大

职称晋升问题影响着医务人员的工作，医务人员业务水平高低和收入的增加体现在职称上，大多数的医务人员要在繁忙的工作之余，撰写论文，做课题，以期得到职称上的晋升；然而，高职称的医护人员通常也担任着医院的行政职务，背负着更高的工作压力，长期处在这种压力状态下便会对工作对象和环境采取冷漠、忽视的态度，引发较高的职业倦怠感。从表7中可以明显看出，职称等级越高，去人格化水平越高，即更易引发职业倦怠。

2. 工作中个人成就感过低

个人成就感反映了工作倦怠感的自我评价维度，指一种不胜任以及在工作中缺乏成就的感觉。国家卫生计生委日前发布《“十三五”全国卫生计生人才发展规划》指出，我国医护人员队伍建设面临巨大缺口，平均每千人口医师2.21人，平均每千人口注册护士2.20人。这种医疗资源分布不平衡的现状造成大医院病员量大，医护人员超负荷现象普遍存在。长期处在这种状态下势必会对工作的热情下降，个人成就感受到显著影响。

3. 受教育程度与医学发展脱节

在数据分析中，我们发现高中及以下学历的医护人员相比较大专、本科、硕士研究生及以上学历的医护人员，具有较轻的情感耗竭、较小的去人格化指数、较高的个人成就感。该类群体大多由45岁以上人群组成，对于高工龄（10年以上）医护人员而言，他们通过多年的工作积累了相当的经验，弥补了学历上的欠缺。

另一方面，大学、研究生及以上高学历的医护人员背负高期望、高要求，却得不到期望的重视、晋升和回报。高学历意味着高知识、高技术含量，使得他们在医疗实践中，面对很多不确定因素情况下需要作出决定，承担较大的风险、责任和社会期望。这种高期待下的工作压力使得该类人群对工作缺乏控制感、安全感。

4. 情感付出与回报不对等

社会上对医护人员的负面评价较多，例如红包、过度医疗、冷血等。事实上，医护人员一般情况下对自己的工作通常都不是很马虎，对患者的态度与病情的治疗也很积极，这是医生长期从事治病救人工作所养成的自身职业精神与人文意识。但是由于医护行业与生命健康挂钩的特殊性，面对疑难杂症、不治之症，医护人员在长期治疗中往往付出大量的时间精力和情感，却依旧难以彻底治愈或挽回患者生命，甚至背负社会负面评价、家属怨言、暴力威胁等。类似的负面刺激在该行业中出现频率较高。久而久之，这种情感付出与回报不对等的现象使得医护人员在工作中对患者有冷淡的与过度疏远的态度，即存在一定的玩世不恭态度时，一定程度上说明医生有一定的工作倦怠感。

（三）对策与建议

作为奋战在守护人类生命健康一线的“白衣天使”，医护人员们承受很大的心理负荷，然而他们的心灵却缺乏守护。通过调查研究分析得出，江苏省南京市医护人员的职业倦怠感与人格特质、心理资本有着重要联系，影响医护人员职业倦怠感的因素也是多方面的。我们建议从政府、医院、个人的角度出发，缓解医护人员心理压力，提升医护人员心理健康水平。

1. 国家层面：重视心理健康问题，落实制度保障

（1）重视心理健康问题。在十三五规划期间出台的《新入职护士培训大纲》《关于推进家庭医生签约服务的指导意见》等文件详细规定了医护人员的培养、管理等问题，但没有提及对这一群体心理健康情况的重视。国家应当在“以人为本”观念的指导下，增强对医护人员这一群体的关注，通过立法等手段为医护人员的心理健康保护提供良好的制度环境。

（2）落实制度保障。自从改革开放以来，我国的医疗制度与医疗资源已经取得了长足的进步，但当前依然存在一定的问题。结合与医生护士访谈的情况，我们认为在以下几个方面可以进行改变。

其一，建立合理的福利保障制度。与很多人想象中的可能不同，当前我国医护人员的工资普遍偏低。一些医生护士坦言，他们通过治疗病人得到的奖金甚至比工资还高，而这也是他们收入的主要来源。因此政府可以适当提升医护人员的最低工资标准，通过政策要求分配单位住房、提供公积金贷款等方式解决医护人员的后顾之忧。

其二，加强宣传，鼓励学生选择医学专业。当前我国的医疗资源面临较大的缺口，每千人口执业医师数、护士数、床位数相对较低。国家可以鼓励学生学习医学专业、从事医疗工作，通过报纸、微信、微博等途径对医学专业进行宣传，适当减免医学生的学杂费。

其三，鼓励病患从近求治。当前我国三级医院、二级医院和社区医院医疗资源分配不均，绝大多数病人更愿意在三甲医院接受治疗。但对于一些较

为轻微的疾病，如发烧、流感等，国家和政府可以通过媒体宣传等手段鼓励病患就近在社区医院进行治疗，避免医疗资源的浪费，也减轻三级医院医护人员的工作压力。

2. 医院层面：从医护人员出发，促进心理健康

（1）促进门诊和病区之间的人员流动，将更多资源向门诊倾斜。当前我国医生数较为不足，门诊医生面对极大的压力。在我们采访的过程中，有的医护人员表示，自己在门诊的时候一整个上午连上厕所的时间都没有。医院可以从自身的实际情况出发，调节门诊和病区的人员配比，将资源向门诊倾斜，减轻门诊医生的工作压力，缓解其职业倦怠感。

（2）设置入职测试。通过分析我们发现医护人员的职业倦怠感与人格特征、心理资本有着密切的关系。医疗单位在进行职员选拔时可以参照美国选拔警察采取的方法，让候选人进行人格心理测试来确定其情绪的稳定性和对医护职业的适应性。从源头将不合适的人筛选出来，相对保障医护人员整体能力和心理素质水平。

（3）制定公正的管理措施和奖惩政策，通过合理的工资增长、职称晋升、职位提升让他们感受到组织对他们的重视，充分发挥医院文化的激励作用，激发医护人员内在的工作兴趣和理想抱负，防止职业倦怠产生。

（4）充分发挥党委、工会、妇联和团组织等与职工的桥梁、纽带作用，针对职工需要，开展内容丰富、形式多样的活动，释放医护人员的工作压力，调动他们的积极性。

3. 个人层面：认识自己，正确看待心理问题

（1）正确认识自己。作为心理危机后果的直接承受者，医护人员要正视心理健康问题，认识到心理问题不是个性的弱点和能力的不足，自觉坦然地面对和接受工作中的各种心理压力。通过加强自身学习来提高学识和专业技能，加强沟通技巧训练，学习自我调节和减压方法，提高适应能力，增强信心。

（2）积极学习心理保健知识。在正确认识自己的基础上，医护人员要有意识地学习心理保健的知识技能，树立积极的心态和压力观，学会调节情绪，保持心理平稳。必要时寻求心理医师的帮助。

（3）积极参加集体活动，培养个体性格的外向性，使之在面对职场压力时，更善于宣泄，主动寻求帮助，善于积极面对问题，采取积极的应对方式。

（4）坚持正确的职业理想和信念，从患者身体的康复、生命的延长、生活质量的提高中实现人生价值，真正体悟到作为一名医护人员的责任感和神圣感。

参考文献

[1] 李超平，时勘，罗正学，等. 医护人员工作倦怠的调查 [J].Chinese Journal of Clinical Psychology，2003（3）：170−172.

[2] 张宜民 . 城市公立医疗机构医生工作满意度，职业倦怠与离职意向关系的模型研究 [D]. 上海：复旦大学，2011.

[3] 宋佾珈，张建新，张金凤 . 公务员的心理健康状况及与应酬压力、职业倦怠感、生活满意度的关系 [J]. Chinese Mental Health Journal，2014（4）：288−292.

[4] 李兆良，高燕，冯晓黎 . 医护人员工作压力状况及与职业倦怠关系调查分析 [J]. Journal of Jilin University（Medicine Edition），2006（1）：160−162.

[5] 张润姝 . 楚雄州职业教育园区中职生心理健康、人格特征及心理资本的状况和关系研究 [D]. 昆明：云南师范大学，2014：56.

[6] 李赛梅，蒋维连，戴玉琴，等 . 急诊科护士心理资本与职业倦怠的相关性研究 [J]. 护理管理杂志，2015（3）：167−168.

[7] 赵广秀，杨小丽，赵小红. 肿瘤科医护人员生存质量调查分析 [J]. 中国卫生质量管理，2017,24（1）：49−51,58.

[8] 朱小刚，邓弋雁，张前德 . 我国医护人员职业倦怠研究近况 [J]. 南京医科大学学报，2010，40（3）：1−4.

[9] 李春艳，马晓亮，赵宁，等 . 独生子女医护人员人格特征与职业倦怠的相关性 [J]. 中国医药导报，2015，12（20）.

长沙市示范性社区建设与管理现状调查研究

——以学堂坡社区为例

课题组成员：陈玲，张慧玲，罗诗琪，徐琪
指 导 老 师：莫南，焦晓云

摘要：社区是城市发展的结晶，社区化是城市居民居住的必然趋势，当今社区发展日益成为城市发展的重要方面。学堂坡社区作为全国优秀示范型社区，在其发展过程中有它的优势所在，同时也存在着问题。针对当今社区在城市生活中的重要性以及学堂坡社区的发展，本文对此进行研究分析，基于以长沙学堂坡社区为例的长沙市示范性社区建设与管理现状，探索社区在城市发展中的道路。本文将从学堂坡社区的社区管理、社区组织、社区文化、社区环境、社区治安、社区医疗等方面开展关于学堂坡社区发展的调研，通过学堂坡社区与中外优秀社区的对比，及其优势区位分析和不足的剖析，提出解决方案，并总结出优良经验供其他社区发展参考，以期促进社区的可持续与全面发展。

关键词：示范性社区；社区建设；学堂坡社区

社区是城市发展过程中的结晶，社区化是城市居民居住的必然趋势，当今社区发展越来越成为城市发展的重要方面。然而由于缺乏理论指导与实践经验，社区建设出现瓶颈。橘子洲街道学堂坡社区成立于 20 世纪 70 年代，总面积 1 平方公里，社区总人口 10960 人。社区一直以来以辖区“书香”为优势，以“家庭式”服务为宗旨，创新了“网格化管理， 组团式服务”的社区治理模式。社区先后获得全国综合防灾减灾示范社区、全国和谐社区建设示范社区、全国社区党建和社区建设先进单位等荣誉。

本调研从学堂坡社区的社区管理、社区组织、社区文化、社区环境、社区治安、社区医疗等方面开展，一方面对示范性社区学堂坡社区建设与管理进行深入探索，对长沙市社区管理与建设的难点、具体问题进行调查研究，思考对策。而西方国家在这一方面起步较早，经过一系列的实践与理论研究，取得了快速发展。因此本文还针对性地梳理美国、日本、英国等国家的优秀社区管理与建设中的特色与先进之处，结合中国国情，总结值得长沙市甚至国内其他城市社区借鉴参考的理论与实践经验，以期社区能够取得突破性发展。另一方面总结出学堂坡社区作为示范性社区的本土化优良经验供其他社区学习。

一、调查对象与方法

（一）调查对象

1. 学堂坡社区居民

2. 学堂坡社区公共服务中心工作人员

3. 其他在学堂坡社区的流动人员、经商人员等

（二）调查方法

1. 文献法

全面搜集、阅读国内外相关研究成果；收集社区的历史起源、基本功能、特征、评价标准及相关政策法规等信息，记录已有研究所显示的主要问题，学习有关社区研究的研究思路、研究方法等。

2. 问卷调查法

从设定的访谈对象中采用随机法，抽取 220 名人员，按照标准化的程序，使用调查问卷逐个施测。

3. 访谈调查法

对社区党支部副书记、居委会主任陈志军和社区红袖章巡逻队成员进行面对面访谈；与学堂坡社区五老志愿者服务团队六位同志参加社区发展经验座谈会。组织学堂坡社区长期居民、外来务工人员、私营小店店主、社区高

中生与大学生、师大附中老师进行面对面访谈。

4. 实地考察法

对社区服务中心、医疗机构进行重点考察；跟随“红袖章巡逻队”对整个区域进行实地考察。

（三）调查材料

调查问卷两份:《长沙市橘子洲街道学堂坡社区管理与建设成效调研》《长沙市橘子洲街道学堂坡社区建设成效调研》及访谈提纲。

（四）数据处理及统计方法资料

对调查回收的问卷用 SPSS 19.0 统计软件包进行统计分析。

二、调查结果与分析：问卷统计分析与访谈分析

（一）社区管理与组织

表 1　居民对社区解决问题的效率及现有社会组织数量的满意度

满意程度	社区解决问题的效率（所占比例）	社区现有的社会组织数量（所占比例）
不满意	7.3%	5.9%
基本满意	27.9%	29.1%
较满意	38.1%	37.2%
非常满意	26.7%	27.8%

表 2　居民眼中的学堂坡社区

居民眼中的学堂坡社区	所占比例
政府行政组织	13.8%
政府行政与社区自治结合的组织	29.9%
事业单位组织	11.5%
社区居民自治的社会组织	44.8%

表 3　社区居民自治度

社区居民自治度	所占比例
社区事务都归社区工作人员管理	34.4%
参与的社区事务涉及的面较小	41.5%
社区许多事务都能参与其中	24.1%

表 4 社区居民自治意识

社区居民自治意识	所占比例
不愿意，由工作人员管理就好	21.3%
愿意参加，但能参与的事务较少	34.8%
很乐意参与社区事务	43.9%

表 5 社区居民对于社区网格化管理了解程度

社区居民对于社区网格化管理了解程度	所占比例
熟悉	14.6%
知道但不了解	58.4%
完全不知道	27.0%

表 6 居民利用网格解决问题的情况

居民利用网格解决问题的情况	所占比例
没有	58.4%
反映过并解决	27.0%
反映过	14.6%

表 7 居民对网格化管理的需求

居民对网格化管理的需求	所占比例
办事办证	20.7%
政策释疑	11.5%
生活帮扶	40.2%
医疗卫生	19.5%
其他	8.1%

表 8 网格化管理存在的问题

网格化管理存在的问题	所占比例
宣传不够	20.5%
与居民的沟通不够	46.2%
职能部门工作力度不够	21.8%
其他	11.5%

表 9 居民通过中介组织参与社区建设的意愿

居民通过中介组织参与社区建设的意愿	所占比例
愿意	50%

续表

居民通过中介组织参与社区建设的意愿	所占比例
不愿意，有政府建设就好	25%
不愿意，想通过其他方式	25%

表 10 居民认为社区目前最需要的社会中介组织类型

居民认为社区目前最需要的社会中介组织类型	所占比例
公益类	42%
情趣文体类	26%
利益维护类	22%
其他	10%

（二）社区服务

表 11 居民满意度分析

满意程度	志愿服务	养老服务	社区服务功能	服务人员专业技能	服务人员服务态度	服务频率
非常满意	38.4%	31.8%	28.5%	26.5%	25.9%	24.7%
较满意	34.8%	41.2%	39.2%	32.8%	34.1%	30.6%
基本满意	23.3%	18.8%	26.3%	33.9%	31.8%	34.1%
不满意	3.5%	8.2%	6.0%	6.8%	8.2%	10.6%

表 12 居民参与志愿服务活动的频率

居民参与志愿服务活动的频率	百分比
经常	15.9%
偶尔	51.1%
从未	33.0%

表 13 居民对志愿服务的看法

志愿服务活动存在的问题	所占比例
太形式化，只是做做样子	22.0%
活动未宣传到位，较多人不知情	46.0%
活动内容单调，缺乏变化	22.0%
其 他	10.0%

表 14　居民希望社区组织的志愿服务活动（除社区建设）

居民希望社区组织的志愿服务活动（除社区建设）	所占比例
环境保护	29.0%
扶贫	19.0%
应急救援	22.0%
大型活动志愿服务	23.0%
其他	7.0%

（三）社区文化

表 15　居民与社区文化活动

居民在社区文化活动中的参与度	所占比例
经常	10.1%
偶尔	34.8%
很少	55.1%

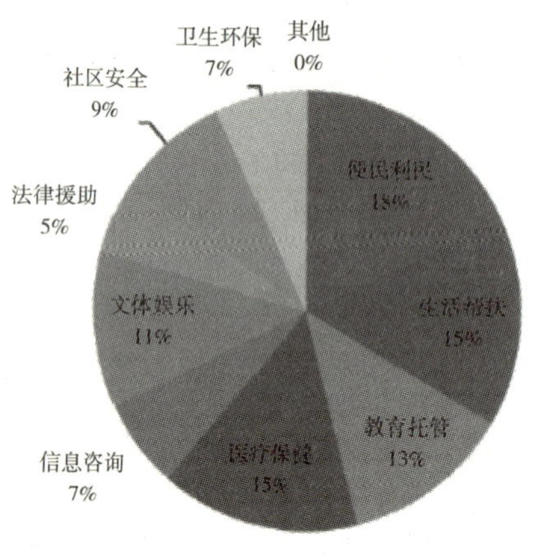

图 1　居民希望在社区建设方面开展的志愿服务活动

图 2　居民对养老服务的需求

表 16　居民对社区文化活动还存在的问题看法

居民对社区文化活动还存在的问题看法	所占比例
趣味性不够	10.6%
宣传力度不广	32.2%
成效不强	9.5%

续表

居民对社区文化活动还存在的问题看法	所占比例
有些形式化	10.7%
活动主题缺乏变化	6.9%
基础设施不齐全	16.8%
年龄段涉及不全面	13.3%

表 17 居民对社区教育发展的看法

居民对社区教育发展的看法	所占比例
好	67.1%
一般	24.7%
不好	8.2%

表 18 居民认为社区最缺乏但最需要的教育活动

居民认为社区最缺乏但最需要的教育活动	所占比例
幼儿教育	14.6%
青少年校外教育	28.5%
外来务工人员及待业者教育	25.2%
老年人教育	21.2%
妇女教育	8.6%
残障人士教育	1.9%

（四）社区治安

表 19 社区安全教育

社区进行安全教育的频率	所占比例
经常	17.6%
偶尔	54.2%
几乎不	28.2%

表 20 居民如何对待公共区域安全隐患

居民如何对待公共区域安全隐患	所占比例
视若无睹	2.1%
自己多加注意就行	28.6%
自己能解决就自己解决	64.8%
不知道跟谁求助	4.5%

（五）社区环境

表 21　居民参与的环保活动

居民参与的环保活动	所占比例
垃圾分类	19.4%
公共领域清洁活动	18.1%
节水节能	29.0%
社区绿化	3.9%
绿色消费	21.9%
没做过	7.7%

表 22　社区环境建设需改善的方面

社区环境建设需改善的方面	所占比例
做得很好	8.5%
循环利用资源	33.6%
制定相关制度	32.3%
引导居民绿色消费	25.6%

（六）社区医疗

表 23 社区医疗提供的最有益的服务

社区医疗提供的最有益的服务	所占比例
提供预防保健	29.8%
提供体检	25.7%
开药	13.1%
没有从社区医疗中受益	31.4%

表 24　居民对“双向转诊”制度的认同情况

居民对“双向转诊”制度的认同情况	所占比例
是	63.5%
否	36.5%

表 25　社区医疗报销是否方便

居民认为社区医疗报销是否方便	所占比例
方便	50.9%
不方便	32.5%
不能报销	16.6%

表 26　医疗人员的服务态度、专业素质、“双向转诊”制度的落实情况、药价的合理与否

满意程度	医疗人员服务态度	医疗人员专业素质	“双向转诊”制度的落实情况	药价合理与否
非常好	21.6%	12.2%	9.5%	16.3%
勉强合格	8.1%	10.8%	14.9%	24.8%
还可以	33.8%	37.8%	27.0%	26.8%
不清楚	36.5%	39.2%	48.6%	32.1%

三、学堂坡建设与管理中存在的问题

（一）社区管理与组织

绝大多数被调查者表示对社区解决问题的效率与社区组织的数量持基本满意以上的态度（表 1），但是在社区自治、网格化管理宣传、社区组织类型等方面还需要提升。

1. 社区管理的自治同时行政任务过多

从对社区工作人员访谈中以及表 2，我们了解到政府给社区摊派了较多的任务，导致社区工作人员任务重，而居民也没有充分感受到社区自治的转变。对比国外的社区发展管理模式——社区高度自治，基层人员自治意识极强，而我国具有一定的社区自治倾向，但仍无法有效全面实施。

2. 社区居民自治度不高

结合表 3 与访谈，可知目前部分社区居民也有一定的自治倾向，但由于时间、精力不足，或根本没有接触社区事务的机会，因此参与社区事务较少。

（1）居民没有主动参与自我管理的意识

表 4 表明 21.3% 的居民不愿意参加社区事务管理，认为社区事务应该由工作人员管理，还有一部分居民没有意识到居民自制的重要性。居民自发组织起来参与社区事务管理或者维护自己权益的现象非常少。

（2）社区居民参与范围有限

78.7% 的居民愿意自主参与社区管理（表 4），但是目前居民能参与的社区事务一般为琐碎小事，且居民参与机会少、自我管理的权力小。

3. 网格化管理存在的问题

（1）网格化管理尚未充分落到实处

有些社区成员认为网格服务是吃力不讨好的事，只不过是走过场而已。学堂坡社区在推行社区网格化管理的实践过程中还未将其目的落到实处。

（2）管理人员素质有待加强

部分网格工作人员缺乏对网格化管理的宣传普及以及动员工作，导致部分人群，如外来务工人员、老人等很难从中受益，反映自己的问题。

（3）城市社区居民对网格化管理的认识还有待提高

超过一半社区居民对于网格化管理还缺乏了解（表5）。调查结果显示，有过半数（58.4%）的被调查人员未利用网格化管理解决问题（表6），居民参与利用网格化管理程度不高，社区居民大部分对于网格化管理了解较少，甚至完全不清楚，作为网格化管理试点的学堂坡社区，这说明网格化管理宣传力度不够，并且居民生活中真正使用网格化管理解决问题的较少（表8）。

4. 社会组织数量难以满足居民生活需求

社区现有的社会组织数量不足，不能达到社区居民需求。

（1）未充分发挥社区组织功能的积极作用

学堂坡社区治理主体仍旧比较单一，缺乏多样性。社区非营利组织、民间组织、志愿者组织等仍然无法积极参与到社区重大事务中来。

（2）社区组织不具有强大的组织能力

社区组织与宣传能力较弱，举办的活动规模小且较为单一，对除老人、学生以外的人群吸引力不够，无法在社区建设中发挥足够的作用（表9）。

（二）社区服务

总体来说，居民对与社区的志愿服务、养老服务、服务功能、服务人员的专业技能及服务态度、服务频率这几个方面的满意度都较高（表11）。社区服务仍需做一些调整，尤其是在服务频率、服务人员的服务态度等方面，来提升居民满意度。

1. 主要由社区主导开展，与社会非营利组织合作少

目前社区开展的公益活动主要由社区组织主导发展，而与社会非营利组织交流合作少。居民最希望开展“便民利民”的社区建设活动（图1）以及“环

境保护”志愿活动。相比于西方国家开展志愿活动时常与非营利组织机构等多方力量有机整合，学堂坡社区这方面还有待改善。

2. 参与活动人员年龄层面窄且较固定，专职社工少

学堂坡的志愿活动数量及规模并不小，但在活动中，党员多为中坚力量，而参与者也大多为大学生志愿者及社区退休工作者、老同志，群众的参与比例不高。年龄阶层也主要局限于青少年及老年人（表 12）。

3. 活动开展形式单一，涉及内容面窄，宣传力度不够，志愿服务机制不够健全

社区目前开展的活动中有关环境保护及救助扶贫方面的较多，其他较少。部分群众对举办的活动并不知情（表 14）。

4. 社区养老保健基础设施与服务机构项目还有待进一步完善

据了解，该社区已有日间照料中心，内有休息室、娱乐室等专门为老人提供日间照料的场所。但就整个社区而言，养老设施场所还相对缺乏。

（1）对服务项目的宣传力度及人员安排不够

社区服务针对的对象主要是孤寡老人和高龄老人，为他们提供卫生打扫、送饭等上门服务。但实际需要服务的人并不多，也有许多居民并不知道有该服务项目。 居民对社区养老服务的需求首先是“健全的医疗保健服务”，其次是“亲情陪护，精神慰藉”（图 2）。

（2）建设资金紧张，筹资来源受限

据了解，目前社区在养老建设方面如果要大加修建完善基础设施及服务体系，还需大量的人力财力。

（三）社区文化

1. 文化活动宣传力度小（表 16），居民参与度不高（表 15），文化活动的覆盖年龄阶层不广，参与者主要为老人及小孩

2. 社区教育还有待提高发展

调查表明，大部分人认为学堂坡社区教育发展良好（表 17），但在相关教育设施、内容及形式方面还有待提升。居民希望社区多举办有关青少年校外教育、外来务工人员及待业者的职业教育和老年人教育等活动（表 18）。但该社区的居民整体知识水平都相对较高，是难得的优势条件。

3. 社区图书馆体系还有待完善

借阅书籍的人多为小学生，其他年龄层次的居民使用少。部分原因在于，图书馆的书籍类目少，摆放杂乱，难以找到需要的书籍等。

（四）社区治安

1. 社区安全教育的频率、覆盖的人群有待提高、拓展

社区安全教育的频率与普及率有待提高，社区开展安全教育活动的频率不高或者开展时的宣传力度不够，居民的参与度不高（表 19）。

2. 居民的防范意识有待加强，处理安全隐患的方式有待改善

对待社区公共区域的安全隐患，绝大部分人的做法都是自己能解决的就自己解决，解决不了的就反映给社区。64.8% 的居民有积极地去解决问题的意识（表 19），少部分居民的防范意识有待提高，因为当出现社区安全隐患时，任何疏忽都是可能造成或多或少的危害的。

3. 人们对社区治安的满意度存在地区差异

相当一部分居民不关注社区警务人员的配备，或认为配备不充足。统计显示，部分居民安全意识相对薄弱，另外，社区警务人员配备有待合理化，完善开展社区安保工作。部分外来人员对于社区治安问题深表怀疑。

（五）社区环境

仍有部分居民社区意识薄弱，大部分居民比较关注环境保护，参与热情也较高。但仍存在少部分意识薄弱的居民。

公众的环保行为较少，居民的环保行动主要有节水节电、绿色消费，且参与人数比例不高（表 21），社区应加强资源循环利用，引导居民绿色消费，增强制度保障（表 22）。

缺乏有效的社区保洁制度，社区保洁制度不够完善，未达到有效督促居民维持社区卫生、保护社区环境的效果。

基础建设有待加强，社区在基础建设上的部分疏漏和问题被忽视，导致居民身边事没有得到很好的处理。

（六）社区医疗

1. 社区卫生服务站的医疗服务普及性不高

社区医疗服务站的医疗服务的覆盖范围小，对于居住距离较远的居民来

说非常不方便，尤其是行动不便的老人；人们的习惯没有改变，倾向于大病小病都去医院；人员配备不足、设施不完善等问题打消了居民接受社区医疗服务的积极性。

2. 相关医疗政策有待落实

（1）“双向转诊”制度仍待更有效地落实

三真医院作为一家社区医院较好地落实了“双向转诊”制度，但仍需要进一步发展，让更多的人从中受益，最大限度地发挥社区医疗的职能。

（2）医保、药物政策有待落实，争取让接近一半的居民享受到医保报销政策；同时，社区医疗服务人员综合素质有待提高。

四、国外优秀社区管理与建设经验对学堂坡社区发展的启示

（一）社区管理与组织

1. 社区自治组织充分发挥其作用

“社区自治组织应发挥其代表性和主动性，以辖区内居民主体的诉求为主要工作内容，包容与兼顾部分困难群众和有特殊需求群体，用法定范围内的权力灵活处理辖区内的一切生活与日常事务，充分发挥主观能动性。”

2. 鼓励居民全面参与社区建设

社区可多加举办有关改善社区服务、提升社区治安、维持社区卫生等志愿活动，争取让越来越多的社区居民能参与到社区建设当中。这样既培养了社区居民的责任感，促进社区团结，也能分担社区工作的一部分压力。

3. 社区组织

（1）政府制定优惠政策，鼓励公益组织参与社区发展

（2）社区充分发展符合居民需求的组织

社区应关注与调查居民意见，了解居民的真实需求之后有方向地发展能够满足对应需求的组织，一方面让居民满意，另一方面为社区分担工作。

（3）调动社区居民参与社会组织的积极性

社区组织能够为居民提供不同的参与渠道、多样化的利益表达载体，承担许多原属于政府所提供的管理和服务，减轻地方政府的负担和成本。

（二）社区服务

1. 发展完善第三部门参与机制

“无论是英国的福利国家模式，还是美国的社会化模式，它们在社区服务的政策建构中都积极吸纳了第三部门的组织力量，既减轻了政府在社区服务中一肩挑的重担，又调动了广大社区成员的自主意识、参与意识和主人翁意识，从而实现了社会整合的第一步。”

2. 加强信息化管理，建立监察服务机制，以提高服务效率

社区可继续改善现有的微信平台，同时拓展其他平台。利用信息化技术，将社区服务渗透到社区各个方面，惠及每一位社区居民。

（三）社区文化

1. 加强社区基础文化设施

文化设施是社区文化教育活动实施的主要场所，如图书馆、档案馆、博物馆、美术馆、剧院甚至体育场馆等。社区应积极组织文化知识讲座、专题学习，鼓励社区居民参加社会活动、体育文化活动，增加图书馆馆藏等。

2. 分层次有针对性地开展社区文化活动

社区开展文化活动时可借鉴美国的经验，“从参与者的年龄来划分活动项目，主要有老年项目、成年项目、青年项目和儿童项目”，针对“不同的年龄阶段自身的体能和需求不同”这一特点有针对性地开展文化活动。

（四）社区治安

1. 社区应配备充足的警务人员，加强安全防范意识的宣传推广工作

学堂坡社区有定期巡逻的安全保障，这起到了一定的监控安全状况、威慑不法行为的作用。应当保持合理数量的警务人员，定期在社区进行巡防，了解社区动态，加强与居民的交流。

2. 提高居民自身安全意识，加强安全教育

社区可在公共宣传平台开设宣传安全防范知识的版块，如普及微信公众号，吸引更多读者，或开展各类安全知识讲座，并将理论与实践相结合，定期组织安全防范演习等。

3. 引导居民共同维护社区治安

社区的治安建设应将重点放在提高居民的“主人翁”意识上，增强居民

维护社区总体安全的责任感，在日常生活中养成邻里相互关照的好习惯。

（五）社区环境

1. 发展社区组织参与社区环境管理

良好的社区组织具有丰富的组织与管理经验，能够在社区政策的引导下帮助社区分担改善环境的任务，使工作更加顺利和高效。

2. 调动居民积极性参与社区环境治理

改善社区环境需要充分调动居民的参与积极性，因此学堂坡社区应进一步完善针对楼栋清扫人员的监督机制，确保每位居民都参与其中，按时、按量、按质完成任务，逐步培养居民的主人翁以及主动保护环境的意识。

（六）社区医疗

1. 加强基本社区医疗服务

参考美国的经验可以发现，“实现居民小病在社区就医的医药卫生体制改革目标……需要大力调整和发展薄弱的社区卫生服务机构，要大力引进人才，改善现有人员结构，不断提高人员素质，积极宣传和培育卫生服务市场，提高居民到社区就医信心等方面，并开展多元化、多角度的社区卫生服务”。

2. 社区卫生服务提供主体的多元化

可以学习借鉴德国社区卫生服务的体系，建立“多元化的结构”，从而“有利于多渠道筹资，引进竞争机制，提高服务的质量和效率”。

3. 提高社区卫生服务人员的素质

应努力提高社区医疗服务人员的素质，让居民能够在社区放心看病，逐步增强居民对社区医疗服务的信任，充分利用社区医疗服务资源。

参考文献

[1] 湖南省长沙市岳麓区橘子洲街道学堂坡社区简介 [EB/OL]. 中国社区网，http：//hn.cncn.org.cn/changsha/xuetangpo/intro.html.

[2] 萧鸣政，唐秀锋，郭晟豪. 我国城市社区治理存在的问题及其改革建议——以北京市的样本调查为基础 [J]. 福建行政学院学报，2017（5）：91-100.

[3] 宋雪峰. 日本社区治理及其启示 [J]. 中共南京市委党校学报，2009（3）：

90-96.

[4] 韩央迪. 英美社区服务的发展模式及对我国的启示 [J]. 理论与改革，2010（3）：24-29.

[5] 周晓丽. 论美国社区文化活动及其经验借鉴 [J]. 商丘师范学院学报，2013，29（8）：81-85.

[6] 李卉，赵彬，安舜禹，等. 美国社区卫生服务体系现状及启示 [J]. 中国公共卫生，2012，28（2）：183-184.

[7] 杜亚平. 德国社区卫生服务的现状及对我国的启示 [C]// 浙江省医学会全科医学分会 .2005 年浙江省全科医学学术年会论文汇编，2005：4.

湖南省大学生三下乡社会实践现状及策略研究

课题组成员：谢志英，唐慧，彭科龙，李俊彦
指 导 老 师：郑和钧，李超民

摘要：近年来大学生社会实践活动如火如荼地进行，但在大学生们的足迹遍布各地的同时质疑声也频频出现。湖南师范大学自我教育学会赴永州支教队，为进一步了解在校大学生三下乡社会实践的真实情况，即大学生参与动机、三下乡队伍的实际情况以及下乡后开展教学活动对受教学生产生的具体影响，解决大学生“三下乡”社会实践活动出现的新问题，指导大学生“三下乡”社会实践活动有效开展，采用了实地调研、问卷调查、访谈和文献检索等方法，提出构建全面的系统的大学生“三下乡”社会实践机制。

关键词：大学生；三下乡；支教；策略

大学生“三下乡”社会实践是以学校为主导、学生为主体、农村实践地为依托、文化科技卫生志愿服务为内容的社会教育活动。自 1997 年《关于开展大中学生志愿者文化科技卫生“三下乡”活动的通知》下发以来，大学生“三下乡”社会实践活动作为大学生社会实践活动的主要类型在全国高校范围内蓬勃开展起来。2014 年来，大学生“三下乡”社会实践活动在社会上引起了广泛关注并取得了显著成绩。大学生“三下乡”社会实践经过多年的发展，已经受到了社会各界的广泛重视，并卓有成效，积累了丰富的经验，但在实

践规划、实践运行机制、实践基地建设、学生参与的积极性、实践效果等方面还存在一些问题。

其一，实践规划不够科学。大学生“三下乡”社会实践活动项目规划设计笼统、活动内容单一肤浅、实践活动时间短。许多高校把组织大学生“三下乡”社会实践活动仅仅当作完成上级下达的任务来执行，未能真正意识到“三下乡”活动作为一种有效教育载体的真正意义。实践项目内容简单并与往年重复，没有深入全面地去做实地的研究，加之项目规划不够科学导致团队队员之间产生分歧，影响实践效果。

其二，实践参与者不够积极。当前，许多高校采取“精英实践”组织模式，影响了大学生“三下乡”的参与面。“精英实践”组织模式是指高校以学生干部、学生党员、特长学生等为主体开展“三下乡”的一种实践组织模式，是当前大学生“三下乡”的一种主要组织模式。一方面，大学生对“三下乡”活动的认识不足，重视不够，不少大学生认为“三下乡”社会实践活动是学校应付上级部门的一项工作，不必认真对待，只要拿到相应学分简单应付即可；另一方面，因很多高校未将社会实践教学作为课堂教学的重要组成部分，加之学校没有相应的激励机制，导致专业教师参与热情不高，愿意承担“三下乡”指导工作的教师很少，影响实践活动的效果。

其三，实践基地不够稳定。大学生“三下乡”社会实践参与人数逐年增加，每年都有新的社会实践基地被开发，稳定的社会实践基地却很少。很多高校未就校外社会实践基地建设作长远规划，只是从是否满足当年教育需要考虑，经常变换农村社会实践基地，对是否为新农村建设做出贡献，是否给农民带来便利和实惠考虑很少。

其四，地方政府不重视。贫困地区的教育问题，在很大程度上是由于地方政府不够重视造成的。地方政府将有限的资金都投入到政绩工程方面，对于教学环境的改善力度不大。很多学生反映当地的教学环境太差，而且似乎很多年都未曾修缮过。活动组织者表示，一些地方政府对于支教行动并不支持，往往随便安排一个学校，或者是让学生去一些很偏远的山区学校，学生可能连基本的人身安全都难以保障。

其五，实践管理机制不够完善。据统计，目前多数高校将大学生“三下乡”社会实践的管理职责归于共青团组织，未设立全校层面的整体统筹协调的管理机构，没有专职的指导教师，没有完善的科学管理方式，没有形成有序的工作规则，实际工作处于一种相当零散的自发阶段。这必然带来实践组织，规范化程度下降，内容简单肤浅，考核评价不科学，基地建设无长远规划，实践成果难于有效转化等不良后果。

其六，实践效果不够明显。当前大学生“三下乡”社会实践大部分是短时间、表面性的援农助农活动，未能将发展农村各项事业与大学生专业学习及科研方向相结合，科研水平和科技成果转化率不高，实践活动对农村整体变化影响较小，未能很好地发挥实践育人和推动农村经济社会发展的作用。

其七，“三下乡”考评机制不健全。许多高校大学生“三下乡”考评机制不健全，评价学生的“三下乡”成绩主要依据为实践小结、调查报告和实践单位意见、盖公章的情况等，评价方法单一、老套，缺乏激励性。对此学生们褒贬不一。多数学生认为单凭小结报告和公章证明有一定的水分，因为有部分学生并未真正参加“三下乡”。同时，许多学校对于报告一般只有字数规定，而对内容、格式等要求不够明确。甚至存在着投机取巧的行为，少数同学通过各种关系取得一个假的“三下乡”鉴定，应付学校检查。

一、调查的目的和意义

（一）目的与内容

通过对已经参加过“三下乡”的同学进行问卷调查、访谈，对支教成员的队伍组建、资金来源、参与动机、是否为独生子女、前往的地方、“三下乡”活动时间、团队是否有相应的指导老师、团队指导老师是否随队前往、所在团队是否与此次“三下乡”活动地点签订长期合作协议等具体问题进行调查，以了解目前湖南省大学生开展“三下乡”的现状，根据具体情况给出相应的策略。

（二）意义

大学生社会实践是中国现代高等教育的重要有机组成部分，它从最初纯粹的“学生活动”演变发展为各级、各类学校不可缺少的“教育活动”，从局限于“学生思想政治教育的手段”扩展为“学生综合素质的全面发展”并取得共识。其价值理念、形式、类型、特点等层面都日趋成熟，尤其是它在高等教育中发挥的影响越来越受到学者们的广泛认可。

“三下乡”有助于大学生了解国情、民情及社会发展状况，增强社会责任感和历史使命感，明确努力方向；有助于大学生进一步巩固专业思想，磨炼意志，奉献爱心，培养理论联系实际的良好学风；有助于大学生培养团结协作，能够真正深入基层了解民情明确自己的使命；有助于大学生加深对邓小平理论、“三个代表”重要思想、习近平新时代中国特色社会主义新思想的认识和理解，提高思想理论水平和辨别是非能力，进一步明确向人民群众学习、走与工农相结合的成才之路。

二、调查对象与方法

（一）调查对象

对已经确定即将开展“三下乡”活动和正在进行“三下乡”（正式支教的前三天）的本科大学生（四年制）进行网上问卷调查，共 223 人。

对已经结束“三下乡”的同学进行一对一访谈，共 44 人。

此外，还有湖南省永州市宁远县德源小学 3~6 年级的 110 名小学生。

（二）调查方法

（1）文献研究法

围绕“三下乡”“三下乡的建议”和“大学生社会实践”为核心内容，通过运用“CNKI ”和图书馆文献检索，大量查阅相关专著、期刊、电子文献以及相关教育法律法规，并对已有文献进行系统的梳理与分析。

（2）问卷调查法

自制调查问卷：《关于大学生进行“三下乡”社会实践现状的调查》《支教大学生对支教学生的影响调查问卷》。

（3）访谈法

对已经参加过“三下乡”的同学进行访谈，了解其所在队伍的前期准备，例如：人员筹备、资金的筹集、具体活动的开展、宣传工作开展等具体实在的问题。后期对一部分已经参加过此类活动的同学进行具体的访谈，以期待了解到参加过此类活动对大家的影响和自己的最大收获是什么等关键问题，以便进行分析。

三、数据处理及统计方法

对调查回收的问卷录入问卷星（电子问卷网站）和简单统计分析。

（一）基本信息统计

以湖南省高校参加“三下乡”的学生为调查对象，对将要开展“三下乡”的学生进行网上问卷调查，共发放223份，回收223份，问卷有效率达100%；对参加过“三下乡”的同学组织访谈，共计44人，其中师范生35人，非师范生9人；对湖南省永州市宁远县德源小学的110名学生进行问卷调查，共发放110份，回收110份，有效问卷100份，问卷有效率达90.91%。样本基本情况参看表1、表2和表3。

表1　支教队员基本信息

项目	年级				是否独生		是否师范生		来自地	
答案	一	二	三	四	是	否	是	否	农村	城镇
人数	138	70	12	3	89	134	125	98	128	95
比例（%）	61.88	31.39	5.38	1.35	39.91	60.09	56.05	43.95	57.4	42.6

表2　支教队伍基本信息

项目	支教地		有无指导老师		老师是否随队		是否签订长期协议	
答案	农村	城镇	有	无	是	否	是	否
人数	167	56	201	22	51	172	99	124
比例（%）	74.89	25.11	90.13	9.87	22.87	77.13	44.39	55.61

（1）支教大学生的基本信息

参加“三下乡”的大学生中大一学生占61.88%，大二学生占31.39%，大三学生占5.38%，大四学生占1.35%，可以看出参加“三下乡”积极性最高为大一新生，大学生参加“三下乡”的积极性和热情随着他们年级的增长而逐渐降低。大学生中农村比城镇的比例高4.8%；师范生比非师范高12.1%；非独生子女的比例为60.09%，独生子女的比例为39.91%，差距较大，独生子女相比起非独生子女来说在勇于锻炼自己、适应艰苦生活的积极性上较差；支教大学生中有69.96%的人在这一学年中担任过学生干部，30.04%的人未担任过学生干部，学生干部是参加社会实践活动的主力军。

74.89%的被调查者前往的地方为农村，25.11%的被调查者表示其团队前往的地方为城镇，大学生下乡服务对象主要为农村的群众或学生。

90.13% 的被调查者表示其所在团队有相应的指导老师，9.87% 的被调查者表示没有相应的指导老师，但是大部分的团队指导老师没有随队前往，这意味着更多的“三下乡”工作需要支教队学生自行解决，在一定程度上增加了社会实践活动的难度。

支教团队与“三下乡”活动地点签订长期合作协议（三年及以上）的比例为 55.61%，未签订长期合作协议的人数比例为 44.39%，可以看出有将近一半的队伍没有长期稳定的支教地点，不利于接下来的活动的开展，不便于扩大社会实践的影响力。

从时间上来看，大部分队伍的时间天数为 15 天，占了 61.80%，16 至 20 天比例达 8.59%，30 天及以上为 7.73%，15 天及以上共占了 78.12%，但是也可以看出有些队伍的实践天数较短，有的甚至只有 3、4、5 天，低于 7 天（包含 7 天）占了 3.44%，还有 3 人不知道自己队伍的具体天数，这说明队伍的实际管理存在一些问题，导致招募到的队员对实践具体天数不确定。

（2）访谈大学生的基本信息

表 3　访谈大学生基本情况

项目	年级				性别		是否独生		是否师范生		居住地	
答案	一	二	三	四	男	女	是	否	是	否	城镇	农村
人数	30	12	1	1	11	33	25	19	35	9	23	21
比例（%）	68.18	27.28	2.27	2.27	25	75	56.82	43.18	79.55	20.45	52.27	47.73

参与访谈的大学生集中处在大一、大二，男女比例 1 ∶ 3，独生子女比例高于非独生子女；师范生远远高于非师范生，城镇高于农村。

表 4　支教地小学生基本信息

项目	性别		是否独生		居住地		参加的原因	
答案	男	女	是	否	城镇	农村	自己想来	家长要求
人数	53	47	11	89	76	24	61	39
比例（%）	53	47	11	89	76	24	61	39

（3）学生基本情况

小学生男女比例接近 1 ∶ 1，其中 76% 居住城镇，24% 居住农村，大部分是非独生子女，独生与非独生比例将近 1 ∶ 8，参加原因为自己想来的学生占了 61%，但还有 39% 的学生是家长要求参与。在后来支教队员与学生、学生家长交谈过程中知道不少家长望子成龙、望女成凤的心理起了很大的作用。家长普遍认为支教队大学生的到来能对自己孩子起到非常积极的作用，但仍然有不少家长认为支教的大学生充当了保姆（很多参与支教大学生的共同心声）和辅导班老师的角色。

四、具体信息统计与分析

（一）支教大学生

三种题型，分别为单选、多选、排序。（排序题的平均综合得分由来为：将选项数据录入，综合统计每一道题目中各个选项的排名顺序，最后得出平均综合得分的具体分数）

表 5　大学生参加“三下乡”的动机

项目（排序题）	丰富自身经验	提高教学技能	提高人际交往
平均综合得分	6.66	6.32	6.32
项目（排序题）	把支教当旅行	为评奖评优	巩固理论知识
平均综合得分	2.77	1.63	3.99
项目（排序题）	其他	从众心理	学校强制
平均综合得分	1.12	0.26	0.17

表 6　支教队员认为最需要传授给孩子的内容

项目（排序题）	正确人生和价值观	学习习惯	视野开拓	生活习惯	课本知识
平均综合得分	3.98	3.16	2.68	2.65	1.23

表 7　“三下乡”最希望得到的锻炼

项目（排序题）	解决问题能力	组织能力	人际交往能力	教学能力	合作能力
平均综合得分	3.57	3.09	2.92	2.33	2.02

大学生参加“三下乡”动机的调查中可看出参加“三下乡”的动机各式各样，但主要集中于丰富自身社会实践经验、提高教学技能和提高人际交往能力三个方面，除此之外所占比重最大的则为巩固所学理论知识，把支教当旅行、为评奖评优、学校强制和从众心理也占了一定比例，这也是“三下乡”

的社会效果（评奖评优、社会的评价等方面）。

大多数大学生认为最需要传授给孩子的内容是正确的人生和价值观、学习习惯 、开阔的视野，说明大部分“三下乡”的学生具有正确的教育方法，而不是只注重于知识的传播。

在“三下乡”中，大家最希望提高自己的解决问题能力、组织能力和人际交往能力。

表8　此次“三下乡”活动前参加“三下乡”的次数

项目	0次	1次	2次	3次及以上
人数	186	33	4	0
比例（%）	83.41	14.8	1.79	0

表9　团队资金主要来源

项目（排序题）	队员出资	网络筹款	企业赞助	其他	队友家人赞助
平均综合得分	4	2.52	0.95	0.86	0.8

表10　“三下乡”活动中队员愿意承担的费用

项目	200以下	201~500	501~800	801以上	无所谓	（没填）
人数	37	142	26	2	14	2
比例（%）	16.59	63.68	11.66	0.9	6.27	0.9

从数据可以看出在此次“三下乡”之前从未参加过“三下乡”的人数比例高达83.41%，参加过一次或者两次的人数比 例仅仅只有14.8%和1.79%，可以看出有大部分参加过“三下乡”的大学生不会选择继续参加“三下乡”，可能和大学生不同年级阶段愈加繁重的学业有关。大部分“三下乡”团队资金来源都是队员自己，但随着网络时代的发展，网络APP筹款也占据着团队资金来源的不小比例。大学生们愿意自行支付一部分甚至于全部的“三下乡”所需的费用，其中的63.68%的大学生愿意接受的金额为201~500元，承担200元以下费用的比例为16.59%，这反映一部分参加“三下乡”活动的大学生家庭条件相对差，团队可以多进行网络募捐、多寻求企业赞助等形式减轻队员经济压力。

表 11　团队预期开展的活动与自身专业相关性强弱

项目	很强	较强	一般	不强
人数	47	94	67	15
比例（%）	21.08	42.15	30.04	6.73

表 12　对所在队伍的满意程度

项目	非常满意	比较满意	一般满意	不满意	非常不满意
人数	98	97	27	0	1
比例（%）	43.94	43.5	12.11	0	0.45

大部分的“三下乡”团队所进行的实践活动都和自身学的专业有很强或者较强相关性，其中与专业相关性不强的比例只有 6.73%。这表明大部分“三下乡”团队在进行人员招募时会考虑队员专业与所开展活动相关程度和其他多种因素，在满足其他条件的同时尽可能协调这种相关性，使活动开展更顺利。仅有 0.45% 的大学生对自己所处团队持不满意态度，其中持满意态度的人中非常满意和比较满意的人占了较大比例，非常满意的人占 43.95%，比较满意的占 43.5%。这表明大部分“三下乡”团队中团队的团结协作意识很强，也满足大学生的期待。绝大部分被调查者所在团队有区别于其他团队的特色优势，21.08% 的被调查者表示不知道，7.62% 的被调查者持否定态度，这表明大多数“三下乡”团队会在保障“三下乡”活动顺利高效开展的同时努力建设团队的特色项目，而特色优势也成了其宣传和吸引各方注意的一大重点。

数据显示，大学生对“三下乡”前期各项准备工作的重视程度相差无几，但相对于其他准备工作比较受队员们关注的是食、住、行等后勤安全保障问题，其占比为 87%。在其他准备工作方面，关注团队招募的人占 77.58%，关注团队工作培训的人占 78.08%，关注试讲的人占 62.33%，关注前期宣传工作的人占 66.82%，这些数据表明在队员眼里“三下乡”前期的准备工作中每一项工作都至关重要、缺一不可，是“三下乡”顺利进行的关键。虽然每个队员对“三下乡”期间的工作和活动的关注有一定差异性，但保持大致上的统一。

大多数“三下乡”队伍的主要活动形式集中在支教活动、调研活动、志愿者活动和传播科技文化，其中支教活动所占比例高达 91.03%，而调研活动、志愿者活动和传播科技文化分别占 78.92%、64.57% 和 42.6%，其他形式的“三下乡”活动类似于传播先进农业技术，从事生产劳动和其他所占比例仅为 9.42%、4.93% 和 14.8%。这组数据表明大学生参加的“三下乡”主要通过教育及文化方面知识的普及和宣扬达到使“三下乡”当地学生或群众受益的目的。56.05% 的人认为自己所在队伍前期考虑周全且准备充足，考虑周全但准备不足的人数比例为 37.67%，认为考虑不周全且准备不足的人数比例为 6.28%，由此可以看出将近有一半的队伍没有在开展活动之前准备充足，这将会给接下来的活动开展带来较大的困扰。

几乎 100% 的调查者表示自己能够完成团队交代的相应任务，且 52.92% 认为自己能够认真负责、创造性地完成，44.84% 认为自己能够比较负责完成，认为自己能勉强完成和随意完成的占 2.24%，这表明大学生自我肯定的意识观很强，有团体意识和能力。绝大部分团队得到实践地的支持，61.43% 的被调查者表示实践地对其团队的态度热情并积极满足团队所需，32.74% 的被调查者表示实践地对团队持欢迎态度并给予团队一定支持，3.59% 的被调查者表示实践地对团队态度一般但给予些许支持，但存在 1.79% 的实践地对团队态度一般且不给予团队支持，还有 0.45% 的被调查者认为实践地对团队态度冷漠并不给予支持。由此可以看出大学生“三下乡”活动因为其实践目的的纯粹性和公益性得到了实践地的欢迎和相应工作所需的帮助，但有些实践地的态度和实际行动仍需要有很大改进。38.57% 的被调查者反映实践地对课程内容教学模式有要求，并希望能起到实际的效果；18.39% 的被调查者反映实践地对课程内容和教学模式有要求，并希望能对学生产生巨大的帮助。有 26.01% 的被调查者反映实践地对实践活动没有具体要求，16.59% 的被调查者反映实践地有课程内容上的要求。该项数据表明大部分的实践地都会对“三下乡”团队提出具体或概括性的要求，其要求因实践地不同而有所出入，但主要还是集中于课堂和活动效果方面。

绝大多数团队得到实践地人民的认可，61.88% 的被调查者认为实践地的学生家长对“三下乡”团队非常欢迎并且抱有非常大的信心，32.74% 的被调查者认为家长对团队比较欢迎并且抱有较大的信心，实践地的群众对于带有支教性质的“三下乡”实践活动的支持程度和参与活动积极性都比较高，能得到实践地群众的支持和信任说明当代大学生的整体形象还是能很好地被广大人民群众所认同。

在高校为何积极开展“三下乡”活动的看法上，大部分大学生赞同“三下乡”使课堂教育延伸到了实践领域，拓展了思想政治教育的形式，使大学生深入社会了解国情，提高大学生的创造能力、实践能力和应变能力，提高大学生的思想素质，培养其正确的人生观和价值观，促使大学生形成自我教育的良好局面，增强大学生自我认知和适应社会能力。参与调查的大学生中，95.04% 的赞成将“三下乡”社会实践活动并入高校思想政治教育内容，其中 37.67% 认为实际操作易行，57.4% 认为实际操作较难。

（二）支教地小学生

学生对支教老师的印象大都是认真踏实、热情大方，具有亲和力、吃苦耐劳、有责任心、富有创新精神。大部分学生认为，参加完支教活动，自己最大的变化是性格更加开朗，爱上学习，胆子变大了，爱看书，更会与人交流，更加喜欢老师，更愿意参加活动。75% 的学生愿意再次参加类似的支教活动，24% 的学生不太确定，1% 的学生不愿意参加。在“此次夏令营结束后是否会对开学的课程产生抵触情绪”问题上，60% 没有抵触情绪，22% 有较大的抵触情绪，18% 有很大的抵触情绪。这说明大学生“三下乡”团队的到来会使一部分孩子对原来的老师和课堂方式产生一些不好的影响，有较大的抵触情绪，这个问题得由大学生们与学生家长和当地老师多多沟通，同时大学生们也应该和学生保持一定的距离，避免和学生关系过于亲昵而使学生对传统课堂产生不好的感觉。在支教大学生对支教学生的影响的问卷调查中显示，绝大部分同学爱好阅读，有良好的阅读习惯且喜欢支教老师捐赠的书籍。学生们喜欢看的书籍大都是漫画、童话书，也有不少小学生对科幻、天文、哲理、益智类书籍感兴趣。

大部分学生认为支教老师喜欢自己，其中 51% 表示很喜欢，31% 认为比较喜欢，但也有 15% 的认为一般，3% 的认为不喜欢。50% 的学生认为支教老师经常与自己亲切交流，46% 的学生认为支教老师偶尔与自己交流，4% 的学生认为支教老师从未与自己交流过。这反映支教的大学生老师们应该花更多时间和心思关注每一位孩子的成长。

学生认为支教老师使自己思维方式得到改善，学习能力得到了提高，性格变得更加开朗。92% 的学生认为支教老师上课的效果比较好（有 71% 认为非常好），有 5% 认为一般，3% 认为不好。93% 的学生认为支教老师教的知识有用，3% 认为一般，4% 认为没用。39% 的学生认为支教老师和本地老师在教学方法上有很大差别， 35% 的学生认为支教老师和本地老师在教学方法上差别不大，26% 的学生认为支教老师和本地老师在教学方法上没有差别。

表 13　是否愿意再次参加此类活动

项目	非独生	独生	师范	非师范
愿意	10	18	19	6
不确定	5	3	5	2
不愿意	4	4	5	1
总计	19	25	35	9

访谈的大学生是否愿意再次参加此类活动，访谈的 44 名大学生中，独生子女、师范类的学生更愿意再次参加类似的“三下乡”活动。大多数大学生仍愿意再参加此类活动，也有部分大学生表示不愿意再参与，认为有些事情体验一次就够了，不同阶段应该做不同的事情。

大多数大学生的收获：虽然有少部分同学认为短暂的社会实践活动没有让自己得到改变，但绝大部分大学生认为“三下乡”活动使自己学会了团结合作、吃苦，学会了倾听孩子的心声与学生交流，知道了管理班级的流程，做一名合格的小老师；做事情时会考虑得更加细致，学会向同伴学习，学会更加有耐心地与人交流，增加了自己的胆量，敢于站上讲台，锻炼了口才，加深了对教师行业的了解程度；师范生们更加精准了自己的定位，学会了与学生交流的基本方法；重新定义了教师，不只是知识的传授者，更是其成长的伙伴；改变了对环保对公益的看法，觉得每个人都可以为环保做点力所能及有意义的事。

对支教地孩子的态度：认为给孩子带去的最有用的东西是陪伴和快乐，更多以朋友的方式了解学生，提高了自己的教学技能，丰富了自己的知识也被孩子们身上最纯粹的简单所感染。因为那群孩子，对自己有了新的认识，开始相信自己可以胜任老师的职业。

对教师职业的态度：对师生关系有了新的理解，变得更加尊重老师，更加坚定当老师的决心。

对家长认为大学生充当的角色，部分大学生表示部分家长认为假期我们的职责是托管照顾孩子，给他们补习文化课；另外一部分家长认为大学生的到来有利于扩充孩子视野，带来许多新的东西。

不足之处：生活上有困境，部分实践地条件艰苦，有时没有热水没有网络；教学方法上：没有合适的方法与学生交流（换位思考不够，来自城市的大学生不能换位思考，站在农村孩子的立场上去考虑他们的问题，很多时候并不能给他们很大的改变，很多时候是娇惯孩子，并没有让他们受到教育）。

总而言之，参与“三下乡”活动的大学生们对自己的表现都比较满意，且认为自己出色地完成了相应任务，在多个方面得到了提高。

五、建议

（一）综合考评，寻找合适的学生负责人

一个责任人是一个团体的核心所在，是一个团队的精神面貌的象征。一个优秀的学生负责人应当要有良好的人际沟通能力、卓越的领导能力、出色的人格魅力、丰富的社会实践能力和必要的学生工作经历，要有敢为人先、敢为团体服务的奉献精神，有吃得苦、耐得劳等一系列优秀品质。一般来说，担任学生负责人的多为大二、大三的学生，一是大二、大三学生已经步入大学有一、两年的时光，在各方面都相比大一的新生有所长进，更为成熟稳重，有更强的能力；二来相比大四的学生拥有更多锻炼的时间和机会，还有更为强烈地想锻炼自己的主观意愿。所以通常情况下，我们会优先选择鼓励更多的大二、三学生参与“三下乡”活动，综合从这部分人群中挑选合适的学生负责人。

（二）科学规划实践活动

以大学生为主体参与的“三下乡”活动在实践活动中绝大多数是学生负责人在统筹规划所有事项，包括前期联系所前往的支教地点的教育局、学校，前期与相关政府部门保持联系，签订相关安全协议。学生负责人在校期间应该开展招募有意参与的队员；适当对所有参与的队员集体开展团队辅导活动，进行各项必备的技能培训，开展安全知识讲座。所有参与“三下乡”的大学生还应主动和家人谈及自己即将下乡的事情，以获得家人的同意。在确定好具体参与成员后，大学生“三下乡”社会实践活动应该全面深入地去实地研究，

根据前往地点的实际情况和当地负责人的需求和建议制订好较为详细具体的项目规划书，明确具体的活动内容，具体开展实践活动的流程。团队成员必须明确自己所在团队的优势，积极配合学生负责人为“三下乡”活动做好充足的准备。

（三）大学生和高校应端正心态

大学生应端正参加“三下乡”的动机，懂得“三下乡”不是一场旅游，也不是从众的活动，更不是为了评奖的一种手段。大学生应该提高自身对“三下乡”活动的认识，意识到“三下乡”活动作为一种有效教育载体的真正意义，不应该将其“三下乡”当作是学校应付上级部门的工作；高校应将社会实践教学作为课堂教学的重要组成部分，制定相应的激励机制，鼓励专业教师参与，愿意真正下乡带领学生一同进步，深入活动学生之中，扩大社会实践影响力。

（四）寻找积极的实践参与者

高校可以每年在新生入学的时候组织新生一起观看最近的与大学生“三下乡”的活动相关的新闻、影视资料，在新生心中播下热衷参与“三下乡”的种子；高校应充分利用现有发达的网络技术，在学生常用的社交软件上进行合理宣传；学校可组织往年优秀的参与“三下乡”的优秀学长学姐与新生开展活动；学校可组织专门的“三下乡”表彰大会，表扬该年度的“三下乡”任务扎实组织完成的学院、学生团队和优秀个人。总之，高校应该利用一切合理、合法、有效的方法扩大“三下乡”活动在全校的影响力，鼓励更多的有志青年积极参加。

（五）高校完善管理机制

目前多数高校将大学生“三下乡”社会实践的管理职责归于共青团组织，实际上应该设立校级层面的整体统筹协调的管理机构，配备相应的热衷学生工作、愿意与学生交流的专职指导教师，形成完善的科学管理方式。做好宣传、组织发动工作，加强社会实践活动的培训，如开办实践活动讲座、培训组织实践活动的技能、指导实践报告写作。学校可以加强与学生即将前往的实践地的联系，以学校的名义尽量帮助学生争取解决食宿等方面的实际困难，帮助推荐或联系实践单位，站在更高的角度为学生明确规定实践任务和相应要求。

（六）建立长期稳定的实践基地，鼓励高校老师与学生一同前往

大学生“三下乡”社会实践参与人数逐年增加，每年都有新的社会实践基地被开发，稳定的社会实践基地却很少。高校应就校外社会实践基地建设作长远规划，多考虑为新农村建设做出贡献，尽量不常变换农村社会实践基地。大学生“三下乡”社会实践活动的主要参与者是大学生和指导教师，一方面，要求大学生自始至终都参与“三下乡”社会实践的每个环节，要求学生亲自完成，这样才能达到社会实践的根本目的；另一方面，吸收专业教师参加“三下乡”社会实践，为实践活动提供必要的专业知识指导，解决学生在社会实践中遇到的技术困难，同时，鼓励专业教师将自己的科研项目与社会实践活动项目相结合，使学生有机会参与教师的科研活动，锻炼学生的科研能力，培养大学生的创新精神。

（七）明确具体实践时间

合适的实践不仅能使大学生真正深入了解基层，解决短时间、表面性的援农助农活动，还能帮助大学生在实践中巩固专业知识；也能让学校和学生负责人根据不同的下乡时间段为所有成员进行心理辅导，减少环境不适应、工作强度大等实际问题。这对日后的专业学习起到重要的促进作用，使其在学习中或者毕业后的岗位上能够做到有的放矢，发扬优点与长处，完善不足之处。

（八）将“三下乡”社会实践活动并入高校思想政治教育内容

很多数据表明参加“三下乡”或类似的活动对大学生起到了积极的影响，学校课程的开展将对想参与的同学给予很大的帮助，对于不想参与的同学也可以让其从区别于传统的高校德育课堂中走出来，看到更多身边鲜活的例子，起到德育的效果。历年来我国的德育活动更多的是在课堂上进行讲解学习，理论相对充足但实践却较少。在一个学生成长高速发展的大学阶段，勤于实践远比简单的理论课来得实际，也能满足学生参与实践的愿望。

（九）大学生应尽量避免和当地的群众产生过节

大学生们在外实践应首先保护好自己，到达时间地后应该积极与学校、

家人联系，并且与当地的公安部门保持联系。在日常生活中不要太过张扬，钱财不可外露，不与群众发生冲突，不得在外做出一些与大学生身份不符的事情，树立现代大学生阳光积极的美好形象。

保持对支教对象们的关注并积极回应支教活动给孩子们带去的新鲜感与快乐感是他们意想不到的。有些贫困山区里有较多的留守儿童，而大学生支教队伍的到来给他们的生活带去了很多动力与希望。这些积极影响是不可小觑的，如何将这些积极的影响在活动结束之后延续下去也是值得思考的问题。当收到孩子们寄来的信件或者发来的信息，大学生们最好给予积极的回应和鼓励，将支教活动的余温延续。大学生们作为支教队伍的一员也应该时常思考自己的初衷，思考自己能够发挥的价值。这样不仅能培养大学生们的专业与职业素养，也能促进孩子们的发展。

（十）建立多方考评机制

多数大学生支教是抱着提升自己的目的的零基础状态，许多学生的实践并不一直一帆风顺，那么为了使大家的实践更有成效，避免出现混时间的情况，建立起一套多方考评机制是很有必要的。可以从受教学生、当地学校老师、当地学校管理层、学生家长、大学生内部团体、支教队伍指导老师等多方面分别制定不同的考评表，多方对支教成员的支教行为给出评价，并且可以根据具体情况一定程度上修改考评表内容。这有利于支教成员更客观地了解自己的能力，了解自己的优点与长处，并在日后的学习与实践中进行针对性的改善。而对支教工作而言，这样的机制可以促进支教活动一年比一年开展得更顺利。

参考文献

[1] 中共中央宣传部，中央文明办，教育部，共青团中央 . 关于进一步加强和改进大学生社会实践的意见 [R]// 教育部思想政治工作司 . 加强和改进大学生思想政治教育重要文献选编（1978—2008），北京：中国人民大学出版社，2008.

[2] 中共中央，国务院 . 关于深化教育改革全面推进素质教育的决定 [Z]. 中发 [1999]9 号 .

[3] 任江林 . 大学生“三下乡”的问题与对策研究 [Dl. 西南大学，2008.

[4] 胡小进 . 大学生“三下乡”社会实践存在的问题及对策研究 [J]. 西安工程大学，2011，2.

[5] 汪子云 . 关于西部地区大学生社会实践机制创新的几点思考 [J]. 前沿，2010（7）.

[6] 黄阿火 . 新时期大学生社会实践活动的再思考 [J]. 湖南医科大学学报（社会科学版），2010，2.

[7] 孙婧 . 关于建立大学生支教长效机制的思考 [J]. 成人教育，2011（6）：83-84.

[8] 龚莉红 . 大学生支教现状及可持续发展探究 [J] . 继续教育研究，2014（8），

[9] 赵静. 大学生暑期“三下乡”义务支教的可持续性发展初探 [J]. 西部教育，2016（18）：34-35

[10] 耿建扩，夏志学，刘子刚 . 河北农大八千学生大调研 [N]. 光明日报，2010-1-15.

[11] 高洋，周立群 . 论新时期大学生“三下乡”活动的教育意义 [J]. 学院管理研究，2013（02）：331.

[12] 唐湘岳 . 谁让大学生“三下乡”变了味 ?[N]. 光明日报，2011-7-25.

[13] 刘韧，易厚，贺宗彦 . 大学生社会实践工作问题与对策 [J]. 四川理工学院学报（社会科学），2011，2.

[14] 徐军伟，孙黎明，汪盛科 . 走出“精英实践”组织模式——对当前大学生社会实践活动的思考 [J]. 青年探索 2002（2）：24-28.

[15] 张建 . 大学生短期支教现状调查 [J]. 教育与职业，2014（7）：41-42.

湘赣乡镇中学生家庭暴力与校园暴力的实证研究

课题组成员：武成芳，李征，王波，武琴
指导老师：吴奇，谈方，谭吉华

摘要：本研究以湖南、江西省某些中学的775名初中生为研究对象，调查法为主要研究方法，运用问卷法、量表测量法与文献法搜集资料，同时运用SPSS及Amos24.0分析所收集的数据。本研究通过调查初中生校园暴力行为以及其所在家庭的家庭暴力的种类与家庭暴力类型的分布状况，重点探讨家庭暴力对初中生校园暴力行为的影响，并据此提出应对校园暴力的相关性建议。调查发现，家庭暴力和校园暴力之间的回归作用显著，而生命史策略调节因素在解释家庭暴力和校园暴力之间回归关系发挥着中间效应，即家庭暴力可以影响样本的生命史快慢策略，而生命史的快慢策略又会进一步影响样本在校园暴力中的表现。

关键词：乡镇；家庭暴力；校园暴力；结构方程模型

随着经济和科技的发展，每一天都有很多信息充斥着我们的生活，在众多信息中关于校园暴力的信息早已屡见不鲜。

案例一：在2009年10月23日，“上海徐汇女生打架，看着就火大”的视频在网络上热传，一女生从其背后冲来并用脚飞踢另一女生后腰，在她倒地后，还用脚踩其腹部。

案例二：一则“女生宿舍内遭学生狂扇被逼下跪”的视频在网上热传，引起网友广泛关注。视频中一名身着校服的女学生被几名同学狂扇耳光，并被逼下跪。

因日常生活中的小矛盾，就招呼上几名同学，狂扇对方的耳光，并逼着对方下跪，这样的情节发生在两位初中女生在校期间，的确有点超乎人的想象。但现实中，这样的案例绝非少数，类似的校园暴力事件频频出现。近来还有持续高发的趋势。在公共卫生学里，校园暴力是被纳入流行病学的范畴中的。这也说明校园暴力客观存在，值得我们正视，并积极谋求化解之道。

校园暴力牵涉的是学校师生的安全、学校正常秩序的稳定，甚至社会的稳定。校园暴力不仅仅影响学生的身体健康，也影响了很多人心理健康发展。因此，校园暴力一直得到人们的热切关注。

本文将采用实地调查的方法，重点探究家庭环境特别是家庭暴力对初中生校园暴力行为的影响，为家长及社会各界进一步解决该问题提供正确的认识和决策。

一、研究背景

我国人口众多，学生所占比例大；现代教育起步较晚，教育制度并不完善；贫富差距较大导致教育资源配置不均衡……诸多原因导致我国校园暴力问题层出不穷，我国犯罪学者、法律工作者、教育工作者等在本世纪初开始了对国内校园暴力的研究。

学者师艳荣通过对日本中小学校园暴力现状分析后指出，在校园暴力类型中，学生之间的暴力所占的比例最高。与此可见，在校园暴力中初中生是主要问题人群。从发展心理学的角度看，初中生正处于从儿童时代的幼稚期走向青年时代成熟期的转型过渡阶段，而这个阶段的初中生身体和心理日益走向成熟却又没有完全定型，身体及心理发展方面极为错综复杂，会面临很多冲突与变化。青春期经常出现两极情绪，甚至转变为反抗行为。

社会生态观认为外部环境因素对人的发展具有极大影响，主要的外部因素如下：家庭、学校、社区等。美国心理学家约翰逊和艾迪认为，影响人的可塑性的因素主要是家庭环境。分为以下八个方面：不成熟期的延长、父母养育、大脑发育、智力、后代人数、社会行为、群体、游戏。这八个家庭生态因素间相互联系、相互作用、相互制约、相互强化。由此可见，家庭对校园暴力行为的发生有着不可忽视的影响，特别是“冷漠型”对于校园暴力的发生的影响。

在校园暴力问题逐渐引起人民关注，成为学校教育发展阻碍因素的社会大背景之下，我们决定对该问题进行深入探索。通过查阅大量相关文献、分析校园暴力的特点，我们认为校园暴力主要和初中生有关，而且进一步研究发现，作为校园暴力的主要人群的初中生大多来自贫困或“冷漠型”家庭。以此为依据，我们决定进一步缩小研究对象与研究范围，最终将研究定位在家庭暴力与初中生校园暴力行为之间是否存在相关关系。

二、文献综述

（一）校园暴力的概念界定

通过对文献的梳理研读，我们发现，当前我国学者对校园暴力的界定主要从校园暴力行为人、校园暴力受害人、校园暴力表现形式、校园暴力方位等方面展开。在众多校园暴力的定义中，徐久生的定义最为详细和完整。徐久生认为，从受暴者角度来说，校园暴力不仅包括暴力行为者对学校师生造成的心理和生理方面的暴力伤害，还涵盖暴力行为者对学校财产、老师学生财产和无物品实施的暴力；从施暴者来讲还包括学校教室和学生对校外社会人士的暴力行为。简言之，与在校师生直接有关的暴力行为，均可界定为校园暴力。因此校园暴力必然包含行为人、受害人、表现形式和发生地点四个方面。广义的校园暴力包括在校园内外针对受害人的身体、心理和财产所实施的故意侵犯行为（包括学生与学生之间、学生与老师之间、学生老师与社会人士之间）。本文通过文献分析，在徐久生的概念界定基础上，将校园暴力行为的人限定为学生，校园暴力发生地点限定在校园内。狭义上将校园暴力界定为学生在校园内对其他学生的身体、心理、财产等实施的故意侵犯致使他人受损的行为。

（二）家庭暴力的概念界定

传统上家庭暴力主要针对丈夫对妻子的身体、心理的故意侵犯致使他人受损的行为，但是在本研究中家庭暴力的受害主体不局限于妻子，而是包括所有家庭成员在内。也就是在家庭范围内对其他家庭成员身体、心理等实施的故意侵犯致使他人受损的行为。

（三）生命史策略的概念界定

生命史理论（life history theory）认为个体年少时的经历和生活环境对于其一生的行为活动和心理都有着深远的影响。通过生命史策略我们可以解释个体在生命不同历程时期如何根据不同的目标来分配有限的资源。在生命史中，权衡的过程是一个选择生命策略的过程。在产生适应性结果的同时会出现两种完全相对的生命史策略：快策略和慢策略。生命史理论阐述的是，在资源和精力有限的情况下，个体如何权衡自身不同发展需要，从而采取哪种生命史策略。为了更好地使自己的基因传递下去，人类选择的策略正是对环境的一种呼应。生命史策略是个体特有行为模式的集合，个体独特的生命史会影响个体行为模式，形成不同的生命史策略，而不同生命史策略所代表的行为也反映出了个体独特的早期生活经历。快慢的选择是生物体对外在环境的一种呼应，尤其是对外在环境中恶劣性的感知。快策略类似于扩散模型重视繁衍数量的增加，即使个别个体死亡，但仍然能有其他的基因来保障和延续。慢策略则是扩展模型，更加注重繁衍质量的提高，重视基因延续的稳定性和优质性。前者是数量取向，后者是质量取向。两种策略虽然产生的影响不同，但其目的都在于基因的传递和延续。

三、研究设计与过程

（一）研究目的

我们在文献分析的基础上总结出本研究的三个研究目的：其一，了解校园暴力的情况；其二，了解家庭暴力的现状；其三，试图建立家庭暴力和校园暴力之间的关系。以生命史策略为调节变量，尝试寻找出解决校园暴力的方法。

（二）研究意义

校园暴力严重扰乱学校正常的办学秩序，破坏社会的和谐与稳定；同时也对青少年的健康成长造成了极大的负面影响。因此，关注校园暴力，加强对校园暴力的研究是十分重要的。本研究在了解校园暴力和家庭暴力的现状和相关关系的分析后，试图寻找出解决校园暴力的方法。

1. 有利于青少年的健康成长

校园暴力对青少年的伤害不仅仅只有身体，伴随身体伤害而来的更为严重的心理伤害也许会影响其一生。青少年处在生理发育期，心理发育还不成熟，人生观、价值观正处于形成阶段。加强校园暴力的研究，为青少年的身心发展创造一个良好的环境，可以促进青少年的健康成长，对于教育的发展和社会的发展都有积极的影响。

2. 有利于促进构建和谐的社会环境

加强校园暴力的研究和防范，不仅对青少年及其家庭有利，也有利于促进社会和谐。校园暴力行为严重的青少年将来很有可能发展成犯罪者。预防校园暴力就能为青少年的成长创造良好的环境，同时也能进一步促进和谐社会的形成。

3. 有利于加强和改进家庭育人环境

该研究的发现有利于家长端正态度，正确对待自己的问题，营造良好的家庭氛围，为孩子的成长提供更好的环境。

（三）研究步骤与方法

1. 研究步骤

本研究是一项基于事实判断的实证研究，通过科学规范的问卷调查和严谨求真的数据分析，了解中学初中生校园暴力行为的现状和家庭影响因素。在文献综述基础上编制初中生家庭情况调查表。该调查表除去前面的基本信息外，可以分成三大部分：量表 1（关于家庭），用于揭示学生在家庭中的真实感受；量表 2（关于校园生活），用于了解学生最近一个学期在学校的具体生活情况，包括学生在校的人际关系、对于学校生活的适应程度、欺负他人或者被他人欺负的具体情况以及学生面对校园暴力的具体想法与做法；量表 3（关于生命史策略），用于揭示家庭暴力如何影响到校园暴力。

其中第一个量表 CTQ-SF 量表有 28 个条目，每个分量表含 5 个条目，每个条目采用 5 级评分（1、2、3、4、5 分别表示从不，偶尔，有时，经常，总是）；其中第 2、5、7、13、19、26 和 28 需反向计分，每个虐待分量表评分 5~25 分，总分 25~125 分。设 3 个条目作为效度评价。情感虐待 3、8、14、18、25，躯体虐待9、11、12、15、17，性虐待20、21、23、24、27，情感忽视5、7、13、19、28，躯体忽视1、2、4、6、26。

关于校园暴力部分我们借鉴改编《Olweus儿童欺负问卷中文版》。该问卷主要由五个维度组成。量表1（关于朋友），用于揭示儿童朋友多少、间接欺负或社会排斥的情况。量表2（关于受欺负/受伤害），用于揭示儿童直接受欺负或受伤害的情况。量表3（关于欺负其他学生），用于揭示儿童欺负其他学生情况。量表4（儿童对欺负的态度），用于揭示儿童对欺负的感受和做法的情况。量表5（对教师的欺负），用于揭示学生欺负教师的情况。

关于生命史策略，我们选取Barbara H. Brumbach，Stephanie M.R.等联合发布的《Consilience and Life History Theory：From Genes to Brain to Reproductive Strategy》中的量表，其中共有15个可测变量，采用–3到3的七个梯度衡量每个可测指标。

对调查表和问卷进行预调研，检验问卷的信效度，并总结反思预调研经验，为正式施测做好准备。然后正式选择样本学校进行施测。最后对获得的原始数据进行统计分析和讨论，得出家庭暴力和校园暴力之间的关系，并在此基础上分析总结降低初中生校园暴力行为的策略。

2. 研究对象的获取

在暑期调研过程中从调研地点随机抽取若干中学，在各年级选取一定数量的班级进行问卷发放收集，在整个过程中我们一共收集了775份问卷，其中有效问卷有696份。

3. 研究方法

本研究采用的主要研究方法是调查法。调查法是在一定的理论指导下，综合运用问卷、观察、访谈、个案研究、测量等方法收集资料，运用统计分析、变量分析等方法分析资料，并以调查报告作为研究成果的研究方法。

分析资料方法、工具问卷和量表收集的数据输入计算机后，应用软件包进行统计分析。

（四）调查实施

1. 试测及修订

在正式施测之前，我们于2017年5月初在宁乡、江西的某中学进行试测发放问卷300份，回收300份，有效问卷285份，问卷有效率为95%。搜集数据后用进行分析。根据问卷发放环节出现的问题和数据分析结果，对问卷进行了修改，进一步明确答题要求，便于学生更好地理解。对不符合原构想的题目进行了剔除，对相关维度的题目进行了调整。

2. 正式测试

本研究的正式施测时间是2017年7月。在正式测试前，联系到了湖南省和江西省部分中学的校长并向其介绍了本研究的目的与意义，得到了校长的同意和大力支持。在校长的安排下，教务主任根据初中部不同年级的早自习、课休和部分非主修课程的时间给笔者罗列了一张调查时间表。根据这张时间表，笔者亲自担任各班主试。实测开始前，笔者先向学生说明调查的意义和即将发下去的问卷以及量表的填写方法与注意事项，然后发给学生问卷和量表。本研究的调查即问卷和量表均采用匿名的方式填写，以便减轻学生的顾虑，也为求尽可能真实地再现学生的看法与态度。

四、调研研究结果

（一）描述性统计

1. 样本基本信息

性别：本次调研男性样本所占比例为41.9%，女性样本所占比例为58.1%，基本符合中学男女正常比。

年级：本次调研初中一年级、二年级、三年级所占比例分别为39.1%、29.1%、31.8%。

是否独生子女：本次调研中，独生子女占比23.3%，另外的76.7%为非独生子女，考虑到本次调研针对的是农村校园暴力，农村的计划生育政策相对宽松，所以比例合理。

共同生活家属：调研中77%的样本是和父母一起生活，此外还存在18.8%父母一方外出打工的情况，另有4.2%是和离异母亲居住。

对于样本在家中的要求，82.8%声称监护人会满足大部分合理要求。

对于家庭条件，有85.3%的样本认为相差不大，无较大影响。

2. 校园暴力的基本情况

在张文新翻译的Olweus的中文版儿童欺负问卷中，除了衡量校园暴力的四个可测变量的测量问项外，还有一些值得深究的问题。

其中，在面对一群同学在学校欺负其他同学时，83.2% 的样本认为应该帮助受欺负的学生，其中又有超过一半的样本会设法去帮助受欺负的同学。而对于受欺负的同学，仅有有超过一半的人会选择告诉父母或是老师，而他们更倾向于告诉自己的同学或朋友；对于受欺负者的父母和同学，有超过一半的样本选择没有和他们谈论过自己受欺负的事情。

由此可见，校园暴力并未在家长和老师之间得到应有的重视，而受到欺负的学生也没有将信息及时反馈给能够为他们解决问题的老师和家长。

（二）结构方程模型的实证分析

1. 模型构建的思路

我们在以往相关研究的基础上，建立了家庭暴力与校园暴力的结构方程模型，同时还引入心理学的生命史策略来探究三者之间的关系，利用量表收集相关可测变量的数据，经缺失值处理后进行分析，并利用 Amos24.0 对此模型进行拟合、修正和解释。

2. 潜变量与可测变量的设定

模型中包含潜变量：家庭暴力（FV）、校园暴力（SV）、生命史策略（LHS），其中家庭暴力根据赵幸福的 CTQ–SF 量表由可测变量躯体忽视（PN）、情感忽视（EN）、躯体虐待（PAB）、情感虐待（EAB）、性虐待（SAB）来衡量。校园暴力根据张文新翻译的 Olweus 的中文版儿童欺负问卷由可测变量关于朋友（AF）、关于受欺负（ABB）、关于欺负其他同学（ABO）、关于对欺负的态度（AB）衡量。生命史策略由生命史策略量表的和值（LH）衡量。

3. 关于可测变量数据的收集

对于十个可测变量，我们采用量表的形式，使用调查问卷进行数据收集。其中，对于家庭暴力，我们采用赵幸福翻译并改进的 CTQ–SF 量表来测量；对于校园暴力，我们采用张文新翻译的 Olweus 的中文版儿童欺负问卷来测量；对于生命史策略，我们采用生命史策略量表。

4. 缺失值的处理

缺失值我们采用表列删除法，即在一条记录中，只要存在缺失就删除该记录，最终得到 570 条数据。基于这部分数据，我们再作分析。

5. 结构方程模型初始建模

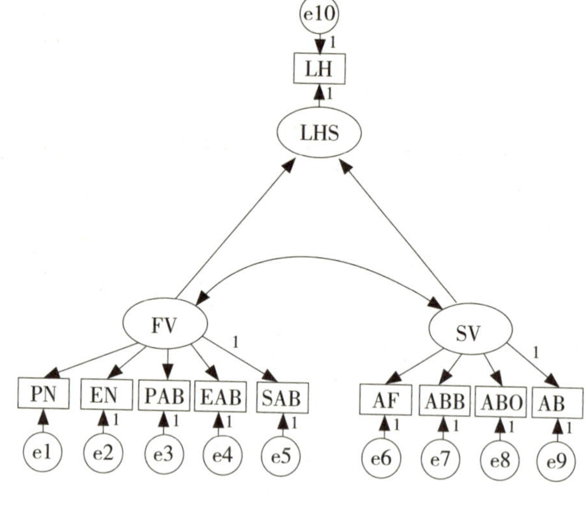

由于是对校园暴力与家庭暴力相关关系的实证研究，因此我们采用了Amos24.0软件，利用结构方程模型构建出校园暴力与家庭暴力的模型，同时探究生命史策略在其中的作用。

右图为建立的初始模型，我们运用Amos24.0，通过极大似然估计对变量进行拟合。

拟合效果如下：

卡方值（自由度）	GFI	CFI	NFI	IFI	RMSEA	AIC	BCC
204.674（33）	.924	.814	.789	.817	.096	248.674	249.542

上表反映出模型的拟合优度还需要进一步优化，主要表现在比较拟合指数（CFI）、基准拟合指标（NFI）、近似误差均方根（RMSEA）均需进一步优化，同时，拟合优度指数（GFI）也仅刚达到0.9，还可以进一步优化。

6. 模型修正

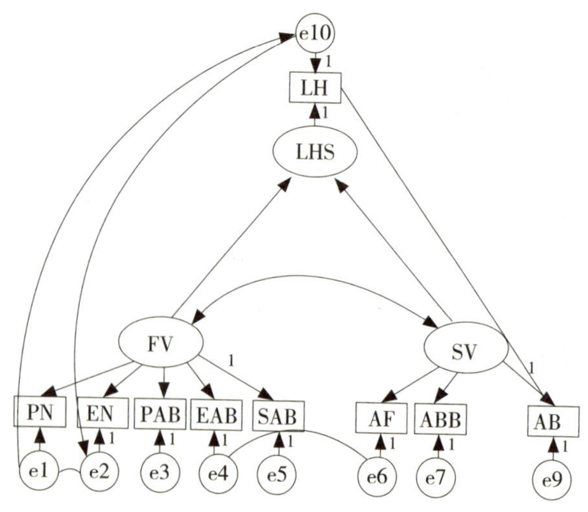

我们主要根据初始模型的参数显著性结果和Amos提供的模型修正指标进行模型扩展和模型限制。Amos提供了两种模型修正指标，其中修正指数（Modification Index）用于模型扩展，临界比率（Critical Ratio）用于模型限制：

我们根据实地走访了解到的现实情况与初始模型的修正指标对模型进行了路径的删减与增添，修正模型如下。

拟合效果如下：

卡方值（自由度）	GFI	CFI	NFI	IFI	RMSEA	AIC	BCC
37.842（21）	.986	.981	.960	.982	.038	85.842	86.700

修正后的模型相较之前有了很大的改观，达到 1.802，CFI、NFI、GFI 拟合优度指数都达到 0.9 以上，近似误差均方根（RMSEA）也下降到 0.038，效果可观。

修正模型参数估计展示：

变量因子	Estimate	S.E.	C.R.	P.	Label	Standardized Estimate
LHS<--FV	−2.429	.661	−3.675	***	par_9	−1.000
LH<--LHS	1.000					.184
SAB<--FV	1.000					.639
EAB<--FV	1.705	.151	11.279	***	par_2	.718
PAB<--FV	1.173	.108	10.834	***	par_3	.635
EN<--FV	1.542	.206	7.475	***	par_4	.393
PN<--FV	1.177	.136	8.688	***	par_5	.467
AB<--SV	1.000			***	par_	.326
ABB<--SV	2.935	.680	4.313	***	par_6	1.003
AF<--SV	.575	.087	6.581	***	par_7	.407
AB<--LH	.048	.012	3.876	***	par_10	.153
SV<-->FV	.470	.135	3.474	***	par_1	.312
e2<-->e1	3.720	.451	8.255	***	par_8	.417
e2<-->e10	−15.602	2.381	−6.551	***	par_11	−.300
e1<-->e10	−7.134	1.467	−4.862	***	par_12	−.223
e4<-->e6	.530	.530	3.239	***	par_13	.165

注："***"表示 0.01 水平上显著。

7. 模型解释

根据以上路径的拟合效果，我们可以得出在 0.01 水平上模型是显著的，同时我们还可以根据 Amos 提供的总效应、直接效应、间接效应来反映各个潜变量与可测变量之间的联系。

Standardized Total Effects（标准化总效应）

变量因子	FV	SV	LH
LHS	-1.000	.000	.000
LH	-.184	.000	.000
AF	.000	.407	.000
ABB	.000	1.003	.000
AB	-.028	.326	.153
PN	.467	.000	.000
EN	.393	.000	.000
PAB	.635	.000	.000
EAB	.718	.000	.000
SAB	.639	.000	.000

注：“***”表示 0.01 水平上显著。

Standardized Direct Effects（标准化直接效应）

变量因子	FV	SV	LH
LHS	-1.000	.000	.000
LH	.000	.000	.000
AF	.000	.407	.000
ABB	.000	1.003	.000
AB	-.028	.326	.153
PN	.467	.000	.000
EN	.393	.000	.000
PAB	.635	.000	.000
EAB	.718	.000	.000
SAB	.639	.000	.000

注：“***”表示 0.01 水平上显著。

Standardized Indirect Effects（标准化间接效应）

变量因子	FV	SV	LH
LHS	.000	.000	.000

续表

变量因子	FV	SV	LH
LH	–.184	.000	.000
AF	.000	.000	.000
ABB	.000	.000	.000
AB	–.028	.000	.000
PN	.000	.000	.000
EN	.000	.000	.000
PAB	.000	.000	.000
EAB	.000	.000	.000
SAB	.000	.000	.000

注：“***”表示 0.01 水平上显著。

由以上我们得到，家庭暴力对生命史策略有反向效应，对校园暴力中欺负的态度有正向的效应。同时生命史策略对校园暴力中欺负的态度也有一定正向的效应。在模型修正时我们了解到家庭暴力中的情感忽视和躯体忽视可能会对生命史策略产生作用，而情感虐待会对校园暴力中关于朋友的部分产生作用。由于校园暴力中关于欺负其他同学的部分拟合效果不显著，因此得剔除，在现实生活中也存在隐瞒校园暴力的情况。因此该数据会有一定误差。以上在模型修正中得出的路径可能会为进一步实证调研指明方向。

（三）中介效应的检验

为了验证我们之前假设的生命史策略可能对家庭暴力与校园暴力产生中介效应，我们以校园暴力为因变量，生命史策略作为中介效果，家庭暴力作为自变量来检验生命史策略在其中的中介效应。

我们先检验校园暴力与家庭暴力之间的回归系数，表现为低显著性，结

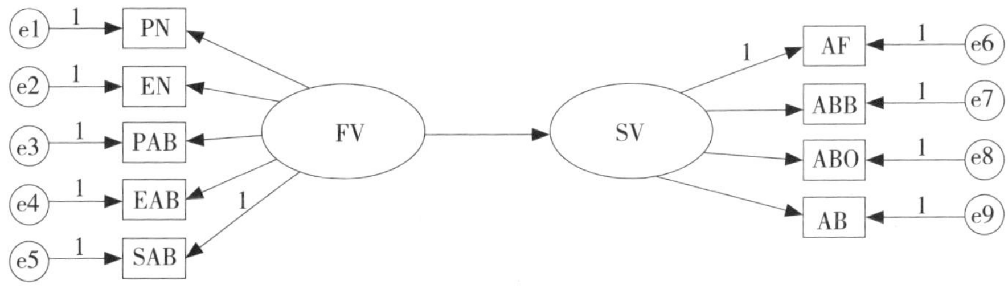

果如图：

回归结果为：

变量因子	Estimate	S.E.	C.R.	P.	Label
SV<--FV	.381	.087	4.357	***	par_8

注："***"表示 0.01 水平上显著。

上述校园暴力与家庭暴力之间的回归系数显著，因此我们可以继续检验中间效应生命史策略在其中的作用。

我们分别对家庭暴力与生命史策略，生命史策略与校园暴力作了回归系数显著，同时经过适当修正后，回归系数均为显著。模型如图：

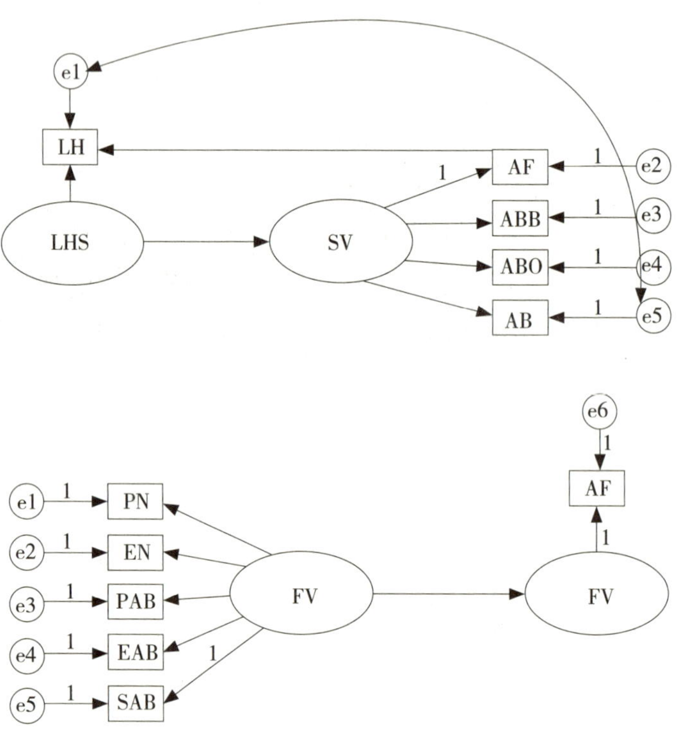

两个模型的回归结果为：

变量因子	Estimate	S.E.	C.R.	P.	Label
LHS<--FV	-3.193	.619	-5.157	***	par_5
SV<--LHS	5.069	1.071	4.732	***	par_4

注："***"表示 0.01 水平上显著。

我们将以上两个模型合并，来检验他们之间的整体效果。模型如图：

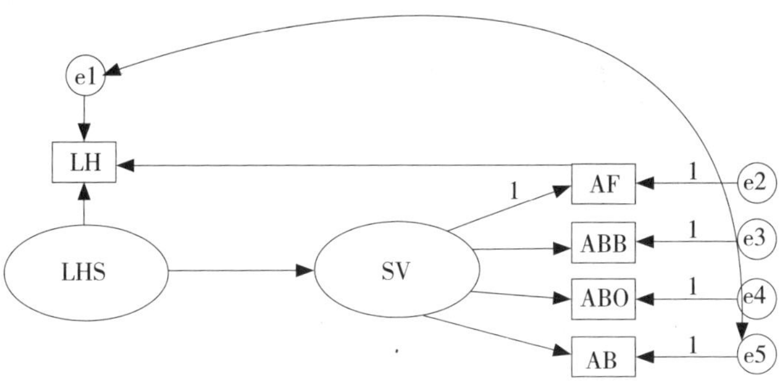

回归结果为：

变量因子	Estimate	S.E.	C.R.	P.	Label
LHS<--FV	-3.193	.619	-5.157	***	par_5
SV<--LHS	5.069	1.071	4.732	***	par_4

注："***"表示 0.01 水平上显著。

二者的结果均显著。

我们可以知道，家庭暴力与校园暴力之间会有直接的回归关系，在家庭暴力对校园暴力的影响过程中，生命史策略会在其中产生中介效应，即家庭暴力会通过影响人的生命史快慢决策进而影响校园暴力中的表现。

五、校园暴力的预测和控制建议

1. 构建预防校园暴力的环境系统

影响校园暴力的因素除了学生个人的原因，更多的是与学生周围的学校、家庭等密切相关。因此我们建议将校园暴力行为学生置于整个生态系统中，该体系包括学生的个体特征、家庭、同辈、学校甚至公共政策等子系统，从而构建有利于预防校园暴力的环境系统，促进学生的健康快乐成长。

2. 加强和重视学生的家庭教育

在教育学生的过程中，家庭教育是极为重要的一部分，是学校教育的补充，对于人的一生都起着奠基作用。而在家庭教育中，父母的教养方式尤为重要。教养方式的缺失或不当与校园暴力有着显著的关系。很多父母对子女进行教育时，不能充分考虑自己的教养方式是否正确与合适，而是一味地将子女的行为问题归于子女本身，这样既不能有效帮助和解决子女行为问题，还可能进一步加剧事态。因此加强和重视家庭教育，变惩罚严厉、过度保护、过度干涉、拒绝否认型的教养方式为理解民主型的教养方式，能够预防子女行为问题，如校园暴力行为的发生。

3. 倡导应对校园暴力的家校合作

面对初中生日益严重的校园暴力问题，家庭、学校除了各自努力外，更应积极促成合作。除了学校之外，家庭仍旧是青少年活动和受教育的重要场所，家庭教育仍然是整个社会教育体系的重要组成部分。随着社会的发展，人们也越来越认识到学校难以单独承担起育人的重任。因此家庭和学校这两个儿童教育过程中的天然合作者才应该携起手来，共同承担起育人的重任。

4. 加强学生的思想教育

初中生正处在世界观和价值观都尚未成型的阶段，因此在这个阶段对学生思想上的指引就显得尤为重要。因此我们建议学校和家庭应加强对青少年的法制教育宣传，对学生进行正确的思想指引。

5. 完善校园暴力的相关法律法规

《中华人民共和国未成年人保护法》中关于校园暴力的法律条文很少。保护法更多的是对未成年人权益的维护。对未成年人的不良行为更多是通过思想教化去纠正他们。随着未成年人犯罪事件的多发，人们对于法律中规定的刑事责任年龄开始质疑。还有校园暴力也有情节轻重之分，是否构成犯罪需要看结果的实际影响。因此有必要完善这部分的法律体系。

6. 父母要强化与孩子的联系纽带

经过我们调查研究发现，家庭暴力与校园暴力之间具有很强的相关性。容易遭受家庭暴力或对别人施暴的学生一般都因各种原因与父母的联系不是很紧密，这些原因包括父母外出打工而成为留守儿童、家庭不完整、父母因酗酒或者打牌而不关心孩子以及经常遭受家长批评等。因此父母应当提高认识，尽可能营造比较完整的家庭结构，尽量不让孩子成为留守儿童。如果必须外出，应该经常关心孩子的日常生活以及学习情况。临时监护人也要负起责任，转变教养方式，营造更好的家庭环境。

六、不足和发展

1. 在问卷设计时，我们可以适当将量表题量减少以提高问卷的人为误差，在校园暴力的问卷中，我们可以选取需要的一定题目，在我们查阅的相关文献中也了解到张文新的校园暴力量表可以部分使用。

2. 同时在样本选取时我们仅针对了湖南、江西部分县的中学，覆盖面相对较小，在经费相对充裕的情况下，我们可以将样本覆盖面扩展到整个南方地区。

参考文献

[1] 辛永林．国内校园暴力研究的最新进展和问题思考 [J]．现代教育科学，2012：113–115

[2] 袁振堂，李慧．大学校园暴力现状、原因与对策探析 [J]. 山东青年政治学院学报，2010：66–69.

[3] 刘克军．中小学校园极端暴力袭击事件应急防控问题研究 [D]．长沙：湖南大学，2012.

[4] 李峰．我国校园暴力的成因及防治对策探讨 [J]．湖北警官学院学报，2014，27：132–135 .

[5] 毛金柱．家庭暴力对初中生情绪性问题行为的影响研究 [D]．重庆：西南大学，2008.

[6] 胡琨. 家庭对初中生校园暴力行为的影响分析 [D]. 上海：华东师范大学，2011.

[7] 姚建龙．校园暴力：一个概念的界定 [J]. 中国青年政治学院学报，2008，27：38–43.

[8] 柳娜，陈琛，曹玉萍，等．家庭暴力严重躯体施暴行为的代际传递——目睹家庭暴力．[J] 中国临床心理学杂志，2015，23：84–87.

[9] Gangestad，S. W. & Tybur，J. M. Editorial Overview：Evolutionary Psychology[J]. Current Opinion in Psychology 7，2016：v–viii.

[10] 彭芸爽，王雪，吴嵩，等．生命史理论概述及其与社会心理学的结合——以道德行为为例 [J]．心理科学进展，2006，24：464–474.

[11] 管健，周一骑．生命史的快策略与慢策略：理解心理与行为差异的新路

径 [J]. 西北师范大学学报（社会科学版），2016，53：115-121 .

[12]Figueredo， A. J.， V á squez，et al. The K—Factor， Covitality， and Personality: A Psychometric Test of Life History Theory. Human Nature 18，47 (2007).

[13] 陈晨，郭黎岩，王冰. 儿童期受虐待与大学生攻击行为. 中国儿童保健杂志，2015，23：927-930.

[14] 张文新，武建芬. Olweus 儿童欺负问卷中文版的修订 [J]. 心理发展与教育，1999：8-12.

[15] 傅文青，等. 儿童期创伤问卷在中国高校大学生中应用的信效度研究 [J]. 中国临床心理学杂志，2005，13：40-42.

[16]Figueredo， A. J.，et al. Consilience and Life History Theory：From Genes to Brain to Reproductive Strategy[J]. Developmental Review，2006，26：243-275.

[17] 张敏. 中文版儿童期虐待问卷信度及效度评价 [J]. 中国公共卫生，2011，27：669-670.

[18]Ji Li，Yongjian Hou，Yong Xiang Li，et al. The Latest Straight-tusked Elephants （Palaeoloxodon）？ “Wild Elephants” Lived 3000 Years Ago in North China[J]. Quaternary International，2012，281：84-88.

[19] 周良凯，陶新华，傅鹃花. 大学生儿童期虐待与父母教养方式的关系 [J]. Advances in Psychology，2015（5）：270-277.

[20] 丁瑞虎. 中小学校园暴力问题及其对策研究 [D]. 济南：山东大学，2009.

[21] 何银松. 论家庭暴力对青少年犯罪的影响与社会对策 [J]. 上海公安高等专科学校学报，2007，17：68-71.

关于我市共享单车使用情况的调查报告

课题组成员：彭慧敏，王喜连
指导老师：谭吉华

摘要：随着我国经济和科学技术的发展，共享经济成为了我国经济发展的潮流。2016年是“共享单车”元年。在这一年里，共享单车如雨后春笋般，占据了我市的街头小巷，各种颜色、各种款式、各种品牌的共享单车在这一年中争奇斗艳。共享单车的出现，方便了人们的出行，解决了人们“最后一公里”的困扰，符合我国“绿色经济”发展的趋势，但是共享单车还是存在着不容忽视的问题，这些问题的解决关系着共享单车的发展，也关系到我国共享经济的未来。调查报告首先对共享单车的发展历程进行了详述；其次采用了问卷调查、数据统计等方法对我市共享单车在使用过程中存在的问题和原因进行了分析；最后，针对共享单车在使用过程中存在的问题，提出了解决方案。

关键词：共享单车；最后一公里；摩拜；ofo

随着我国国民经济的发展，“共享经济”成为了人们的热门话题。人们都热衷于走“共享”的经济投资，如“滴滴出行”“共享汽车”“共享雨伞”等。而2016年年底，“共享单车”横空出世，成了家喻户晓的热门词。最近，一张手机截图上了微博的热搜，蹿红网络。这张图上有24个共享单车的应用图标，一图说明了共享单车的激烈竞争。共享单车如雨后春笋般，霸占了城市的各个街头。共享单车的泛滥涌现逐渐勾起了人们的注意，但由于其“最后一公里的旅程”的理念，符合当下绿色低碳出行的环保理念，政府对于这一现象也处于善意的观望状态。

“第三方数据研究机构比达咨询日前发布的《2016中国共享单车市场研究报告》显示，截至2016年底，中国共享单车市场整体用户数量已达到1886万，预计2017年，共享单车市场用户规模将继续保持大幅增长，年底将达5000万用户规模。报告指出，中国共享单车市场已经历了三个发展阶段。2007年—2010年为第一阶段，由国外兴起的公共单车模式开始引进国内，由政府主导分城市管理，多为有桩单车。2010年—2014年为第二阶段，专门经营单车市场的企业开始出现，但公共单车仍以有桩单车为主。2014年至今为第三阶段，随着移动互联网的快速发展，以ofo为首的互联网共享单车应运而生，更加便捷的无桩单车开始取代有桩单车。”目前，中国共享单车市场主要以ofo和摩拜两家为主，其中，ofo投放量最多，市场占有率为50.2%居榜首，而摩拜单车以40.1%的市场占有率紧随其后。报告还显示，共享单车更受年轻人欢迎，特别是大学生和一些上班族。中国共享单车用户中男性占比54.2%，女性占比45.8%。用户年龄分布中，25岁至35岁人群使用最多，其次是25岁以下人群。使用频率中，每周使用3至4次的用户最多。

为了了解我市共享单车使用的现实情况，我们就长沙市的市民进行了一次问卷调查，本次调查受众为长沙市的150名市民，共发出了150份问卷，收回115份有效问卷。调查主要针对共享单车存在的主要问题，以及问题存在的原因，以及如何有效地解决它。

一、共享单车使用过程中的存在的问题

1. 使用者中，上班族占了2/3

根据对调查数据的整理与研究，我们发现，对于共享单车的使用，其中上班族使用人数最多，占了调查人数的2/3，其次是在校的大学生。而市民选择使用共享单车的理由主要有三个原因：一、选择共享单车更为方便、环保；二、上班族在换乘公交或地铁的时候，为了节省上班时间会选择骑车；三、骑自行车有助于锻炼身体。

在共享单车的使用频率上，37.12% 的市民每周都会使用 1 至 3 次。九成市民每次骑行时间都在 1 小时以内。

2. 押金过高，高峰期数量短缺

共享单车虽然便捷了人们的生活，但市民的意见也不少。想要骑车，手续过于繁琐，需要注册，交押金，还要充车费。其中，市场上一些共享单车的押金超出了消费者的预算，很多市民接受不了。调查发现，63% 的市民表示可以接受押金在 100 元以下，25% 可以接受押金在 100 元到 199 元左右，12% 的市民希望使用共享单车不需要交押金。

但是，现在市场上的共享单车都是通过芝麻信用值达到一定的额度才能免押金使用。如 ofo 共享单车的芝麻信用值就要达到 650 分，小蓝单车的芝麻信用值就需达到 700 分，最低的永安行单车也需要 600 分的信用值。而接受调查的市民很少有人使用芝麻信用，使用芝麻信用的市民的信用值又达不到要求额度，所以很少有人能免押金使用共享单车；并且退还押金需要通过客服人工操作，退还的金额也需三天左右才能到账。

3. 共享单车的“潮汐现象”严重

上班时间共享单车主要集中于公交车站、地铁口，下班时间共享单车主要集中于地铁口。这对于着急用车而附近没有车的人，是一件头疼的事。

4. 单车停放杂乱无章，侵占人行道

在过去的一年中，共享单车发展迅猛，占领了城市的大街小巷，而共享单车的白色停车框也随之增加。但令人无奈的是，即使许多的共享单车都停在白色框线内，但由于，共享单车的数量太多，白色停车框线数量不够，往往出现了共享单车停在框线外的现象，使本就不宽阔的人行道，变得更加拥挤，令市民寸步难行。在一些汽车的停车位上基本上都停满了共享单车，使得大段的人行道根本无法行走，不少市民只能走机动车道，为此，市民与汽车的摩擦也不断增长，给市民的出行安全留下了极大的隐患。

这是一个八旬老人因为共享单车无序停放而受伤的事例。

2017 年 7 月 6 日早上 5 点半左右，家住杭州拱墅区三宝郡庭小区的何大伯晨练回家途中，在人行道上被单车绊倒，摔了大跟头，缝了 20 多针，还需要住院。早上 9 点半左右，在浙江省新华医院的急诊室，钱江晚报记者见到了受伤的何大伯。84 岁的何大伯躺在病床上，左小腿缠着纱布，伤口渗出的血把纱布染红了。回忆起受伤的情况，何大伯有些郁闷。路过莫干山路的物美超市门口人行道，满满当当停放了两排共享单车。他拄着拐杖想从单车缝隙中穿过，不料被一辆绿色的优拜单车绊倒，一个趔趄就摔倒在地，左小腿瞬时刮出了一道长约 15 厘米，宽约七八厘米的伤口。幸亏当时有好心人打了 120，还搀扶他在路边坐下。上午 10 点左右，何大伯被推进手术室，缝了 20 多针。考虑到老人年纪大，还需留院观察。

现在，在一些地铁站附近，共享单车“任性”停放的现象随处可见：有的横放在人行道上，妨碍行人走路；有的无序停放在白色停车框线外，让本就狭窄的非机动车停车区域更加狭小；有些直接停放在地铁出入口的台阶上，阻碍市民的出行；有的直接停放在绿化带里，严重损伤绿化带里的植物；在岳麓区等地，共享单车就因为占道的问题，被城管部门拖走扣押。而像何大伯因共享单车无序停放而造成市民受伤的事例更是层出不穷。

5. 骑单车发生意外没有保障

以下有一个实例：

地点：东宝山隧道葡萄园路入口附近

事件：一女子骑共享单车摔伤

事后：医院手术治疗

前些天，市中医医院（市石化医院）接到求助，一女子骑共享单车在东宝山隧道葡萄园入口附近摔倒，受伤不轻，请求急救医生前往救治。

医护人员快速赶到事发地，只见一女子倒在地上，表情痛苦，旁边停有一辆共享单车。该女子一只脚受伤严重，医生现场为她夹起夹板后接回医院治疗。

据了解，伤者骑共享单车行至葡萄园路东宝山隧道口附近，过一个坎时不慎摔倒，导致脚部骨折。

目前伤者已进行了手术，仍在治疗中，所花费用预计万元以上。

共享单车进驻长沙市已经一年多，骑共享单车摔伤的市民数量也与日俱增。骑共享单车受伤，运营商到底要不要买单？接受调查的市民对此的看法各不相同，10% 的市民认为与共享单车经营者无关，52% 的市民认为经营者该承担一定责任，16% 的市民认为若因共享单车自身问题而导致骑车人摔伤，共享单车经营者就要担责，22% 的市民认为具体的情况还是要请相关部门对出事的单车做鉴定。但是，从省消协了解到，迄今为止只有 ofo 实现了为每一位消费者购买安全保险。其他的共享单车品牌还在进行中。

除此之外，随着共享单车的普及，人们也越来越愿意使用共享单车出行，但是在这“越来越多的人”中却出现了一个本不该出现的群体——小学生。在我国《道路交通安全法实施条例》中明文规定：在道路上驾驶自行车、三轮车必须年满 12 周岁。然而，由于大部分的共享单车采用的都是手动密码锁，促使共享单车成为了孩子们的玩具。这些共享单车的密码都是固定不变的，小孩子如果套取了共享单车的密码，下次使用时就无需扫码，手动输入密码即可使用。这也就导致了我市小学生骑共享单车上下学途中受伤的事件不断增加。

3 月 26 日，一位骑共享单车的四年级男孩在上海浙江北路、天潼路路口上被大客车碾压后身亡。

当天 14 时许，有网友发帖称：“午饭后路过天潼路、浙江西路口，目睹了一起交通事故，一个骑着共享单车的大约十岁左右的小男孩在机动车道上不幸被一辆灰白色大客车碾压，救出时已经血肉模糊，而且身边并没有家长。”网友还称小男孩骑的是辆 ofo 共享单车，俗称小黄车。澎湃新闻记者当日从上海市公安局静安分局获悉，事故发生在 3 月 26 日下午，事发时一辆大巴车沿着天潼路由东往西行驶，行驶至浙江北路路口左转弯时与一名骑着自行车的男生相撞，事发后相关部门迅速赶赴现场实施救援，整个自行车被压在大巴车下，将男生救出后送医，经抢救无效死亡。另据知情人透露，男孩今年上小学四年级，不满 12 周岁。

对于以上的情况，共享单车的公司目前都没有给出明确的回答和解决方案。

二 . 共享单车使用过程中存在大量问题的原因分析

其一，共享单车作为共享经济的产物，由于其获利大，运营商对它不断增加投资，导致一线城市的共享单车市场饱满，而二、三线城市主要是部分小型共享单车企业依托其本土资源生存发展，当一些大型的共享单车企业加入其市场时，将会使市场竞争进一步激化，企业也会注重于对市场的扩张，而对于消费者的意见和想法投注的关注就会减少。并且，当前共享单车市场正处在初级阶段，对于产品，处理用户问题的经验不足，其行业内部也正在不断进行调整，有些细节问题可能注意不到。

其二，共享单车的手机 APP 系统有待优化，消费者在使用共享单车的过程中，常常出现 APP 地图中显示有车，而身边却没有车的现象。并且，如果消费者已经在使用一辆共享单车，那么在 APP 中对于其他的共享单车就无法定位，无法查看到其他地方的车辆分布，这给在骑行途中需要更换自行车的消费者带来了很大的困扰。尽管共享单车的平台一直在大力促进系统的优化升级，但短期看来，消费者反馈的问题很难一一解决。

其三，现今市民的法治素质不够高，社会诚信体系不够完善。共享单车的经营模式是“无桩式停放”，秉持的也是“共享”的理念。只有消费者人人自律，合理停放、主动爱惜、及时保修，共享单车才能有效地利用，共享单车的运营商才会获得更大的利润，进而提供更加优质的服务。但是，现在部分市民的个人诚信缺失，责任心失位，只重视个人利益，导致共享单车无序停放的现象时有存在。而政府对于市民行为的监管也没有明确的规章制度，导致其情况进一步恶化。

其四，消费者的公共意识不强，公共素质不高。 现在很多消费者都还未形成“与人方便，自己方便”的公共意识，对于共享单车有很强的私人占有意识，常常会停放一辆在自己的家门前，这与共享单车的“短时间被消费者形成占有，但并非消费者私产”的理念相违背。所以说，使用者的“共享意识”“公共意识”无疑是共享单车在使用过程中存在问题的最直接影响因素。

其五，政府对于共享单车法律条约不够完善，管理经验不足。共享单车属于近一两年兴起的新事物，对于城市的低碳环保建设做出了杰出的贡献。但由于政府部门也是初次接触，管理方面的经验不足，所以在共享单车的停放，安全维护，以及消费者的维护方面没有明确的法律条约。

三、解决方案

1. 关于解决共享单车乱停放问题的方案

（1）政府将共享单车纳入城市公共交通体系，制定专门的法律法规来规范共享单车的停放，并且加强对无序违规停车的处罚力度。

（2）运营企业应该注重与政府部门的合作，每隔 50 米或 100 米设置专门的停车区域，加强电子围栏的研究与推广；运营企业可以采取积分和现金红包的奖励模式，对消费者规范停车的行为给予一定的奖励，引导消费者规范停车。

（3）加强对消费者共享单车文明使用规范和安全文明骑车的宣传，可以采取公益广告、明星效应、主题演讲等形式，引导消费者文明用车，规范停车。

2. 对于损坏的自行车的处理方案

首先，运营企业应该加强建设线上线下服务体系，在每个地方设立专门的站点，对共享单车进行维修管理，以及车辆的调度，对损坏的单车进行回收处理，避免废弃车辆乱堆乱放给城市带来治理难题。

其次，建立“失信黑名单”。在消费者使用共享单车之前，与消费者签订合理规范使用共享单车的协议，若消费者损坏共享单车的行为已构成对运营公司财产权的侵害，可将其加入“失信黑名单”，提高其违规使用的费用。政府应完善共享单车相关的法律法规，明确其犯罪事实的界定，从而对共享单车进行保护。

3. 未成年人骑单车的解决方案

（1）运营企业应逐步完善共享单车的系统，可将手动密码输入解锁改进为指纹解锁。即消费者在注册账号时，输入指纹，运营商后台系统对输入指纹进行保存，注册成功后消费者通过指纹识别解锁，以此来避免密码被盗。

（2）学校以宣传和监督为主，进行文明规范使用共享单车的主题演讲、征文、辩论赛等活动，对道路安全知识进行科普；当然，最重要的是，进行校园无共享单车活动。

4. 共享单车安全保障方案

（1）政府部门应该加强市民文明骑车的素质培养，提高市民的素养，可加强宣传一些交通法律的宣传，以及加大对不文明骑车的惩罚力度。

（2）运营企业建立专业机构对已损的车辆进行维修处理。此外，运营企业可为消费者购买安全保险，给消费者的骑车安全提供保障。

（3）市民骑车时应该注意文明骑车。

5. 如何改善骑行环境

（1）政府首先应当将自行车纳入城市综合交通体系规范，将其与城市交通规划相衔接。其次，政府应当明确各部门对共享单车的监管工作和监管细则，规范运营商、消费者和共享单车之间的责任与义务。再次，应加大城市空气质量管理，提倡绿色出行。

（2）企业应加快对共享单车的研究，不断改进技术和弥补共享单车存在的缺陷，注重用户体验和消费者的意见反馈，研制出消费喜爱的产品。

（3）消费者应该树立文明用车、规范停车的意识，自觉遵守企业和政府制定的相关条例。

（4）城市应规范自行车停车点设置，对不适宜停放的区域和路段可制定负面清单实行禁停管理；对城市重要商业区域、公共交通站点、交通枢纽、居住区、旅游景区周边等场所，规划配套的自行车停车点位。

四、结语

2016年是共享单车“元年”。共享单车的出现解决了市民在“最后一公里”的短途出行问题，更具备着缓解交通压力，减少尾气污染排放的重要功能。相较于政府的公共自行车，共享单车的“无桩式停放”，随取随用，方便了市民的用车需要，毫无疑问是“互联网＋交通”的创新，符合互联网、大数据时代的发展要求。但是，在共享单车给消费者提供便捷生活时，大量的问题随之出现，制约了其良好的发展，也给城市带来了压力和困扰。那如何让共享单车更好地发展，消费者更加放心地使用呢？这需要运营商、消费者、政府三者共同的努力。

首先，政府应站在将共享单车纳入城市公共交通体系的高度，从政策上完善配套措施，明确相关部门对共享单车的监管与维护，为共享单车创造更好的运行环境，为市民创造更好的骑车出行环境和社会氛围。对于共享单车专用停车区域的选址，政府可以适当为运营商提供土地、规划方面的政策扶持。

从短期来看，可将共享单车的使用纳入社会诚信体系中。企业可以联合起来，建立一个“失信黑名单”，对于违规使用和破坏共享单车的市民，列入失信“黑名单”，并禁止其使用企业的相关产品。企业可与政府合作，一起管理户外共享单车的停放，保障其不阻碍公共秩序。

从长远来看，一方面，政府应该着力治理城市环境污染，提高城市空气质量，为市民提供清新的出行环境，使市民骑车不再“吸毒”。另一方面，政府应该开辟专门的城市单车通道，方便共享单车的出行，避免共享单车与市民抢车道的现象再次发生。企业应加大技术研发力度，为消费者提供更加舒适，更加便利的共享单车。

其次，加快建立诚信体系，提高消费者文明用车、规范停车的意识。

调查发现，共享单车被消费者随意停放、搬回家使共享单车“私有化”、破坏二维码、在共享单车车身贴小广告、毁坏车辆，加私锁占为已有等现象时有发生，甚至还有消费者将其丢进河里、绿化带中……对于消费者的这些不法行为，共享单车经营商也表示束手无策。显而易见，共享单车虽然为市民的出行提供了方便，但运营商和政府对其的管理成本也持续增加。共享单车秉承的理念就是“共享”，而共享单车的更好发展离不开消费者对共享单车的合理停放，主动爱惜，对损坏的单车主动报修。所以，应当加快建立诚信体系的步伐，通过自律实现“与人方便，与己方便”，保证共享单车在城市的骑行畅通无阻。

最后，共享单车平台自身要继续努力，改进共享单车运营过程中存在的管理、维修、产品服务方面的问题。共享单车经营者更要不断改进技术，坚持创新，树立“用户是上帝”的管理理念，积极主动地承担起相应的社会责任。对于运营商在共享单车上的维修不到位造成消费者受伤的情况，共享单车平台应该制定出一套完备的共享单车检修和维护系统，按时按点地对市场上投放的共享单车进行检修，避免类似的情况发生。

此外，共享单车的经营者还可以设计有效的共享单车防盗系统，以及实时监控系统。对于一些骑单车受伤的消费者，共享单车平台可通过这个实时监控系统，依据消费者的受伤程度，为消费者呼叫救援，为消费提供安全、放心的骑行环境。

参考文献

[1] 王玲，杨子健，王浩．八旬老人被绊倒 [N]．杭州日报，2017-06-07.

[2] 王清华．骑共享单车受伤，谁买单 [N]．荆门晚报，2017-07-08.

[3] 彭丽慧．上海一不满 12 岁男孩骑共享单车被撞送医抢救无效死亡 [N]．澎湃新闻，2017-03-06.

农村心理健康现状及原因分析

——以桃江县牛田镇为例

课题组成员：刘碧霞，宋天华，袁诗雨，袁谌颉，张叡臻
指导老师：蔡术，谭吉华

摘要：中小学生心理健康是学生全面发展的重要部分，而农村地区因为条件的限制在这方面管理还较为薄弱。课题组在牛田镇通过采用《心理健康诊断测验》（MHT）量表调查当地的中小学生心理健康状况并研究其影响原因。研究结果表明，93.2% 的同学至少存在一项心理健康状况严重，12.4% 的同学存在四项以上的异常焦虑。学习焦虑检出率为 49.2%，自责倾向检出率为 12%，过敏倾向检出率为 8.4%，身体症状检出率为 14.8%，这四项心理健康状况比较严重。在自责倾向与恐怖倾向维度，男女生的心理状况存在显著性的差异。在是否留守上，心理健康状况的差异不明显，但是只有父亲陪伴的孩子可能存在更多的不健康心理。家庭氛围对八个维度的影响都比较显著，父母应注意自己给孩子提供的环境，其中以孩子在家人面前的安心度、父母的榜样作用和孩子情感的表达程度影响相对较大。

关键词：中小学生；心理健康；家庭氛围

2012 年修订的《中小学心理健康教育指导纲要》中指出：“中小学心理健康教育，是提高中小学生心理素质、促进其身心健康和谐发展的教育，是进一步加强和改进中小学德育工作、全面推进素质教育的重要组成部分。”

由此可见，学生的心理健康对当前自身的素质、发展与完善起重要作用，也体现出社会对中小学生在素质方面的要求。中小学生在生理与心理上都处于从幼稚到成熟的过渡期，早期的发展也对今后的心智发展有重要的影响。随着时代的迅速发展和生活节奏的加快，中小学生心理成熟水平有所提升，在此过程中由于诸多因素而伴随产生各种矛盾与困惑。中小学时期不仅是学生获取知识、开阔视野的重要阶段，也是学生发展健康心理、塑造健全人格的关键时期，这一阶段对学生的引导影响其知识技能水平，在极大程度上也影响着学生心理成熟与发展水平。

我国从 20 世纪 90 年代开始着手进行中小学生的心理健康教育，到现在已经取得了很大的进步，如大中城市的中小学校普遍重视心理健康教育的研究；很多中小学校都有专业的心理教师；有些学校开设了心理咨询室、心理信箱等帮助学生解决心理问题。但是，很多地处农村的中小学校由于受到各种条件的限制，如信息的闭塞、师资力量的薄弱和传统思想的根深蒂固的影响以及所处环境的落后，使得心理健康教育工作开展得不够好。要解决我国贫富差距问题，将精准扶贫落到实处，不仅仅要给予物质结构上的关注，其健康人格的塑造也是一项十分重要的资源，从思想上尽可能地去解决农村人观念上的短板。

一、调研方法

本研究采用《心理健康诊断测验》(MHT) 量表对牛田镇中小学生的心理健康状况进行了测量，该量表包括学习焦虑、对人焦虑、孤独倾向、自责倾向、过敏倾向、身体症状、恐怖倾向、冲动倾向八个分量表，并设有一个效度量表。该问卷共 100 个题目，每一问题分“是”和“否”两个等级，其中回答“是”记为 1 分，“否”记为 0 分。每个维度低于 3 分为十分健康，3 到 8 分为正常，高于 8 分则存在比较严重的心理危机。在学习焦虑分量表上得分高，说明被测试者可能对考试怀有恐惧心理，无法安心学习，对考试分数给予了过度关注；在对人焦虑分量表上得分较高，说明被测试者可能过分注重自己的形象，塑造并维护自己在他人心目中的积极、完美形象，与人交往时过分小心翼翼甚至退缩；在孤独倾向分量表上得分较高，说明被测试者可能不善于与人交往，负面情绪体验较强，常感到孤独、抑郁甚至自我封闭；在自责倾向分量表上得分较高，说明被测试者可能自卑，给自己制定了过高目标而不能达成，从而将失败、过失归咎于自己，怀疑自己的能力；在过敏倾向分量表上得分高，说明被测试者可能过于敏感，容易为一些小事而烦恼；在身体症状分量表上得分较高，说明被测试者可能在极度焦虑的时候，会出现呕吐、失眠、小便失禁等明显的生理反应；在恐怖倾向分量表上得分较高，说明被测试者可能对某些日常事物，如黑暗、蛇等，有较严重的恐惧情绪；在冲动倾向分量表上得分较高，说明被测试者自制力较差。该问卷信度较高，各分量表折半信度为0.84~0.88，总量表的折半信度为0.91，全量表和分量表的重测信度为0.67~0.86。

采用自编问卷，以家庭为切入点来探究中小学生心理健康的环境影响，主要从父母陪伴孩子的时间、孩子是否留守、家人情绪的表达状况和父母教育方式来探讨对中小学生心理健康产生的影响。家庭教育具有感染性和潜移默化性。家庭中的多种因素，如亲子关系、经济条件和生活习惯等均会耳濡目染地影响孩子的思想和行为，其心理发展也深受家庭影响。

通过对牛田镇参加暑假支教、补习班的孩子以班级为单位发放问卷，拜访周边中小学生的家里来发放问卷的方式发放问卷279份，被试年龄范围为7到14岁，通过《心理健康诊断测验》（MHT）量表中的信效度维度对问卷进行筛选，其中无效问卷29份，有效问卷250份。通过Excel 2010和SPSS 19.0对问卷进行描述统计、相关分析和差异检验。

二、调研结果基本情况

（一）心理健康状况总体情况

由表1可知，学习焦虑、自责倾向、过敏倾向、身体症状四个维度存在危机的人群比例远高于5%，以学习焦虑较为严重，有学习焦虑的人占比将近一半，而对人焦虑、孤独焦虑、恐怖倾向、冲动倾向处在一个正常的范围内。

表1　中小学生心理健康分布情况

类别	健康（3分以下）		正常（3~8分）		存在危机（8分以上）	
	频率	百分比（%）	频率	百分比（%）	频率	百分比（%）
学习焦虑	7	2.8	120	48	123	49.2
对人焦虑	21	8.4	222	88.8	7	2.8
孤独焦虑	141	56.4	108	43.2	1	0.4

续表

类别	健康（3分以下）		正常（3~8分）		存在危机(8分以上)	
	频率	百分比(%)	频率	百分比(%)	频率	百分比(%)
自责倾向	22	8.8	198	79.2	30	12
过敏倾向	14	5.6	215	86	21	8.4
身体症状	33	13.2	180	72	37	14.8
恐怖倾向	95	38	151	60.4	4	0.16
冲动倾向	136	54.4	113	45.2	1	0.4

由表2可知，学习焦虑平均值在8分以上，而自责倾向、过敏倾向、身体症状均值偏高，有一定的危机倾向。

表2　心理健康状态总体情况

类别	N	均值	标准误	标准差
学习焦虑	250	8.23	.187	2.956
对人焦虑	250	4.55	.136	2.153
孤独焦虑	250	2.63	.136	2.145
自责倾向	250	5.98	.149	2.351
过敏倾向	250	5.70	.124	1.956
身体症状	250	5.62	.164	2.600
恐怖倾向	250	3.49	.157	2.489
冲动倾向	250	2.52	.133	2.096

由表3可知，任何维度都不存在心理健康问题的学生只有6.8%，大部分人在心理健康的某一维度上存在较为严重的不健康心理，12.4%的同学至少在四个方面存在严重的心理问题。

表3　有异常焦虑项目的数量情况

项目	0项	1项	2项	3项	4项	5项	6项	7项
N（人）	17	90	69	44	19	9	2	1
检出率(%)	6.8	36	27.6	17.6	7.6	3.6	0.8	0.4

（二）心理健康状况在性别方面的差异

由表可4知，除开孤独倾向和冲动倾向外，女生的心理健康均值均比男生要高，女生的心理健康水平较男生相比要差。

表 4　不同性别心理健康状况

类别	性别	N	均值	标准差
学习焦虑	男	113	7.90	3.018
	女	132	8.48	2.923
对人焦虑	男	113	4.28	2.037
	女	132	4.71	2.240
孤独倾向	男	113	2.62	2.084
	女	132	2.50	2.113
自责倾向	男	113	5.58	2.467
	女	132	6.30	2.240
过敏倾向	男	113	5.57	2.065
	女	132	5.80	1.896
身体症状	男	113	5.43	2.655
	女	132	5.70	2.573
恐怖倾向	男	113	3.05	2.420
	女	132	3.89	2.533
冲动倾向	男	113	2.71	2.153
	女	132	2.45	2.043

为进一步探究男生女生在心理健康水平上的差异，对男女生八个维度上的得分进行了差异分析，由表 5 可知自责倾向与恐怖倾向显著性 <0.05，男生和女生之间存在显著性差异。

表 5　不同性别心理健康状况差异分析

类别	Sig.(双侧)	均值差值	标准误差值
学习焦虑	.133	-.575	.381
对人焦虑	.118	-.429	.273
孤独焦虑	.657	.119	.269
自责倾向	.018*	-.720	.303
过敏倾向	.354	-.237	.255
身体症状	.420	-.271	.336
恐怖倾向	.008**	-.841	.317
冲动倾向	.334	.261	.270

（三）留守儿童与父母陪伴时间对心理健康状况影响

通过表 6 可知中小学生是否为留守儿童、父母陪伴时间的多少对心理健康各个维度的主效应、交互作用显著性均高于 0.05，作用不显著。在本次研究中，留守与否与父母陪伴时间对中小学生心理健康状况影响较小。

表 6　留守与陪伴时间的主效应及交互作用

类别	因素	均方	F	Sig.
学习焦虑	留守	9.978	1.135	.288
	陪伴时间	3.055	.347	.556
	留守 * 陪伴时间	.073	.008	.927
对人焦虑	留守	.023	.005	.944
	陪伴时间	.220	.047	.828
	留守 * 陪伴时间	4.920	1.056	.305
孤独倾向	留守	.493	.111	.740
	陪伴时间	5.919	1.329	.250
	留守 * 陪伴时间	9.047	2.032	.155
自责倾向	留守	8.383	1.519	.219
	陪伴时间	7.783	1.411	.236
	留守 * 陪伴时间	17.099	3.099	.080
过敏倾向	留守	.196	.051	.822
	陪伴时间	.574	.149	.700
	留守 * 陪伴时间	1.693	.438	.509
身体症状	留守	.130	.019	.890
	陪伴时间	.146	.021	.884
	留守 * 陪伴时间	.510	.075	.785
恐怖倾向	留守	1.310	.210	.648
	陪伴时间	3.363	.538	.464
	留守 * 陪伴时间	.205	.033	.857
冲动倾向	留守	5.554	1.268	.261
	陪伴时间	16.459	3.757	.054
	留守 * 陪伴时间	10.340	2.360	.126

但是把留守类型细分为单亲监护型和隔代监护型时，再进行差异分析，发现不同的留守方式对中小学生的心理健康影响存在显著的差异。由表 7 可知，冲动倾向在细分留守类型后，显著性 <0.05，存在显著差异。

表 7 各个维度不同留守方式方差分析

类别		平方和	df	均方	F	显著性
学习焦虑	组间	38.279	3	12.760	1.468	.224
	组内	2137.725	246	8.690		
	总数	2176.004	249			
对人焦虑	组间	6.991	3	2.330	.500	.683
	组内	1146.833	246	4.662		
	总数	1153.824	249			
孤独倾向	组间	24.624	3	8.208	1.800	.148
	组内	1121.520	246	4.559		
	总数	1146.144	249			
自责倾向	组间	7.629	3	2.543	.457	.712
	组内	1368.307	246	5.562		
	总数	1375.936	249			
过敏倾向	组间	21.560	3	7.187	1.899	.130
	组内	930.940	246	3.784		
	总数	952.500	249			
身体症状	组间	8.596	3	2.865	.421	.738
	组内	1674.304	246	6.806		
	总数	1682.900	249			
恐怖倾向	组间	6.500	3	2.167	.347	.791
	组内	1535.984	246	6.244		
	总数	1542.484	249			
冲动倾向	组间	43.078	3	14.359	3.360	.019*
	组内	1051.278	246	4.273		
	总数	1094.356	249			

“*”表示在 0.05 水平（双侧）上显著相关。

对冲动倾向在不同留守方式上的得分进行多重比较，结果如表 8 所示，只有爸爸陪伴的儿童在冲动倾向方面会高于其他儿童。

表 8 冲动倾向在不同留守方式上的多重比较

类别	(I)	(J)	均值差 (I−J)	标准误	显著性
冲动倾向	只有爸爸陪伴	只有妈妈陪伴	.963*	.486	.049*
		爸爸妈妈陪伴	1.450*	.469	.002*

续表

类别	（I）	（J）	均值差（I–J）	标准误	显著性
冲动倾向		爸爸妈妈都不在身边	1.115*	.515	.031*
	只有妈妈陪伴	爸爸妈妈陪伴	.487	.315	.123
		爸爸妈妈都不在身边	.152	.381	.690
	爸爸妈妈陪伴	爸爸妈妈都不在身边	–.335	.359	.351

“*”表示在 0.05 水平（双侧）上显著相关。

（四）家庭氛围对中小学生心理状况影响

由表 9 可知，中小学生心理健康各个维度与家庭氛围的配对样本 t 检验显著性均<0.01，存在显著相关，家庭氛围对中小学生的心理健康存在很大的影响。

表 9　心理健康各维度与家庭氛围配对样本 t 检验

类别	t	df	Sig.（双侧）
学习焦虑—家庭氛围	–55.613	249	.000**
对人焦虑—家庭氛围	–71.948	249	.000**
孤独倾向—家庭氛围	–74.732	249	.000**
自责倾向—家庭氛围	–72.157	249	.000**
过敏倾向—家庭氛围	–74.422	249	.000**
身体症状—家庭氛围	–66.728	249	.000**
恐怖倾向—家庭氛围	–79.238	249	.000**
冲动倾向—家庭氛围	–73.607	249	.000**

“**”表示在 0.01 水平（双侧）上显著相关。

进一步对家庭氛围中的某些题目与心理健康的各维度进行差异分析，其中孩子在父母面前感到安心的程度、父母的榜样作用和孩子在家中情感表达程度对心理健康的影响较大。由表 10 可知，对人焦虑、孤独倾向在家人前安心度差异检验的显著性 <0.05，自责倾向、冲动倾向在家人榜样作用上差异检验的显著性 <0.05，学习焦虑、对人焦虑、孤独倾向、过敏倾向、身体症状在情感表达上差异检验的显著性 <0.05，影响效果显著。

表 10　家庭氛围部分内容对心理健康的差异分析

类别		家人前安心度	家人榜样	情感表达
学习焦虑	F	1.607	0.917	2.679
	Sig	.189	.433	.048*

续表

类别		家人前安心度	家人榜样	情感表达
对人焦虑	F	3.409	.854	10.702
	Sig	.018*	.466	.000**
孤独倾向	F	2.947	.801	3.643
	Sig	.034*	.494	.014*
自责倾向	F	1.507	2.874	1.330
	Sig	.214	.037*	.226
过敏倾向	F	1.090	1.239	4.942
	Sig	.354	.297	.002**
身体症状	F	.869	.649	3.686
	Sig	.458	.584	.013*
恐怖倾向	F	.620	.567	1.213
	Sig	.603	.637	.306
冲动倾向	F	1.542	3.335	2.207
	Sig	.204	.020*	.088

“*”表示在 0.05 水平（双侧）上显著相关，“**”表示在 0.01 水平（双侧）上显著相关。

三、调研结果分析

（一）心理健康状况总体情况

本研究中，学习焦虑检出率为 49.2%，对人焦虑检出率为 2.8%，孤独倾向检出率为 0.4%，自责倾向检出率为 12%，过敏倾向检出率为 8.4%，身体症状检出率为 14.8%，恐怖倾向检出率为 0.16%，冲动倾向检出率为 0.4%，按照检出率的高低，依次为学习焦虑、身体症状、自责倾向、过敏倾向、对人焦虑、孤独和冲动倾向、恐怖倾向。在整体水平上，《心理健康诊断测验》（MHT）量表总得分的均值为 38.732，显著低于全国常模水平，牛田镇中小学生的心理健康水平整体较好；但是，大部分人的心理健康还是或多或少地存在一定的问题，在项目检出率中，仅仅 6.8% 的学生八个维度全部正常，即 93.2% 的学生至少存在一项焦虑异常，数据远远高于李玲（2010）至少存在一个维度的焦虑异常者的 48.22% 检出率。

如果学习成绩不良，孩子受到的社会、家庭和学校的压力比非学习不良学生要大得多，在学校常遭到老师的批评，同学的不公正对待，甚至歧视，认为学习成绩不好，是因为智商不高。部分家长发现孩子成绩不理想后，慢慢地就会对他们失去信心，从而放任他们不管教。很多同学担心自己的成绩不理想，不能达到家长老师和同学的期望，处于一种高压力的学习状态，从而产生了较为严重的学习焦虑。刘苗瑞在研究中指出，学习不良学生的总分和各因子分都高于非学习不良学生，其中学习焦虑因子分和总焦虑分在水平上有显著差异，学习不良学生的对人焦虑、自责倾向、过敏倾向、身体症状、恐怖倾向和冲动因子分在水平上显著高于非学习不良学生。我们在督促孩子学习进步的同时，也要注意别让孩子太有压力，不要让孩子为了摆脱他人的否定而学习。社会支持、人际关系和自尊会很大程度地影响孩子的身心发展。要提高学习不良学生的心理健康水平，我们可以着重从这几方面入手，给予他们更多的社会支持，在教育相处中采取鼓励的形式，尽量减少其负性生活事件，提高其人际交往的能力和自尊总分。

自责倾向在本研究中也是心理健康较为严重的一项维度，这与许多研究的结果相一致，已有众多研究都表明自责倾向是检出率很高的一项心理健康问题。吴文明（2013）研究指出，自我概念的因子焦虑和行为对自责具有一定的预测作用。自我概念即社会自我、物质自我、精神自我，我们要对自己的定位有一个准确的认识，这就要求在进行教育的时候拓宽学生的视野，不要形成狭隘的观点，要大力推崇社会主义核心价值观并让其理解，树立正确的价值观。

（二）心理健康状况在性别方面的差异

在学习焦虑、对人焦虑、孤独倾向、自责倾向、身体症状维度的得分上，女生得分比男生得分要稍高，经过进一步的差异分析，恐怖倾向与自责倾向在男女生之间存在显著性的差异，但是都处在一个健康的水平。其中男生恐怖倾向平均得分 3.05，女生恐怖倾向平均得分 3.89，男生冲动倾向平均得分 2.71，女生冲动倾向平均得分 2.45。

在恐怖倾向方面，同苏萍（2005）研究结果一致，与社会上对男生女生的刻板印象一致，即一般来说男孩要无畏，女孩要温柔，这主要是因为教育要求、性别期待的不一致，让男孩女孩在各自的社会要求下形成自己的人格特点。在自责倾向方面，可能由于男女生所期望承担的社会责任不同。

（三）留守儿童与父母陪伴时间对心理健康状况影响

本研究中，留守儿童与非留守儿童在心理健康之间的差异不显著，与大多数研究都不符合，在印象中留守儿童缺少必要的关爱，由于缺少与父母之间的共同生活经历和有效的情感交流，很多留守儿童产生由亲情缺失引发的自卑、抑郁、孤僻等心理、情绪和交往问题，一些儿童对他人表现出仇视与憎恨，暴力化倾向明显。苏萍（2005）的研究表示农村留守儿童的人格特征与心理健康水平是紧密相连，互相影响、相互制约的。本研究在调查过程中，留守儿童占比相对较小，并没有太多地显示出非留守儿童在心理健康发展上面的优势；不过值得注意的是，当把留守儿童的类型进行细分时，发现父亲对孩子的影响十分重要。本研究中，只有父亲陪伴的孩子的冲动倾向显著高于其他类型，父亲在孩子中扮演着高大威猛的形象，行事易冲动，同时也在无形中给孩子树立了一个可以模仿的形象。

（四）家庭氛围对中小学生心理状况影响

心理健康诊断测验（MHT）量表的 8 个维度与家庭氛围配对相本 t 检验，显著性均 <0.01，相关极显著，家庭氛围对中小学生的心理健康水平有比较重要的影响。在本研究中，家人给孩子的安心程度、家人的榜样作用和在家里情感的表达程度对中小学生心理健康的影响作用更加明显。家庭环境分为显性环境和隐性环境。显性环境包括家庭构造、文化水平、思想引导、亲子关系、经济状况等。隐性环境也是指家庭环境量表中所含的亲密度、情感表达、矛盾性、独立性、成功性、文化性、娱乐性、宗教道德、组织家庭环境、父母教养方式与幼儿多元智力倾向性的关系研究性、控制性 11 个因子。家庭环境从各方各面渗入到孩子的思想中，影响着孩子对情感的把握对事物的态度和定位。长期暴露于父母冲突的孩子会有强烈的威胁感和不安全感，自尊降低，导致更加抑郁和适应不良，尤其是当他们不能有效应对其父母冲突时，会感觉自己无力干涉，自我价值感降低。父母是孩子一生中的第一个老师，也是一直陪伴孩子成长的老师，父母的言行、给孩子的关爱都影响着孩子思考事情的方向，最后形成特定的人格，一个温暖的环境对青少年的成长是至关重要的。父母对孩子的影响在很小的时候就已经开始了，林崇德在《发展心理学》中提到过，幼儿的个性具有很强的可塑性，通过教育和环境来对其进行塑造。

四、调研建议

在孩子的健康成长历程中，家庭教育发挥着至关重要的作用。首先，父母应该在行动和思想上给孩子以指导，尽可能地为孩子提供一个温暖安心的成长环境，如营造和谐愉快的家庭气氛、以乐观积极的态度对待家庭所面临的压力、与孩子沟通分享自己的观点，引导孩子学会一分为二地看待问题，为孩子作出表率树立良好的榜样。其次，家长可以借助其他方式来帮助孩子们放松身心，比如在空闲时间陪伴孩子去环境优美的地方走一走，让孩子置身大自然中，身心愉悦；当然也可以通过亲子游戏的方式，增强家长与孩子的亲密关系，营造一个温馨融洽的家庭氛围，从而使孩子们在家庭生活中也能够完全放松自己，性格逐渐开朗乐观。除此之外，父母也应改变传统的教育观念，摒弃考试成绩即一切的不合理观念，明白全面发展以及心理健康对孩子成长的重要性。要以正确的思想指导孩子，让孩子能够对自我和他人形成一个更加准确的定位。

学校方面应注重对学生学习压力进行适当的疏导，除开教育好学生方面，也应该与家长建立良好的关系，全方位为孩子提供一个温馨的环境。政府可以适当开展宣讲会培养家长正确的教育理念。其实现在教育不仅仅是一代人的教育，更是两代人的教育，以一代人的思想为主导来促进下一代人身心的发展。

五、结语

本研究在取样时，样本量较少，未考虑到中小学生的心智不够成熟，对问卷的理解存在一定的困难，题目较多，被调查者在填问卷过程中可能出现疲劳感使问卷的效度有所降低。若再对中小学的心理健康进行调查，可在上课期间与学校老师取得联系，通过老师念题学生一个个答题的形式让学生更好地理解并参与到问卷答题中，增加其信效度。

本文在探讨家庭条件对心理健康的影响的时候，采用了自编问卷而没有像很多调查一样从别人的研究和社会现状中推测原因；但是问卷未进行信效度检验，使该部分的问卷成为访谈类似的形式，在分析上面存在一定的困难，故本文在分析数据的时候进行大量差异比较来减少无效问题对整体的影响。在使用自编问卷时应该进行更加广泛的文献阅读并开展小型的调查研究来编制信效度高的问卷，或者可以采取使用前人编制的问卷进行调查。

许多研究从年级水平入手来调查心理健康水平的差异，杨秀碧、程杜火（2006）的研究结果表示小学生和中学生心理健康水平存在明显差异，这也给我们启示在学生跨入一个新的年级阶段时，要做好心理疏导工作，减少在跨入高年级时的挫折带来的心理疾病。

参考文献

[1] 刘晖，杨会芹．山区农村小学生心理健康状况及其影响因素研究 [J]．河北师范大学学报（教育科学版），2011，13（1）：101−104.

[2] 任彤婕．农村中小学心理健康教育现状及对策研究 [D]．长春：东北师范大学，2008.

[3] 安金玲．论家庭教育对小学生心理健康的影响 [J]．文学教育（下），2008(1):150−151.

[4] 李玲．城乡小学生心理健康状况调查研究 [J]．教育学术月刊，2010（1）：25−27.

[5] 刘苗瑞．初中生学习拖延行为与心理健康的相关研究 [D]．呼和浩特：内蒙古师范大学，2012.

[6] 张腾明．初中学习不良学生的心理健康调查及团体干预研究 [D]．南昌：江西师范大学，2006.

[7] 吴文明．小学高年级学生自我概念与孤独倾向、自责倾向的关系研究 [D]．南京：南京师范大学，2011.

[8] 向晴．高年级小学生心理健康问题表现及相关因素研究 [D]．南昌：江西师范大学，2005.

[9] 赵苗苗．贫困农村地区留守儿童与非留守儿童健康差异及影响因素研究 [D]．济南：山东大学，2012.

[10] 苏萍．农村留守儿童人格特征及心理健康水平研究 [D]．桂林：广西师范大学，2008.

[11] 宋亚玲．家庭教育环境对儿童心理健康的影响 [J]．科教导刊，2011（2）：86−87.

[12] 张红英，王军，李新影，等．父母婚姻状况和家庭氛围对青少年抑郁症状的影响及积极心理品质的调节作用 [J]．广东医学，2017，38（4）：598−603.

五、中国特色社会主义生态文明发展篇

“一带一路”背景下，兰州市城关区传统民俗文化项目的旅游发展机遇

——以羊皮筏子为例

课题组成员：毛晴晴，左颖，舒敏，万嘉豪，赵卓欣
刘吉昊，李林红，杨牧岳
指 导 老 师：李敏，焦晓云

摘要：2013 年，国家提出共建“丝绸之路经济带”和“21 世纪海上丝绸之路”（以下简称“一带一路”）的重大倡议。伴随着“一带一路”建设和一系列利好政策，作为丝绸之路经济带中的“黄金段”，并且拥有西北地区核心交通枢纽地位的兰州市，其旅游业和本土民俗文化项目也因此迎来了巨大的发展机遇。为了促进兰州市借势发展、探究传统民俗文化项目的旅游发展现状，团队对兰州核心景区“黄河风情线”进行实地调查研究，以羊皮筏子项目为调查重点，调查对象涵盖羊皮筏子项目所有利益相关者，从各角度探究羊皮筏子项目所面临的旅游发展机遇与问题，并针对项目开发过程中发现的问题逐一给出解决建议。

关键词：一带一路；兰州；传统民俗文化；旅游发展机遇；羊皮筏子

2013 年 9 月份，中国提出“建设丝绸之路经济带”的倡议，力图与丝绸之路沿线国家合作，通过多种途径，共同促进经济多方发展。甘肃省作为丝绸之路上重要的一环，应抓住这千载难逢的机遇发展本省经济。甘肃省位于中国西北部，经济发展水平相对落后，但因其战略地位，国家和省级政府目前正在大力发展该省经济，而发展旅游业则是一个很好的方向。甘肃省在“一

带一路”大背景下适时提出了相应政策，如开通宝兰高铁，不断在推进全域旅游、做强重点景区、深化产业融合、打造特色产品、开拓国际市场等方面着力。

兰州市作为甘肃省的省会城市，同时也是“一带一路”上的重点城市，为了推进兰州市旅游业发展，前后相继开展了“‘一带一路’与兰州牛肉面产业发展高峰论坛”“兰州旅游推介会”，并将黄河风情线的建设列为“一三五计划”重点，提供了良好的发展环境。其中作为兰州市旅游资源重要组成部分，以羊皮筏子为代表的民俗旅游资源成为新的突破口。现在，主要由兰州市文化和旅游局及兰州市海事局共同管理羊皮筏子这一民俗项目。为了规范羊皮筏子运营，保护该传统文化，海事局禁止黄河边上私人营运羊皮筏子，要求成立拥有能力合格的筏工的公司，并且定期对筏工展开考核。文旅局作为羊皮筏子的直属管理部门，每年对运营羊皮筏子的公司提供补贴金，并大力推进羊皮筏子的申遗工作，为羊皮筏子进行宣传，组织策划多种节事活动，这一系列举措都有利于羊皮筏子这一传统文化项目的保存和流传。

“一带一路”政策从国家层面一直下沉到兰州市级层面，不断细化，不断具体，随着政策的深入和落实，越来越多的资金和资源将会投入到该地，打造兰州市旅游品牌与城市形象，游客吸引量大大增加。这为以羊皮筏子为代表的兰州民俗项目创造了机遇，同时也为其带来了众多挑战，如如何才能在同质旅游景区竞争中脱颖而出，如何才能平衡传统文化的原真性与创新性等。因此探究羊皮筏子的发展现状及其在发展过程中存在的问题很有必要。

一、调研目标

为促进兰州市借势发展，探究传统民俗文化项目的旅游发展现状，笔者以“一带一路背景下，兰州市城关区传统民俗文化项目的旅游发展机遇——以羊皮筏子为例”为调研课题，选取黄河沿线的兰州市城关区作为调研地点，对羊皮筏子项目所面临的旅游发展机遇与问题进行实地调查研究，并希望达到以下目的：

其一，通过问卷的发放与数据的量化分析，了解黄河风情线游客对“一带一路”政策的认知情况以及对兰州民俗项目的满意度及需求；

其二，了解当地政府及有关部门，如水运管理局、文化旅游局对兰州民俗文化项目的政策帮扶与未来规划；

其三，探究羊皮筏子旅游项目所面临的发展问题与机遇，及项目开发中发现的问题。

二、调研对象

调研对象为羊皮筏子项目利益相关者，包括黄河风情线沿线游客、羊皮筏子企业管理人员及员工、甘肃省水运管理局及文化旅游局管理人员。

三、调研方法

田野调查法：对黄河流域兰州段羊皮筏子聚集地黄河母亲雕塑区、水车博览园进行实地的调查。

问卷调查法：对黄河风情沿线主要景区（黄河母亲雕塑区、中山桥、水车博览园）的游客进行问卷发放，收集了400份样本进行后期SPSS数据分析。

访谈调查法：对兰州羊皮筏子唯一继承人张德保及甘肃省水运局副局长刘东升及科员杜明宏进行访谈。

文献调查法：对相关文献、资料进行资料梳理及整合。

四、调研内容

（一）兰州市城关区旅游业发展现状

"十二五"期间，兰州市文化产业机构数由918家增至3172家，从业人数由3.55万人增至4.85万人，总资产213.53亿元；兰州市文化产业增加值由22.21亿增至60.91亿元，占GDP比重由1.63%增至2.95%。兰州市接待游客人数突破4121.26万人次，年均增长29.2%；旅游业总收入突破334.56亿元，年均增长32.7%。文化旅游在带动经济发展、增加就业人数等方面成效显著，文化旅游产业地位显著提升。以下是近两年旅游发展的详细数据：

2015年，兰州市旅游接待人数为4121.26万人次，同比增长23.53%；旅游总收入达334.56亿元，同比增长25.54%；入境游客数达3.57万人次，同比增长31.73%，所创造的入境旅游收入达790.21万美元，同比增长24.39%。

2016年，兰州市旅游接待人数为5341.97万人次，同比增长29.62%；旅游总收入达448.12亿元，同比增长33.94%；入境游客数达4.4万人次，同比增长23.26%，所创造的入境旅游收入达1706.35万美元，增速高达115.94%，创历史新高。

（说明：这里的兰州市旅游接待人数、旅游总收入是由兰州市各县区口径统计汇总，非省旅发委核定数；入境游客数由市公安提供。）

（二）“一带一路”与城关区旅游发展的关系

问卷是在旅游行为与旅游相关理论的指导下，在对兰州市黄河风情线羊皮筏子运营公司、兰州市水运局及兰州市文化和旅游局的工作人员进行深度访谈之后编制的。本文的研究主题是“一带一路”背景下兰州市传统民俗项目发展机遇，因此问卷的项目也主要围绕该主题。调查问卷包括单选题、多选题，题目类型涉及李克特量表方法。在综合考察了本次调查的可行性的前提下，本调研小组主要在黄河风情线景区发放问卷，共计400份，其中回收问卷400份，有效问卷350份，有效率达87.5%。数据分析采用SPSS12.0版本。

1. 游客来源分析

从地域归属上来说，参与本次调查的游客来自甘肃省居多，占比30%；来自兰州市本地的游客占比23.71%。来自其他省份的游客占比29.71%；来自陕西、宁夏、青海、新疆及内蒙古等邻近省份的游客数量占比16.57%。这说明黄河风情线旅游辐射范围较小，仍局限在甘肃省境内及距离近的周边城市。

2. 游客对“一带一路”的了解程度

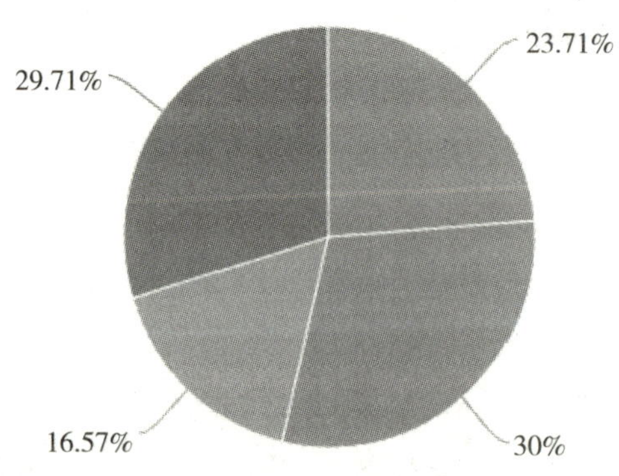

图1　游客来源

问卷中的第三题主要是调查游客对"一带一路"政策的了解程度，为了保证收集到的数据更加合理，便于游客填写问卷，我们借鉴李克特量表计分法，将了解程度分为非常了解、比较了解、一般了解、不怎么了解以及完全不了解五个层次。

表 1 游客对"一带一路"政策的了解程度

选项		频率	百分比（%）	有效百分比（%）	累积百分比（%）
有效	非常了解	40	11.4	11.4	11.4
	比较了解	67	19.2	19.1	30.6
	一般了解	159	45.4	45.4	76.0
	不怎么了解	73	20.9	20.9	96.9
	完全不了解	11	3.1	3.1	100.0
	合计	350	100.0	100.0	

从表 1 可以看出，对"一带一路"政策了解较好的游客数量占比达30.6%。了解程度一般的游客数量占比为 45.4%，比重明显高于了解程度较好的游客。而对"一带一路"政策了解程度不好的游客比重为 24%。根据以上数据可以推测，群众对"一带一路"政策的接受度一般，这种现象不利于政府抓住"一带一路"政策的机遇发展本地旅游业。

3. "一带一路"政策对游客动机的影响程度

为了探索"一带一路"政策是否对游客来此地游玩产生影响，我们对问题三"你了解'一带一路'政策吗"与问题二"有哪些影响您来此游玩的因素"以下的项目"一带一路影响"进行了相关分析。原假设是"一带一路"政策与游客动机不存在显著线性相关关系，置信度水平为 0.01。由 SPSS 软件输出的 P 值为 0，小于 0.01，因此不能接受原假设，说明"一带一路"政策与游客动机存在显著线性相关关系。输出的相关系数为 –0.247，说明二者存在反相关关系。

该项答案中的非常了解、比较了解、一般了解、不怎么了解以及完全不了解对应的数值依次为 1、2、3、4、5，由表 3 可知，随着了解程度的减弱，即数值的增大，游客动机受"一带一路"影响呈下降趋势，因此符合反相关关系。说明政府应该加大推广"一带一路"政策的力度，进行宣传教育，让更多的群众了解“一带一路”，从而增大旅游决策受该政策影响的程度。

同时从表3中我们还应看到，在对“一带一路”了解程度较好的游客进行旅游目的选择时，只有30%左右的游客表示受该政策影响。说明当下“一带一路”政策并没有与兰州旅游形象建立直接、明显的联系，对游客目的地决策产生的影响一般。因此政府必须要采取多种措施、集合多方力量，打造兰州市“丝路旅游形象”，抓住机遇发展兰州市旅游乃至传统民俗旅游。

表2　“一带一路”影响与群众了解程度相关性交叉分析

项目		2. 有哪些影响您来此游玩的因素？（一带一路影响）	3. 您了解“一带一路”政策吗？
2. 有哪些影响您来此游玩的因素？（“一带一路”影响）	Pearson 相关性	1	-.247**
	显著性（双侧）		.000
	N	350	350
3. 您了解“一带一路”政策吗？	Pearson 相关性	-.247**	1
	显著性（双侧）	.000	
	N	350	350

“**”表示在0.01水平（双侧）上显著相关。

表3　“一带一路”的影响与群众了解程度分析表

项目			2. 有哪些影响您来此游玩的因素？（“一带一路”影响）		合计
			未选中	选中	
3. 您了解“一带一路”政策吗？	非常了解	计数	27	13	40
		3. 您了解“一带一路”政策吗？	67.5%	32.5%	100.0%
		占比	7.7%	3.7%	11.4%
	比较了解	计数	44	23	67
		3. 您了解“一带一路”政策吗？	65.7%	34.3%	100.0%
		占比	12.6%	6.6%	19.2%

续表

<table>
<tr><td colspan="3" rowspan="2">项目</td><td colspan="2">2. 有哪些影响您来此游玩的因素？（“一带一路”影响）</td><td>合计</td></tr>
<tr><td>未选中</td><td>选中</td><td></td></tr>
<tr><td rowspan="6">3. 您了解“一带一路”政策吗？</td><td rowspan="3">一般了解</td><td>计数</td><td>131</td><td>28</td><td>159</td></tr>
<tr><td>3. 您了解“一带一路”政策吗？</td><td>82.4%</td><td>17.6%</td><td>100.0%</td></tr>
<tr><td>占比</td><td>37.4%</td><td>8.0%</td><td>45.4%</td></tr>
<tr><td rowspan="3">不怎么了解</td><td>计数</td><td>68</td><td>5</td><td>73</td></tr>
<tr><td>3. 您了解“一带一路”政策吗？</td><td>93.2%</td><td>6.8%</td><td>100.0%</td></tr>
<tr><td>占比</td><td>19.4%</td><td>1.4%</td><td>20.8%</td></tr>
<tr><td rowspan="3">3. 您了解一带一路政策吗？</td><td rowspan="3">完全不了解</td><td>计数</td><td>11</td><td>0</td><td>11</td></tr>
<tr><td>3. 您了解“一带一路”政策吗？</td><td>100.0%</td><td>0.0%</td><td>100.0%</td></tr>
<tr><td>占比</td><td>3.1%</td><td>0.0%</td><td>3.1%</td></tr>
<tr><td colspan="2" rowspan="3">合计</td><td>计数</td><td>281</td><td>69</td><td>350</td></tr>
<tr><td>3. 您了解“一带一路”政策吗？</td><td>80.3%</td><td>19.7%</td><td>100.0%</td></tr>
<tr><td>占比</td><td>80.3%</td><td>19.7%</td><td>100.0%</td></tr>
</table>

4. “一带一路”政策对兰州旅游业发展的影响

为了调查“一带一路”政策对兰州旅游业发展的影响，我们设计了问题四：“您所感知到的一带一路政策对于兰州旅游发展影响程度如何？”并将题目下的选项依次设为：没有什么相关影响、间接影响、直接影响。为了方便游客填写问卷，我们在问卷上附加了举例。根据表 4 可知，存在 8.9% 的游客认为一带一路政策对兰州市旅游业没产生影响，有 46.4% 的游客认为这种影响只是间接的，有 44.6% 的游客认为一带一路政策为兰州市旅游业带来了直接影响。据此可以推测，50% 以上的游客对一带一路给兰州市旅游业带来的影响持保守态度，认为不存在影响或只是间接影响。这说明兰州市政府目前没有很好地抓住一带一路政策机遇来发展旅游业，没有使群众心中形成二者密切联系的观念。

表4 “一带一路”政策对兰州旅游业发展的影响情况

项目		频率	百分比（%）	有效百分比（%）	累积百分比（%）
有效	没有什么相关影响	31	8.9	8.9	8.9
	间接影响，如兰州交通建设更加完善	163	46.6	46.6	55.4
	直接影响，如兰州市旅游形象及品牌建设	156	44.6	44.6	100.0
	合计	350	100.0	100.0	

（三）传统民俗在城关区旅游业发展中的重要作用

在中国旅游业中，代表不同文化内涵与历史价值的名胜古迹等旅游资源大多成为旅游热点。每个地区和民族都具有自己独特的生活方式和风尚习俗，这些都是地区特质的重要表现形态，具有独特的审美价值。在各地区的各个生活层面，最能显示文化风貌与民俗习惯的当属本地区或本民族在长期历史发展过程中形成的传统民俗。

民俗文化中强烈的地域性，体现了一个地区生活方式、心理素质的积淀，也是该地区特色最直接、最真实的表现。由于民俗具有民族性、地域性、传承性、集体性等特点，民俗旅游可以称之为是探求传统特色审美价值的最佳形式。

民俗旅游是一种高层次的文化旅游，由于它满足了游客“求新、求异、求乐、求知”的心理需求，因而成为旅游行为和旅游开发的重要内容之一，成为旅游产业经济发展的重要战略资源。此次调研中，我们也发现许多游客来到兰州的动机是了解兰州的民俗文化。兰州民俗丰富多彩，羊皮筏子、刻葫芦、太平鼓、兰州鼓子都蕴含着淳朴的民俗风情。

2006 年 5 月 20 日，兰州太平鼓、苦水高高跷、兰州鼓子、兰州黄河大水车制作技艺经国务院批准列入第一批国家级非物质文化遗产名录。2006 年，兰州羊皮筏子被甘肃省文化厅正式确定为第一批甘肃省非物质文化遗产名录。在兰州市公布的第三批“非遗”代表性项目名录中，兰州手工木雕技艺、安宁桃树栽培技艺、传统书画装裱与修复、羊毛地毯传统手工制作技艺、兰州灯火、陆氏旱船制作表演、黄河奇石鉴赏、狮子登杆等民俗项目皆在其中。

（四）羊皮筏子的代表性及其在传统民俗旅游开发中的地位

羊皮筏子历史悠久，有着很强的文化性和区域性，兰州作为黄河穿城而过的城市，黄河风情线上的羊皮筏子是兰州的象征。羊皮筏子对于兰州的旅游发展发挥着不可取代的作用。故而，我们将羊皮筏子作为我们的调研对象。

兰州羊皮筏子俗称排子，是黄河沿岸的民间保留下来的一种古老的摆渡工具，也是一种古老的水上运输工具，用羊皮做成。它由十几个气鼓鼓的山羊皮"浑脱"组成。筏子有大有小，最大的羊皮筏子由600多只羊皮袋扎成，小皮筏系用10多个羊皮袋扎成。

羊皮筏子历史悠久，已有几千年的历史，而羊皮筏子在兰州也存在了至少320年。据载，清康熙十四年（公元1675年）二月，据守兰州的陕西提督王辅臣判乱，西宁总兵官王进宝奉命讨伐时，曾在张家河湾拆民房，以木料结革囊夜渡黄河，大破新城和皋兰龙尾山；六月，王辅臣兵也造筏百余，企图渡河以逃，王进宝率军沿河邀击，迫使王辅臣兵投降。在历史的长河中，羊皮筏子也为抗战做出了巨大贡献。1940年，甘肃省政府成立了驿运管理处，将兰州所有皮筏编为"水上运输队"，其主要任务就是将驿运处向第八战区运输处承揽的枪弹、汽油等军用品运送给宁夏的马鸿逵、马鸿宾和绥远陕坝一带的傅作义部队，"羊皮筏子赛军舰"这一俚语反映的就是这段历史。

从光绪年间至今，世代沿袭的羊皮筏子，不仅延续不断地承载了数代人的劳动、生活、交通运输的历史使命，更是浓缩了黄河文化数百年来的历史内涵。另外，羊皮筏子造型美观、独特，非常具有观赏性，已被制作成各种类型的雕塑、工艺品等。它离开了黄河水，依然展示着黄河文化的风采，艺术价值难以估量。

（五）羊皮筏子等传统民俗旅游的开发现状及存在问题

1. 开发现状

（1）羊皮筏子项目经营状况

羊皮筏子漂流项目在兰州市黄河风情线上共有三个漂流点，分别位于上游的黄河母亲雕塑、中游的中山桥和下游的水车博览园。这三个漂流点归两家公司所有，上游及下游属于宏达旅游服务有限公司，而中游中山桥漂流点则属于顺泰水上旅游公司，无个体经营现象存在。羊皮筏子自身无动力，只能顺水流从上游漂至下游。因此漂流点同时设有快艇项目，既可提供快艇娱乐项目，又能借以快艇将羊皮筏子和客人拉至上游，再放下筏子让客人漂流而下。三个漂流点项目价格统一由相关部门制定。

羊皮筏子外号“半年闲”，意为游客高峰期主要集中在夏半年，主要的盈利期在每年的七、八月份。另外，中游顺泰公司漂流点在四月至十月期间开放，而宏达公司一年四季皆开放。

（2）羊皮筏子公司经营状况

宏达旅游服务有限公司（下文简称“宏达”，“顺泰”同）是两家公司中规模较大的，成立于2007年，员工共41名。除羊皮筏子和快艇项目外，黄河母亲雕塑漂流点前的茶园亦由宏达公司经营。上游漂流点拥有羊皮筏子9只，每只可承载6人，而顺泰一只羊皮筏子仅可乘坐4人。据悉，宏达公司的羊皮筏子皆由羊皮筏子制作手艺传承人张德保及其家族制作，每只羊皮筏子使用寿命达五六年，而顺泰公司下的羊皮筏子皆从宁夏中卫沙坡头处购置，使用寿命有些短至一两年。宏达公司的系统管理化程度较低，职工构成极为简单，没有明确地成立系统的分工部门，员工既是筏工又是羊皮筏子的制作及修补人员，甚至充当财务人员，分工极不明确。

（3）羊皮筏子发展及传承状况

兰州市内羊皮筏子制作手艺由张德保家族掌握，其家族羊皮筏子制作手艺传承已有上百年，通过招收徒弟进行手艺传承。张德保家族所制羊皮筏子仅供宏达公司自身项目运营所用，不向外出售，且羊皮均由张德保家族前往内蒙古进行采购，并亲自加工制作。而未掌握羊皮筏子制作技艺的顺泰公司只能从沙坡头处购买，羊皮筏子质量相对较差。

据悉，张德保先生现年65岁，而他的徒弟也达55岁，徒弟之下再无徒弟。年轻人不愿意学习这门技艺是阻碍其发展传承的一大因素。羊皮筏子制作及筏船需要其自身有良好的身体素质，过硬的游泳技能，以及不怕脏、不怕累的精神。而据工作人员介绍，筏工的工资只有3000元左右。夏季工作，冬季休息。工资待遇也成了年轻人不愿意学习传承这门手艺的原因之一。但就目前羊皮筏子的发展情况来看，随着兰州市旅游的发展呈现出越来越火热的趋势。羊皮筏子漂流项目无需主动进行营销推广，亦有大量记者、拍摄人员及各类纪录片导演等前往黄河风情线的羊皮筏子漂流点进行记录和宣传。这些行为潜移默化地扩大了羊皮筏子项目的知名度，使国内外诸多游客慕名而来。

（4）政府相关部门措施

兰州市水利局采取了诸多措施。一是水利局对拥有羊皮筏子项目的宏达及顺泰公司进行检验和年审，公司需要符合《国内水利运输管理条例》；二是对羊皮筏子漂流项目进行了航线规划，机动船避让非机动船；三是对羊皮筏子的筏工进行培训和技术考核，每年实行年审，并且设立了水上救助站，及时处理应急事件，从各方面保障游客安全。目前黄河风情线已经成为“5A”级景区，水利局计划将黄河上的水运公司进行整合，成立水利集团，交给景区统一管理。但由于公司利益等方面，集团化面临许多困难。

兰州市文旅局对羊皮筏子项目的发展亦采取诸多措施。文旅局定期整理羊皮筏子相关信息，申报非物质文化遗产成功后一直向该项目传承人提供传承补贴金，进行了大量宣传、推广工作，彰显羊皮筏子这项非物质文化遗产在兰州市文化旅游发展中的重要性。

2. 存在问题

（1）项目经营季节性强，冬季经营状况惨淡

黄河风情线景区的旺季为每年的四月至十月，尤其七、八月份时，游客接踵而至，成为公司主要盈利时段。然而，冬季到来时，最热门的黄河母亲雕塑漂流点也只开放两只羊皮筏子，其他漂流点在冬季时都选择关闭。一是受限于兰州市冬季游客数量较少，二是受限于天气。兰州的冬季，寒冷且风速较大，影响羊皮筏子的漂流体验。

（2）公司缺乏系统管理

以宏达公司为例，它没有成立系统的分工部门，根据员工经验安排职务，职责、权责不明确，系统化管理程度较低；员工从业同样具有季节性，在淡季，员工无收入，只能另寻谋生职业；公司员工无统一服装，无统一的表演规定，在漂流过程中筏工偶尔进行民歌表演。

（3）羊皮筏子项目品牌形象有待提升

目前最为热门的羊皮筏子漂流点为上游的黄河母亲雕塑漂流点，为本地旅游团首选的团体漂流点，也是最具名气的漂流点。宣传方式主要依靠政府和媒体的宣传报道，而宏达和顺泰公司自身仅采取简单的海报广告宣传方式吸引游客，因此在宣传营销方面两家公司仍有极大的提升空间。羊皮筏子作

为黄河风情线上重要的民俗文化体验项目，应当科学、合理、充分开发，将该资源包装成成熟的旅游产品，打造黄河风情线上的羊皮筏子漂流品牌。

（4）羊皮筏子制作工艺面临传承困境

羊皮筏子制作工艺的传承之所以面临困境，在于缺乏年轻传承人，且对传承人要求较高，需拥有游泳技能、较强的身体素质、吃苦耐劳以及热爱羊皮筏子等多项要求，但相应的薪酬回报却并不高，且受季节限制较大。这将对兰州市羊皮筏子漂流项目的发展造成重大冲击，并且中卫沙坡头将拥有几乎垄断性的地位。可能会出现沙坡头羊皮筏子出售价格剧增的现象，极大地增加了兰州市黄河风情线上羊皮筏子漂流项目的运营成本，这对兰州市羊皮筏子项目的发展极为不利。

（5）羊皮筏子质量参差不齐，集团化统一管理难度较大

宏达公司与顺泰公司的羊皮筏子存在质量上的差异，且一次漂流的承载人数也有所不同，在价格相同的情况下将提供给游客不同质量的漂流体验。两家公司的三个漂流点均位于黄河风情线景区内，相关部门进行集团化统一管理能够更好地促进羊皮筏子漂流项目的改善和适应市场需求，但由于利益关系，集团化管理仍面临着许多困难。

五、对策与建议

（一）改善筏工生存状况，完善行业不足

羊皮筏子项目的季节性不可避免，但政府可以在羊皮筏子淡季对筏工进行相应的补贴或安排一定数量的岗位，并且利用闲暇时间进行技能培训，从而改善筏工生存状况。筏工的从业人数及其对羊皮筏子制作技能的掌握程度，是羊皮筏子行业的重要组成部分。改善筏工的生存状况，同时也即提高羊皮筏子行业的发展状况。

（二）公司进行资源整合，打造水运集团

羊皮筏子企业运营方式单一，公司内无系统分工。而黄河沿线的水运公司数量达几十家之多，目前兰州市水运管理局已经注销了三十多家运营不够规范化的公司。为了更好地经营羊皮筏子产业，打造兰州特色民俗文化旅游品牌，进行企业资源整合，打造水运集团是一个必然趋势。

水运集团是指两个及两个以上的水运企业依托现有资源进行资源整合，提高公司运营效率，实现效益最大化的一种促进旅游发展的合作模式。在成立水运集团之前，政府可成立管理委员会，出台相应政策进行规范与引导；同时应发挥监督与保障功能，与羊皮筏子企业管理者之间应充分进行交流，开展培训或行业交流会，使管理者相互了解，对行业的发展与传承树立长远规划意识。水运集团的实现将有效地解决行业发展中的一些竞争矛盾，促进共同发展。

（三）开展羊皮筏子系统营销，宣传兰州民俗旅游品牌

羊皮筏子作为黄河的特色旅游项目，是兰州民俗文化旅游的经典品牌。只有顺应互联网发展趋势，不拘泥于线下口口相传，才能使得羊皮筏子产业不停滞不前。

广告营销方面：以宏达公司为例，只在黄河母亲雕像区设置了简单的海报介绍。可借助"一带一路"为突破口，以羊皮筏子纪录片、全国各大媒体与自媒体为媒介，进行生动的传播。

公关推广方面：参加旅游推介会与旅游行业年会等，获取行业发展动向。

线下推广方面：由于羊皮筏子产业的季节性，筏工需要在营业高峰期获得一年的收入，使得漂流线路的定价较高；故而筏工可以在漂流过程中与游客多交流，赠送羊皮筏子周边纪念品，等等。

（四）建立传承人基地，创新民俗文化继承方式

羊皮筏子传承需要培育优秀传承人，主要去往农村等地物色强壮的年轻人。其一，可尝试建立传承人基地，根据身体素质选拔传承人，系统地教授游泳技能及羊皮筏子制作技能，结业后参加筏工从业证考试。其二，加大尤其是年轻人受众的宣传程度，加强年轻人群体对羊皮筏子行业的了解并使其产生兴趣。

六、结论

兰州位于祖国西北，是丝绸之路经济带上的重要城市。黄河穿城而过的文化特征，使其具有自身独特的历史文化特色，在"一带一路"倡议中处于极其重要的位置。基于国情大背景与对黄河风情线游客的数据分析，"一带

一路”给兰州的民俗文化旅游带来了新的发展机遇；兰州的民俗文化项目羊皮筏子，作为代表中国形象的民俗项目，将成为国家“一带一路”倡议中的重要着力点。在此背景下，对兰州民俗文化的旅游发展机遇进行调研，无疑具有重要的理论意义与实践价值。

在对游客样本的数据分析中，笔者发现：尽管兰州市是“一带一路”政策中的发展着力点，但兰州市政府并没有在游客心中树立强烈的“一带一路”印象，还需要通过多方的宣传手段来加强品牌形象。调研认为，为进一步促进兰州民俗文化旅游的发展，应改善筏工生存状况，完善行业不足；并且对相关企业进行资源整合，打造水运集团；同时开展羊皮筏子系统营销，宣传兰州民俗旅游品牌；最后提出建立传承人基地，加大羊皮筏子宣传力度等一系列办法。

参考文献

[1] 百度百科. 城关区（甘肃省兰州市城关区）[EB/OL]. https：//baike.baidu.com/item/ 城关区 /21595?fr=ala.

[2] 打造向西开放新高地——甘肃省积极参与“一带一路”建设纪实 [EB/OL]. http：//news. 163. com/17/0516/05/CKHLFIED00014AEE. html.

[3] 温丽媛. 谈民俗文化与现代旅游业的发展 [J]. 管理科学文摘，2005（3）：58-59.

[4] 任芳芳. 广州市居民旅游行为和动机分析 [D]. 北京：首都师范大学，2011.

[5] 王素珍. “一带一路”战略下辽宁区域旅游发展研究 [J]. 环渤海经济瞭望，2017（5）：12-13.

汉化浪潮下少数民族特色文化保护与传承情况及对策研究

——以湘西永顺县砂坝镇为例

调研组成员：陈子衿，彭拓瑾，彭蓉，陈禹蒙
指导教师：黄乐平

摘要：文化是相对于政治、经济而言的人类全部精神活动及其活动产品。具体人类文化内容指群族的历史、地理、风土人情、传统习俗、工具、附属物、生活方式、宗教信仰，文学艺术、规范，律法，制度、思维方式、价值观念、审美情趣、精神图腾等。在漫长的人类文明发展过程中，总有些文化会渐渐湮没，而这些湮没的文化中有优亦有劣，对于一些有利于人类社会发展的文化，我们必然要积极地进行继承。而在诸多优秀的文化中，有一类特殊的文化引起了我们的关注，那就是少数民族文化，因此，我们以永顺县砂坝镇关坝乡这个少数民族聚居区为调查地区，进行了为期十五天的调查研究。这里的少数民族拥有悠久的发展历史，旅游资源丰富，有许多具有民族特色的人文景观和事物，我们将从这里少数民族文化的现存状况和人们的文化保护意识等方面进行分析，寻求有效地促进少数民族文化传承的措施。

关键词：汉化；少数民族；文化传承；对策

砂坝镇位于湘西苗族自治州，属于典型的亚热带季风湿润气候，具有大陆性气候特征，面积 32 平方公里，人口约为 0.6 万，主要作物是小麦、玉米和大豆。这里 地形险峻，多高山，交通不便，只有每天固定的时间有公车来往，

人们出行主要靠公共交通、摩托车或者步行。时常看到有老婆婆老爷爷背着背篓走在山路上。私家车是极少的。

年轻人在这里很少见，留在家里的都是老人和孩子，而老人对于孩子的教育和成长都是不重视的，就连不做早餐之类的情况都非常常见。人们的文化程度普遍较低，老年人识字率低，甚至无法听懂普通话，为调研工作带来了极大的难度。调研组只好寻找当地的同学充当翻译，即便如此，他们仍然有很多问题无法理解，没办法完成一份调查问卷。而中年人的情况则是不识字但可以听懂我们的普通话，在概念的理解方面仍然存在困难，经过我们的解释大部分都可以理解。反而是20岁以下的孩子们，首先是因为受到了一些教育，其次具备了基本的思考能力，在填问卷方面反而是做得最好的。

砂坝镇位于少数民族聚居地，民族特色建筑等保存情况较好，具有典型的少数民族文化风格，作为研究的范例是比较恰当的，因此成为我们此次调研的地区。

一、研究目的

1. 推进社会主义核心价值观的建设与弘扬

少数民族文化是少数民族在千百年来生产生活经验的总结和提升，是中华文化不可缺少的重要部分。在当代中国现代化进程和社会转轨的过程中，少数民族文化受到了剧烈的冲击。因此研究少数民族文化传承和汉化有助于党和人民更加深刻地了解我国少数民族文化的生存状况，激发大家对中国少数民族文化现状的关注，抓紧抢救少数民族文物，使民族文化的保护、传承和发展得到应有的重视，从而促进中华文化的大繁荣大发展。

2. 推进改革开放和社会主义现代化建设

传承中华少数民族的过程，也是传承中华文化，使中华文化更具魅力的过程。推进改革开放和社会主义现代化建设需要独特的民族精神。经济全球化使得各民族文化之间的交流日益密切，而独树一帜的民族文化是国家综合力量的重要体现。作为拥有五千年悠久历史的中国人，我们应该传承和发扬优秀的中华文化，并且保护和继承好各民族文化遗产。

3. 推动实现中华民族的伟大复兴

因为我国近年来一直重视经济的发展，而忽视了民族文化的传承和繁荣。我们要以习近平新时代中国特色社会主义思想为指导，把新时代中国特色社会主义伟大事业不断推向前进，为实现中华民族伟大复兴的中国梦不懈奋斗。而中华民族的伟大复兴，最根本的就是实现中华民族文化的伟大复兴。作为中华儿女，我们要有责任和有信心传承和发扬我们中华民族的文化瑰宝。我们应该尽自己的一份心一份力，为社会主义建设贡献出自己的力量，从周围的点点滴滴小事做起，将每个人的梦汇集成中国梦。

4. 挖掘和整合少数民族民间文艺资源

受地域性限制，少数民族文化形成了独具特色的信仰习俗。口头文化、社会风俗、技术技能和节庆礼仪涉及生产、生活、天文、地理等方面，构成了少数民族独特的精神文化植被，支撑着少数民族繁衍、发展。然而，随着汉化程度的不断加深和经济社会的不断发展，许许多多珍贵的少数民族文化资源因不能及时融入现代文明而逐渐消失。此次对少数民族文化传承情况的调研有利于挖掘和整合少数民族民间文艺资源。

5. 增强中华民族的凝聚力和归属感

中华民族的凝聚力和归属感是中华民族赖以生存发展的内在动力。我国少数民族文化是中华文化不可或缺的一部分，重视和发展少数民族文化有利于增强中华民族的凝聚力和归属感。当今世界正处于多极化发展的时期，中国作为国际上和平的代表国之一，必须增强综合国力，发展具有中国特色的民族文化，才能独立于民族之林。我们要对外来文化的精华采取兼容并包的态度，使中华文化具有时代性；同时，也要防御和抵制外来腐朽文化糟粕，保持我国民族文化的纯洁性。不仅如此，我们也要大力向外宣传本国文化，使中华文化为世界文化添上浓墨重彩的一笔，增强民族自豪感。

6. 促进少数民族经济社会的发展

民族文化对于维系民族的认同感有不可或缺的作用。同时，它作为一种意识形态对于地区经济也有不容忽视的反作用。保护和传承少数民族文化对于民族地区经济建设活动，有着十分重要的作用。民族文化已经深深融入到各族人民的生活、生产中，有着强大的社会基础，影响着社会的各个领域。形成独具特色的民族文化有助于展现少数民族的风采，也有助于带动少数民族地区旅游业、农业等方面的发展，其意义十分深远。

二、研究方法

1. 调查法

向砂坝镇居民发放调查问卷，对少数民族文化传承人向远方、秦远贵，通讯者谢鸿鹄进行重点访谈，通过多种渠道收集资料，注重调查对象的广泛性及调查结果的真实有效性。

2. 文献研究法

通过研究近年来关于少数民族文化保护的法律文件以及相关的研究文献，以了解当前少数民族文化保护现状与方针，针对存在的问题给出初步建议。

3. 统计分析法

对收集的问卷进行整理分析，运用统计方法处理数据，尽可能确保数据的真实可信性。

三、研究过程

1. 问卷调查对象

为了保证问卷设计的有效性以及语义表述的清晰性，我们在正式调研之前，对周围学生进行小范围的预调研。通过沟通确认表述是否清晰。根据被测者的建议和调查实际效果，对问卷部分表述进行修改，调整了部分题目顺序和表述方式，同时适当增加题型，形成最终的正式问卷。

本研究的调查对象为砂坝镇少数民族居民。

2. 问卷调查形式

通过在砂坝镇逐一发放问卷并做好解读记录的形式开展调查，共收回有效问卷 100 份。问卷调查对象年龄分布较均匀，其中 20 岁以下占比 26%，20~40 岁、40~60 岁两年龄阶段均占比 29%，60 岁以上人数占 16%。

问卷回收后，我们进行了及时的分析处理，并以各种图表的形式使数据得以完整地呈现出来，同时小组成员对这些数据进行了充分的讨论与研究，最终得出结论并给出建议。

四、研究结果

1. 调查对象的基本情况

这一环节主要包括调研对象的年龄段、民族身份等可能影响到调研对象民族认知的基本情况，以及调研对象对于本民族文化的态度。

调研对象的年龄段分布受当地人口年龄结构的影响，以 20~60 岁青壮年人口为主，但是基本平衡，兼顾了各年龄段人群的情况。

调研对象的民族分布同样受当地居民民族分布的影响，其中主要是土家族与苗族，并有侗族、瑶族等其他少数民族。我们认为，虽然各少数民族的文化特征与内部结构各有特点，但是其面临的文化传承与外来文化（如汉文化）的冲击问题是相同的，因此在部分问题上具有共通之处，不必做出过多区分。

所有的受访者都肯定了本民族文化的价值，其中 21% 的受访者认为本民族文化是“接近完美无可挑剔”的，展现了较强的民族自信心与文化自信心。而 79% 的受访者则在肯定本民族文化的基础上，认为本民族风俗文化同时也存在着一定的糟粕，具有较为理性的文化认知。

2. 从具体文化生活角度看民族文化传承问题

民族服饰、民族语言以及民族节日是一个民族文化在社会生活中的标志。这一部分将从这三个方面来具体展示民族文化在当地居民日常生活中的影响力。

受访者中穿过本民族民族服饰的仅有 24%，且并非将民族服饰作为日常生活中主要穿着的服饰。而剩下的 76% 的受访者完全没有穿过本民族的民族服饰。民族服饰从制作成本、面料舒适度、款式多样性等方面都有不及现代纺织工艺的 T 恤衫、牛仔裤等服饰的地方，故其被逐渐替代与淘汰是有一定的必然性的。但是从文化传承的角度来说，这也在一定程度上表明了传统文化中服饰文化正在逐渐走出人们的生活，慢慢失传。

受访者中会说本民族民族语言的情况与上题相似。仅有 25% 的受访者会说本民族的民族语言，且多为60岁以上。青少年中会说本民族语言的比例极少。因此这一比例在可预见的未来还会继续降低。民族语言的流失主要与我们现在在基础教育中推广普通话教学有关。虽然普通话具有标准型、统一性等诸多优势，因此推行普通话教育仍是我们未来教育的方向。但是不可否认的是，普通话教育对于民族特色文化，尤其是语言文化的冲击也是显而易见的。

民族传统节日是民族文化的物质载体与集中体现。一个民族的民族节日在民族文化中占有重要地位。土家族传统民族节日包括五月节、六月六、赶年节等。同样，苗族等其他少数民族也都具有各自特色的传统民族节日。可以说，民族节日是民族文化的重要名片。相对于服饰文化、语言文化等传统文化来说，由于关于节日的矛盾较少，因此传统民族节日受到的外部冲击也相对较小。但是未参与过民族节日的比例仍然有将近七成。

综合以上三个方面，我们可以得出结论，现在少数民族传统文化传承的形势十分严峻，且这一形势在未来将会逐渐走低。对于少数民族文化的保护工作刻不容缓。

3. 受访者对于民族文化传承与保护现状的看法

这一环节从受访者对于一些文化传承过程中出现的一系列现象入手，主要通过调研受访者对于这些现象的态度，了解当地居民对于民族文化传承的社会心理，进一步揭示文化传承与保护的现状与未来。

绝大多数受访者对于自己的民族身份是比较自豪的。没有一位受访者对于自己的民族身份感到不满意。而自己的民族身份其实是对于自己所生存的地方的文化环境的一种高度凝练与象征。因此，事实上，当地少数民族居民对于自身民族身份的认同，从深层次角度来说，也表明了其从根本上对于本民族文化的态度是认同的。

通过受访者的切身经历与感受，我们基本可以确定，在永顺县砂坝镇，少数民族文化汉化现象是存在的，且在社会生活及文化心理中的影响力较为深入。一半以上的受访者认为存在着较高程度的汉化现象，而90%以上的受访者肯定了汉化现象的存在。

对于本民族汉化的现象，将近一半的当地少数民族居民是持支持态度的，而明确表示反对的只有12%，其余均表示无所谓或者不了解。应该说，汉文化以及伴随而来的现代工业文化商业文化产品，在一定程度上丰富了少数民族居民的物质文化生活以及精神生活，给他们的生活带来了较大的便利。因此，汉文化在当地群众，尤其是青少年人群中很受欢迎。汉族文化以极快的速度占领了社会生活以及文化心理的多个方面，而这对于少数民族汉化程度的进一步发展，将起到较强的推动作用。

对于本民族风俗文化的保护，虽然程度有所不同，但绝大多数少数民族群众的态度是支持的。这说明少数民族文化保护工作的开展是必要的。对于文化保护，我们应该避免文化虚无主义或者狭隘民族主义的倾向，一味地肯定或者否定都是错误的态度。对于文化的继承发展，应该建立在保护的基础之上，积极吸收外来文化的优良成果，拥有包容的文化心态，海纳百川，兼收并蓄。

4. 受访者对于民族文化传承与保护的建设性意见与建议

这一环节主要从建议与解决问题的对策的角度，挖掘当地群众对于文化保护工作的观点。应将文化保护工作落到实处，实现文化保护各主体的协同，从而真正实现少数民族文化的良性继承与发展。

通过预调研，我们了解到，当地政府在文化传播事务中起到了很重要的作用。因此，我们专门设计了关于当地群众对于政府文化保护工作的满意程度的问题。结果显示，当地（县、镇）政府的少数民族文化保护工作基本得到了当地居民的认可。应该说，政府作为文化保护的主体之一，基本尽到了自身的职责，对于少数民族文化保护工作起到了积极的作用。

从建言献策的角度，受访者认为全面普查、加强宣传、资金投入以及设立传承人等方式都是保护民族文化的有效方式。这也为政府日后的文化保护工作提供了良好的建议。

大多数受访者认为政府是文化保护工作的重要主体。此外，文化保护志愿者组织、企业等主体在文化保护中的作用也受到了肯定。然而，在文化保护工作中，这些都属于外部的“推力”。如果真正保护好少数民族的特色文化，其内部的“张力”，即少数民族人民自身对于本民族文化的自觉性传承与保护一定要到位。马克思主义哲学认为，事物发展的决定性力量来自于事物内部自身的矛盾运动，外力的推动永远只是起到辅助、促进的作用。仅靠外力的推动永远只是一种被动式的发展，是无法做到长远持久的。

非政府组织如志愿者组织、企业等在文化保护工作中的作用也得到了当地少数民族群众的肯定。50% 以上的受访者均认为非政府组织在本民族文化保护中的作用是“非常重要”或者“重要”的。

五、研究体会

（一）结论

在调查结果分析和问题讨论的基础上，我们认为少数民族文化传承面临的现状及存在问题主要有以下几点：

1. 少数民族文化流失情况不容乐观

（1）不同年龄阶段的绝大多数人对本民族文化（少数民族）的了解较少，掌握层面上更加缺乏，但一致希望本族文化得到延续保护。

（2）现代化尤其汉化等外界因素冲击之下的少数民族文化难以为继，正面临消亡的危机。

（3）少数民族文化赖以生存和发展的环境土壤随着时代变迁发生根本的变化。

2. 当地政府对少数民族文化保护力度有待加强

（1）政府在少数民族文化保护宣传教育方面不够广泛，不够深入。

（2）政府须根据保护紧急情况加大对本地少数民族文化保护的资金投入。

（3）政府在鼓励支持民间文艺团体及个人等社会力量进行少数民族文化传播与保护方面缺乏有效机制和具体举措。

3. 社会对少数民族文化保护意识不够

（1）由于地域、经济、人口等诸多原因导致外界对本地少数民族文化传承情况缺乏了解，较少出现社会力量对少数民族文化保护的扶持资助。

（2）受现代化文明的冲击、西化的影响等时代变迁诸多因素，少数民族文化传承后继乏人，很难引起年青一代的兴趣。

（二）对策

基于上述结论，我们从少数民族文化传承保护现状及存在的主要问题入手，同时综合各方面代表性意见，提出以下几点对策：

1. 政府继续并加大发挥在少数民族文化传承保护中的主导作用

政府对少数民族文化传承保护的作用是第一位的，具有综合性指导与扶持的不可代替的作用。首先，政府应推进当地少数民族文化传承保护的机制走向完善。在对传承人的访谈中，我们了解到当地传承人由县文化馆管理，主要负责传承人的鉴定和扶持，但缺乏具体有效的管理机制。传承人向远方希望政府定期组织召开本地区传承人会议，对文化传承人开展培训指导。申遗是各级政府开展民族文化保护的重点项目，但更重要的是切实开展具体保护工作，我们建议当地政府建立切实保护少数民族文化的专门机构，对少数民族文化保护统一管理并加强本地少数民族文化保护立法，运用阶段性的保护模式和方法，在国家相关政策方针规定的范围内，在党和国家的指导下实行民族地方立法自治权，具体解决本地少数民族文化保护过程出现的问题，以便更好地传承发展少数民族文化服务。如在地方政府及相关部门领导下建立少数民族文化保护协会，给予适当的自主管理权，并在多方面给予扶持帮助。其次，应对少数民族文化开展持续广泛的宣传，通过不定期召开专题讲座，投放公益广告，重大民族节日时贴宣传横幅，下派公演文艺社团进入社区村镇免费演出，制作海报或宣传单，对工人发放节日津贴等形式，积极营造本地良好的少数民族文化传承保护氛围，努力形成尊重民族传统文化的意识，使民族精神血脉在不断变化的时代洪流中得以继承、延续。同时，积极打造少数民族品牌形象，加大社会力量资助用于少数民族文化传承保护的吸引力，为少数民族文化传承保护各项工作的开展提供有力支撑和保障。再次，加大少数民族文化传承保护的资金投入，如及时挖掘本地区留存的历史文化遗迹并给予财政支持进行抢救修复；重视文化传承宣传工作并持续给予资金支持；遵循“以人为本”的原则，对生活贫困的民间艺人给予生活、经济上的帮助扶持，为顺利开展少数民族文化传承保护工作提供必要保障。

2. 加大对文化传承人的保护

在全球化时代，中华民族文化和外国文化以及各民族文化之间不可避免地产生碰撞、交融，少数民族文化由于各种客观因素作为弱势文化面临着极有可能消亡的危险境地。在这个过程中，一方面，中国致力于实现中华民族伟大复兴的中国梦，积极拓展民族文化遗产抢救保护方式，如民族文化的活态传承——传承人工作；另一方面，这些承载着宝贵民族文化血脉的传承人大多年事已高，而文化继承又是长期的过程，不可一蹴而就，民族文化传承能否顺利完成很大程度受传承人健康状况的制约。因此少数民族文化遗产的保护工作应遵循“以人为本”的理念。

在我们重点访谈的两位湘西自治州非物质文化遗产项目代表性传承人中，年龄较大的地花灯传承人秦远贵已有84岁高龄，较小的山歌传承人向远方也有65岁，已收徒弟基本都是四五十岁的中老年人，年青一代很少有人愿意从师学习。传承人年龄绝大多数已逾半百的现象既说明民族文化遗产后继乏人的现实，也表明了保护民族文化传承人工作的紧迫性和重要性。因此政府应加强传承人的调查和认定，重视文化艺术的可持续发展性，鼓励支持文化传承人的传习活动，让越来越多的青年人熟悉并喜欢民族优秀文化艺术，积极培养青年一代继承、发扬优秀民族文化，为民族文化遗产的可持续发展奠定基础。同时在调查中，我们对两位土家族文化传承人文化传承现状的印象十分深刻。秦远贵一生致力于舞台表演和剧本创作，至今已编有100多本剧本，包括地花灯、汉戏、阳戏等多种戏曲艺术，“爱拉爱唱爱舞台，演生演旦演净丑”，可谓是一个全能型戏曲艺人。然而除了政府每年提供的3000元补贴，他的主要经济来源还是儿女的支持。将自己一生所写剧本、诗词等文学结集出版是他如今最大的愿望，因为深知自己年事已高，所以希望即使自己离世后这些民族传统文化也能代代流传下去。但出版的费用不是普通人所能承担，当地政府也没有相应政策扶持，所幸儿女对自己一生的事业比较支持，秦远贵现在正与县文化馆合作，委托其帮忙整理出版，“做完这件事我也就可以安心了”，秦远贵说这句话时脸上流露出由衷的欣慰。相比于秦远贵，另一位文化传承人向远方可能不那么幸运。向远方也是将自己的一生奉献给山歌事业的才华型艺人，他十几岁受周围大人影响开始学唱山歌，进行山歌创作已有二十余年，至今创作的并记录下来的山歌有五六本，自己一直有出版的愿望并尝试求得当地政府的支持。但政府以防范保护本民族知识产权为由不予答应，而自己一直守居在乡村依靠政府对传承人的补贴勉强度日，儿女在外地打工经济状况并不乐观，再加上回家次数少，向远方的生活比较拮据，因此这个心愿至今没有达成。

从以上两个例子可以看出，民间文化传承人尽管用尽毕生的心血和精力致力于民族文化和艺术血脉的延续和发展，为民族文化传承做出重大贡献，却面临着在贫困线上挣扎的窘迫现实，日益成为社会的弱势群体。从这一现象看，政府有着责无旁贷的责任，理应积极切实采取措施保护和关怀文化传承人，如适度加大对传承人的生活补贴，在传承人文艺创作出版方面给予相应的优惠。同时社会应注重建设良好的民族文化生态环境，引导人们尊重和欣赏民族经典优秀文化，使民族文化传承发展有一个良好的生存土壤。

3. 重视民间文艺社团对少数民族文化保护的作用

在少数民族文化保护过程中，政府与传承人处于主体核心地位，民间文艺社团则处于辅助外围地位；但随着文化保护与传承工作的深入，民间文艺社团在其中发挥的作用越来越凸显，对少数民族的文化传承保护有着独特的不可忽视的地位。随着现代化程度的加深，加上少数民族人口相对较少，居住相对分散，少数民族自身文化正面临更为严峻的挑战，而单独依靠政府的力量远远不够，必须充分发挥社会各方面的力量共同参与保护少数民族文化。

民间文艺社团作为民族文化遗产的创造者、使用者和守护者之一，是民族文化保护传承的重要力量，也是对政府在民族文化保护传承方面的有效补充。这些民间文艺社团以农民艺人为主体，以传承民间艺术为表演主要品类，虽然在越来越多的人追求审美娱乐化和感官刺激的趋势下，民间文艺社团不可避免地会在演出中加入现代元素，但这未必是件坏事。保护传承民族文化不代表故步自封，也不能停留在与现在毫无差别的过去，适度对外来文化“取其精华”，对民族文化有选择性地“扬弃”，为民族文化注入新鲜“血液”，在一定程度上可以促进本民族文化的创新发展。因此保护传承少数民族文化亦是如此，既不能一味守旧，又不能过多改观，失去主要精华。假如追求“原汁原味”，那么极大的可能是民族文化本身已失去生命力，只有作为标本供来展览的价值，也就谈不上传承，没有保护的意义。民间文艺社团对民族文化保护和传承的不可替代的作用主要体现在它们活跃在劳动与社会生活最基层，以活化传承的状态使已经沉寂或濒临失传的民族文艺在走进人民群众之中时重新焕发生机活力，交流传播民族传统并促使民族文化保护项目向市场走近。当民族传统文化逐渐成为人们的回忆时，民间文艺社团用喜闻乐见的舞台表演形式使这些遥远的记忆得以再现，并充分挖掘民族文化资源，让更多的人认识民族传统文化的价值，同时激发文化工作者与民间艺人的活力，为推进民族文化保护传承营造良好的氛围。因此我们建议政府更加关注民间文艺社团在民族文化保护与传承中的作用并给予一定的帮扶，在相关方面给予优惠照顾，从而在各个方面促进少数民族文化的传承保护。

参考文献

[1] 陈薇，傅惟光. 边疆少数民族民俗文化的保护与传承 [J]. 理论观察，2012（1）：30-32.

[2] 张婕. 2009 年艺术考察之湘黔民风带给我的收获 [J]. 商，2013（12）：258.

[3] 张倩. 浅析传承优秀中国传统文化的现代意义 [J]. 科技创新导报，2014（3）：232.

[4] 张卓梅，尹川梅. 现代化进程中少数民族传统文化保护的重要意义 [J]. 时代报告：学术版，2012（6）：133.

[5] 高燕 . 少数民族非物质文化遗产保护的自治立法研究 [J]. 西南民族大学学报（人文社会科学版），2011，32（7）：89-93.

[6] 郑一民. 保护传承人是“非遗”工作的重中之重 [J]. 领导之友，2008（3）：37-38.

[7] 田发刚 . 民间文艺社团组织在民间文化（非遗）保护中的地位和作用——以湖北省恩施州部分文艺家协会为例 [EB/OL].[2015-05-20].http://blog.sina.com.cn/s/blog_5de0d9f60102vh5s.html.

居民休闲娱乐方式调查情况

调研组成员：李绮文，娄思敏，徐倩，卢雅婷，陈竣玲，周清明
指 导 老 师：赵子林

摘要：本研究根据前人相关调查设计问卷，采用线上线下两种方式对125位人士进行了调查，同时运用了文献法对资料进行了补充收集，运用差异分析法比较不同社区、收入、消费、年龄、文化程度、职业居民闲暇时间、休闲活动的差异。结果表明：基础设施建设一定程度上影响着居民娱乐休闲方式的选择；居民的收入水平一定程度上限制着他们的休闲娱乐消费水平；居民的休闲娱乐活动时间同他们的自我支配时间呈正相关；居民休闲娱乐方式趋于多元化，但健康的休闲娱乐方式开展情况不容乐观；总体上，居民认为休闲娱乐方式对他们的影响利大于弊；朋友成为居民休闲娱乐方式选择的主要对象；公共建设场所和家庭聚居地成为居民休闲娱乐方式选择的首要场所；家庭经济水平、生活压力以及个人情绪是影响居民休闲娱乐方式的主要因素。最后，通过对城市居民娱乐方式情况的多方位分析，给出相应的对策和建议，如变革城市弱势群体休闲生活方式、制定休闲生活相关的社会政策导向。

关键词：居民；休闲方式；娱乐方式；调查情况

一、问题的提出

法国社会学家福勒斯代认为，生活方式中最主要的内容就是闲暇时间，一个人的闲暇生活方式就是他的生活方式。随着社会生产力的提高和生产方式的进步，人们拥有的闲暇时间越来越多。闲暇的真正内涵是挖掘自身潜能，实现自身价值的一种生活方式。

随着改革开放不断深入，我国经济持续良好发展，城市居民生活水平得到普遍提升，人们的社会生活方式逐步发生变化。受信息化、知识化、科技化高度发展的影响，受高效率和快节奏工作的影响，受时间、空间压缩的影响，人们与社会、与自然日渐疏远，极易导致心绪烦躁，使生活陷入紧张之中。此时，人们需要一种能够平衡紧张心态、消除焦虑心绪或者逃避危险心境的“发泄”方式，休闲、休闲娱乐活动应运而生，悄然步入人们的生活。目前我国城市居民已有 1/3 的时间是在闲暇中度过，休闲活动日益丰富。

在快节奏生活的今天，人们越来越重视休闲娱乐，休闲娱乐已然成为人们生活不可或缺的重要部分，但现今人们的休闲娱乐方式仍然存在诸多问题，且受到性别、年龄、收入、知识水平等因素的影响。查找发现，过去有关居民休闲娱乐方式的调查研究不少，但这些研究直接涉及的一般是有关城市居民体育休闲娱乐方式，单纯调查居民休闲娱乐方式的研究结果并不是很多。针对这种情况，本次调查主要针对居民休闲娱乐方式，通过多种因素分析，以获得更多具体数据，弥补以往调研不足方面。

怀着充实暑期生活学习，提升调研知识与技能的愿景，我们针对自身和项目组成员的意向及资料获取情况，确定本次调研课题为“居民休闲娱乐方式调查情况”。

二、文献综述

（一）休闲方式

1. 休闲方式的定义

英文中的休闲“leisure”一词是由拉丁词“licere”转化而来，从词源上看，leisure 可被视作 licence(许可) 和 liberty(自由) 的合成词，亦即“被允许”(to be permitted)，指的是摆脱生产劳动后的自由时间或自由活动。在法文中也有休闲一词，意指可以自由选择或利用的时间。而拉丁文的“licere” 又和希腊文中的“schole” 意思相同，休闲与学校 (school)、学者 (scholar) 皆由同一字根 (schole) 发展而来。从西洋教育史中也可以发现古代希腊罗马的教育理想，主要是培养各方面均衡发展的公民。他们将休闲视为教育和生活中非常重要的一环。

中文的“休”字是由“人”与“木”所组合，其意象为人倚着树木或人坐在树下休闲。因此，“休”有休息、休憩、休养等暂停劳动的意思。“闲”字在中文的繁体字也被写作“閒”，即由“门”与“月”组合而成，其意象为家中一轮明月，或独处静思，或与家人相聚。所以，“闲”有安闲、闲适、闲逸等意思。

2. 休闲方式的相关研究

许多休闲社会学家认为休闲是一种时间利用的方式，是个人在闲暇时间所作的活动。持这一观点的主要有贝克、达马泽迪耶和卡普兰等。这种看法把休闲与工作对立起来，把休闲看作非工作时间的利用，不涉及意义的成分，也没有考虑是否获得休闲感的问题。

纽林格认为休闲的特点就是和感知到的自由与对行动的渴望相联系的种种态度，因而他把休闲定义为一种精神状态，而不是活动或者时间。心理学家奇克森特米哈伊的观点涉及休闲的一种特点或者意义，对快乐的追求是休闲的意义之一。

哲学家们给休闲赋予了自由的内涵。这类观点主要以亚里士多德及其追随者为代表，他们认为休闲是生存的一种自由状态，是对必然性的摆脱，是一个“成为人”的过程。

美国的杰瑞夫·戈比提出：“休闲是从文化环境和物质环境的外在压力中解脱出来的一种相对自由的生活，它使个体能够以自己所喜爱的、本能地觉得有价值的方式，在内心之爱的驱动下行动，并为信仰提供一个基础。”这一定义强调了自由的休闲感，在摆脱了外在压力获得相对自由的状态时，给个体一个以自己喜爱的认为有价值的方式行动的空间和机会，在内心之爱的驱动下使人更容易投入到所从事的活动中，并从中获得愉悦的感受。

国内学者对生活方式的研究始于改革开放之初。围绕城市休闲以及相关社会学问题，学者们采用时间预算法，考察了城市居民休闲生活的时间分配状况和结构特征，大多为描述性和对策性的。1980年以来，以王雅林、番允康、卢汉龙为代表的国内学者，在哈尔滨、天津、上海等大城市分别对城市居民的生活时间分配状况做过多项大型调查，对开始分化的不同社会阶层群体的休闲生活状况进行了多次大型的调查，取得了一些有价值的研究成果，诸如王雅林主编的《闲暇社会学》(1990)，《城市休闲——上海、天津、哈尔滨城市居民时间分配的考察》(2003) 等。1990年代中期以来，王琪通等在全国40个城市，收集了6000个样本，进行生活时间分配调查，形成了《城市居民的生活时间分配》(1999) 一书。柴彦威等时间地理学者在深圳、大连、成都进行的时间地理学调查，形成了《中国城市的时间空间结构》(2002) 一书。前人的调查所提供的数据和资料，生动详实地反映了国内城节居民休闲生活方式、生活质量的变化轨迹。

（二）娱乐方式

1. 娱乐方式的定义

如果说劳动是在奋斗中体验人生和世界，那么休闲娱乐则是在自由和放松中体验、感悟人生和世界。在劳动之余，用已能达到的休闲娱乐方式，充分发展个性，发挥潜能，从而对人生和世界获得一种完美的、全面的心理感受。随着社会的发展，人们的休闲时间越来越多，如何利用这越来越多的时间，就成了令人注目的大问题，利用好与利用不好会随着休闲时间的增多，显示出明显的差异。由此看来，休闲时间是人类开发利用的一种不可忽视的资源。如何利用这种资源，是现代社会应当特别注意的一个大问题。好的休闲娱乐方式，应当包含文化、情操、境界。根据休闲学研究者潘国彦先生的观点，休闲娱乐方式共有以下5种类型：知识型休闲、旅游型休闲、收藏型休闲、体育型休闲、娱乐型休闲 。

2. 休闲娱乐方式的相关研究

英国哲学家赫伯特·斯宾认为，人类在完成了维持和延续生命的主要使命之后，尚有剩余的精力存在，这种剩余精力的释放便是娱乐。德国生物学家谷鲁司认为，娱乐并不是没有目的的活动，并不是完全与实用无关的行为。娱乐不但是人类在改造自然、改造自身生活的进程中用以调节节奏、获得休息的手段，同时也是对未来人生的准备。这便印证了斯蒂芬·史密斯的说法，娱乐是一个难以定义的概念，每个人对娱乐都会有一个直觉的定义。事实上，他们分别使用了三个不同的英文单词“entertainment”“recreation”“leisure”来表达这种消费方式，国内学者在引入这些概念时分别译为“娱乐”“游憩”“休闲”。这三个词都与闲暇消费、快乐体验有关，都是居民在闲暇时间为了获得乐趣而进行的活动。随着现代社会游憩和休闲活动中娱乐元素的不断增加，已经很难将休闲活动、游憩活动和娱乐活动看作三种不同的活动形式，娱乐是一种休闲方式，休闲必然会包含了各种娱乐内容。娱乐休闲，成为休闲和游憩发展到现阶段的新形式，是娱乐元素在市场活动中的充分体现，也是娱乐经济化，经济娱乐化的结果。娱乐经济是休闲经济活动中的乐趣导向成为最显著特征之后的状态。

韦鸥从游憩场地的使用程度出发，指出公园、娱乐场所和体育运动场所是城市户外休闲活动发生的主要场地，这些设施的供应成为公共部门在休闲支出、土地规划和人员配备方面最大的部分，也是历史最悠久的部分。

此外，林奇提出了对场所的娱乐适应性的探讨，认为可以用两个方法考察场所适宜性：一是观察人们在场所的活动，了解人与场所的和谐程度；二是对使用者进行访谈，了解使用者的偏好。

三、研究方法

1. 研究对象

本研究以所有群体作为研究对象，采用线上线下两种方式进行问卷发放，共发放问卷 140 份，收回问卷 125 份，问卷回收率为 89.29%，排除作废问卷及掩饰性较高的问卷 36 份，剩余有效问卷 89 份，问卷有效率为 71.20%。调查人群情况如下：

表 1　调查人群性别情况

性别	人数	占比
男	24	26.97%
女	65	73.03%

表 2 调查人群居住地情况

居住地	人数	占比
农村	40	44.94%
乡镇	16	17.98%
县城	18	20.23%
城市	15	16.85%

2. 研究工具

（1）问卷调查法

采取线上线下分发问卷，收集调查样本，针对居民休闲娱乐活动的选择倾向、特征、休闲活动的态度、居民参与状况、休闲场所和休闲空间等方面开展调查，获得第一手资料，从而完成本论文的写作。

（2）文献研究法

文献研究法是对各种与选题相关理论和实践成果的搜集分析研究，收集国内外有关文献资料，进行比较和分析后，作为论文写作的论据和依据，深化到论文写作之中。

（3）差异分析法

在研究居民闲暇生活方式中，把居民的休闲问题置于生活方式研究的框架之中进行考察研究，并立足差异性分析的视角，比较不同社区、不同收入、不同消费、不同年龄、不同文化程度、不同职业居民的闲暇时间、休闲活动的差异。

3. 数据处理

问卷数据由问卷星进行录入，并采用 Excel 进行处理。

四、研究结果

（一）休闲娱乐活动基本情况

1. 基础设施建设影响着居民娱乐休闲方式的选择

本数据旨在了解居民对居住地休闲娱乐基础设施建设的满意程度。绝大部分居民认为自己所在的居民地休闲娱乐基础建设一般，设施基本完善，建设种类较齐全，但仍有 22.47% 的居民认为居住地休闲娱乐设施建设不完善，建设种类少，只有少部分居民认为居住地休闲娱乐设施建设完善，建设种类齐全。

表 3　居住地休闲娱乐基础设施情况的反馈情况

选项	人数	占比
A. 不好，设施建设不完善，建设种类少	20	22.47%
B. 一般，设施基本完善，建设种类较齐全	56	62.92%
C. 好，设施建设完善，建设种类齐全	13	14.61%

由数据显示，居民对居住地休闲娱乐方面的基础设施建设情况反馈情况并不是很好，认为建设情况一般占比超过一半，因此推测出基础设施建设情况在一定程度上影响着居民休闲娱乐方式。

2. 闲暇时间的长短影响着居民的休闲娱乐生活

此数据直观地展示了居民每日可自我支配时间的长短，绝大多数居民每天的自我支配时间为 3~5 小时，再者为 1~3 小时，其次为 5~7 小时，少部分居民每天自我支配时间高达 7 小时以上，只有极少部分居民的自我支配时间较短，为 1 小时以下。从数据结果可以看出，约 64% 的居民每日自我支配的时间普遍占一日生活的 10%。

表 4　居民每天大致的自我支配时间

时长	人数	占比
A.1 小时以下	4	4.49%
B.1~3 小时	22	24.72%
C.3~5 小时	35	39.33%
D.5~7 小时	16	17.98%
E.7 小时以上	12	13.48%

大多数居民每日花在休闲娱乐活动上的时间为 1~2 小时，其次每日花在娱乐上时间为 1 小时和 2~3 小时的居民的人数同样多，只有少数居民会花 3~4 小时或 4 小时以上的时间在休闲娱乐上。

表 5　居民每天花费在休闲娱乐活动上的时间

时长	人数	占比
A.1 小时以下	20	22.47%
B.1~2 小时	35	39.33%
C.2~3 小时	20	22.47%
D.3~4 小时	8	8.99%
E.4 小时以上	6	6.74%

可知，居民的休闲娱乐活动时间同他们的自我支配时间呈正相关关系。我们可以知道，要想可以获得休闲娱乐活动就必须有一定的闲暇时间。

3. 公共建设场所和家庭聚居地成为居民休闲娱乐方式选择的首要场所

调查人员列出了大部分居民可能会去的休闲娱乐场所，通过调查问卷可以看出，人们对不同类型的休闲娱乐场所的选择存在很大的普遍性，最受欢迎的两类休闲场所为“风景区、公园、广场、绿地”和“街道、商场、超市”；第二受欢迎的休闲场所为“家里（包括自己家和别人家）”和“文体娱乐场所（如影剧院等）”；再者则为“图书馆、博物馆等教育、学习场馆”和“公共餐饮场所”因此可知公共建设场所和家庭聚居地成为居民休闲娱乐方式选择的首要场所。

表 6 居民经常去的休闲娱乐场所（多选）

休闲娱乐场所	人数	占比
A. 家里包括自己家和别人家	35	39.33%
B. 社区或单位活动中心	2	2.25%
C. 文体娱乐场所，如影剧院等	35	39.33%
D. 宗教活动场所	1	1.12%
E. 风景区、公园、广场、绿地	49	55.06%
F. 图书馆博物馆等教育、学习场馆	13	14.61%
G. 街道、商场、超市	46	51.69%
H. 公共餐饮场所	17	19.1%
I. 美容、健身场所	4	4.49%
J. 广场、绿地学校或培训场所	6	6.74%
K. 网吧、酒吧、陶吧等	4	4.49%
L. 其他（请填写 _______）	2	2.25%

（二）休闲娱乐方式影响因素

1. 居民的收入水平一定程度上限制着他们的休闲娱乐消费水平

居民的收入水平存在一定的差异，本次调查研究的对象大部分都处于低收入群体，即每月收入为 4000 元以下；其次为中等水平收入，即每月收入为 4000~9000 元；只有极少部分居民达到高等收入水平，即月收入达到 9000 元以上。具体数据如下：

表7 居民每月收入

居民月收入	人数	占比
A.4000 元以下	74	83.15%
B.4000~9000 元	14	15.73%
C.9000 元以上	1	1.12%

数据显示：绝大部分居民平均每月花费在休闲娱乐上的金额为 500 元以下，部分居民每月娱乐花费为 501~1000 元，只有少部分居民的每月的娱乐花费会在 1000 元以上。具体数据如下：

表8 居民每月平均花费在休闲娱乐上的金钱

娱乐月均花费	人数	占比
A.500 元以下	62	69.66%
B.501~1000 元	19	21.35%
C.1000 元以上	8	8.99%

调查显示，居民的收入情况影响着他们的休闲娱乐开支情况。

2. 家庭经济水平、生活压力以及个人情绪是影响居民休闲娱乐方式的主要因素

影响休闲娱乐质量的因素是多方面的，从数据可以看出，站在居民的角度出发，对影响居民休闲娱乐质量的因素可以做出以下排列：家庭经济水平、生活压力、个人情绪、休闲娱乐观念、周边环境及工作家庭事务、相关工作人员的服务水平、同行人员的行为态度、其他。具体数据如下：

表9 居民认为影响休闲娱乐质量的因素（多选）

选项	人数	占比
A. 生活压力	45	50.56%
B. 家庭经济水平	63	70.79%
C. 工作家庭事务	19	21.35%
D. 相关工作人员的服务水平	8	8.99%
E. 个人情绪	37	41.57%
F. 休闲娱乐观念	25	28.09%
G. 同行人员的行为态度	8	8.99%

续表

选项	人数	占比
H. 周边环境(如周围娱乐氛围、活动场所的限制性因素情况、现有的娱乐设施建设等)	19	21.35%
I. 其他(请填写 ________)	1	1.12%

数据显示，家庭经济水平、生活压力以及个人情绪是影响居民休闲娱乐方式的主要因素。

（三）休闲娱乐活动发展情况

1. 居民休闲娱乐方式趋于多元化，但是健康的休闲娱乐方式开展情况不乐观。

随着科学技术与生活水平的提高，居民休闲娱乐方式的选择种类越来越多。根据调查所反馈的数据可以看出，受电子信息化的影响，将近4/5的居民选择了看电视、影视娱乐或上网；其次受欢迎的娱乐方式为逛街、购物、饮食或闲聊；再者为旅游度假，当然其他各类型都有人选，但以这三种为主。值得注意的是有少部分居民选择了刺激娱乐类（如打游戏、赌博、去夜总会）休闲娱乐方式。具体数据如下：

表10 居民休闲娱乐方式的选择（多选）

休闲娱乐方式	人数	占比
A. 旅游度假	40	44.94%
B. 参观拜访(如博物馆、名人故居等)	11	12.36%
C. 看电视、影视娱乐或上网	71	79.78%
D. 逛街、购物、饮食或闲聊	52	58.43%
E. 吧式消费(如酒吧、书吧、茶吧等)	5	5.62%
F. 养花草宠物	9	10.11%
G. 业余爱好（如书画、阅读、摄影、收藏等）	22	24.72%
H. 美容、家居装饰等	5	5.62%
I. 体育健身	11	12.36%
J. 社区活动（如民间节庆、宗教活动、公益活动、走访亲友及公众场合的聚会等）	5	5.62%
K. 休闲体育（如为了怡情养性而学习声乐、美术、插花等）	1	1.12%
L. 刺激娱乐类（如打游戏、赌博、去夜总会）	4	4.49%
M. 其他（请填写 ___）	1	1.12%

表中罗列的休闲娱乐方式，均有人选择，从中可以看出居民休闲娱乐方式趋于多元化，但是一些不健康的活动也有涉及，为此我们需要加以警惕。

2. 总体情况看来，居民认为休闲娱乐方式对他们利大于弊

数据结果表明，大部分居民认为休闲娱乐方式对自身的影响大多是积极的，主要是放松心情，强身健体，养成良好的饮食起居；其次是充分利用时间，丰富内涵，提升自我；再者为开阔视野，增长见闻；最后为与朋友亲人增进感情或者只是在无聊的时候找事做，没有什么具体影响；只有少数居民认为有消极影响，是为了增长惰性，削弱学习或工作积极性。

表 11　居民认为休闲娱乐方式对自身的主要影响（多选）

选项	人数	占比
A. 放松心情，强身健体，养成良好的饮食起居	81	91.01%
B. 充分利用时间，丰富内涵，提升自我	56	62.92%
C. 只是在无聊的时候找事情做，没有什么具体影响	19	21.35%
D. 与朋友亲人增进感情	22	24.72%
E. 开阔视野，增长见闻	42	47.19%
F. 增长惰性，削弱学习或工作积极性	13	14.61%
G. 其他（请填写 ____）	1	1.12%

在选项情况中可以看出，居民偏向于肯定休闲娱乐方式的积极影响，虽然有坏处，但总体上认为休闲娱乐方式对他们利大于弊。

3. 朋友成为居民休闲娱乐同行的主要选择对象

调查数据显示，绝大部分居民在选择休闲娱乐的同行对象时首先倾向于选择熟悉的朋友，其次为单独进行休闲娱乐，再者选择与家人同行，而只有小部分居民选择了同事或其他。总体来说选择朋友同行的居民人数占大部分。

表 12　居民进行休闲娱乐活动一般的同行对象

休闲娱乐活动选择的同行对象	人数	占比
A. 家人	10	11.24%
B. 朋友	56	62.92%
C. 同事	6	6.74%
D. 单独	13	14.61%
E. 其他（请填写 ______）	4	4.49%

在超过一半的比例中，唯有“朋友”，由此可知，朋友成为居民休闲娱乐方式选择的主要同行对象。

五、结论

其一，基础设施建设影响着居民娱乐休闲方式的选择。

其二，居民的收入水平一定程度上限制着他们的休闲娱乐消费水平。

其三，闲暇时间的长短也影响着居民的休闲娱乐生活。

其四，居民休闲娱乐方式趋于多元化，但是健康的休闲娱乐方式开展情况不乐观。

其五，总体情况看来，居民认为休闲娱乐方式对他们利大于弊。

其六，朋友成为居民休闲娱乐方式选择的主要同行对象。

其七，公共建设场所和家庭聚居地成为居民休闲娱乐方式选择的首要场所。

其八，家庭经济水平、生活压力以及个人情绪是影响居民休闲娱乐方式的主要因素。

六、对策与建议

（一）城市弱势群体休闲生活方式的变革

非在业群体的“时间闲置”问题与进城务工农民群体“时间空耗”问题，特别值得社会关注。

1. 非在业群体“时间闲置”问题的消解

非在业群体，即已经达到工作年龄而未能参加工作的人群。他们社会阶层地位较低，文化程度不高，原先大多从事体力劳动工作，缺乏专门的劳动技能，由于下岗、失业，而拥有较多闲置的时间。由于缺乏必要的引导和帮助，他们在闲暇时间经常处于放任自流，无所事事的消极闲暇状态。

2. 农民工群体闲暇生活的变革

2004 年以来，社会对农民工群体的闲暇生活问题给予了前所未有的关注。如何引导和帮助农民工群体度过闲暇时间，适应城市生活，已经成为一个重要的社会问题。政府、企业、社会都有着义不容辞的义务和责任。初步建议，社会应给予农民工平等的市民待遇，应着眼于提高农民工素质，丰富他们的文化生活，提高他们闲暇生活的质量，引导他们逐步适应城市生活方式。

（二）与休闲生活相关的社会政策导向

政府应以人为本，逐步制定和完善与休闲相关的社会政策。首先，完善社会保障制度。社会保障制度是一种有效的社会稳定机制，通过国民收入的分配和再分配所形成的基金，保障人民的基本生活需要和身体健康；同时，致力于创造良好的人民生活环境，提高全社会的就业水平和福利水平，为生活质量的提高提供可靠保证。通过保障生活主体的基本生活需要，能够缓解社会矛盾，实现社会稳定，从而调动社会各阶层的各种积极因素，促进经济社会的协调发展。其次，加强带薪休假制度的建设。早在 1995 年实施的《劳动法》就明文规定："劳动者连续工作一年以上的，享受带薪年休假。"落实带薪休假制度，有利于减轻劳动者工作负担，增强工作积极性。再次，重视公共文化娱乐设施的建设和完善。面向不同阶层建设公共娱乐设施。又次，应大力推行休闲教育，倡导文明、健康、科学的休闲生活方式。休闲教育是人的素质提升和知识学习的重要组成部分，在社会日趋复杂多元的时代，积极型与消极型、生存型与发展型的休闲生活方式并存，不文明的、有害的闲暇生活方式还大量存在，这应通过对人们进行休闲教育，赋予休闲更宽广的人文精神意义和社会关切，帮助人们形成文明、健康、科学的休闲生活方式。

此外，应充分发挥社区组织在人们休闲生活中的作用。社区组织应以社区会所或活动中心为依托，结合节假日，通过开展文艺演出、体育竞赛、家庭晚会等丰富多彩的活动，动员社区居民参与，充分发挥每个人的聪明才智，促进社区不同阶层成员之间的沟通与交流，充实社区居民的文化娱乐生活，增强人们对社区的归属感、认同感，从而也可以提高社区的整合程度。

参考文献

[1] 卿前龙 . 什么是休闲——国外不同学科学者对休闲的理解 [J]. 国外社会科学，2006(4)：34-38.

[2][美] 约翰 · 凯利 . 走向自由——休闲社会学新论 [M]. 成素梅，等，译 . 昆明 : 云南人民出版社，2000.

[3] [美] 杰瑞夫 · 戈比 . 你生命中的休闲 [M]. 康筝，译 . 昆明 : 云南人民出版社，2000.

[4] 马文佳 . 休闲及休闲的优劣 [J]. 史志学刊，2009（1）：143-145.

[5] 陈晓煌 . 城市居民休闲生活方式阶层差异研究 [D]. 福州：福建师范大学，2005.

[6] 殷志平 . 我国当代休闲娱乐产业发展研究 [D]. 武汉：武汉理工大学，2002.

[7] Herbert Spencer. Principles of Psychology [M].New York: Appleton，1897.

[8] Karl Groos. The Play of Man [M]. New York: Appleton，1901.

[9] [加] 斯蒂芬・L.J. 史密斯 . 游憩地理学 : 理论与方法 [M]. 吴必虎，译 . 北京 : 高等教育出版社，1992.

[10] 包明 . 成都都市娱乐活动的特征、发展动态研究 [D]. 成都: 西南交通大学，2011.

[11] A. J. Haley，Tim Smith. The Growth in Central City and Suburban Recreation Land [J].The Journal of Recreation&Leisure，2004.

[12] David K. Lynch.Geographical Contribution to the Study of Leisure [J]. Leisure Studies，2001（1）.

后记

《直面社会 共筑梦想——湖南师范大学大学生暑期社会调研报告荟萃》由湖南师范大学习近平新时代中国特色社会主义思想研究院、马克思主义学院和学校团委共同牵头，由二级学院协同组织大学生利用暑假时间(2017年7月—10月)深入社会调研。大学生们积极响应和热情参与，秉承“仁爱精勤”的师大精神，深入到农村、城市、街道、学校、企业，俯下身子接地气，各实践调研团队主要围绕就业、二孩、教育、扶贫、改革、食品安全、医疗卫生、社会保障、环境保护、共享单车等社会热点问题广泛开展社会调查、专题调研、社会服务、人物寻访等多种形式的实践调研活动，扎实调研，积极思考，深入探讨，撰写了既有问题、原因，也有对策、建议的高质量的调研报告200多篇，经专家评审，从中精选出20多篇编辑出版。谭吉华、朱海龙、陈云凡、赵之林、李超民、焦晓云等六位教师对20多篇调研报告的修改完善进行了精心指导，在此深表感谢！整个调研报告荟萃最终由吴家庆、龚舒、谭吉华、袁俏定稿。

《直面社会 共筑梦想——湖南师范大学大学生暑期社会调研报告荟萃》是我校大学生2017来暑期社会实践调研活动成果的一次集中展示，也是加强大学生实践教学的一次有益尝试，其中不免有疏漏之处，敬请读者不吝指教。

湖南师范大学习近平新时代中国特色社会主义研究院

湖南师范大学马克思主义学院

共青团 湖南师范大学委员会

2017年12月